A invenção do cotidiano

2. Morar, cozinhar

Dados Internacionais de Catalogação na Publicação (CIP)
(Câmara Brasileira do Livro, SP, Brasil)

Certeau, Michel de, 1925-1986.
   A invenção do cotidiano : 2. Morar, cozinhar / Michel de Certeau, Luce Giard, Pierre Mayol ; tradução de Ephraim F. Alves e Lúcia Endlich Orth. 13. ed. – Petrópolis, RJ : Vozes, 2025.

   Título original: L'Invention du quotidien. 2. habiter, cuisiner.
   Bibliografia.

   ISBN 978-85-326-1669-2

   1. Conduta de vida 2. Cultura 3. História social
4. Vida – Habilidades básicas I. Giard, Luce.
II. Mayol, Pierre. III. Título.

96-2514   CDD-306.4

Índices para catálogo sistemático:
1. Artes de fazer : Cultura : Sociologia 306.4
2. Cozinhar : Cultura : Sociologia 306.4
3. Morar : Cultura : Sociologia 306.4
4. Vida cotidiana : Cultura : Sociologia 306.4

Michel de Certeau
Luce Giard
Pierre Mayol

A invenção do cotidiano

2. Morar, cozinhar

Tradução de Ephraim F. Alves e Lúcia Mathilde Endlich Orth

Petrópolis

Feita a partir da nova edição francesa revista e ampliada
© Éditions Gallimard, 1994

Título do original em francês: *L'invention du quotidien 2. habiter, cuisiner*

Direitos de publicação em língua portuguesa no Brasil:
1997, Editora Vozes Ltda.
Rua Frei Luís, 100
25689-900 Petrópolis, RJ
www.vozes.com.br
Brasil

Todos os direitos reservados. Nenhuma parte desta obra poderá ser reproduzida ou transmitida por qualquer forma e/ou quaisquer meios (eletrônico ou mecânico, incluindo fotocópia e gravação) ou arquivada em qualquer sistema ou banco de dados sem permissão escrita da editora.

CONSELHO EDITORIAL

Diretor
Volney J. Berkenbrock

Editores
Aline dos Santos Carneiro
Edrian Josué Pasini
Marilac Loraine Oleniki
Welder Lancieri Marchini

Conselheiros
Elói Dionísio Piva
Francisco Morás
Teobaldo Heidemann
Thiago Alexandre Hayakawa

Secretário executivo
Leonardo A.R.T. dos Santos

PRODUÇÃO EDITORIAL

Anna Catharina Miranda
Bianca Gribel
Eric Parrot
Jailson Scota
Marcelo Telles
Mirela de Oliveira
Natália França
Priscilla A.F. Alves
Rafael de Oliveira
Samuel Rezende
Verônica M. Guedes
Vitória Firmino

Editoração e org. literária: Orlando dos Reis
Diagramação: Sheilandre Desenv. Gráfico
Capa: Nathália Figueiredo
Ilustração de capa: *Mulher cozinhando peixe branco* de Akseli Gallen-Kallela

ISBN 978-85-326-1669-2 (Brasil)
ISBN 2-07-032827-9 (França)

O primeiro volume de *A invenção do cotidiano* (artes de fazer)
foi lançado pela Editora Vozes em 1994.

Este livro foi composto e impresso pela Editora Vozes Ltda.

Sumário do Tomo I

Apresentação de Luce Giard, 9

Mais que das intenções..., 33

Introdução geral, 35

  1. A produção dos consumidores, 36

    O uso do consumo, 36 • Os modos de proceder da criatividade cotidiana, 38 • A formalidade das práticas, 39 • A marginalidade de uma maioria, 41

  2. Táticas de praticantes, 42

    Trajetórias, táticas retóricas, 42 • Ler, conversar, habitar, cozinhar..., 45 • Extensões: prospectivas e políticas, 47

PRIMEIRA PARTE
UMA CULTURA MUITO ORDINÁRIA

I. UM LUGAR-COMUM: A LINGUAGEM ORDINÁRIA, 55

"Cada um" e "Ninguém", 55 • Freud e o homem ordinário, 56 • O perito e o filósofo, 60 • O modelo Wittgenstein da linguagem ordinária, 63 • Uma historicidade contemporânea, 66

II. CULTURAS POPULARES, 69

Uma "arte" brasileira, 69 • A enunciação proverbial, 73 • Lógicas: jogos, contos e artes de dizer, 76 • Uma prática de dissimulação: a "sucata", 79

III. FAZER COM: USOS E TÁTICAS, 84

O uso ou o consumo, 86 • Estratégias e táticas, 89 •
Retóricas das práticas, astúcias milenares, 95

SEGUNDA PARTE
TEORIAS DA ARTE DE FAZER

IV. FOUCAULT E BOURDIEU, 103

1. Tecnologias disseminadas: Foucault, 103
2. A "douta ignorância": Bourdieu, 108

Duas metades, 109 • As estratégias, 111 • A "teoria", 116

V. ARTES DA TEORIA, 121

Destacar e pôr do avesso: uma receita da teoria, 122 •
A etnologização das "artes", 125 • Os relatos do não sabido, 129 •
Uma arte de pensar: Kant, 134

VI. O TEMPO DAS HISTÓRIAS, 138

Uma arte de dizer, 138 • Contar os lances: Detienne, 141 •
A arte da memória e a ocasião, 143 • Histórias, 151

TERCEIRA PARTE
PRÁTICAS DE ESPAÇO

VII. CAMINHADAS PELA CIDADE, 155

Voyeurs ou caminhantes, 155

1. Do conceito de cidade às práticas urbanas, 157

Um conceito operatório?, 158 • O retorno das práticas, 159

2. A fala dos passos perdidos, 161

Enunciações pedestres, 162 • Retóricas ambulatórias, 164

3. Míticas: aquilo que "faz andar", 167

Nomes e símbolos, 168 • Críveis e memoráveis: a
habitabilidade, 170 • Infâncias e metáforas de lugares, 174

VIII. NAVAL E CARCERÁRIO, 176

IX. RELATOS DE ESPAÇO, 180

"Espaços" e "lugares", 182 • Percursos e mapas, 184 •
Demarcações, 188 • Delinquências?, 195

QUARTA PARTE
USOS DA LÍNGUA

X. A ECONOMIA ESCRITURÍSTICA, 199

Escrever: prática mítica "moderna", 201 • Inscrições da lei no
corpo, 207 • De um corpo ao outro, 210 • Aparelhos de
encarnação, 212 • A maquinaria da representação, 216 •
As "máquinas celibatárias", 219

XI. CITAÇÕES DE VOZES, 223

A enunciação deslocada, 226 • A ciência da fábula, 229 •
Ruídos de corpos, 231

XII. LER: UMA OPERAÇÃO DE CAÇA, 234

A ideologia da "informação" pelo livro, 235 • Uma atividade
desconhecida: a leitura, 237 • O sentido "literal", produto de uma
elite social, 240 • Um "exercício de ubiquidade", esta "impertinente
ausência", 242 • Espaços de jogos e astúcias, 244

QUINTA PARTE
MANEIRAS DE CRER

XIII. CREDIBILIDADES POLÍTICAS, 249

Queda de cotação das crenças, 250 • Uma arqueologia. O tráfico
do crer, 252 • Do poder "espiritual" à oposição de esquerda, 255 •
A instituição do real, 257 • A sociedade recitada, 260

XIV. O INOMINÁVEL: MORRER, 262

Uma prática impensável, 263 • Dizer é crer, 264 • Escrever, 266
O poder terapêutico e seu duplo, 268 • O perecível, 270

INDETERMINADAS, 273

Lugares estratificados, 276 • O tempo acidentado, 278

Notas, 281

Sumário do Tomo II

INTROITO POR
MICHEL DE CERTEAU

MOMENTOS E LUGARES, 17

ANAIS DO COTIDIANO, 31

PRIMEIRA PARTE
MORAR POR PIERRE MAYOL

I. O BAIRRO, 35

Problemáticas, 36 • O que é um bairro?, 39

II. A CONVENIÊNCIA, 44

A obrigação e o reconhecimento, 44 • A conveniência, 47 • Conveniência e sexualidade, 54

III. O BAIRRO DA CROIX-ROUSSE, 69

Elementos históricos, 69 • A Croix-Rousse hoje, 71 • A família R. no seu bairro, 73 • A população do primeiro distrito, 76 • A tradição operária da família, 80 • As relações familiares no terreno, 83 • * Nota complementar: desemprego dos jovens de 15 a 24 anos, 90 • * Nota complementar: a Croix-Rousse interrogada, 97 • Bairro da Croix-Rousse: plano simplificado, 104 • O bairro estudado: plano detalhado, 105 • Os arredores da rua Rivet, 106 • O duplo apartamento da família R., 107 • Plano do duplo apartamento dos R., 108

IV. OS ESTABELECIMENTOS COMERCIAIS DA RUA, 114

A rua Rivet, 114 • Robert, o comerciante, 115 • Germaine, 120 • Robert, o confidente, 121

V. O PÃO E O VINHO, 131

O pão, 133 • O vinho, 134 • Dom e contradom, 143 • O vinho e o tempo, 146

VI. O FIM DE SEMANA, 150

Sábado-domingo, 150 • As grandes lojas (shoppings), as grandes áreas (supermercados), 152 • O mercado, 158

VII. "ENTÃO, PARA AS COMPRAS HÁ O ROBERT, NÃO É?", 166

Madame Marie, 166 • Madame Marguerite, 171 • Apontamentos de Madame Marguerite, 179

ENTREMEIO POR
MICHEL DE CERTEAU E LUCE GIARD

VIII. OS FANTASMAS DA CIDADE, 189

Um fantástico do "já do lado de lá", 189 • Uma população de objetos "lendários", 192 • Uma política de autores: os habitantes, 195 • Uma mítica da cidade, 199

IX. ESPAÇOS PRIVADOS, 203

O habitat se revela, 203 • Lugar do corpo, lugar de vida, 205 • O jardim fechado povoado de sonhos, 206

SEGUNDA PARTE
COZINHAR POR LUCE GIARD

X. ARTES DE NUTRIR, 211

Introito, 212 • O anônimo inominável, 216 • Vozes de mulheres, 222 • Outras fontes, 226 • Alimentos terrestres, 228

XI. O PRATO DO DIA, 234

Histórias, 234 • Culturas, 245 • Memórias, 249 • Corpo, 256

XII. SEQUÊNCIAS DE GESTOS, 268

O campo do esquecimento, 271 • Novos saberes, 279 •
O passado-presente, 284

XIII. AS REGRAS DA ARTE, 287

Um dicionário de quatro entradas, 287 • A língua das receitas, 292 •
A imposição do nome, 294

XIV. "NO FUNDO, A COZINHA ME INQUIETA...", 298

MENSAGEM POR
MICHEL DE CERTEAU E LUCE GIARD

UMA CIÊNCIA PRÁTICA DO SINGULAR, 335

A oralidade, 336 • A operatividade, 338 • O ordinário, 340

Notas, 343

Michel de Certeau nasceu em Chambéry, em maio de 1925. Dotado de inteligência brilhante e não conformista, nele habitavam milhares de curiosidades. Depois de uma sólida formação em filosofia, letras clássicas, história e teologia, ingressa na Companhia de Jesus em 1950, é ordenado sacerdote em 1956, e vive como jesuíta até a morte. Historiador dos textos místicos da Renascença até a era clássica, interessa-se não só pelos métodos da antropologia e da linguística, mas também pela psicanálise.

Despertador de espíritos, este viajante do pensamento ministra uma formação de pesquisador a numerosos estudantes em Paris, na Europa, e nas duas Américas. Em julho de 1984, regressa de uma temporada de seis anos na Universidade da Califórnia para ocupar uma cátedra de "Antropologia Histórica das Crenças" na École des Hautes Études em Ciências Sociais. Morre em Paris, de câncer, no dia 09/01/1986.

Deixa uma obra original e vigorosa, coerente na diversidade dos seus objetos, e perpassada de ponta a ponta pelo mesmo rigor de pensamento, quer se ocupe com a epistemologia da história, quer estude a "fábula mística" e o ato de crer ou as práticas culturais contemporâneas. Ele inverteu, aliás, o postulado usual de interpretação destas últimas. Em vez de uma suposta passividade dos consumidores, ele está convicto (e fundamenta com argumentos esta convicção) da criatividade das pessoas ordinárias. Uma criatividade que se esconde num emaranhado de astúcias silenciosas e sutis, eficazes, pelas quais cada um inventa para si mesmo uma "maneira própria" de caminhar pela floresta dos produtos impostos.

Depois dos estudos de matemática, línguas, filosofia e história das ciências, Luce Giard se tornou pesquisadora do CNRS. Atualmente é Diretora-Adjunta do Laboratório de História das Ciências (UPR 21 do CNRS) e Professora Assistente na Universidade da Califórnia, San Diego (Departamento de História e de História das Ciências). Seus trabalhos focalizam a história dos saberes no Renascimento (aristotelismo e matemáticas, línguas e lugares do saber, papel intelectual dos jesuítas) e a epistemologia contemporânea comparada (tradição de língua inglesa e tradição francesa). Michel de Certeau a encarregou da edição de sua obra.

Pierre Mayol se especializou em antropologia urbana e sociologia da cultura, depois de ter estudado letras modernas e filosofia. A seguir, obteve um doutorado em antropologia pela Universidade de Paris VII. Interessa-se particularmente pelas práticas musicais. Membro do Comitê de Redação da revista *Esprit*, pertence também à rede de pesquisa "Juventude e sociedades" (CNRS). É atualmente encarregado de estudos no Ministério da Cultura (Departamento de Estudos e de Prospectiva), e encarregado de missão junto ao Comissariado Geral do Planejamento, para a preparação do XI Plano.

Introito
por
Michel de Certeau

MOMENTOS E LUGARES

Experiência estranha, doce-amarga, reler e rever o seu próprio texto, passados quatorze anos! Lançados em fevereiro de 1980 na primeira edição, os dois tomos de *A invenção do cotidiano* tinham sido terminados no verão precedente. A obra era o resultado de um contrato de pesquisa, financiado pela DGRST de 1974 a 1977, sob o estímulo de Augustin Girard, na época responsável pelo Serviço de Estudos e Pesquisas no Ministério da Cultura[1]*. Minha releitura ganha um colorido melancólico. Michel de Certeau, a alma dessa empreitada, não está mais conosco desde janeiro de 1986, e dois rostos do "primeiro círculo" dos associados já entraram na sombra[2]. No entanto, através destas páginas, vêm-me à lembrança um grande movimento de vida, um fervilhar de ideias e de projetos, risadas e vozes, ingenuidades e arrebatamentos, e este sentimento, tão raro!, de participar de uma criação. Havia assim entre nós discussões acirradas em que ninguém queria ceder a menor vantagem, pontos de vista que se entrecruzavam e geralmente se entrechocavam impiedosamente, todo um entusiasmo improvável e insólito que Michel de Certeau suscitava misteriosamente em torno de si e animava com estranha generosidade[3]. Mais tarde, eu o vi durante sua estadia na Califórnia (1978-1984) produzir a mesma alquimia com igual sucesso e leve toque, malgrado a diferença do lugar, da língua, da cultura e do contexto social.

Onde a filosofia consumista só via consumo passivo de produtos industrializados, volumes de compras que deviam crescer ou partes

---

* As notas numeradas estão no final do livro.

do mercado a deslocar-se de uma marca para a outra, onde o vocabulário marxista falava em termos de exploração, de comportamentos e produtos impostos, de massificação e uniformização, Michel de Certeau propunha como primeiro postulado a atividade criadora dos praticantes do ordinário, encarregando-se, para a pesquisa em curso, de pôr em evidência "as maneiras de fazer" e de lhes elaborar uma primeira formalização teórica, coisa a que ele dava o nome de "formalidade" das práticas. Desse canteiro de obras, o plano-massa e as linhas diretoras foram traçados em reuniões informais do "primeiro círculo", e depois precisados e aprofundados no seminário de 3º Ciclo em antropologia cultural que Michel de Certeau ministrava na Universidade de Paris VII, seminário cujo trabalho se prolongava muitas vezes nos barzinhos enfumaçados e barulhentos de Jussieu.

Michel de Certeau inspirou e dirigiu o trabalho de ponta a ponta, imprimindo-lhe o seu estilo, o seu objetivo de conjunto, o seu horizonte de pensamento. E isso não ocorreu jamais lhe impondo os seus postulados e os seus métodos, nem transformando o nosso trio em instrumento de verificação da sua teoria. Na pesquisa ele praticava, com uma flexibilidade inteligente e com a mesma delicadeza que usava no contato pessoal com os outros, coisas de que fizera a sua teoria. Assim, toda operação de pesquisa era concebida como a realização de um teste aplicado a hipóteses claramente enunciadas, com as quais se devia lealmente procurar tratar materiais, a fim de "trazer à tona as diferenças"[4]. Se ele colocava tão alto a operatividade da análise a produzir, é porque não se satisfazia com a partilha estabelecida entre as disciplinas do saber. Recusava-se a acreditar que a "cientificidade" fosse para sempre o apanágio de certos campos do saber. Sobre a articulação entre "ciências" e o seu exterior, alimentava ideias mais sutis que a vulgata oficial da época e o seu conhecimento profundo dos avatares da classificação dos saberes lhe permitia apoiar a história, como as outras ciências sociais, a referências conceptuais mais ricas e diversificadas[5].

Atento ao rigor explícito de um método e de modelos teóricos, recusando-se a se deixar aprisionar na prática de um único modelo ou a consentir na preeminência deste modelo, Michel de Certeau tinha um gosto inveterado pela experimentação controlada na ordem do pensável. Não é então para se admirar sua desconfiança em relação a duas tendências, ou tentações, comuns às ciências sociais, e que ele atribuía a um déficit de elaboração conceptual. A primeira dessas tendências está habituada a ver em ponto grande, compraz-se em enunciados solenes, emite sobre a sociedade um discurso generalista e generalizante. Tendo por natureza resposta para tudo, esse tipo de discurso não se mostra embaraçado por nenhuma contradição, vive sempre a se esquivar à prova do real e jamais admite uma possível refutação. Michel de Certeau havia lido em parte K. Popper, antes de 1970, antes das primeiras traduções na França, talvez sob a influência do trabalho de informação e de crítica, efetuado pelos *Archives de philosophie,* sob a direção de Michel Régnier[6], ou por ter circulado na Alemanha e além-Atlântico, onde a influência de Popper se exercia amplamente, não só em filosofia das ciências como também no campo das ciências sociais. A tese central de Popper sobre a refutabilidade (inglês: *falsifiability*: falsificabilidade, falseabilidade, lit.) dos enunciados "científicos", cuja cientificidade se mede precisamente por se expor a uma possível refutação, era de molde a lhe agradar. Minhas primeiras discussões mais profundas com ele, bem antes do trabalho de equipe sobre as práticas, tiveram por alvo os métodos da história das ciências (por comparação com outras histórias setoriais de certa maneira) e a epistemologia anglófona. Um dos temas que sempre voltavam à baila era o problema da indução, segundo Popper estreitamente ligado à definição do "critério de demarcação" entre teorias científicas e outras teorias[7]. A tese de Popper sobre o papel--chave da refutabilidade o seduzia, por sua modéstia de asserção, por seu caráter econômico em um sentido, e pelo valor provisório que atribuía aos enunciados de verdade no interior de uma teoria dada. Isso satisfazia ao mesmo tempo o seu rigor filosófico e sua experiência de historiador. O problema da indução e do critério de demarcação nos conduzia muitas vezes à questão do ceticismo e do estatuto da verdade histórica[8], e trazia novamente à baila, com um certo respeito, a obra de Richard Popkin, mestre incontexte da história do ceticismo, versão moderna[9]. Por volta de 1970, para a Coleção "Bibliothèque des sciences religieuses" que ele dirigia[10], pensara em mandar traduzir uma série de artigos de R. Popkin. A coletânea jamais veio à luz, por ter-se mostrado muito difícil de compor e traduzir; mas figurou até ao fim na sua biblioteca pessoal uma impressionante série de separatas de Popkin.

Sua segunda aversão, ou melhor, reticência, dizia respeito à erudição praticada como fim em si, para se proteger das ideias e esquivar-se ao dever de escolher (e assumir) uma interpretação. Como todo historiador, havia aprendido o trabalho de arquivo, o cotejo das fontes, as minudências da crítica, e dava enorme importância à "invenção do documento", o momento em que o historiador, no sem-número de vestígios do passado, produz o seu próprio material definindo critérios de pertinência, métodos de coleta de dados, procedimentos para seriação e estabelecimento de paralelos[11]. Mas essa coleta atenta e cheia de imaginação não lhe bastava, pois acreditava também nos benefícios e na necessidade de uma elucidação e de uma explicitação na "construção" de uma operação de pesquisa. Eis por que, na formação do nosso trio, foi exposto claramente que a nossa tarefa não seria nem recapitular as grandes teorias do social ilustrando-as, *pro et contra*, por exemplos *ad hoc*, nem, no outro extremo, propiciar, por observação direta ou compilando trabalhos anteriores, uma "descrição enciclopédica" da vida cotidiana. Tudo o que se assemelhasse de perto ou de longe a uma pretensão enciclopédica o levava a recuar, e muitas vezes me perguntei se nesse recuo não entrava uma parte da sua decepção hegeliana[12] – hipótese plausível, sem mais. Ele desejava que sempre houvesse um corte claro (circunscrição de um domínio de objetos, enunciado das modalidades de pesquisa, proposta de hipóteses teóricas, testes aplicados a objetos estudados em lugares bem-definidos etc.).

Dessa exigência nasceram nossas próprias dificuldades na condução da pesquisa. Como apreender a atividade dos praticantes, como andar *a contrario* das análises sociológicas e antropológicas? Seria preciso com nossas escassas forças, e sem nenhuma outra ilusão a não ser o nosso entusiasmo, abrir um imenso canteiro de obras: definir um método, encontrar modelos para aplicar, descrever, comparar e diferenciar atividades de natureza subterrânea, efêmeras, frágeis e circunstanciais; em suma, procurar, tateando, elaborar "uma ciência prática do singular". Era preciso captar ao vivo a multiplicidade das práticas, não as sonhar, conseguir fazer que se tornassem inteligíveis, para que outros, por seu turno, pudessem estudar as suas operações. Achava-se em jogo o desejo de uma *virada do olhar* analítico, mas certamente esse desejo não era estranho à grande revolução frustrada de 1968; para ser bem-sucedida, essa virada deveria apoiar-se na tentativa de pôr em evidência a ordem dos fatos e captar a inteligibilidade na ordem da teoria[13]. Pode-se sorrir retrospectivamente da nossa audácia ou do nosso otimismo; quando se reflete bem sobre o caso, parece-me que tanto aquela como este eram justificados. Mas cabe ao leitor julgar.

Na fase de preparação, cada um de nós teve então que produzir, em relação e em confronto com os outros dois, o próprio jogo de hipóteses e inventar o seu material, ou seja, determinar um terreno de exercício para essas hipóteses. Mas antes de mais nada era preciso fundamentar com argumentos a defesa das hipóteses, e depois vinha o primeiro teste. Muitas vezes era preciso admitir logo a fragilidade do arcabouço de pressupostos. O que parecera tão sedutor, duas semanas antes, despencava como um castelo de cartas ou se mostrava absolutamente inútil para explicar uma situação real. Cada uma das etapas era perigosa. Com enorme amenidade, Michel de Certeau não te perdoava nem perdoava coisa alguma. Matizada e sutil, fazia uma crítica corrosiva, porque ia direto ao essencial, sem condescendência nem mesquinharia. Como ela tampouco se apresentava como "autorizada", logo ela te deixava sem falsas saídas teatrais e te obrigava a argumentar, na verdade, sobre o fundamento. Desarmante, essa crítica te deixava também desarmado, em um instante a pessoa perdia todo o seu equipamento conceptual, tomando consciência de que era necessário recomeçar tudo de baixo acima. Quando, depois de alguns episódios mais quentes, uma hipótese enfim sobrevivia a esse batismo de fogo, teu calvário ainda não chegara ao fim. Agora a dificuldade se concentrava na pesquisa de campo: meu Deus! como os praticantes se mostravam do contra, fugidios, pouco seguros em suas "maneiras de fazer"; até se diria que tinham decidido astuciosamente aliar-se contra ti e arruinar toda a empreitada. Inútil demorar-se na lembrança dessas fases de decepção ou desânimo; a literatura clássica contém belíssimos relatos da infelicidade do etnólogo ou do sociólogo quando diante do seu "campo". Por vezes, depois de semanas decepcionantes e insossas, a situação de repente se invertia, a exaltação se apoderava de ti, comunicava-se a teus companheiros, eis que milhares de pormenores contraditórios ganhavam sentido, encaixando-se uns nos outros, tal como a justaposição paciente de quadradinhos monocrômicos acaba compondo o desenho de um artístico mosaico.

Sem dúvida, esse momento de descanso não durava muito, pois urgia resolver uma nova dificuldade. Com efeito, viajantes do ordinário, havíamos permanecido em um mundo familiar, no seio de uma sociedade à qual tudo nos ligava, nosso passado, nossa educação, nossas experiências e nossas esperanças. Como tematizar de maneira rigorosa essa situação de "observação participante"? Sobre a vida cotidiana, na França dos anos de 1970, já sabíamos *demais*, nosso próprio modo de vida dependia disso, e *não bastante*, pois não podíamos tomar como ponto de apoio nenhuma autoridade crítica, dada a ambição de uma "virada" do olhar que perseguíamos. Que sentido atribuir às microdiferenças que íamos encontrando cá e lá? Deveríamos imputá-las à diferença das gerações, das tradições familiares, dos hábitos locais, dos grupos sociais, das ideologias, das circunstâncias; dependiam da ocasião ou seria preciso atribuí-las a regularidades mais profundas, enterradas no segredo das práticas? Conhecendo minha admiração por Aristóteles, Michel de Certeau me perguntava, então, não sem uma pontinha de malícia, se o grande homem tinha alguma sugestão a oferecer para nos abrir o caminho de "uma ciência prática do singular". Vendo meu embaraço para dar-lhe uma resposta, e enfim diante do meu humilde "não", Certeau sugeria que talvez se pudesse buscar ajuda em Freud ou Wittgenstein. Assim acabamos aprendendo a viajar do mesmo ao outro, cada um com seus companheiros prediletos, Bourdieu, Foucault, Spinoza, Wittgenstein e muitos outros, que vieram em nosso auxílio, mas estranhamente sem que nenhum de nós se tivesse voltado expressamente para Norbert Elias[14].

Deste modo, aos poucos se foi construindo um afastamento controlado e controlável de nossos lugares e de nossas práticas de vida, a fim de podermos espantar-nos com eles, interrogá-los, e depois lhes dar sentido e forma em uma espécie de "nova criação" conceitual. Aventura estranha, que nos deixou embaraçados um longo tempo, absorveu-nos mais ainda e que conservo na memória como uma enorme felicidade espiritual.

Ao reler hoje os relatos paralelos da travessia das práticas, vejo claramente dois ou três traços constitutivos. Armamos alguns *espaços urbanos*, da cidadezinha à metrópole, cada um à nossa própria maneira, espaços onde se davam modos de *sociabilidade ativa*, na família e na escola, no bairro, entre vizinhos ou companheiros de trabalho. Aquilo a que demos atenção dependia da experiência comum a um largo estrato da sociedade francesa, contemplada em um certo momento de sua história. Muito naturalmente, como toda descrição ou experimentação social, nosso trabalho é datado e datável, limitado e não exaustivo. Nossos interlocutores estavam ligados às classes operárias, à pequena burguesia de empregados e comerciantes, à média burguesia bem-escolarizada, desfrutando o conforto e a segurança de uma "condição média", na França ainda próspera dos anos de 1970.

Se fosse realizada hoje, uma *enquête* análoga teria que explorar uma realidade atomizada, em que o aumento do desemprego interrompeu o funcionamento dos processos de inserção social por meio do trabalho, e a construção consequente das identidades sociais[15]. À desestruturação, por causas históricas, do tecido social veio ainda somar-se o desmoronamento silencioso das redes de pertença e das fortalezas (políticas, sindicais etc.). A transmissão entre gerações passa a ser lacunosa[16]. A vida ordinária se viu com isso profundamente modificada, quer na apropriação do espaço privado quer no uso dos espaços públicos. A relação mantida com o bairro ou com a cidade se transformou[17], a generalização do transporte individual modificou o ritmo de alternância trabalho/lazer e acompanhou o aumento do número das residências secundárias para onde se multiplicam os deslocamentos nos fins de semana. Da mesma forma, mudou muita coisa no preparo das refeições, com a multiplicação dos produtos semi-industrializados (massa para bolos) ou dos pratos já prontos para levar ao forno (congelados, muito práticos graças ao forno de micro-ondas). Com os comportamentos de poupança e de consumo, as práticas de autoconsumo já não são as mesmas, pois elas não se exercem mais no mesmo contexto econômico e social. Do mesmo modo, na cidade, os lugares e os ritos de trocas comerciais mudaram muito[18].

À leitura das obras escritas acresce hoje a relação intensiva com o mundo das imagens, através do cinema, da televisão, do gravador e da compra de videocassetes. Hoje surgiram novas práticas transformadoras dos produtos culturais postos à disposição dos consumidores. Há muita gente que se dedica a colorir, pintar e trabalhar com fotografias. Outros se apoderam de restos de fotocópias com fins artísticos[19], outros enfim fazem "mixagens" com trilhas sonoras, orquestram uma melodia previamente gravada a partir de "caixas de ritmos" etc. Tudo se passa como se a generalização dos aparelhos de reprodução (de imagens, sons e textos) tivesse aberto à imaginação dos usuários um campo novo de combinações e alternativas. Sobre uma amostra dessas práticas novas é que seria preciso testar hoje os esquemas de análise de *A invenção do cotidiano*. Do trio inicial sobra apenas Pierre Mayol, para continuar a investigação, e ele o faz com relação à cultura dos jovens e sobre o conjunto das práticas musicais. Michel de Certeau não está mais conosco e, quanto a mim, um conjunto de circunstâncias me havia associado a esse trabalho durante breve período[20]. Encerrado esse episódio, voltei naturalmente à minha província de origem, epistemologia e história das ciências, juntando-me, quanto ao resto, à multidão anônima dos praticantes do ordinário.

Tendo em vista a sua ambição de efetuar uma "virada" do olhar, os dois tomos de *A invenção do cotidiano* foram muito lidos, discutidos e aplicados, imitados ou copiados e às vezes maquiados, sem nenhum constrangimento. Cada um de nós pôde reconhecer-se, com ou sem as aspas da citação, noutras penas e com outras assinaturas... pois bem, isto vinha provar que tivéramos leitores atentos. Por que as propostas teóricas de Certeau foram tantas vezes reapropriadas ou silenciosamente pirateadas sem outra forma de processo? Por que tanta gente decalcou o método de pesquisa de Pierre Mayol ou a minha, sem nada falar? Minha hipótese, aqui, seria esta: como não pertencíamos a nenhuma escola constituída no mercado das ideias e dos métodos, não tínhamos identidade institucional, como tampouco não exercíamos poder na gestão oficial de uma disciplina, isso autorizava qualquer empréstimo e os pequenos furtos conceituais. Fora para nós prazeroso "atravessar as fronteiras" dos saberes, dos métodos e dos gêneros literários. Não seria então normal que nos fizessem pagar o preço por isso? De fato, em 1980, era "transgressivo", como já o fora, sob outra forma, em 1968, crer na imaginação, na liberdade interior do "homem sem qualidades". Nossas hipóteses descritivas e interpretativas "perturbavam" a ordem estabelecida, a hierarquia das competências e dos saberes. Ora nos chamavam de "otimistas" (como se isto fosse um insulto intelectual), ora de "ingênuos" ou "sonhadores"; houve quem nos repreendesse por não prestarmos culto ao deus Marx, como seus devotos achavam que se deveria fazer. Relendo hoje nossos dois tomos, não posso deixar de pensar que em alguns pontos tínhamos razão por antecipadamente, que nos perdoem.

Ao lado daqueles que fizeram empréstimos, sem reconhecer a dívida, houve também muitos que retomaram, por conta própria, declarando-o, nossas hipóteses, nossos métodos, nossos resultados, para pô-los à prova, aplicá-los adaptando-os a outras situações. Não fiz uma lista desses continuadores, e me limitarei a mencionar trabalhos recentes devidos a Marc Augé, Anne-Marie Chartier, e Jean Hébrard, Marc Guillaume ou Louis Quéré[21]. Nosso trabalho continuou servindo a agentes sociais, a animadores e formadores, gente do campo, nos lugares mais diversos[22]. Essa posteridade, acredito eu, teria alegrado muito a Michel de Certeau, pois ele teria o sentimento de que nossas hipóteses foram postas a serviço dos praticantes ordinários.

No mundo de língua inglesa, a circulação de nossas pesquisas se deu de maneira um pouco diferente. A tradução do Tomo I e a vigorosa presença de Michel de Certeau na Califórnia[23] suscitaram uma ampla difusão de suas ideias, que foi continuando e se ampliando depois que ele morreu. Como o Tomo II não foi traduzido para o inglês, pois o editor americano o julgou demasiadamente ligado à especificidade francesa para interessar a um público americano, foi menos lido; mas encontrou leitores perspicazes, particularmente na Inglaterra, talvez por causa da proximidade europeia. Em todo o caso, Michel de Certeau sobretudo, Pierre Mayol e até eu mesma em grau menor, conhecemos um certo eco nos países de língua inglesa, e até na Austrália, em matéria de sociologia urbana, de antropologia cultural, de "comunicação" ou desta mistura, inédita aqui, que são agora os *cultural studies*, maneira nova de escrever a história e a sociologia da cultura contemporânea[24].

Esta nova edição, que estabeleci com a colaboração de Pierre Mayol para seu próprio texto, comporta, no que tange à primeira edição, três séries de modificações, cada série dizendo respeito a um dos coautores. Vem, em primeiro lugar, o acréscimo de dois artigos de Michel de Certeau, publicados após o lançamento de *A invenção do cotidiano*, mas que se movimentavam sob a mesma inspiração. E por isso o seu nome aparece também como coautor deste segundo volume, contrariamente ao que acontecia na sua primeira edição. Com Pierre Mayol achamos bom e justo, e achamos legítimo também, saudar-lhe a memória, tornar visível a sua presença neste volume. Michel de Certeau havia suscitado, enriquecido, acompanhado a nossa pesquisa de tantas maneiras, que nos pareceu absolutamente natural mostrar assim a nossa dívida a seu respeito. Cada um de nós conserva a plena responsabilidade por sua parte. Já recordei anteriormente que Certeau nos deixara plena liberdade para organizar, cada um à sua maneira, a monografia de que fora encarregado e que devia entrar em consonância com as suas análises do tomo primeiro. Desde a composição do nosso trio, nossos dois estudos, um sobre a prática de um bairro por uma família da Croix-Rousse, em Lião, e o outro sobre as táticas do povo feminino das cozinhas, tinham ganhado por função ilustrar, pormenorizadamente com casos concretos, uma maneira comum de ler as práticas ordinárias, e pôr à prova sugestões teóricas, corrigir ou matizar as suas expectativas, e medir-lhes a operacionalidade e a pertinência.

Nesta nova edição, Michel de Certeau se acha agora instalado nos três pontos de passagem cujos títulos são de minha lavra. No "Introito" aparece o breve texto de introdução que já abria a primeira edição do tomo segundo. No "Entremeio", para encerrar o estudo de Pierre Mayol sobre o espaço urbano, retomei o seu artigo sobre Paris, "Os fantasmas da cidade", escrito a pedido de Michel Vernes, para um número relativo a "Paris, a volta da cidade" (*Architecture intérieure/Créé*, n. 192-193, janeiro-março de 1983, p. 98-101). No "Envio" inseri um artigo que tínhamos coassinado sob o título "A cultura tal como se pratica" (*Le français dans le monde,* n. 181, novembro--dezembro de 1983, p. 19-24). Para "Os fantasmas da cidade" segui a versão, ligeiramente modificada segundo as indicações ministradas por Certeau em seu próprio exemplar, que eu mesma estabelecera para uma nova publicação em homenagem (*Traverses,* n. 40, sob o título "Teatros da memória", abril de 1987, p. 74-85: esse número era dedicado à memória de Certeau, como se indicava à p. 4-5). Quanto ao texto coassinado comigo, tomei a liberdade de modificá-lo, suprimindo passagens que resumiam as teses de *A invenção do cotidiano*, clarificando outros pontos, mas sem me afastar, no fundo, de sua linha inicial. Dei-lhe como título uma fórmula que aparecia na sua conclusão e que resume perfeitamente a intenção de nossa empreitada sobre a cultura ordinária[25].

Com Pierre Mayol decidimos de comum acordo não ceder à tentação de retrabalhar em profundidade nossos dois estudos. Visto Michel de Certeau não ter tido vagar para rever o tomo primeiro, reescrever o tomo segundo teria introduzido uma decalagem entre os dois tomos nesta nova edição. Por isso nos limitamos no conjunto a pequenos retoques para eliminar algumas repetições ou pesos estilísticos, e para aligeirar, clarificar ou matizar a cá e lá a forma de expressão. Pierre Mayol acrescentou umas vinte notas, assinaladas por um asterisco, para atualizar a informação e indicar alguns trabalhos recentes. Ademais, redigiu duas longas notas complementares sobre o presente da Croix-Rousse. Estão colocadas no fim do capítulo III: uma se refere ao desemprego dos jovens, e a outra analisa a recente evolução demográfica à luz do recenseamento de 1990. O trabalho efetuado por Pierre Mayol sobre a sua própria parte constitui a segunda série de modificações que eu mencionava anteriormente.

A terceira série diz respeito à minha parte. Não lhe enriqueci o aparato de notas, nem as informações bibliográficas, pela simples razão de que não fiz mais pesquisas nesse terreno. Em compensação, acrescentei dois artigos publicados pouco após a primeira edição e que lhe completavam as análises. O primeiro desses textos se acha colocado no "Entremeio": trata da relação com o espaço privado e me pareceu propiciar uma transição natural do espaço urbano estudado por Mayol, depois evocado por Certeau, para o espaço privado das cozinhas de que trata a minha parte. Esse texto me fora pedido pelo *Plan-Construction* para o catálogo de uma exposição no Trocadéro ("Lugar do corpo, lugar de vida", em: *Construire pour habiter*, Paris, L'Equerre et Plan-Construction 1982, p. 16-17). Aqui o emendei sensivelmente e completei em alguns pontos. Meu outro acréscimo tem por fonte um artigo: "Trabalhos na cozinha, gestos de outrora" (*Culture technique*, n. 3, intitulado: "Máquinas no lar", setembro de 1980, p. 63-71). Emendei-o e o inseri naquilo que era o último capítulo "Sequências de gestos", de minha lavra. Isso me levou a repartir a matéria desse capítulo de maneira diferente: seu início, mais o artigo de *Culture technique,* ficou sendo aqui o capítulo XII, conservando o antigo título do capítulo. O resto constitui um novo capítulo XIII, intitulado "As regras da arte", igualmente modificado e por vezes completado.

Quanto às entrevistas que formavam os dois últimos capítulos da primeira edição, nem Pierre Mayol nem eu mudamos aí uma palavra sequer. Simplesmente as mudei de lugar, para que cada uma fosse encerrar o estudo que ilustra. Os relatos de Madame Marie e de Madame Marguerite, recolhidos em Lião, constituem agora o capítulo VII no fim da Primeira Parte. A longa conversa de Irene sobre a cozinha ocupa o capítulo XIV no fim da Segunda Parte. Assim como para o primeiro tomo, estabeleci o conjunto do texto do volume, o que há de permitir ao leitor avaliar nossas familiaridades intelectuais e seguir as viagens de nossos interlocutores pelas ruas e as lojas da Croix-Rousse ou no segredo das cozinhas, através desse ir e vir do passado ao presente de outrora, através das práticas, algumas das quais já longe de nós. Tínhamos apreciado esses entrecruzamentos de experiências e vozes, esses relatos de momentos e lugares, esses gestos que vinham de tão longe, fragmentos de vida cujos segredos e astúcias poéticos teciam o pano de um tempo logo perdido, efêmeras invenções dos "heróis obscuros" do ordinário, "artes de fazer" que compõem sem palavras uma "arte de viver". As modificações e os complementos acrescentados a esta nova edição tiveram unicamente por intuito tornar mais bem perceptível a música dessas vozes anônimas que dizem os gestos cotidianos e os tesouros de engenhosidade que os praticantes aí exibem.

Luce Giard

ANAIS DO COTIDIANO

"*O cotidiano é aquilo que nos é dado cada dia (ou que nos cabe em partilha), nos pressiona dia após dia, nos oprime, pois existe uma opressão do presente. Todo dia, pela manhã, aquilo que assumimos, ao despertar, é o peso da vida, a dificuldade de viver, ou de viver nesta ou noutra condição, com esta fadiga, com este desejo. O cotidiano é aquilo que nos prende intimamente, a partir do interior. É uma história a meio-caminho de nós mesmos, quase em retirada, às vezes velada. Não se deve esquecer este "mundo memória", segundo a expressão de Péguy. É um mundo que amamos profundamente, memória olfativa, memória dos lugares da infância, memória do corpo, dos gestos da infância, dos prazeres. Talvez não seja inútil sublinhar a importância do domínio desta história "irracional", ou desta "não história", como o diz ainda A. Dupront. O que interessa ao historiador do cotidiano é o Invisível*...*"*

Não tão invisível assim. O objetivo deste segundo volume, parte sem dúvida mais importante que a explicação das artes de fazer e modos de ação no primeiro*, é precisamente traçar as interligações de uma cotidianidade concreta, deixar que apareçam no espaço de uma memória. Parciais, e necessariamente limitados, estes anais só podem ser, em uma linguagem da expectativa, efeitos marcados por esses "heróis obscuros" de que somos devedores e aos quais nos assemelhamos. O estudo, habitado pela narratividade, não procura portanto expulsar da casa dos autores os

---

* Na mesma coleção, cf. Michel de Certeau, *L'invention du quotidien. I. Arts de faire*, nouv. éd. Paris, Gallimard, Folio essais, 1990 (Trad. brasileira, Editora Vozes, Petrópolis 1994).

vivos e os mortos que a habitam, para fazer deles "objetos" de análise. O estudo se articula em torno da relação que a sua estranheza mantém com uma familiaridade.

Há dois motivos que o organizam. De um lado, a habitação do bairro por práticas familiares remete à "estrutura fervilhante da rua"[2], que é também a estrutura formigante das atividades ritmadas por espaços e relações. De outro lado, as virtuosidades culinárias instauram a linguagem plural de histórias estratificadas, de relações múltiplas entre desfrutar e manipular, de linguagens fundamentais soletradas em detalhes cotidianos.

Essas duas pesquisas, oriundas de um trabalho comum posto sob o signo geral das práticas cotidianas[3], ganharam liberdade própria. Escaparam uma da outra. Cada uma segue o seu próprio caminho. Precisaríamos de muitas outras, que, aliás, não faltam. Penso em Pedigree *de Georges Simenon, que diz do seu pai Désiré, vivendo em Liège: "Ele organizou os seus dias de tal modo que eles compõem um encadeamento harmonioso de pequeninas alegrias e, se faltar a menorzinha, todo o edifício corre perigo. Uma xícara de café e uma fatia de pão com manteiga, um prato de ervilhas verdes, a leitura do jornal pertinho da lareira, uma empregada, pendurada num banco, a lavar as vidraças, mil satisfações tranquilas que o esperam em cada esquina da vida, que ele previu, com as quais se rejubilou previamente, são para ele tão necessárias como o ar que respira e, graças a elas, é incapaz de sofrer verdadeiramente"[4].*

"Anais do anonimato", diria Valéry.

Mas em última instância, o seu "sentido", ligando uma arte de fazer a uma arte de viver, está escrito por um anônimo, em um grafitti da rue des Rosiers, em Paris: "Quando chegará sua alegria?"

PRIMEIRA PARTE

Morar
por
Pierre Mayol

CAPÍTULO I

O BAIRRO

Este estudo sobre as maneiras de morar na cidade visa elucidar as práticas culturais de usuários da cidade no espaço do seu bairro. No ponto de partida, lógico ou talvez cronológico, há pelo menos duas problemáticas que se abrem à pesquisa:

1. *A sociologia urbana do bairro*. Privilegia dados quantitativos, relativos ao espaço e à arquitetura; realiza medições (superfície, topografia, fluxo dos deslocamentos etc.) e analisa as imposições materiais e administrativas que entram na definição do bairro.

2. A análise socioetnográfica da vida cotidiana, que enfeixa desde as pesquisas eruditas dos folcloristas e dos historiadores da "cultura popular", até aos imensos painéis poéticos, quase míticos, que a obra de James Agee representa de maneira exemplar[1]. Nasce assim um rebento de inesperada vitalidade, que talvez se pudesse chamar de hagiografia do pobre, gênero literário de considerável sucesso, cujas "vidas" mais ou menos bem transcritas pelos autores da pesquisa dão a ilusão doce-amarga de encontrar um povo para sempre extinto[2].

Estas duas perspectivas antagônicas implicavam o risco de embaralhar as cartas da nossa pesquisa arrastando-nos atrás de dois *discursos indefinidos*: o da *lamentação*, por não poder propor um método de "fabricação" de espaços ideais onde enfim os usuários pudessem inserir-se plenamente no seu ambiente urbano; e o do *barulho* do cotidiano em que se pode indefinidamente multiplicar os lances de sonda sem jamais encontrar as estruturas que o organizam.

O método escolhido consiste em unir essas duas vertentes de uma mesma abordagem com vista a estabelecer um sistema de controle que permita evitar a discursividade indefinida: trabalhar a matéria objetiva do bairro (imposições externas, disposições etc.) apenas até o ponto em que ele é a terra eleita de uma "encenação da vida cotidiana". E trabalhar esta última enquanto ela tem algo a ver com o espaço *público* onde se desenrola. Logo surgiram problemas precisos: não estamos mais trabalhando em cima de objetos recortados no campo social de maneira somente especulativa (*o* bairro, *a* vida cotidiana...), mas em cima de *relações* entre objetos, bem exatamente estudando o vínculo que une o espaço privado ao espaço público. O domínio dessa separação pelo usuário, aquilo que implica como ações específicas, como "táticas", fundamenta no essencial esta pesquisa. Eis aí uma das condições de possibilidade da vida cotidiana no espaço urbano, que molda de maneira decisiva a noção de bairro.

Problemáticas

A organização da vida cotidiana se articula ao menos segundo dois registros:

1. *Os comportamentos*, cujo sistema se torna visível no espaço social da rua e que se traduz pelo vestuário, pela aplicação mais ou menos estrita dos códigos de cortesia (saudações, palavras "amistosas", pedido de "notícias"), o ritmo do andar, o modo como se evita ou ao contrário se valoriza este ou aquele espaço público.

2. *Os benefícios simbólicos que se espera obter* pela maneira de "se portar" no espaço do bairro: o bom comportamento "compensa", mas o que traz de bom? A análise tem aqui enorme complexidade: não depende tanto da descrição, mas sobretudo da *interpretação*. Esses benefícios deitam suas raízes na tradição cultural do usuário, não se acham jamais totalmente presentes à sua consciência. Aparecem de maneira parcial, fragmentada, no modo como caminha, ou, de maneira mais geral, através do modo como "consome" o espaço público. Pode-se também os elucidar através do *discurso de sentido* pelo qual o

usuário relata a quase totalidade de suas iniciativas. O bairro aparece assim como o lugar onde se manifesta um "engajamento" social ou, noutros termos: uma arte de conviver com parceiros (vizinhos, comerciantes) que estão ligados a você pelo fato concreto, mas essencial, da proximidade e da repetição.

Existe uma regulação articulando um ao outro esses dois sistemas que descrevi e analisei com o auxílio do conceito de *conveniência*. A conveniência é *grosso modo* comparável ao sistema de "caixinha" (ou "vaquinha"): representa, no nível dos comportamentos, um compromisso pelo qual cada pessoa, renunciando à anarquia das pulsões individuais, contribui com sua cota para a vida coletiva, com o fito de retirar daí benefícios simbólicos necessariamente protelados. Por esse "preço a pagar" (saber "comportar-se", ser "conveniente"), o usuário se torna parceiro de um contrato social que ele se obriga a respeitar para que seja possível a vida cotidiana.

"Possível" deve ser entendido no sentido mais trivial do termo: não tornar "a vida impossível" por ruptura abusiva do contrato implícito sobre o qual se fundamenta a coexistência do bairro. A contrapartida desse tipo de imposição é para o usuário a certeza de ser reconhecido, "considerado" por seus pares, e fundar assim em benefício próprio uma relação de forças nas diversas trajetórias que percorre.

Pode-se então compreender melhor o conceito de "prática cultural"[3]: esta é a combinação mais ou menos coerente, mais ou menos fluida, de elementos cotidianos concretos (*menu* gastronômico) ou ideológicos (religiosos, políticos), ao mesmo tempo passados por uma tradição (de uma família, de um grupo social) e realizados dia a dia através dos comportamentos que traduzem em uma visibilidade social fragmentos desse dispositivo cultural, da mesma maneira que a enunciação traduz na palavra fragmentos de discurso. "Prático" vem a ser aquilo que é decisivo para a *identidade* de um usuário ou de um grupo, na medida em que essa identidade lhe permite assumir o seu lugar na rede das relações sociais inscritas no ambiente.

Ora, o bairro é, quase por definição, um domínio do ambiente social, pois ele constitui para o usuário uma parcela conhecida do espaço urbano na qual, positiva ou negativamente, ele se sente reconhecido. Pode-se portanto apreender o bairro como esta porção do espaço público em geral (anônimo, de todo o mundo) em que se insinua pouco a pouco um *espaço privado particularizado* pelo fato do uso quase cotidiano desse espaço. A fixidez do habitat dos usuários, o costume recíproco do fato da vizinhança, os processos de reconhecimento – de identificação – que se estabelecem graças à proximidade, graças à coexistência concreta em um mesmo território urbano, todos esses elementos "práticos" se nos oferecem como imensos campos de exploração em vista de compreender um pouco melhor esta grande desconhecida que é a vida cotidiana.

Tendo precisado esses elementos de análise, dediquei-me ao estudo monográfico de uma família que mora em um bairro de Lião, a Croix-Rousse. Eu mesma sou originária desse bairro. A partilha entre os dados objetivos da pesquisa e os dados pessoais do enraizamento não é evidente. Deliberadamente se excluiu, na pesquisa, o estudo da personalidade dos membros dessa família, das relações que mantêm entre si, e isto na medida em que estas não diziam respeito ao objetivo deste trabalho: a descrição e a interpretação dos processos de apropriação do espaço urbano no bairro, em relação às quais as considerações biográficas ou psicológicas têm apenas uma pertinência reduzida; eu descrevi menos uma família que as trajetórias que ela realiza no seu bairro, e a maneira como essas trajetórias são confiadas a este ou àquele, conforme as necessidades. Mais ainda, só conservei algumas personagens: Madame Marie, então com a idade de oitenta e três anos, que antigamente trabalhara em uma confecção de espartilhos, numa grande casa do centro[4], e viúva desde 1950; Maurice, seu filho mais velho, com sessenta anos, operário de construção civil na zona oeste da cidade, pai de dois filhos, divorciado; Joseph, filho mais novo, com cinquenta anos, celibatário, operário na Rhône-Poulenc, na zona sul de Lião (Saint-Fons); Jean, vinte e cinco anos, um dos netos, ex-operário dourador em uma bijuteria, e durante muito tempo batalhando no mercado informal de trabalho, como muitos de sua geração, esmagados pela crise econômica.

Seria necessário evocar também Michèle, Catherine, Benoît, Gérard, e muitos outros ainda[5]...

Com ou sem razão, achei por bem confiar apenas a algumas personagens os elementos essenciais da pesquisa, acumulando atrás deles os frutos de uma prospecção em uma área de relações muito mais ampla. Procurei, nesta reconstrução, respeitar na medida do possível o discurso das diversas gerações, privilegiando claramente as pessoas de mais idade e os adultos, na medida em que o tempo investido no espaço facilitava um dos eixos da investigação, polarizado pelo problema, temporal no caso, da *apropriação*.

O que é um bairro?

Para essa pergunta embaraçosa os trabalhos dos sociólogos sugerem inúmeras respostas, das quais retiramos aqui preciosas indicações sobre as dimensões que definem um bairro, sobre as suas características históricas, estéticas, topográficas, socioprofissionais etc.[6] De todas elas vou reter sobretudo a proposta, capital para a nossa empreitada, de Henri Lefebvre, para o qual "o bairro é uma porta de entrada e de saída entre espaços qualificados e o espaço quantificado". O bairro surge como o domínio onde a relação espaço/tempo é a mais favorável para um usuário que deseja deslocar-se por ele *a pé saindo de sua casa*. Por conseguinte, é o pedaço de cidade atravessado por um limite distinguindo o espaço privado do espaço público: é o que resulta de uma caminhada, da sucessão de passos numa calçada, pouco a pouco significada pelo seu vínculo orgânico com a residência.

Diante do conjunto da cidade, atravancado por códigos que o usuário não domina, mas que deve assimilar para poder viver aí, em face de uma configuração dos lugares impostos pelo urbanismo, diante dos desníveis sociais internos ao espaço urbano, o usuário sempre consegue criar para si algum lugar de aconchego, itinerários para o seu uso ou seu prazer, que são as marcas que ele soube, por si mesmo, impor ao espaço urbano. O bairro é uma noção dinâmica, que necessita de uma progressiva aprendizagem, que vai progredindo mediante a repetição do engajamento do corpo do usuário no espaço público até exercer aí uma apropriação. A trivialidade cotidiana desse processo, partilhado por todos os cidadãos, torna inaparente a sua complexidade enquanto prática cultural e a sua urgência para satisfazer o desejo "urbano" dos usuários da cidade.

Pelo fato do seu uso habitual, o bairro pode ser considerado a privatização progressiva do espaço público. Trata-se de um dispositivo prático que tem por função garantir uma solução de continuidade entre aquilo que é mais íntimo (o espaço privado da residência) e o que é mais desconhecido (o conjunto da cidade ou mesmo, por extensão, o resto do mundo): "existe uma relação entre a apreensão da residência (um "dentro") e a apreensão do espaço urbano ao qual se liga ("um fora")"[7]. O bairro constitui o termo médio de uma dialética existencial entre o dentro e o fora. E é na tensão entre esses dois termos, um *dentro* e um *fora*, que vai aos poucos se tornando o prolongamento de um dentro, que se efetua a apropriação do espaço. Um bairro, poder-se-ia dizer, é assim uma ampliação do habitáculo; para o usuário, ele se resume à soma das trajetórias inauguradas a partir do seu local de habitação. Não é propriamente uma superfície urbana transparente para todos ou estatisticamente mensurável, mas antes a possibilidade oferecida a cada um de inscrever na cidade um sem-número de trajetórias cujo núcleo irredutível continua sendo sempre a esfera do privado.

Essa apropriação implica ações que recomponham o espaço proposto pelo ambiente à medida do investimento dos sujeitos, e que são as peças mestras de uma prática cultural espontânea: sem elas, a vida na cidade seria impossível. Existe, em primeiro lugar, a elucidação de uma analogia formal entre o bairro e a moradia: cada um deles tem, com os limites que lhe são próprios, a mais alta taxa de controle pessoal possível, pois tanto aquele como esta são os únicos "lugares" vazios onde, de maneira diferente, se pode *fazer* aquilo que se quiser. Em vista do fato do espaço vazio interno às disposições concretas obrigatórias – as paredes de um apartamento, as fachadas dos prédios –, o ato de controlar o seu interior é semelhante ao de controlar as trajetórias no espaço urbano do bairro, e esses dois atos são fundadores, no mesmo grau, da vida cotidiana em meio urbano: tirar um ou o outro é o mesmo que destruir as condições de possibilidade dessa vida. Assim, o limite público/privado, que parece ser a estrutura fundadora do bairro para a prática de um usuário, não é apenas uma separação, mas constitui uma separação que une. O público e o privado não são remetidos um de costas para o outro, como dois elementos exógenos, embora coexistentes; são muito mais, são sempre interdependentes um do outro, porque, no bairro, um não tem nenhuma significação sem o outro.

Além disso, o bairro é o espaço de uma relação com o outro como ser social, exigindo um tratamento especial. Sair de casa, andar pela rua, é efetuar de tudo um ato cultural, não arbitrário: inscreve o habitante em uma rede de sinais sociais que lhe são preexistentes (os vizinhos, a configuração dos lugares etc.). A relação entrada/saída, dentro/fora penetra outras relações (casa/trabalho, conhecido/desconhecido, calor/frio, tempo úmido/tempo seco, atividade/passividade, masculino/feminino...). É sempre uma relação entre uma pessoa e o mundo físico e social. É organizadora de uma estrutura inaugurável e mesmo arcaica do "sujeito público" urbano pelo pisar incansável porque cotidiano, que afunda em um solo determinado os germes elementares (decomponíveis em unidades discretas) de uma dialética constitutiva da autoconsciência que vai haurir, nesse movimento de ir e vir, de mistura social e de recolhimento íntimo, a certeza de si mesma enquanto imediatamente social.

Quanto ao bairro, ele é também o lugar de uma passagem pelo outro, intocável porque distante, e no entanto passível de reconhecimento por sua relativa estabilidade. Nem íntimo, nem anônimo: vizinho[8]. A prática do bairro é desde a infância uma técnica do reconhecimento do espaço enquanto social; deve-se, então, tomar aí o seu lugar: uma pessoa mora na Croix-Rousse ou à rue Vercingétorix, assim como pode chamar-se Pedro ou Paulo. Assinatura que atesta uma origem, o bairro se inscreve na história do sujeito como a marca de uma pertença indelével na medida em que é a configuração primeira, o arquétipo de todo processo de apropriação do espaço como lugar da vida cotidiana pública.

Por contraste, a relação que liga a moradia ao lugar de trabalho é, na maioria dos casos, no espaço urbano marcada pela *necessidade* de uma coerção espaçotemporal que obriga a percorrer o máximo de distância no menor tempo possível. A linguagem cotidiana fornece aqui uma descrição de extrema precisão: "pular da cama", "engolir o café", "pegar o trem", "mergulhar no metrô", "chegar em cima da hora"... Por esses estereótipos bem vemos o que quer dizer "ir para o trabalho": entrar em uma cidade indiferenciada, afundar em um magma de sinais inertes como em um lodaçal, sendo somente guiado pelo imperativo da hora certa (ou do atraso). Somente importa a sucessão de ações que sejam as mais unívocas possíveis em vista de melhorar a pertinência da relação espaço/tempo. Em termos de comunicação, pode-se dizer que o processo (eixo sintagmático) leva a primazia sobre o sistema (eixo paradigmático).

A prática do bairro introduz um pouco de gratuidade no lugar da necessidade; ela favorece uma utilização do espaço urbano não finalizado pelo seu uso somente funcional. No limite, visa conceder *o máximo de tempo a um mínimo de espaço* para liberar possibilidades de deambulação. O sistema leva aqui a melhor sobre o processo; a caminhada de quem passeia pelo seu bairro é sempre portadora de diversos sentidos: sonho de viajar diante de uma certa vitrine, breve sobressalto sensual, excitação do olfato sob as árvores do parque, lembranças de itinerários enterradas no chão desde a infância, considerações alegres, serenas ou amargas sobre o seu próprio destino, inúmeros "segmentos de sentido" que podem ir um tomando o lugar do outro conforme se vai caminhando, sem ordem e sem regra, despertadas ao acaso dos encontros, suscitadas pela atenção flutuante aos "acontecimentos" que, sem cessar, se vão produzindo na rua.

A cidade é, no sentido forte, "poetizada" pelo sujeito: este a refabricou para o seu uso próprio desmontando as correntes do aparelho urbano; ele impõe à ordem externa da cidade a sua lei de consumo de espaço. O bairro é, por conseguinte, no sentido forte do termo, um objeto de consumo do qual se apropria o usuário no modo da privatização do espaço público. Aí se acham reunidas todas as condições para favorecer esse exercício: conhecimento dos lugares, trajetos cotidianos, relações de vizinhança (política), relações com os comerciantes (economia), sentimentos difusos de estar no próprio território (etologia), tudo isso como indícios cuja acumulação e combinação produzem, e mais tarde organizam o dispositivo social e cultural segundo o qual o espaço urbano se torna não somente o objeto de um conhecimento, mas *o lugar de um reconhecimento*.

A tal título, e para usar novamente uma distinção-chave de Michel de Certeau, a prática do bairro depende de uma *tática* que tem por lugar apenas "o lugar do outro". Aquilo que o usuário ganha quando sabe "possuir" direito o seu bairro não é contabilizável, nem se pode jogar numa troca necessitante de uma relação de forças: o adquirido trazido pelo costume não é senão a melhoria da "maneira de fazer", de passear, de fazer compras, pela qual o usuário pode verificar sem cessar a intensidade da sua inserção no ambiente social.

CAPÍTULO II

A CONVENIÊNCIA

A obrigação e o reconhecimento

O bairro se define como uma organização coletiva de trajetórias individuais: com ele ficam postos à disposição dos seus usuários "lugares" na proximidade dos quais estes se encontram necessariamente para atender a suas necessidades cotidianas. Mas o contato interpessoal que se efetua nesses encontros é, também ele, aleatório, não calculado previamente; define-se pelo acaso dos deslocamentos exigidos pelas necessidades da vida cotidiana: no elevador, na mercearia, no supermercado. Passando pelo bairro é impossível não encontrar algum "conhecido" (vizinho ou comerciante), mas nada permite dizer de antemão quem e onde (na escadaria, na calçada). Essa relação entre a necessidade formal do encontro e o aspecto aleatório do seu conteúdo leva o usuário a se manter como que "na defesa", no interior de códigos sociais precisos, todos centrados em torno do fato do *reconhecimento*, nesta espécie de coletividade indecisa – e portanto indecidida e indecidível – que é o bairro.

Por "coletividade de bairro" eu entendo o fato bruto, materialmente imprevisível, do encontro de pessoas que, sem serem absolutamente anônimas pelo fato da proximidade, não estão tampouco absolutamente integradas na rede das relações humanas preferenciais (do círculo de amizade, de laços familiares). O bairro impõe um *know-how da coexistência indecidível e inevitável simultaneamente*:

os vizinhos aí estão, cruzo com eles na escada do prédio, na minha rua; impossível evitá-los sempre; "é preciso conviver", encontrar um equilíbrio entre a proximidade imposta pela configuração pública dos lugares, e a distância necessária para salvaguardar a sua vida privada. Nem longe demais, nem demasiadamente perto, para não se aborrecer, e também para não perder os benefícios que se espera obter com uma boa relação de vizinhança. Em suma, é preciso sair ganhando em todos os quadros dominando, sem perder nada, o sistema das relações impostas pelo espaço. Assim definida, a coletividade é um lugar social que induz um comportamento prático mediante o qual todo usuário se ajusta ao processo geral do reconhecimento, concedendo uma parte de si mesmo à jurisdição do outro.

Um indivíduo que nasce ou se instala em um bairro é obrigado a levar em conta o seu meio social, inserir-se nele para poder viver aí. "Obrigado" não deve ser entendido só em sentido repressivo, mas também enquanto "isso o obriga", lhe cria obrigações, etimologicamente *laços/vínculos*. A prática do bairro é uma convenção coletiva tácita, não escrita, mas legível por todos os usuários através dos códigos da linguagem e do comportamento. Toda submissão a esses códigos, bem como toda transgressão, constitui imediatamente objeto de comentários: existe uma norma, e ela é mesmo bastante pesada para realizar o jogo da exclusão social em face dos "excêntricos", as pessoas que "não são/fazem como todos nós". Inversamente, é ela a manifestação de um contrato que tem uma contrapartida positiva: possibilitar em um mesmo território a coexistência de parceiros, a priori "não ligados". Um contrato, portanto, uma "coerção" que obriga cada um para que a vida do "coletivo público" – o bairro – seja possível para todos.

Sair à rua significa correr o risco de ser *reconhecido, e portanto apontado com o dedo*. A prática do bairro implica aderir a um sistema de valores e comportamentos que força cada um a se conservar por trás de uma máscara para sair-se bem no seu papel. Insistir na palavra "comportamento" significa indicar que o *corpo* é o suporte primeiro, fundamental, da mensagem social proferida, mesmo sem o saber, pelo usuário: sorrir/não sorrir é por exemplo uma oposição que reparte empiricamente, no terreno social do bairro, os usuários em parceiros "amáveis" ou não. Da mesma maneira, a roupa é o indicador de uma adesão ou não ao contrato implícito do bairro, pois, a seu modo, "fala" sobre a conformidade do usuário (ou do seu desvio) àquilo que se supõe ser a "maneira correta" do bairro. O corpo é o suporte de todas as mensagens gestuais que articulam essa conformidade: é um quadro-negro onde se escrevem – e portanto se fazem legíveis – o respeito aos códigos ou ao contrário o desvio com relação ao sistema dos comportamentos[1].

O desvio ou afastamento transgressivo possui, de resto, um leque muito amplo de possibilidades: pode tratar-se de minitransgressões em relação ao *continuum* cotidiano, que é a roupa de uma mulher que "se vestiu para sair" de noite ("Ela se vestiu para uma noite de gala": "Você está belíssima esta noite!") ou então, pelo contrário, a desarticulação completa dos códigos do reconhecimento representada pelo cambalear noturno de um alcoólatra. Em suma, o corpo, na rua, vem sempre acompanhado de uma ciência da representação do corpo cujo código é mais ou menos, mas suficientemente, conhecido por todos os usuários e que eu designaria pela palavra que lhe parece mais adequada: a *conveniência*.

Esta vai configurar diante de nós como a conjunção de dois léxicos combinados por uma mesma gramática: de um lado, o léxico do corpo propriamente dito, a maneira de apresentar-se nas diversas instâncias do bairro (fazer fila para as compras na mercearia, falar alto ou baixo, anular-se ou não diante de outros parceiros segundo o grau hipoteticamente hierárquico que os usuários acreditam dever manter nesta ou naquela circunstância); de outro lado, o léxico dos "benefícios" que se espera obter pelo domínio progressivo dessas instâncias, fundada sobre o acostumar-se com o espaço social do bairro. Quanto à gramática, esta corresponde, se assim se pode dizer, ao espaço organizado em trajetórias em torno da residência, ali onde o corpo do usuário se deixa ver, e pelas quais ele colhe em casa os benefícios adquiridos por ocasião de suas diversas prospecções.

A conveniência

    1. *As repressões minúsculas.* A conveniência se impõe em primeiro à análise pelo seu papel negativo. Ela se encontra no lugar da lei, aquela que torna heterogêneo o campo social proibindo que aí se distribua em qualquer ordem e a qualquer momento não importa que comportamento social. Ela reprime o que "não convém", "o que não se faz"; ela mantém à distância, filtrando-os ou banindo-os, os sinais de comportamentos ilegíveis no bairro, intoleráveis para ele, destruidores por exemplo da reputação pessoal do usuário. Isto quer dizer que a conveniência mantém relações muito estreitas com os processos de educação implícitos a todo grupo social: ela se encarrega de promulgar as "regras" do uso social, enquanto o social é o espaço do outro, e o ponto médio da posição da pessoa enquanto ser público. A conveniência é o gerenciamento simbólico da face pública de cada um de nós desde que nos achamos na rua. A conveniência é simultaneamente o modo pelo qual se é percebido e o meio obrigatório de se permanecer submisso a ela: no fundo, ela exige que se evite toda dissonância no jogo dos comportamentos, e toda ruptura qualitativa na percepção do meio social. Por isso é que produz comportamentos estereotipados, "prêt-à-porter" sociais, que têm por função possibilitar o reconhecimento de não importa quem em não importa que lugar.

    Ela impõe uma justificação ética dos comportamentos, que se poderia medir intuitivamente, pois os distribui em torno de um eixo organizador de juízos de valor: a "qualidade" da relação humana tal como ela se desenvolve nesse instrumento de verificação social que é a vizinhança não é qualidade de um *know-how* social mas de um "saber-viver-com"; à constatação do contato ou do não contato com este outro que é o vizinho (ou qualquer outro "papel" estabelecido pelas necessidades internas à vida do bairro) vem somar-se uma apreciação, ousaria dizer, uma fruição desse contato.

Entramos então no terreno do simbólico, não redutível, na análise antropológica, à quantificação estatística dos comportamentos, nem à sua distribuição taxonômica. O terreno do simbólico é "equivalentemente" o da "regra cultural", da *regulação interna* dos comportamentos como efeito de uma herança (afetiva, política, econômica etc.) que ultrapassa por todos os lados o sujeito implantado *hic et nunc* no comportamento que o torna localizável na superfície social do bairro. Em suma, além da motivação, temos sempre a necessidade do encontro; gosto ou desgosto; "frio" ou "quente", que vem sobrepor-se ("tingir", "colorir", como se diz) ao sistema das relações "públicas". O eixo ético desta motivação, o eixo que a anima a partir de dentro é a *mediocritas* como alvo a atingir. Não a mera *mediocridade*, mas o ponto de *neutralidade social* em que ficam abolidas ao máximo as diferenças dos comportamentos individuais. É preciso respeitar aqui o velho adágio: *in medio virtus*. A atitude do transeunte deve transmitir o mínimo de informação possível, manifestar o mínimo possível de desvio em relação aos estereótipos admitidos pelo bairro. E, ao contrário, deve afirmar a maior participação na uniformização dos comportamentos[2]. A taxa da conveniência é proporcional à indiferenciação na manifestação corporal das atitudes. Para "continuar sendo usuário do bairro" e gozar do estoque relacional que contém na vizinhança, *não convém* "dar muito na vista". Todo desvio explícito, particularmente no vestuário, significa atentar contra a integridade simbólica; esta vai repercutir imediatamente no nível da linguagem em apreciação de ordem ética sobre a "qualidade" moral do usuário. E os termos empregados podem ser extremamente severos: "é uma piranha", "está gozando a cara da gente", "está nos esnobando..." Do ponto de vista do sujeito, a conveniência repousa em uma legislação interna que pode resumir-se numa fórmula única: "O que é que vão pensar de mim?" ou então "O que é que os vizinhos vão dizer...?"

2. *A transparência social do bairro.* O bairro é um universo social que não aprecia muito a transgressão; esta é incompatível com a suposta transparência da vida cotidiana, com sua imediata legibilidade. Esta se deve efetuar, aliás, esconder-se nas trevas dos "lugares

reprováveis", fugir para os refolhos privados do domicílio. O bairro é um palco "diurno" cujos personagens são, a cada instante, identificáveis no papel que a conveniência lhes atribui: a criança, o pequeno comerciante, a mãe de família, o jovem, o aposentado, o padre, o médico, máscaras e máscaras por trás das quais o usuário do bairro é "obrigado" a se refugiar para continuar usufruindo dos benefícios simbólicos com os quais pode contar. A conveniência tende sempre a elucidar os bolsões noturnos do bairro, o incansável trabalho de curiosidade que, como um inseto de imensas antenas, explora com paciência todos os cantinhos do espaço público, sonda os comportamentos, interpreta os acontecimentos e produz sem cessar um rumor questionante incoercível: Quem é quem e faz o quê? De onde vem este novo freguês? Quem é o novo locatário? A tagarelice e a curiosidade são as pulsões interiores absolutamente fundamentais na prática cotidiana do bairro: de uma parte, alimentam a motivação das relações de vizinhança e, da outra, tentam abolir sem cessar a estranheza contida no bairro. Quanto à tagarelice, é uma conjuração reiterada contra a alteração do espaço social do bairro pelos acontecimentos imprevisíveis que podem perpassá-lo; procura uma "razão para tudo", mede tudo pela régua da conveniência. Como esta é o ponto a partir do qual o personagem se torna legível para os outros, situa-se na fronteira que separa a estranheza do reconhecível. Se é possível dizer que todo rito é a assunção ordenada de uma desordem pulsional inicial, o seu "trancafiamento" simbólico no campo social, então *a conveniência é o rito do bairro*: cada usuário, por ela, se acha submetido a uma vida coletiva da qual assimila o léxico a fim de se dispor a uma estrutura de trocas que lhe permitira, por sua vez, propor, articular os sinais do seu próprio reconhecimento. A conveniência subtrai à troca social os "ruídos" que poderiam alterar a imagem do reconhecimento; é ela que filtra tudo o que não visa à *clareza*. Mas, e esta é a sua face positiva, se ela impõe a sua coerção, o faz em vista de um benefício "simbólico" que se há de adquirir ou preservar.

3. *O consumo e a postura do corpo*. O conceito de conveniência ganha particular pertinência no registro do consumo, como relação

cotidiana com a busca dos alimentos e dos serviços. É nesta relação que opera do melhor modo a acumulação do capital simbólico do qual o usuário vai tirar os benefícios esperados. O papel do corpo e dos seus acessórios (palavras, gestos), no fato tão concreto da "autoapresentação", possui uma função simbólica capital, mediante a qual a conveniência funda uma ordem de equivalência em que aquilo que se recebe é proporcional àquilo que se dá. Assim, comprar não é apenas trocar dinheiro por alimentos, mas além disso ser bem servido quando se é bom freguês. O ato da compra vem "aureolado" por uma "motivação" que, poder-se-ia dizer, o precede antes de sua efetividade: a *fidelidade*. Esse algo mais, não contabilizável na lógica estrita da troca de bens e serviços, é diretamente simbólico: é o efeito de um consenso, de um acordo tácito entre o freguês e o seu comerciante que transparece certamente no nível dos gestos e das palavras, mas que jamais se torna explícito por si mesmo. É o fruto de um longo *costume* recíproco pelo qual cada um sabe o que pode pedir ou dar ao outro, em vista de melhorar a relação com os objetos da troca.

A economia das palavras, dos gestos, das "explicações", a economia do tempo também, permitem obter diretamente um aumento da qualidade: qualidade dos objetos, sem dúvida, mas também qualidade da relação como tal. Esta funciona de modo especial: não progride por aprofundamento como nas relações de amizade ou amorosas; visa ao contrário uma espécie de exaltação apenas do processo de reconhecimento. É necessário e suficiente ser reconhecido ("considerado", diz-se por vezes) para que, por este simples fato, o consenso funcione, como uma olhadela que jamais iria mais longe que um piscar de olhos aperfeiçoando-se no entanto pelo fato de sua repetição. O reconhecimento se torna um processo cujo funcionamento é contemplado pelo prisma da conveniência. Entre aquilo que se diz (as fórmulas de cortesia do comerciante, por exemplo, cujo conteúdo e tom variam de um freguês para o outro, adaptadas à familiaridade que ele tem com cada um deles) e aquilo que se cala (o cálculo do benefício no relacionamento com os objetos), a conveniência se expande em uma conivência em que cada um sabe (não por um saber consciente, mas pela ciência adquirida da "circunstância" da compra[3]) de que aquilo de que se fala não é imediatamente o de que se trata e que, no entanto, *esta distância entre o dizer e o calar é a estrutura da troca* atualmente efetuada, e que é por causa dessa lei que convém consentir para se beneficiar com isso. A relação ligando um freguês a seu comerciante (e reciprocamente) é feita da inserção progressiva de um discurso implícito sob as palavras explícitas da conversa, que tece entre um e outro parceiros da troca uma rede de sinais, tênues, mas eficazes, favorecendo o processo do reconhecimento.

Os fatos e gestos da conveniência são o estilo indireto – a máscara – do benefício perseguido através das relações do bairro. Assim, muito longe de esgotar aos poucos as possibilidades do espaço social, ela vai favorecer ao contrário uma inserção pessoal indefinida no tecido coletivo do ambiente. Por isso o fator tempo tem uma tão grande importância para os usuários, porque os autoriza a exigências que apenas o costume lhes permite fazer. O registro do consumo é, para o observador, um dos lugares privilegiados para verificar a "socialidade" dos usuários, o lugar onde se elaboram as hierarquias típicas da rua, onde se espanam os papéis sociais do bairro (a criança, o homem, a mulher etc.), onde se "massificam" as convenções sobre as quais se entendem as personagens momentaneamente reunidas no mesmo palco.

4. *O trabalho social dos sinais.* Isto explica a complexidade das relações envolvidas no espaço público do bairro. Os sinais da conveniência são notáveis por serem apenas, com o tempo, esboços, toques de linguagens incompletos, não bem articulados, fragmentos: linguagem de meias-palavras, fixando-se no sorriso da polidez, cumprimento mudo do homem que se apaga diante de uma mulher, ou, ao inverso, vigor silenciosamente agressivo com o qual alguém "conserva o seu lugar na fila" ("é meu..."), olhares furtivos do comerciante que avalia, com o rabo do olho, o comportamento de um estrangeiro ou de um recém-chegado, diálogos automáticos das comadres que se encontram "na soleira da porta", registro inconsciente dos passos da vizinha no patamar da escada, "que deve estar voltando da batalha, é

a sua hora..." Velhos estereótipos, já esgotados mesmo, mas que têm por função garantir o "contato" (função fática da língua[4]): a comunicação se transmite ou não? Caso afirmativo, que importa que ela vá um pouco mais longe!? O equilíbrio simbólico não se rompe e, por este simples fato, houve benefício.

Fundamentalmente, os estereótipos da conveniência são, mediante a apresentação do corpo, uma manipulação da distância social e se exprimem sob a forma negativa de um "até onde se vai para não se ir longe demais" para manter o contato estabelecido pelo costume e, ao mesmo tempo, não cair sob a dependência de uma familiaridade excessivamente íntima. A busca desse equilíbrio cria uma tensão que deve ser a cada passo resolvida pela atitude corporal. Por esse fato, a busca dos benefícios se transforma em sinais de reconhecimento. O benefício que se espera alcançar, com efeito, não pode ser formulado de maneira brutal: com isso se faria surgir o implícito diretamente na palavra, sem a mediação dos símbolos da conveniência. Supondo que a busca do benefício se exprima em toda a sua nudez ("Sirva-me bem e rápido, porque eu sou um antigo freguês"), romper-se-iam imediatamente os benefícios de um contrato amplamente acumulados: o freguês, como de resto o comerciante, deve "comportar-se bem". O corpo é portanto portador de uma procura que uma censura faz conter-se dentro da ordem da conveniência impondo-lhe controles que a protegem contra ela mesma e a fazem, assim, apresentável no espaço social. Poder-se-ia talvez dizer que a conveniência, com todas as restrições que impõe, desempenha o papel de um *princípio de realidade* que socializa a procura retardando o seu cumprimento. Como é preciso comportar-se no açougue, para calcular "sem dar na vista" o preço e a qualidade de um peso de carne, sem que isso seja sentido como desconfiança? O que dizer na mercearia, e em que momentos (quando não há freguês, nas horas de maior movimento?), para continuar se fazendo reconhecido sem exagerar numa familiaridade inconveniente, por ultrapassar os papéis autorizados pela conveniência? Incessantemente, quais os sinais adequados que vão delimitar, estabilizar os sinais do reconhecimento?

Esses sinais, escondidos no corpo, emergem até a superfície, deslizam para os poucos pontos sempre sujeitos ao olhar: o rosto, as mãos. Este corpo parcelar é a face pública do usuário: nele se verifica uma espécie de "recolhimento", de atenção secreta, calculando o equilíbrio entre uma pergunta e uma resposta, oferecendo um suplemento de sinais quando, estando o equilíbrio em perigo, convém restabelecê-lo (um sorriso, uma palavrinha a mais, uma submissão por assim dizer mais insistente). A complementaridade pedido/resposta não é estática, visa sempre um aumento tênue da possibilidade de pedido e resposta. Deve haver aí, portanto, algo "deixado de lado", um resto, que dará novo impulso ao jogo da pergunta e da resposta, por causa do ligeiro desequilíbrio que ocasiona.

Para se manter "conveniente" é preciso saber *jogar o perde-ganha*, não exigir tudo imediatamente para deixar para um prazo sempre ulterior o domínio total do benefício almejado na relação de consumo: o benefício aumenta quando se sabe renunciar. O corpo bem o sabe: lê no corpo do outro os discretos sinais da exasperação, quando o pedido excede em demasia o previsível inscrito no costume, a indiferença progressiva, ao contrário, quando ele se coloca por muito tempo aquém. O corpo é na verdade uma *memória sábia* que registra os sinais do reconhecimento: ele manifesta, pelo jogo das atitudes de que dispõe, a efetividade da inserção no bairro, a técnica aprofundada de um saber-fazer que sinaliza a apropriação do espaço. Pode-se com certeza falar de obsequiosidade, mas não em termos de dependência ou submissão: antes à maneira de Spinoza, que fala de "consentimento" (*obsequium*) a uma lei tácita, "vontade constante de fazer aquilo que segundo a lei é bom, e se deve fazer segundo um decreto comum", ou seja: consentimento à lógica do benefício simbólico do qual todos os agentes do bairro são, segundo modos diversos, os beneficiários[5].

A conveniência é a via régia para esse benefício simbólico, para a aquisição desse *excedente* cujo domínio manifesta a plena inserção no ambiente social cotidiano. Ela fornece o léxico do consentimento, e organiza a partir de dentro a vida política da rua. O sistema da comunicação no bairro é fortemente controlado pelas conveniências. O usuário, ser imediatamente social apanhado em uma rede relacional pública, que ele não controla totalmente, é intimado por sinais que lhe intimam a ordem secreta de comportar-se conforme as exigências da conveniência. Esta ocupa o lugar da lei, lei enunciada diretamente pelo coletivo social que é o bairro, do qual nenhum dos usuários é o depositário absoluto, mas ao qual todos os usuários são convidados a submeter-se para possibilitar, simplesmente, a vida cotidiana. O nível simbólico vem a ser apenas aquele no qual nasce a *legitimação* mais poderosa do contrato social que é, no seu coração, a vida cotidiana: e as diversas maneiras de falar, de se apresentar, em suma, de se manifestar no campo social, outra coisa não são senão que o assalto indefinido de um sujeito "público" para tomar lugar entre os seus. Quando se esquece por muito tempo esse longo processo que leva ao costume, corre-se o risco de perder o domínio verdadeiro, embora mascarado, com o qual os frequentadores de um bairro geram o seu poder próprio sobre o seu ambiente e a forma discreta, embora tenaz, como se insinuam no espaço público, para dele se apoderarem.

Conveniência e sexualidade

1. *A organização sexuada do espaço público.* Como prática de um espaço público, atravessado por todos, homens e mulheres, moços e velhos, a conveniência não poderia não levar em conta, de um modo ou de outro, a diferença dos sexos. Ela tem que enfrentar este problema e procurar administrá-lo na medida dos seus recursos: o bairro é o espaço tradicional da diferença das idades. É também o espaço onde circulam e, por conseguinte, se encontram e se reconhecem, meninos e meninas, rapazes e moças, homens e mulheres. Como é que a conveniência vai legislar essa diferença? Ela dispõe em primeiro lugar do código da polidez, cujo leque abrange desde a familiaridade (a "mais vulgar") até a deferência (a "mais refinada"): existem os mais diversos tipos de olhares que os rapazes impõem às moças na rua, a indiferença,

o aborrecimento ou a complacência destas; existem os bancos de praça onde se abraçam os namorados, e descansam os velhos casais; as praças onde correm em bandos os meninos e as meninas, às vezes em grupos separados, praças onde as mães, nos dias úteis, levam os bebês a passeio, e onde os casais, agora aos domingos, passeiam cercados pelos filhos. Todas essas manifestações sociais respondem a uma manifestação sexuada, cada parceiro desempenha o papel previsto pela sua definição sexual nos limites que a conveniência lhe impõe. Alguns lugares do bairro são mais especificamente marcados por este ou por aquele sexo. A oposição bar/comércio é, deste ponto de vista, exemplar. O "bar do bairro" – que se deve distinguir do "bar de passagem" cuja função é bem outra – pode ser considerado, sob certos pontos de vista, como o equivalente da "casa dos homens" das sociedades tradicionais. "Salão do pobre[6]", é também o vestíbulo do apartamento onde os homens se encontram por algum tempo na volta do trabalho antes de irem jantar em casa; o café é uma "chicane", um ardil, uma câmara de compensação, da atmosfera social, entre o mundo do trabalho e a vida íntima. E por isso ele se vê tão regularmente frequentado no fim dos dias de trabalho, e quase unicamente pelos homens; e é por isso também que ele é um espaço ambíguo, ao mesmo tempo altamente tolerado por ser a "recompensa" de um dia de trabalho, e terrivelmente temido, por causa da propensão ao alcoolismo que parece autorizar. Ao contrário, o pequeno estabelecimento comercial desempenha o papel de uma "casa das mulheres" onde aquilo que se convencionou chamar de "feminino" encontra o lugar do seu exercício: um bom bate-papo, notícias familiares, conversas sobre a gastronomia, a educação dos filhos etc.

Essa indicação da ocupação de um lugar por este ou aquele sexo em tal momento não é suficiente para explicar a extrema *estabilidade prática* com a qual é vivida, no espaço do bairro, a diferença dos sexos. Torna-se até inadequada quando, baseando-se em uma psicossociologia ingênua, julga poder afirmar, em nome das suas características formais, a "essência" (masculina ou feminina) dessa porção do espaço urbano ou privado; assim, o reto, o direito, o duro seriam as marcas indiscutíveis de espaços masculinos (o falo sacrossanto), ao passo que o macio, o curvo, o sinuoso seriam as características do espaço feminino (o não menos sacrossanto útero da mãe). A mistificação vem do fato de se transferir para os dados arquitetônicos os critérios supostamente coerentes da complementaridade dos sexos: o rígido e o macio, o seco e o úmido, o lógico e o poético, o penetrante e o penetrado, como se a divisão entre o masculino e o feminino passasse exatamente pela fronteira genital ou biológica que separa os parceiros sexuais. Deste modo se superestimam as capacidades do espaço para dar conta dos símbolos sexuais, e subestima-se a extrema complexidade da simbólica do desejo, tal como se elabora a golpes de práticas sempre aproximativas, de falhas, de sonhos e lapsos, e, também, de itinerários no espaço urbano.

2. *A problemática da ambivalência sexual.* Esse dualismo da repartição dos sexos deve ceder o lugar a uma problemática da ambivalência sexual: entendo por isso o modo essencialmente polêmico, jamais inteiramente elucidado e por isso lamentável, pesado de administrar, pelo qual cada sexo continua permanentemente mantendo suas relações com o outro, mesmo que este último esteja materialmente ausente ou, ao menos, fortemente dominado do ponto de vista numérico; não mais o espaço masculino e o espaço feminino, mas, tanto no bar como no pequeno estabelecimento comercial, tanto na cozinha como na praça pública, o trabalho arcaico do fantasma do andrógino, o melodrama confuso sempre embaraçado de um diálogo jamais acabado, mesmo que tome um outro caminho que não o da palavra clara a si mesma. Assim no que se refere à cozinha: ao invés de dizer que ela é o lugar das mulheres porque se constata que os homens estão "em geral ausentes" dali (ponto de vista estatístico), prefiro partir de uma análise que mostraria que, por um processo interno à dialética da distribuição sexual dos papéis familiares, os homens são daí *excluídos.* Eis aí uma outra relação que inscreve o negativo (e não a ausência) como parte integrante do seu funcionamento e que permite articular um ao outro, até se apagarem, o homem e a mulher como parceiros sexuais.

É esta problemática que eu gostaria de encontrar no *texto* da conveniência tal como um observador atento pode entendê-la assim que se defronta com os microacontecimentos da vida cotidiana da rua, texto que autoriza cada um dos seus "adeptos" a articular, mesmo que inconscientemente, a sua atitude de reserva quanto ao sexo. Isto supõe que se analise, a princípio, o funcionamento da linguagem entre esses contratuais que são os frequentadores de um mesmo território, para ver como o discurso sobre a sexualidade chega a tomar lugar no jogo das inter-relações de vizinhança (no sentido mais amplo). Como é que se faz o jogo da linguagem para falar do sexo? Que tipo de comportamento decorre daí? Como se pode enunciar esse dizer específico? Esta pesquisa levanta uma questão metodológica séria: Como é que se pode descobrir o reto caminho de terra batida, a "bela escapada" teórica, que evita não só o buraco da psicossociologia, mas também os caminhos sinuosos e complicados, espinhosos, obscuros, de uma "psicanálise do social"?

Eu gostaria de situar-me do lado de uma interpretação "antropológica" dos estereótipos, dos clichês, das convenções gestuais e verbais que permitem à conveniência abordar e administrar, em seu nível, o problema da diferença dos sexos. Tomo como ponto de apoio, aqui, aquilo que Pierre Bourdieu chama de "*a gramática semierudita* das práticas que nos são legadas pelo senso comum, ditos, provérbios, enigmas, segredos de especialistas, poemas e adivinhações [...]. Esta "sabedoria" escamoteia a intelecção exata da lógica do sistema no próprio movimento para indicá-la". Pois ela é "de tal natureza que afasta de uma explicação sistemática ao invés de introduzir a ela [...]". As "teorias espontâneas devem a sua estrutura aberta, as suas incertezas e imprecisões, às vezes até mesmo a sua incoerência, ao fato de se acharem subordinadas a funções práticas[7]".

3. *O estatuto do discurso sobre a sexualidade: o duplo sentido e outras figuras.* O material verbalizado ou comportamental da conveniência (esta "gramática semierudita" da "postura" da linguagem e do corpo no espaço público do reconhecimento) não põe portanto

à mostra um discurso sobre a sexualidade. A vida sexual do bairro (tanto a linguagem como as práticas) não pode ser detectável em uma sistemática que nos permitisse alcançar a sua plena transparência social. Ela não se manifesta aí, ao contrário, a não ser por breves clarões, de maneira contornada, obliquamente, "como que através de um espelho", confiscando o lugar da sua enunciação ao "estilo direto". Na rua, no bar, na loja comercial, é possível, e frequente, falar com clareza, em termos explícitos, da atualidade política, do emprego, da escola, das crianças, das enfermidades. Mas quando se trata de uma alusão sexual, o registro da linguagem muda imediatamente: não se fala a não ser *em torno* do sexo, de maneira distante, mediante manipulação muito fina, sutil, da linguagem, cuja função não é elucidar, mas "dar a entender".

Confia-se assim a sexualidade à alusão, ao subentendido. A palavra que se refere ao sexo paira nos arcanos da conivência, faz despertar ecos latentes com uma outra coisa que não ela mesma, um "sorriso no canto dos lábios", um gesto "equívoco". O discurso sobre o sexo intervém por fratura dos lugares-comuns, metaforizando as "expressões já feitas", recorrendo ao tom de voz (sussurro, voz macia, aveludada, entremeada com risinhos abafados), para exprimir (de maneira disfarçada, mas eficaz) um sentido não previsto. Esse discurso é, fundamentalmente, um trabalho sobre a linguagem que atua arrancando sentidos possíveis de uma mesma expressão, que se insinuam no entredito, abrindo para o intercâmbio verbal dos espaços semânticos não programados, mas em benefício de um modo relacional que reforça a permissividade da conveniência ampliando o espaço simbólico do reconhecimento. Essa prática cotidiana, frequente, do desvio semântico, talvez encontre a sua forma mais acabada na técnica linguística do trocadilho, do jogo de palavras, de todo ato de palavra que, escapando ao sentido convencionado, deixa surgir um *duplo sentido*. A palavra sobre o sexo é, no registro da conveniência, um dizer de outro modo a mesma coisa (*autrement dit du même*): ela realiza uma deiscência separando um significante do seu significado primeiro para afixá-lo a outros significados cuja prática na linguagem manifesta que os estava levando sem saber. Ela des-normaliza, des-estabiliza pela enunciação o acordo convencional entre o dizer e o dito, a fim de operar uma substituição de sentido sobre um mesmo enunciado.

"Avoir l'esprit mal tourné" (como se diz) não é outra coisa senão a habilidade nessa prática "irônica" sobre a linguagem que entende ou dá a entender um sentido "obsceno" (fora da cena, nos bastidores da conveniência), mediante o tom da linguagem, o desabrochar de uma risada, uma pequena pausa, o esboçar de um gesto. A palavra sobre o sexo é, de certa maneira, a intromissão de uma *perturbação* na clareza da linguagem cotidiana: ela não tem direito ao estatuto de enunciado a não ser que seja ao mesmo tempo pronunciada no registro da transgressão, isto é, da tolerância em ato autorizada, *hic et nunc*, pelas circunstâncias em que se efetua.

Pode-se assim assistir a verdadeiros combates oratórios entre parceiros envolvidos no jogo da conivência sexual, que não consiste senão nos ricocheteios do duplo sentido, "prazer do texto" da conveniência que o desloca e o ultrapassa por todos os lados para que salte fora o sentido ambíguo do sexo. O modo verbal sob o qual a sexualidade é semantizada no bairro pelos controles da conveniência é sobretudo a *ambiguidade do sentido*. Este estatuto particular da linguagem sexual tem inúmeras causas. Será facilmente evocado o peso das coerções morais, religiosas, tradicionais. Mas isto não basta para esclarecer até o fundo o problema da sexualidade "pública" que, por todas as suas beiradas, não pode não tocar o problema do interdito. Ora, a transcrição social desse interdito se exprime por comportamentos que se articulam mais ou menos em torno do conceito de *pudor*, o qual não deve ser percebido somente como exclusão do sexo, mas como a possibilidade de trapacear com o interdito: torna-se então possível ter uma palavra sexual "velada", indireta, quer dizer, não "chocante", de maneira que em nenhum dos casos se quebre a comunicação.

4. *O pudor e a palavra.* O duplo sentido, a ambiguidade, o jogo de palavras, tudo isto é apenas um duelo necessário que permite ao

frequentador de um bairro enfrentar os limites do interdito no jogo relacional. A conveniência autoriza a dizer mais do que o estritamente conveniente, a produzir um benefício que reforça o processo do reconhecimento por uma participação simbólica na gestão da diferença dos sexos em um território dado. O *pudor* não é jamais senão uma reserva de comportamentos fixos: mas pouco a pouco o costume abre um itinerário de enunciações a que o usuário, saindo da sua "reserva", dá livre curso, embora saiba que se trata de um jogo que, precisamente, não terá "consequências". O pudor está na origem e no fim do discurso sobre a sexualidade. O pudor é primeiramente o limite prático na linguagem que o jogo do duplo sentido ou do trocadilho transgridem, pois estes possibilitam a enunciação de uma sentença que recebe a marca de "erótica" no espaço público. Mas ele ressurge por isso ao final da operação enquanto aquilo que convém preservar de qualquer "passagem ao ato".

Esta prática transgressiva é um dizer que jamais vai culminar no fazer: é um "poema", não uma "práxis" – no sentido bem materialista de transformação dos dados sociais concretos. O "fazer" (a prática sexual real) se inscreve na vida privada. Caso ocorra uma passagem ao ato (um adultério, por exemplo), os efeitos só se farão sentir no nível da linguagem, dos "comentários", do diz que diz que, das exclamações de espanto. Mas o bairro enquanto espaço público não dispõe de nenhum poder de regulamentação ou de coerção para subordinar a uma vontade coletiva a prática sexual efetiva dos seus frequentadores. Não pode, em caso algum, ser o lugar da sua demonstração ou da sua presentificação à vista e para conhecimento de todos. *Ele só tem poder sobre o discurso*, sobre "aquilo que se diz do sexo": a palavra é a única matéria social sobre a qual se pode legitimamente fazer um ato de jurisdição, na faixa muito estreita que é tolerada, nas suas margens, pelo regime comportamental da conveniência.

A ambiguidade da palavra sobre o sexo se deve a esta ambivalência que lhe permite autorizar num plano (o dizer) o que proíbe no outro (o fazer). Até na abertura permissiva das assim chamadas palavras "ousadas", esta ambiguidade é também uma lei que se opõe à ilusão de que tudo seja sexualmente possível no espaço público do bairro do ponto de vista prático. É permitido dar boas risadas juntos, "fazer alusões" trapaceando com a conveniência para daí fazer brotar algumas labaredas eróticas, mas não é lícito "acreditar que tudo é permitido".

O subentendido é, estrutural e quase juridicamente, o que se espera da conveniência no que tange à sexualidade: não há outro meio para enunciá-la corretamente (estrutura) e somente sob esta condição (jurisdição) é que a conveniência o aceita. O caráter obrigatório desta *ars loquendi* se liga a critérios que se devem diretamente à face cotidiana da "moral pública" – não de uma moral dogmática, explicitamente enunciada, mas de uma moral prática, mais ou menos integrada na herança dos comportamentos sociais que todos nós praticamos. O caráter aleatório dos encontros no bairro limita toda propensão oral ao erotismo ou à gaiatice; sempre se insinua o risco das palavras explicitamente denominadas "inconvenientes" no ato mesmo da sua enunciação. A conveniência exige do discurso erótico que ele se adapte ao ambiente social imediato: as brincadeiras grosseiras assumem uma feição mais velada na presença das crianças ou das moças, ou mesmo das pessoas mais idosas consideradas respeitáveis. A palavra erótica está sempre submetida ao regime do apartado, da voz baixa, do sorriso. A voz erótica, gaiata, é sempre um vocalize do deslocamento dos significantes, para dar margem ao duplo sentido.

5. *Três exemplos.* Isso não impede que em muitos lugares do bairro a tolerância seja maior. Os mercados são certamente os espaços sociais onde florescem do modo mais espontâneo os jogos de palavras de teor erótico. Há, para isso, três razões:

1. Os mercados são lugares onde o ambiente social é muito pouco controlável por causa da extrema complexidade das relações aleatórias que aí se entremesclam. É por conseguinte muito difícil para um vendedor levar em conta de maneira precisa o "perfil"

(idade, sexo) da sua freguesia, como deve fazê-lo o comerciante dono de uma butique.

2. Os vendedores dos mercados ocupam, com relação aos comerciantes ou aos pequenos varejistas da rua, uma posição marginal: são mais anônimos, mais permutáveis, a sua presença é episódica. As relações que estabelecem com os seus fregueses são portanto menos organizadas pela conveniência cotidiana.

3. Enfim, os vendedores são obrigados, pela sua profissão, a *chamar* os seus fregueses; mantêm com eles uma relação vocal que se poderia dizer hiperalocutiva, muitas vezes próxima do grito. É por isso que aplicam geralmente uma energia vocal que os obriga a ir ao essencial sem muitos matizes, quer em vista de elogiar os seus produtos, quer em vista de atrair a freguesia. Daí o impressionante índice de imitações de declaração de amor, ladainhas de palavras carinhosas espalhadas em todas as direções ("minha querida", "meu bem", "meu amor", "meu tesouro"), um sem-número de expressões "permitidas" pelo contexto do mercado.

Lembro-me particularmente de um vendedor que, em um mercado parisiense, proferia as maiores obscenidades e somente para as suas freguesas (ele praticamente desprezava os homens que "faziam as compras", uma pontinha machista). Quando elas lhe compravam legumes, isto ia dos "molhos" de saladas às cebolas "bem penduradas", passando pelas cenouras "que, espremendo bastante, vai ver o suco que sai"; a tal ponto que um dia uma freguesa, escandalizada, deu-lhe uma bofetada em público, para espanto de toda a freguesia. Insulto supremo, que o vendedor conseguiu contornar, soltando um soberbo palavrão, digno de Georges Brassens: "Morte à virtude, Santo Deus!"

Os exemplos de erotização da linguagem abundam também em outros contextos, mas de maneira menos sistemática: a pressão do ambiente social se torna mais precisa. Mas a ocasião faz o ladrão. Assim, vou entrando na loja de um comerciante onde todo o mundo explode em gargalhadas. A origem dessa euforia é simples: o prazer de um lapso. Na vitrine se acha colado o cartaz de uma oferta de emprego, escrita a mão. Em vez de "femme de ménage" (Precisa-se de camareira, arrumadeira), está escrito "femme en ménage" (Procura-se uma amante). Ninguém tinha reparado ou chamado a atenção para o erro, até que chegou um velho freguês originário do bairro. Entregou-se então a um *sketch* improvisado onde tomava a liberdade de fazer "propostas" às freguesas presentes e, naturalmente, estas ficando embasbacadas, e ele divertindo-se com isso, para euforia de todos. Outro exemplo, desta vez num bar. Com os cotovelos no balcão ao lado do caixa, um freguês de certa idade fala com a moça da caixa, que atendia a outro freguês, meio ausente, um jovem alcoolizado, terrivelmente triste. O homem: "Eu, na idade dele, íamos ao baile...", então se interrompe, esboça com as mãos um gesto evocador (silhueta de mulher? carícia?) e prossegue, em tom confidencial: "Como poderia dizer?", com um sorriso "entendido", ao passo que a moça, ficando um pouco ruborizada, põe-se a contar suas moedas apressadamente, sorrindo também.

Poder-se-ia acrescentar um sem-número de outros exemplos, colhidos na vida cotidiana do bairro. Logo se ficaria cansado diante desse acúmulo pormenorizado de fatos. Cada um dos exemplos citados põe em evidência, de maneira ativa, os processos linguísticos que eu tentava identificar. Assim o vendedor do mercado utiliza sistematicamente a técnica do *duplo sentido*, por metaforização da semelhança com a forma dos objetos que vende: um molho de verduras seria como um monte de pelos pubianos; as cebolas se tornam testículos; quanto às cenouras, nem é preciso falar. A passagem metafórica, a virada para o erotismo são apenas "sugeridas": não há verdadeira invenção linguística do comerciante. Ele se contenta em superpor sobre um mesmo enunciado uma descrição realista dos objetos e uma descrição erótica evocada por sua forma. Fala-se efetivamente de molho (tufo) de verduras, acontece que se vendem cebolas penduradas de uma haste de madeira, como o alho ou *échalote*, à maneira provençal, enfim, todos sabem que o suco de cenoura é muito bom para a saúde e recomendado para as crianças. Esses detalhes reais ganham novo colorido num tom de linguagem que encontra suas raízes no falar popular: "au ras de la touffe", "les avoir bien pendues", "juter". É portanto por contaminação formal que se introduz o nível erótico. O fato de essas brincadeiras eróticas terem como alvo exclusivamente as mulheres é o sinal sociológico que o vendedor tem, por seu estatuto específico (marginalidade, presença episódica), o direito – ele, e só ele – de desafiá-las no nível da linguagem, isto é, o direito de ser "inconveniente" segundo o consenso que fundamenta, em um bairro, a distribuição dos papéis sociais.

No segundo caso, trata-se de um *quebra-cabeça*, de um jogo de palavras baseado em uma semelhança de sons que escondem uma diferença de sentidos. A transgressão erótica é possibilitada pelo estranho lapso de um pequeno cartaz (devido a um certo desconhecimento da língua francesa se, como é provável, tiver sido escrito por uma pessoa estrangeira). Tudo se passa, então, no nível do "prazer do texto" que faz brilhar um sentido sexual imprevisível antes da decodificação do jogo de palavras: permissividade fugaz que metamorfoseia um antigo cliente em devasso imaginário e universal graças a um erro de sintaxe.

O terceiro exemplo, o mais breve de se contar, é também aquele que leva mais tempo para se decodificar. É construído sobre uma alusão por elipse: podem-se destacar três níveis simultâneos de leitura. Em primeiro lugar o gesto das mãos, ao mesmo tempo furtivo e preciso, serve como um discurso; ele diz "claramente", mas em vez da palavra: "Quando eu era mais moço, eu não me aborrecia nos bailes, creia. Naquele tempo a gente sabia se divertir..." Em segundo lugar, esse apelo à galanteria antiga é para este homem, que é também um bom copo, uma maneira de se distinguir do jovem alcoólico, ainda por cima triste (jovem e triste *versus*/adulto e alegre) e mostra que a idade adulta não tem nada a invejar à juventude (no contexto conotado de "conflito das gerações"); de outro lado, para que a moça da caixa não confundisse os dois no mesmo juízo do ponto de vista do alcoolismo: "Também estou bebendo, eu, mas não sou como o outro... sou um *bon vivant*".

O terceiro nível, enfim: o gesto era com efeito bastante audacioso para que se pudesse pensar que o freguês se achara autorizado, numa palavra, a "fazer uma proposta" à moça da caixa: sob o próprio gesto de provar a sua boa-fé deslizava uma tentativa de sedução, um subentendido no segundo grau, em suma! E a moça da caixa não se enganou: pondo-se logo a contar as suas moedas, "fazia como se não tivesse nada entendido", mas o seu modo de sorrir mostrava que compreendera muito bem. Ocorreu, no fundo, uma brevíssima comédia de costumes, em três pequenos atos simultâneos: o passado ("antigamente sabíamos nos divertir"); o presente ("as coisas não eram como agora; veja todos esses jovens"); o futuro ("se quiser...").

6. *O voluntarismo semiótico e a prática significante.* Esses exemplos, malgrado a extrema diversidade da sua formulação e a sua dispersão no espaço social, possuem um denominador comum: são imediatamente discerníveis no nível da performance linguística dos sujeitos falantes, daquilo que dizem sobre o sexo. Estes últimos, com efeito, forçam os códigos da língua convencional para dar expressão ao seu subentendido latente; aplicam sobre as convenções da linguagem uma atividade de transformação que muda o destino semântico de um enunciado no ato da enunciação; em suma, provocam "entorses" na respeitabilidade para desvelar a obscenidade latente que camufla. Quer dizer que nós nos achamos no nível de uma atividade da *palavra consciente* que não tem por índice de sua efetividade senão o tempo da sua realização. Como o diz Louis-Jean Calvet, em uma fórmula sintética, estamos diante de um "voluntarismo semiótico[8]", diante de um modo de relação deliberadamente *ativa* com a linguagem, funcionando por manipulação expressa dos signos da língua.

A análise mostrou que nos achamos diante de atos linguísticos e/ou comportamentais, visando introduzir no bonito arranjo da conveniência o código inquietante ("perturbador") do erotismo (gaiatice, pornografia) por um trabalho retórico específico (paródia, ironia, duplo sentido) com um fim preciso: provocar o riso, seduzir, zombar etc. Pode-se observar esse mecanismo em diversas camadas de população, dos bandos de adolescentes até aos grupos de adultos. Mas os efeitos em uma esfera mais ampla me parecem depender especificamente de uma prerrogativa da idade adulta ou, pelo menos, marcar a entrada na vida profissional. O fato de ser homem (trabalhador, assalariado etc.) autoriza um desenvolvimento mais manifesto do erotismo no ambiente social. Se um ginasiano, um adolescente se entregar em público a esse estilo de palavras espirituosas, será considerado como "um pequeno delinquente", ou "mal-educado". Por isso a linguagem erótica dos bandos de adolescentes quase nunca sai dos limites do grupo; serve apenas para uso interno.

Tomado nesse contexto, o termo "semiótica" ganha o peso de uma significação precisa: remete ao conceito de "prática significante"[9], elaborado por Júlia Kristeva. Ela o define como: "a constituição e a travessia de um sistema de sinais [...]. A travessia do sistema de sinais se obtém pelo modo de proceder do sujeito falante ao tomar de viés as instituições sociais nas quais se havia anteriormente reconhecido, e coincide assim com os momentos de ruptura, de renovação, de revolução de um sujeito"[10]. A prática significante é itinerário de ruptura, exercício do imprevisível, "poética" do jogo, desordem introduzida nos arranjos convencionais, inscrição social do rito e da farsa; é o trabalho da pulsão, de uma *força* excessiva jamais reduzida, irredutível, injetando na organização convencional dos estereótipos da conveniência um *choque semântico interno*, uma deflagração que perturba a ordem social dominante (a mais difundida, e não necessariamente a mais "repressiva") dos significantes para introduzir aí um procedimento carnavalesco[11], ou seja, bem exatamente, demolidora. "A estrutura carnavalesca [...] *não existe a não ser na e pela relação*[...]. *O carnaval é essencialmente dialógico* (feito de distâncias, relações, analogias, oposições não exclusivas). Esse espetáculo não conhece plataforma; esse jogo é uma atividade; esse significante é um significado. Aquele que participa no carnaval é ao mesmo tempo ator e espectador[12]..."

Os exemplos acima apresentados são também manifestações dessa demolição dos valores supostamente coerentes nas relações da vida cotidiana. Há na conveniência, no consenso social que funda a identidade de um grupo humano (como o bairro), uma *possibilidade*, certamente tênue mas estrutural, que autoriza o erotismo a tomar lugar no espaço público, não como um bem de consumo, mas como prática social na densidade da linguagem que dá seu lugar à repressão coletiva: "Tendo exteriorizado a estrutura da produtividade literária reflexiva, o carnaval inevitável traz à luz o inconsciente que está subjacente a esta estrutura: o sexo, a morte. Entre eles se organiza um diálogo, de onde provêm as díades estruturais do carnaval: o alto e o baixo, o nascimento e a agonia, o alimento e os excrementos, o louvor e a imprecação, a risada e o choro[13]".

Uma análise sistemática das práticas de linguagem no bairro de uma cidade mostraria certamente a atividade desses pares cuja tensão interna cria um sentido imprevisto no texto da conveniência. A prática significante é portanto, caso seja lícita esta analogia, a performance da pulsão na língua, a maneira como ela age a partir de e sobre a língua por um trabalho de desmonte e de reutilização – de transformação – dos códigos, no próprio interior das palavras para lhes solapar o pacífico uso social. Então as palavras fazem a festa, tornam-se perigosas, capazes de desencadear o escândalo (como no mercado, a bofetada!): vêm então perturbar o monumento rígido do bom comportamento, mostram as suas falsas janelas, revelam de modo insolente as rachaduras da soberba fachada por onde deslizam o vento fino do desejo, a tempestade da cobiça; separam com o dedo a carapaça que protege para deixar a nu, rindo, a sua nudez.

A prática significante, aqui, outra coisa não é senão aplicar teorias espontâneas da *"gramática semierudita" das práticas* (Pierre Bourdieu). Ela é o dinamismo dessa sintaxe e mesmo, por vezes, a sua aplicação frenética; levada ao extremo da sua lógica, opera a demolição carnavalesca dos códigos da conveniência. Mas isto significa também que trabalhando às margens da conveniência ("no limite do conveniente") que dita leis sobre os comportamentos públicos, ela não pode tampouco livrar-se delas. Pois correria o risco de desaparecer no inquietante mundo da anomia, na perversão ou nos códigos de diversas patologias sociais. Essa prática significante é, portanto, mantida nas redes da conveniência pelo fato mesmo da tolerância que esta lhe oferece. Enfim, essa prática é radicalmente antiteórica; não se condensa em um código sistemático; significa o desvio do sentido convencionado por uma ação direta sobre a linguagem indicando sem cessar o estremecimento erótico que, dia após dia, penetra até a sua mais profunda banalidade a vida cotidiana.

CAPÍTULO III

O BAIRRO DA CROIX-ROUSSE

Elementos históricos

O bairro de Lião[1] que vamos explorar com a família R. é o da Croix-Rousse. Foi durante muito tempo considerado um dos mais "operários" de Lião. O território designado por este nome é bastante grande: a Croix-Rousse se subdivide, do ponto de vista dos usuários, em diversos subconjuntos relativamente autônomos, mas globalmente comparáveis pela composição sociológica da população e pelo aspecto exterior da habitação mais difundida, os imóveis dos *canuts*, outrora habitados por esses operários da indústria da seda.

Até 1852, a Croix-Rousse era uma comuna-limítrofe de Lião da qual a separavam muralhas protegendo a cidade ao norte, e notavelmente fortificadas depois das insurreições dos *canuts* em 1834[2]. Estamos no extremo sul do planalto dos Dombes que, nessa região, desce em ladeiras abruptas sobre o confluente do Ródano e do Saône, até o coração da cidade, a Quase-ilha (que foi, até que começasse a funcionar a Part-Dieu, o centro ativo da aglomeração). No dia 24 de março de 1852, um decreto imperial suprimia a autonomia municipal das comunas de Vaise, da Guillotière e da Croix-Rousse, ligando-as à cidade de Lião[3]. Depois, durante dez anos, sob o impulso do Prefeito Vaïsse, grandes obras públicas transformaram o centro da cidade, particularmente abrindo as ruas do Imperador e da Imperatriz (atualmente, rue de la République e rue Edouard Herriot). "[...]

69

e foi construído um Palácio do Comércio, templo da Indústria e do Negócio que abrigava este poder novo e fascinante, a Bolsa (place des Cordeliers)"[4]. Os morros e a esplanada da Croix-Rousse deveriam beneficiar-se com essas transformações urbanas: no dia 3 de junho de 1862, foi inaugurado o primeiro funicular do mundo, ligando a rue Terme (acima da place des Terreaux) à place da Croix-Rousse (no alto). No dia 3 de março de 1865, Luís Napoleão Bonaparte declarava, em *Le Moniteur*: "Desejo substituir o muro construído por favor, obra de desconfiança de uma outra época (alusão aos levantes de 1831 e 1834), por um grande bulevar arborizado, testemunho duradouro de minha confiança no bom-senso e no patriotismo da população lionense"[5]. A abertura do bulevar da Croix-Rousse devia suscitar a construção de algumas vilas e imóveis imponentes onde foram instalar-se os ricos negociantes de seda que se achavam pouco confortáveis nos velhos prédios da place Tolozan, "embaixo", perto do Ródano.

Quanto aos imóveis dos *canuts*, resultam de uma grande operação imobiliária dos primeiros anos do século XIX (1804-1805). Trata-se, fora de dúvida, da maior "cidade operária" construída na França naquela época. Os prédios envolvem a Croix-Rousse ao sopé de seus morros, de leste para oeste, formando um verdadeiro escudo. Muitos foram construídos na esplanada, depois que a comuna foi unida a Lião[6]. A declividade espetacular do terreno e um cadastro de imóveis desde o princípio muito dividido (pulular de propriedades religiosas que se tornaram bens nacionais, e de propriedades privadas resgatadas sucessivamente pelos promotores da época) não deixam ver muito bem a coerência do plano de conjunto: não se encontra o traçado das ruas característico das "cidades operárias" concebidas pelo funcionalismo urbano dos anos sessenta (barras e torres). Pelo contrário, os apartamentos são todos concebidos segundo um modelo padrão, submetidos a uma mesma forma tecnológica imposta bem precisa: cada um deveria abrigar um tear Jacquard, uma máquina que media quase quatro metros de altura e pesava algumas centenas de quilos. "A partir de 1804, com o surgimento do tear Jacquard, os *canuts* assumiram o novo bairro (a Croix-Rousse). Quando a fábrica tomou impulso de novo, depois da Revolução, uma verdadeira migração de trabalhadores na seda começou dos bairros Saint-Paul e Saint-Georges, "na parte baixa", do outro lado do Saône, margem direita, para os morros da Croix-Rousse onde havia aluguéis moderados. O tear Jacquard permitiu um enorme progresso na indústria da seda e provocou a construção dessas imensas colmeias operárias que cobrem até hoje a vertente da esplanada[7]. "Esses prédios todos têm um teto à lionesa (fracos entre-eixos com os caibros de sustentação com uma solivage (?) bem compacta) que permite uma grande flexibilidade das superfícies, necessária para suportar o peso do tear[8]. Cada apartamento dispõe de dois ou três cômodos: um se destina a abrigar a máquina de tecer, os outros servem para a vida familiar do mestre-tecelão ou do companheiro. Os cômodos, tendo um teto muito alto, dentro se construía um jirau a meia-altura, uma espécie de balcão ou mezanino, de reduto, adaptado em quarto de dormir. Um só ponto de água, perto da porta de entrada; as instalações sanitárias ficavam ao pé da escada. Não há um velho morador da Croix-Rousse que não se lembre do "bisse-tan-claque-pan" do tear ressoando nas ruas desde as cinco horas da manhã até as oito ou nove horas da noite. Todos conhecem esses apartamentos de cômodos cúbicos (4m × 4m × 4m, dimensões necessárias para o cômodo onde se instalava o tear) ou estreitos e com um teto tão alto que se imaginaria uma caixa de fósforos assentada em seu lado menor, e tão alta que no inverno quase não se podia aquecer.

A Croix-Rousse hoje

Ligado às artérias que o precedem (rue Terme, rue du Jardin des Plantes, rue de l'Anonciade, curso do General Giraud), o bulevar da Croix-Rousse forma uma verdadeira muralha abraçando as ladeiras que descem sobre a cidade: sobe da Place des Terreaux ao sul e, depois de um enorme cotovelo na direção oeste, volta para o Gros Caillou (Pedra Grande, um antigo moraine (moledo)? glaciário, exposto em um jardim público que marca o fim do bulevar), dominando a cidade a leste e olhando em direção aos Alpes, por um itinerário que se assemelha ao desenho de uma manivela ou de um trombone. Em sua última parte (eixo leste-oeste), o bulevar faz fronteira entre dois territórios distintos: a *esplanada* propriamente dita de onde partem as estradas que levam ao nordeste (para Bourg-en-Bresse, e depois para o Jura) sobre a imensa área tomada entre o curso norte-sul do Saône e o curso leste-oeste do Ródano (o esplanada da Croix-Rousse corresponde ao quarto *distrito* da cidade de Lião; e os *lados*, ou *ladeiras da Croix-Rousse* (o primeiro *distrito*) avançando em proa sobre o coração da cidade e cujas ruas em declive vão desembocar ou nas bordas do Ródano, no rumo leste, ou nas do Saône, no rumo oeste, ou na Place des Terreaux, no rumo sul, para o centro da cidade.

Um dos eixos mais antigos e mais célebres de Lião, a subida da Grande-Côte, liga a Place de la Croix-Rousse, na esplanada, à Place des Terreaux, por uma declividade excepcionalmente forte. O outro eixo, a subida para Saint-Sébastien, liga a Place de la Croix-Rousse (ou mais ou menos) à Place Tolozan junto ao Ródano. Entre esses dois caminhos que acompanham quase diretamente a linha do declive abrem-se numerosas ruas e ruelas, por vezes ligadas entre si pelas famosas "traboules"[9], passagens para pedestres que permitem atravessar de uma rua para a outra passando pelo interior dos imóveis ribeirinhos, e que desenham uma rede de rara complexidade.

O bairro no qual mais precisamente trabalhei está situado nas ladeiras da Croix-Rousse, descendo até o Saône, perto da Place Rouville. Está situado no flanco oeste do primeiro *distrito*. Em suas dimensões maiores ele se estende: 1. de leste para oeste, da place Colbert até o jardim do *cours des Chartreux* inclusive; a subida da Grande-Côte, quase a meio-caminho desses dois polos, é a verdadeira coluna vertebral deste bairro "ampliado"; 2. no sentido norte-sul, da última secção do bulevar da Croix-Rousse até o alto (em torno da praça do mesmo nome e da place des Tapis perto da administração regional do quarto *distrito)* até o bairro des Terreaux, embaixo, estreitamente comprimido pela dupla pressão do Ródano e do Saône. Em sua definição estrita, cotidiana, o coração do bairro é, neste estudo, constituído pela rue Rivet e pelas ruas contíguas (rue Prunelle, rue Ornano, rue de Flesselles, rue Pierre-Blanc, rue de l'Annonciade). Pode-se compreender melhor o corte estudando os dois planos e o esquema inseridos no final do capítulo, p. 104-106).

A família R. no seu bairro

Até 1933, a família R. morava no quartier Saint-Jean. Ali nasceu Madame Marie, na casa dos pais; nesse mesmo apartamento ela morou depois de se casar, em 1917, em uma das licenças do seu noivo; ali também lhe nasceu o primeiro filho, Maurice. Ainda ocorria muitas vezes, naquela época, que os recém-casados vivessem na casa dos pais de um deles, ao menos até nascer o primeiro filho. Isso permitia "fazer economia", mas pode-se logo adivinhar à custa de quantos conflitos familiares, dado que os apartamentos eram minúsculos. Viviam todos amontoados, uns sobre os outros, sem poder sempre proteger a sua intimidade. A crise gerada pelo regresso da Grande Guerra, a falta de poupança que esta originara (como os homens não estavam trabalhando, não sobrava nada para "pôr de lado") forçaram o jovem casal a permanecer ainda mais um tempo na casa dos pais de Marie. Encontraram enfim, em uma rua próxima, uma espécie de moradia miserável, de um só cômodo com uma alcova, uma minúscula janela que se abria para o norte, e tendo como única paisagem o muro do prédio em frente, à distância de poucos metros na ruela apertada. Ali nasceu o segundo filho, Joseph (1923). Umidade, escuridão, falta de espaço: a vida se tornava sempre mais difícil, com dois filhos. Não encontrando coisa alguma no lugar, os R. alugaram um apartamento, numa das ladeiras da Croix-Rousse, tendo uma das amigas cedido a eles o contrato de aluguel. Marie pôde enfim instalar-se decentemente "em casa", *dezesseis anos depois do casamento.*[10]

O apartamento fica situado no terceiro andar de um prédio de *canuts*, na rue Rivet. Depois que a família R. se estabeleceu ali, em 1933, os administradores não fizeram rigorosamente mais nada a não ser instalar um novo tipo de interruptor na escada, por volta de 1960. As pinturas não existem mais, há muito tempo; enormes placas de umidade vão roendo as paredes. As latas de lixo transbordam na calçada, perto das caixas da correspondência; seu cheiro, que se mistura com o das latrinas (ao pé das escadas), é quase insuportável no verão, e às vezes atrai uma ratazana. A escada tem uma claraboia que dá para a rua, e por conseguinte fica gelada no inverno. Essa constatação de maus-tratos e negligência corrobora plenamente a análise de Michel Bonnet: "Quando esses prédios não serviram mais para a economia do setor de tecelagem e se viram esvaziados de seus teares, os proprietários os alugaram, com fins lucrativos mas sem fazer qualquer obra. Pois com efeito esses apartamentos com finalidade artesanal só tinham como equipamento uma única bica d'água, os WC se achavam na subida das escadas, [...] e nenhuma melhoria foi introduzida quando se deu a mudança da sua função"[11]. Em seu apartamento, a família R. fez uma instalação hidráulica na sala de estar, com uma "pia de esmalte branco", mais funcional que a pequena pia original, talhada na pedra e instalada no fim do corredor de entrada. Essas transformações na casa constituem as grandes datas na história interna da família R., dispondo os "antes" e os "depois" a partir dos quais ganha sentido uma sucessividade orientada para o "progresso" ou ao menos para o bem-estar[12].

Depois de um vestíbulo de entrada, que serve também para o outro apartamento (um minúsculo conjugado, tendo um dos cômodos munido ainda com um jirau), envereda-se por um corredor comprido que vai desembocar em um salão para o qual dão dois quartos, o de Madame Marie e o de Joseph. Mais adiante (p. 107-113) se encontrará uma descrição pormenorizada dos dois apartamentos (cujo plano está igualmente inserido à p. 108). No principal apartamento, onde bate o coração da família R., a sala de estar se chama, como é costume em Lião, "a cozinha": ela serve para tudo, preparo das refeições, televisão, rádio, refeitório, pequenos afazeres domésticos. Ali fica concentrado de fato todo o calor no inverno, estação durante a qual é difícil fazer a calefação dos dois quartos, sobretudo o quarto de Joseph, onde acontece "quando a friagem é mais forte" a temperatura cair abaixo de zero.

Maurice habita igualmente em um imóvel de *canuts*, na rue Diderot. Seu apartamento fica no quinto andar (o que corresponde, em número de degraus, ao oitavo andar de um prédio mais recente). Os teares Jacquard não eram instalados em um local tão alto. Tratava-se antigamente de pequenos apartamentos que tinham sido sótãos ou os celeiros onde se amontoavam, de noite, os pequenos aprendizes. O apartamento não tem o aspecto muito alegre, mas é curiosamente valorizado por duas séries de objetos que o invadem de modo quase fantástico. Maurice é um colecionador que alimenta duas paixões na vida: a música e os modelos em miniatura. Seu apartamento se parece com um poema de Prévert: tem um baixo, uma flauta transversa, uma flauta reta, um bandolim, um violino, um metrônomo, um piano antigo, partituras de todos os tipos penduradas pelos cantos (de Mozart a Tino Rossi), fotografias de artistas famosos, alguns bustos (Mozart, Beethoven[13]), uma harmônica, uma gaita de boca, uma batuta de dirigente de coro etc., e há centenas de miniaturas de automóveis, dezenas de aviões, locomotivas, vasos de guerra, alguns navios antigos, e outras coisas de que não me lembro. O piano serve de ponte entre os dois sistemas de objetos: instrumento musical, serve como prateleira elegante (com uma longa peça de napa cor de rosa, passada) para as miniaturas mais bonitas. Estranho universo secretamente ordenado a partir de dentro por um domínio excepcional do heteróclito, pois todo esse inventário está disposto num espaço com menos de 25 metros quadrados. Como todos os verdadeiros colecionadores, Maurice tem uma arte incomparável da ordem e das hierarquias secretas, incompreensíveis para um profano. Uma erudição espantosa (sobre a história dos transportes, dos veículos; sobre a história da música também!) confere coerência, por suas explicações, à desordem aparente dos objetos.

A população do primeiro distrito

Entre os anos de 1962 e 1968 a população do primeiro distrito sofreu nítido envelhecimento, movimento confirmado pelo censo de 1975, embora, a partir desse ano, se perceba um certo rejuvenescimento da população local, graças à vinda de estudantes ou de artesãos jovens, atraídos pelos aluguéis muito baratos. Em 1968, a população do distrito tinha caído 12,3% em comparação com 1962, os nascimentos em 5,6%, ao passo que o número de pessoas acima de 65 anos ou mais aumentara em 16,6%. Sempre na mesma data, enquanto o conjunto das famílias em Lião tem na média 0,79 crianças abaixo dos 16 anos, este número cai para 0,47% no primeiro distrito. A *enquete* de Michel Bonnet mostra que o número de crianças inscritas nas escolas do Primeiro Grau diminuiu 30% entre 1968 e 1974. Curva negativa da natalidade, envelhecimento considerável da população, e quase anormal em confronto com as médias francesas, tais são as primeiras características que se podem destacar.

A família R. mora na quadra 13 do bairro 2 no primeiro distrito (divisão Insee 1968), a rue Rivet sendo limitada além disso pelas quadras 8 e 12. No sentido estrito, uma "quadra" é um "espaço cheio" isolado pelo "espaço vazio" da malha viária. Este espaço cheio pode atingir uma superfície considerável, como acontece com a quadra 8, imensa, cercada pela rue Rivet, o passeio do General Giraud, as rues Philippe-Gonnard e Pierre-Dupont, a ladeira dos Cartuxos e a rue Ornano. Esta quadra compreende uma escola, uma paróquia, um bloco do HLM, antigos imóveis, algumas propriedades de luxo, tudo isso em uma superfície que tem quase dois quilômetros de perímetro. Assim, os usuários agrupados em uma mesma quadra não se conhecem. Seria preciso fazer o inventário, na medida do possível, em função das saídas para uma mesma rua e não tanto considerando o número de habitantes de um amontoado de casas, sejam quais forem as ruas que as cercam!

No caso presente, é-me impossível utilizar os dados da quadra 8 porque, para dar pertinência à análise, seria preciso poder extrair deles os habitantes que moram na rue Rivet, portanto ter dados intraquadras, coisa que as estatísticas não apresentam.

A quadra 13 (a metade da rue Rivet que fica diretamente acima da praça Rouville; a fronteira marcada pela minúscula rue Prunelle não se leva em conta) dá interessantes informações sobre a população da rua, que se pode estender à parte "rue Rivet" da quadra 8. Acusa uma porcentagem de pessoas de idade nitidamente superior à média, ao passo que a quadra 12 sofre de menor tensão demográfica, como o mostra o quadro seguinte:

	População dos lares ordinários expressa em % por faixas etárias (Insee 1968)		
	0-19 anos	20-64	65 anos e +
Quadra 12	24,0	55,2	20,8
Quadra 12	16,8	57,3	25,9
Bairro n. 2	23,8	56,7	19,4
1° Distrito	23,4	59,9	16,6
Lião	26,7	59,7	13,8
França metropolitana	34,0	53,7	12,3

Os números da quadra 13 são particularmente anômicos nas duas extremidades do leque das idades: esta quadra tem a mais baixa porcentagem de jovens (depois da quadra 2: 15,4%; máximo: quadra 6, ou seja, 47,6%) e a mais alta porcentagem de pessoas idosas, com exceção da quadra 2 (não está no quadro!) que atinge a cifra extraordinária de 53,1%, por incluir uma "casa para pessoas da terceira idade".

Esse relativo envelhecimento deve ser lido com bastante atenção, pois manifesta uma ambiguidade no comportamento social. Sem dúvida, muitos jovens saem de casa ou por razões profissionais ou para encontrarem mais conforto nos imóveis mais novos. Mas há outras coisas ainda: Madame Marie me disse muitas vezes que era muito difícil encontrar um imóvel livre no bairro, pela boa e simples razão que os habitantes *gostam dali* e não têm vontade alguma de irem embora, apesar de serem imóveis muito antigos. Por um lado, as taxas de aluguel ali ainda são bastante acessíveis; por outro lado, o bairro dista dez minutos a pé da place des Terreaux onde se encontram muitos serviços e onde começa o centro da cidade; o bairro tem por fim a vantagem de ser bem arejado (os moradores da Croix-Rousse muito se orgulham do seu "ar"), por ficar num lugar elevado e dispor do encantador Jardim dos Cartuxos dominando quase a pico as sinuosidades do Saône. Madame Marie não desejaria, por nada neste mundo, deixar a sua rua – reflexo esperado sem dúvida, em uma pessoa idosa, mas que encontrei mais de uma vez entre adultos, do sexo masculino sobretudo, as mulheres sendo mais sensíveis à falta de conforto dos sanitários e à mediocridade das instalações culinárias. O envelhecimento não se deve tanto a um abandono demográfico, mas ao aumento na longevidade das pessoas de terceira idade que, enquanto se sentem válidas, preferem continuar em casa a ir para um asilo de anciãos ou para o hospital. Uma sondagem interessante, feita em março de 1975, mostrou a alta porcentagem de habitantes instalados de 25 anos e mais no primeiro distrito[14]. Ela incluía a seguinte pergunta: "Há quanto tempo mora na Croix-Rousse"? (pergunta n. 18). Eis os resultados, a divisão dos bairros segue a nomenclatura do Insee; a ZAD designa o setor Tolozan-Martinière então ameaçado de demolição, o que se efetivou depois da ampliação da place Tolozan:

Número do bairro	Número de pessoas interrogadas	Recusa (%)	Há quantos anos mora				
			0-5 (%)	5-10 (%)	10-19 (%)	20 e + (%)	sempre (%)
1	12	8,3	33,3	8,3	16,6	25,0	8,3
2	83	7,2	21,7	8,4	16,9	27,7	24,1
3	142	0,7	23,2	13,4	9,9	21,8	31,0
4	14	0,0	28,6	7,1	14,3	35,7	14,3
5	79	1,1	45,6	16,5	16,5	8,9	11,4
6	38	36,9	26,3	7,9	2,6	15,8	10,5
ZAD	117	12,8	39,3	13,7	12,0	11,1	11,1
Total	368	4,9	28,5	12,0	12,5	20,4	21,7

Esses números pedem alguns comentários. Percebe-se de imediato que, no total, as porcentagens mais elevadas (28,5% e 21,7%) se encontram nas colunas extremas. É impressionante notar, sempre neste total, que as duas colunas da direita (residência de duração igual a ou superior a vinte anos) dizem respeito a 42,1% das pessoas interrogadas: isto indica uma implantação com raízes profundas no conjunto do primeiro distrito. Fato mais notável ainda: a adição dessas mesmas duas colunas da direita nos dois bairros em que trabalhei (números 2 e 3) atinge respectivamente 51,8% e 52,8%, os resultados mais elevados para o grupo de bairros considerados. Estamos portanto com certeza diante de um bairro globalmente estável no momento da enquete, justificando fortes porcentagens de pessoas idosas. A longa prática da vizinhança, a osmose social que ela induz chegando mesmo a uma certa uniformização dos comportamentos, tudo isso enriquece de maneira notável o sentimento de "pertença". Talvez seja esse "ambiente" bastante típico que explica a subida espetacular das porcentagens para os recém-chegados, que se instalaram a partir de 1970: esse fenômeno corresponde perfeitamente ao aumento de interesse manifestado pelos mais jovens, depois de 1968, pelos bairros populares que conservaram estilo e tradições próprios.

O esvaziamento populacional apontado acima (-16% entre 1962 e 1968) se deve sobretudo a dois fatores: por um lado, o desaparecimento de muitos pequenos estabelecimentos comerciais a partir dos anos de 1960-1965 e, por outro, o não restabelecimento da locação de apartamentos ou pontos comerciais, verdadeiramente insalubres, escuros e úmidos, muito numerosos em certos locais. Mas a partir de então se pode constatar certa renovação: lojas vazias foram recuperadas para se transformarem em moradias, jovens artesãos ou comerciantes (tipografias, livrarias etc.) procuram firmar-se nas ladeiras da Croix-Rousse; enfim, a conjugação do aumento dos trabalhadores imigrantes a partir de uns dez anos, da crise do desemprego[15] e, de maneira mais local, da demolição de uma parte da Grande-Côte, obrigou muitas famílias ou moradores a fazer da necessidade virtude e a ocupar novamente prédios abandonados em anos anteriores.

Os trabalhos de reforma feitos de maneira autoritária tiveram como efeito sensibilizar politicamente essas faixas populacionais novamente implantadas (estudantes, jovens artesãos, militantes), criando locais de encontro e de debate, inéditos na história social do bairro, onde se é de modo geral bastante reservado. Infelizmente, essa forte mobilização não conseguiu opor-se inteiramente a um projeto de demolição (a parte alta da subida da Grande-Côte) que dizia respeito a certos bolsões onde a proporção de imigrantes era a mais forte[16].

A tradição operária da família[17]

De um ponto de vista objetivo e subjetivo, a família R. (que é, como lembro aqui, a síntese de numerosos testemunhos) se percebe inteiramente mergulhada em uma tradição cultural operária com a qual ela se acha fortemente identificada. Isto significa diversas coisas: em primeiro lugar, o sentimento de ser urbano de "geração em geração"; "até onde a gente se lembra, nossa família sempre foi operária", diz Madame Marie, o que é uma certa forma de significar que ela não tem mais nenhuma relação com possíveis ramos familiares camponeses. Em seguida, a própria noção de operário não remete exclusivamente ao trabalho na fábrica, mas sobretudo à ideia de trabalhador assalariado, seja qual for a profissão exercida. Folheando os álbuns de páginas amarelecidas, vemos surgir do passado "operários" fotografados com seu capacete e seu avental na saída das oficinas; empregados da cidade (operário de construção, condutor de bonde), um pequeno funcionário do correio, um empregado da prefeitura. Um tio-avô trabalhava numa fábrica de tecidos, um outro em um ateliê onde se fabricavam guarda-chuvas. O pai de Madame Marie trabalhava em uma bijuteria (joalheiro) em "uma grande casa": trabalhava admiravelmente, pelo que parece. A fotografia o representa em pose muito digna, com o cabelo aparado, os olhos ligeiramente saltados das órbitas por causa das horas de trabalho em pedras ou metais preciosos. Sua mulher, a mãe de Marie, polia pedras em uma outra firma. Como diz Madame Marie, sorrindo: "Aqui todos trabalhavam com o ouro e a prata; oh, sim! Mas, ter dinheiro em casa... isto já é outra coisa!"

Ser operário, por conseguinte, não é tanto estar sujeito a uma tarefa específica e sim participar, e isto é que é fundamental, de uma cultura popular, urbana, na qual predominam valores de identificação, essenciais, que giram principalmente em torno de *práticas de solidariedade.* À falta de ritos e contos camponeses recolhidos pelos folcloristas, a cultura urbana tem por fundamento uma prática das relações (de amizade ou familiares). Retomando as categorias propostas por Jacques Caroux, pode-se dizer que os R. e muitos dos seus vizinhos se inscrevem na classe dos *operários tradicionais* (que tem na ideologia do companheirismo o cimento, propondo a solidariedade como imperativo moral) e dos *operários de transição* (já tomados na grande empresa longe do domicílio, mas beneficiando-se ainda da solidariedade por inércia sociológica do ambiente cultural, quando vivem ainda em bairros operários tradicionais[18]).

Esse enraizamento transparece de forma impressionante na topografia do sistema relacional. Existe continuidade entre a pertença social e o espaço urbano, como o mostra o levantamento dos pontos ou locais, familiares ou de amizade, frequentados pelos R., assim repartidos em Lião:

1. *A Croix-Rousse*: onde moram Maurice, Joseph, Madame Marie, Madame Marguerite e muitos dos seus amigos.

2. *Saint-Jean*: bairro onde nasceu e passou a juventude Madame Marie, com Amélie. Atual local de residência de Amélia, a prima de Madame Marie.

3. *A Guillotière*: para os amigos mais queridos dos R.

Na periferia, a família frequenta:

1. *Oullins*: para um filho de Amélie.

2. *La Duchère*: para outro filho de Amélie.

3. *Vénissieux*: para o terceiro filho de Amélie.

4. *Villeurbane*: onde Jean aluga um minúsculo estúdio em um imóvel em vias de demolição.

5. *Saint-Fons*: para outros amigos, e como local de trabalho.

Para quem conhece Lião, cada um desses lugares mencionados conota a pertença ao mundo operário (particularmente a região suburbana, excetuando, em parte, Oullins, que compreende uma zona mais "residencial"). Isso é verdade, ainda, para o bairro Saint-Jean, mesmo tendo sofrido depois uma importante operação de reabilitação: resta ainda um número importante de "pessoas de menor categoria" (entre elas, Amélie e Jacques), que aos poucos tiveram que deixar o próprio bairro para ceder o lugar às classes mais abastadas, apreciadoras de um bairro "típico" (fenômeno sociológico que os ingleses denominam *gentrification*[19]).

A esses bairros cuja frequentação é, para os R., supermotivada, pelas relações familiares ou de amizade que aí se inscrevem, somam-se os que se poderiam denominar bairros intermediários ou "bairros de passagem" (como diz Madame Marie), muito frequentados pelos R. por razões ligadas às suas características externas, mas onde a sua rede de relações é nula. Trata-se do centro urbano[20], na parte compreendida entre a place des Terreaux e a place Bellecour, espaço urbano muito polivalente, pois ali está concentrada a maioria dos cinemas (rue de la République), grandes magazines (place des Cordeliers, rue Grenette, rue Edouard Herriot) e os principais edifícios públicos.

Restam enfim os bairros excluídos. Alguns o são de maneira indiferente: ficam muito longe, não há nenhum conhecido lá; não há razão alguma para ir até lá. Fala-se então dos "confins do oitavo ou do terceiro distrito", "lá em Montchat", "para lá da Grande-Blanche, em direção aos Vinatiers", todas expressões que insistem nos limites territoriais inacessíveis, as extremidades, os confins... Outros bairros estão excluídos por razões motivadas: os assim chamados bairros "burgueses", "ricos", os bairros "chiques", aonde os R. vão muito raramente, salvo quando precisam servir-se dos grandes eixos que os atravessam, a "quase-ilha", por exemplo, onde fica o célebre bairro de Ainay (tendo apenas a rue Victor-Hugo, por onde passa muita gente e convertida em rua de pedestres, encontra graça aos olhos dos R.), ou o bairro dos Brotteaux, no seu lado "chique", que se estende ao longo do Parc de la Tête d'Or (mas o Parque mesmo, um dos mais belos da Europa, é particularmente apreciado pelos lioneses que gostam de passear nele).

O sistema das relações humanas induz uma prática seletiva do espaço urbano: ele corta pedaços de território cuja seleção é significante, com valor de oposição, tanto do ponto de vista cultural como político (no sentido muito difuso desta palavra[21]). O fato de pertencer a um bairro, quando corroborado pela pertença a um meio social específico, vem a ser uma marca que reforça o processo de identificação de um grupo determinado. No nível da representação, "ser da Croix-Rousse" exclui de ser ao mesmo tempo dos Brotteaux ou da Presq'île, da mesma maneira que ser operário, filho de operário etc., exclui de pertencer a outras classes sociais que moram nos bairros ricos. Mas, por outro lado, esta fórmula integra aquele que a pronuncia em um processo de reconhecimento que mostra que o sistema territorial é correlativo do sistema relacional. Este processo autoriza a apropriação do espaço urbano enquanto ele é o lugar onde se encontram sem cessar a pertença social e as redes de itinerários urbanos que têm por função significá-la. Alguém se reconhece como "operário de pai para filho", parente de operários, morando em um bairro de operários, tendo operários como amigos, e perfeitamente inserido nesse tecido social ao qual corresponde um tecido urbano específico do qual o bairro da Croix-Rousse é um dos elos mais importantes.

As relações familiares no terreno

Eis esboçado em grandes traços o pano de fundo sobre o qual se vai destacar a vida cotidiana da família R. Resta abordar, agora, os tipos de relações que cada membro dessa família mantém com as outras, a fim de ver se as combinações relacionais são pertinentes para a análise da prática do bairro.

O fator *proximidade* é o que surge em primeiro lugar: fundamental, por favorecer a frequência das visitas, das entrevistas e, sobretudo, das refeições familiares. Ora, no caso da família R., por ocasião da sondagem, Madame Marie e Joseph vivem no mesmo apartamento. Maurice mora relativamente perto; apenas Jean habita na outra extremidade de Lião, mas, por outro lado, trabalha perto, na praça Sathonay. A proximidade no espaço urbano é fator decisivo para o funcionamento das relações familiares. A rue Rivet, a rue Diderot e a praça Sathonay formam um triângulo mais ou menos equilátero: seja como for, a distância entre dois desses pontos não ultrapassa dez minutos de caminhada. Graças a um jeitinho na administração do tempo (Maurice dá uma pequena volta no final do dia de trabalho, antes de voltar para casa; Jean também, embora more um pouco mais longe), e assim não fica difícil encontrar-se na casa de Madame Marie para o jantar, partindo do princípio de que é, em todos os casos, mais agradável comer juntos em família do que tomar a refeição sozinho em casa.

A segunda razão é mais sutil. Poderíamos denominá-la a *força inercial do hábito*: lenta inscrição nos anais de uma família que, sem razão peremptória, pela mera força do tempo, institucionaliza silenciosamente (sem que se tenha em momento algum consciência da queda de um sistema para o outro: até se esquece que há passagem) o que, anteriormente, só era vivido a título de exceção. A quinta-feira, por exemplo, que era "o dia de Maurice", produziu a sua própria generalização: aos poucos passou a ser todos os dias úteis da semana, pela extensão do hábito sistemático que o fundamentava. A força inercial do hábito é portanto o processo segundo o qual um fato particular, por sua especificidade, torna-se um "modelo" que se generaliza em práticas da mesma ordem.

Isto introduz aqui um problema subsidiário: no sistema antigo, uma diferença qualitativa opunha os dias úteis entre si. A quinta-feira era um dia de "festa" um pouco maior que nos outros dias. Desde a generalização do processo, o hábito nivelou toda a diferença qualitativa. Agora o grupo familiar procura portanto reinserir a ruptura no *continuum* hebdomadário. Essa intenção se transferiu para a sexta-

-feira à noite, que se tornou a noite vacante em que cada um pode se divertir como lhe apraz, e encontrar em outros lugares possibilidades "festivas": os homens saem cada um para o próprio lado, e Madame Marie fica sozinha "para respirar um pouco". O peso do hábito, finalmente sentido como uma introversão exagerada, se transformou em uma extroversão: o grupo se dissolve a si mesmo uma noite, a fim de praticar novamente uma ruptura qualitativa na organização da semana. Essa pequena revolução se prolonga atualmente até o fim de semana: agora cada um se sente livre para participar ou não nas refeições de família, com exceção de uma prioridade sempre mantida em favor da família para o café da manhã aos domingos.

Pode-se traçar um quadro da participação hebdomadária de cada um nas refeições em casa de Madame Marie, polo de atração da família R. Isto tem sobretudo o valor de um "modelo metodológico", cujos resultados são consideravelmente simplificados e apresentam apenas a síntese de múltiplas experiências e observações. Somente conta a análise do princípio segundo o qual há geralmente uma relação entre um dispositivo familiar (casais, gerações, fratrias) e a sua projeção no terreno social do bairro. No quadro-resumo eu designo respectivamente Maurice, Joseph e Jean pelas abreviaturas Mau, Jo e Jn.

	Meio-dia	Noite
2ª-f.	Mme. Marie + Jn	Mme. Marie + Jo + Mau
3ª-f.	Mme. Marie + Jn	Mme. Marie + Jo + Mau + Jn
4ª-f.	Mme. Marie + Jn	Mme. Marie + Jo + Mau
5ª-f.	Mme. Marie + Jn	Mme. Marie + Jo + Mau + Jn
6ª-f.	Mme. Marie + Jn	Mme. Marie
Sáb.	Mme. Marie + Jo + Mau + Jn	Mme. Marie + Jo + Mau + Jn
Dom.	Mme. Marie + Jo + au + Jn	Mme. Marie + Jo + Mau + Jn

Este esquema traduz a lógica das relações intrafamiliares (que se dão somente entre os quatro termos do grupo de referência) internas (quando se desenrolam dentro do apartamento). Apresentam uma coerência bastante firme, regular, "lubrificada", dando o devido espaço tanto às necessidades dos "dias úteis" como também deixando lugar à "gratuidade" (a independência, a diversificação das possibilidades festivas) própria dos dias livres. Mas esse sistema não fica fechado só em si mesmo: ele integra outras relações extrafamiliares (primos ou amigos) que vêm aí enxertar-se. As "recepções" ocupam então um lugar preferencial nos sábados e domingos ao meio-dia, ao invés da noite; durante a semana, são quase inexistentes.

Essa distribuição dos dias de recepção é tradicional: a tarde do sábado ou do domingo é de modo geral, na Croix-Rousse, um momento muito favorável para os convites. Mostram a observação e a experiência que a tarde se divide mais ou menos claramente em dois momentos com valor oposto. Vem em primeiro lugar o "café", que começa por volta das quatro horas da tarde para terminar por volta das cinco e meia: o pessoal se reúne então "em casa", para tomar café e comer doces. Este primeiro momento da tarde acha-se então em continuidade com o almoço.

Quando o convite tem lugar depois das cinco da tarde, o seu conteúdo e o seu estilo mudam de ponta a ponta: uma regra gastronômica se acha na origem, creio eu, desta distinção: parte-se do princípio de que a essa hora, tendo acabado a digestão, o café se torna nocivo porque dificulta conciliar o sono. À cerimônia do café sucede portanto aquilo que muitas vezes escutei chamar de "uma boquinha para o aperitivo" (*goûter-apéritif*) ou, mais familiarmente, com uma palavra lionesa, *mâchon*. Nessa ocasião, bebe-se vinho, cerveja e soda para acompanhar frios, queijos e/ou tortas. Este segundo momento é nitidamente orientado para o jantar[22], geralmente leve, das noites de recepção, esta última permitindo esperar sem perder a paciência. O final da tarde é todo para o aperitivo, enquanto a primeira parte é conclusiva. Isto dá o seguinte esquema:

Meio-dia 13:00	Tarde	Noite	
	16:00-17:30	17:00-18:30	19:30
almoço (refeição completa)	"café com": café tortas	"goûter-apéritif" *máchon* com: – vinho, cerveja, soda – frios – queijos – tortas	jantar (refeição completa)

O que acontece agora, quando ao menos dois membros da família R. vão juntos à cidade? Podemos detectar uma significação nesse regime das saídas, tanto do ponto de vista das relações intrafamiliares como do ponto de vista da prática do espaço urbano? Existirá alguma relação entre a organização dessas relações e a sua projeção no terreno? Depois de uma demorada observação se chega aos resultados seguintes: como as recepções em casa essas saídas intrafamiliares têm lugar quase exclusivamente aos sábados e domingos. Em seguida, a soma das ocasiões que as suscitam se reduz aos casos seguintes: refeições no restaurante, passeios, lazeres, mercado. Chega-se ao quadro seguinte:

	Restaurante	Passeios	Lazeres
Sábado manhã meio-dia			
tarde		• Mme. Marie + Jo + Jn • Mme. Marie + Jn	• Mme. Marie + Jo + Jn • Mau + Jn
Jantar noite			
Domingo manhã		Jo (passeio)	
meio-dia	• Mme. Marie + Jo + Mau + Jn • Mme. Marie + Jo		

→

87

	Restaurante	Passeios	Lazeres
tarde			• Mme. Marie +Jo+Mau+Jn • Mme. Marie + Jo + Jn • Mau + Jn
jantar noite	• Mme. Marie + Jo + Mau + Jn • Mme. Marie + Jo		

Assim Maurice não sai jamais só com sua mãe nem com seu irmão Joseph. É muito raro que saia com esses dois parceiros familiares. Todavia, toda vez que ele vem, traz o seu filho Jean. Por conseguinte, o trio (Mme. Marie + Joseph + Jean) pode implicar também Maurice. Noutras palavras, é possível que Maurice saia com Joseph e sua mãe, porque há Jean. Inversamente, o duo (Mme. Marie + Joseph) implica necessariamente a não vinda de Maurice: "Maurice não sai nunca – ou quase nunca – com Joseph e/ou sua mãe na ausência de Jean". Jean se acha portanto na posição de mediador entre Maurice e o resto da família; ele possibilita uma relação de saída que, sem ele, não existiria. Nas suas saídas infrafamiliares, os membros da família R. se distribuem segundo quatro casos de figuras:

1. Madame Marie + Joseph
2. Madame Marie + Joseph + Jean
3. Madame Marie + Joseph + Maurice + Jean
4. Maurice + Jean

As razões psicológicas ou afetivas dessa configuração das relações não fazem parte do nosso objetivo. Basta mostrar que a repartição das relações intrafamiliares não é exatamente a mesma conforme se esteja dentro ou fora do apartamento. O fenômeno da *saída* redistribui o dispositivo familiar mantendo certos traços distintivos: assim Maurice não toma a refeição sozinho com sua mãe, em casa dela, e nunca sai sozinho com ela.

Do ponto de vista que nos interessa, estas ponderações nos colocam no caminho de observações muito significativas. A cada fórmula relacional corresponde uma projeção topográfica e as trajetórias não são as mesmas. Assim, a incompatibilidade de certas combinações é menos uma resultante de conflitos psicológicos que a impossibilidade, para elas, de se encontrar ao mesmo tempo no mesmo lugar. Levando o raciocínio um pouco mais longe, poder-se-ia dizer que a coexistência é impossível precisamente porque os termos dessas combinações não encontraram terreno comum onde reconhecer-se no bairro (enquanto isso é possível na casa). Vemos, por exemplo, no quadro, que Joseph vai regularmente ao mercado no domingo pela manhã e vai sozinho (iniciativa que integrei nas "saídas intrafamiliares", pois se trata de uma atividade explicitamente a serviço da família). Por ocasião dessas idas ao mercado, ele vai sistematicamente a um bar onde encontra os amigos (voltarei mais adiante a esta sequência). Estaria pensando que só ele tem o direito de ir a esse bar? Sim e não. *Não*, porque Jean ou Maurice podem muito bem ir lá a qualquer momento da semana; não se trata, então, de um território "secreto", reservado unicamente ao uso de Joseph. *Sim*, todavia, porque ninguém da sua família teria a ideia (salvo algumas exceções *previstas*) de ir até lá no domingo de manhã. A sequência "Joseph no mercado" exclui, nesse momento e nesse lugar, toda outra combinação intrafamiliar, pois ela seria sentida como uma perturbação no sistema das relações. Não se misturam de qualquer jeito as relações familiares e as relações de amizade do bar[23].

Outros exemplos: disse que Jean jantava com a avó às terças e quintas-feiras. Antes de Jean voltar para casa, no outro extremo da cidade, seu pai o acompanha por alguns momentos em um bar da rue Terme, pertinho, onde os dois tomam uma cerveja antes de se separarem. Madame Marie e Joseph têm igualmente o costume de parar uns instantes nesse bar, ou sozinhos, ou mesmo com Jean ou Maurice. Mas nunca vão lá às terças e quintas-feiras; o bar é então o seu lugar privilegiado, íntimo, de um encontro entre o pai e o filho no qual, desta ou daquela maneira, não seria conveniente intrometer-se.

Aqui não existe cálculo explícito, consciência elaborada das situações, estratégias complexas pensadas com antecedência. A territorialização do espaço público é infinitamente mais sábia ainda, entretecida nas necessidades históricas e radicalizada no processo do reconhecimento. Trata-se de uma diversificação prática (até diria "práxica", a tal ponto ela se acha ligada aos modos concretos da socialização) que visa exumar (no sentido primigênio de "tirar do chão") lugares próprios, e próprios somente a este ou àquele tipo de relação. Sob esses pacotes de hábitos banais, não é a aparência rotineira que se deve visar, não é o fluir tranquilo de um dia da semana após o outro, das semanas, dos meses, dos anos; é o ritmo produzido no tempo por essa família e pelo qual ela pratica a sua singularidade. A exterioridade (aqui, o bairro) se interiorizou, e ao mesmo tempo a interioridade se exterioriza nesse espaço que foi reapropriado, por se ter tornado uma exclusividade, ou seja, alguma coisa que faz sentido por oposição. As leis de oposições significantes atravessam a família R., pois autorizam cada um dos membros a se articular no ambiente socialmente estruturado que é o bairro.

Nota complementar: desemprego dos jovens de 15 a 24 anos

Em 1975, eu havia tomado alguns apontamentos sobre o desemprego, o dos jovens em particular, sem explorá-los, pois não entravam diretamente, assim me parecia, na pesquisa. Mas os acontecimentos decidiram de outro modo. Ao reler estas notas, completando-as por aquilo que se conhece hoje, constato retrospectivamente que, a partir de 1975-1978, a duração da pesquisa de campo e da sua redação, o desemprego dos jovens, sobretudo dos jovens pouco ou não qualificados, se torna inquietante e se impõe como um dado novo da realidade social. É portanto conveniente fazer um balanço, com os dados do Insee, sobretudo o notável *Anuário Retrospectivo da Fran-*

---

* Texto acrescentado a esta edição, para completar a descrição da Croix-Rousse.

ça, 1948-1988, Paris, Instituto Nacional de Estatística e de Estudos Econômicos, 1990, 658 p. Sobre o emprego e o desemprego, cf. p. 50s, quadros 8, 9, 27 a 30, e 35. Para os anos ulteriores, conferir o *Anuário Estatístico da França, 1991-1992*, Paris, Insee, 1992, 824 p. + Índice, p. 102 a 104.

1. Em 1955, quando os jovens que entrevistei em 1975 estavam nascendo ou no jardim de infância, a França contava ao todo "somente" 317 mil desempregados, ou seja, 1,7% da população economicamente ativa, que totalizava 19 milhões de empregados (a proporção mais baixa de desempregados é a registrada em 1957: 1,0%, ou seja, menos de 200 mil desempregados). Em 1968, ano ainda bem quente na memória de todos, contavam-se 584 mil desempregados: 2,8% da população economicamente ativa (20 milhões) e, destes, 251 mil desempregados na faixa dos 15 aos 24 anos, ou seja, 5,2% dos trabalhadores da mesma idade (houve, portanto, 4,5 milhões de "jovens empregados" naquele ano); mas, proporcionalmente, 42,9% do total dos desempregados, quase um em dois.

2. A partir de 1975, a *porcentagem de jovens desempregados* na população ativa de 15 a 24 anos aumenta um pouco mais depressa que a do total dos desempregados: beira e depois ultrapassa a barreira dos 10%. O Quadro n. 1 apresenta a evolução da situação de 1974 a 1988.

Observações sobre o Quadro nº 1:

– ano de 1975: o total de desempregados ultrapassa um milhão;

– anos de 1974 a 1981: sob o mandato de Valéry Giscard d'Estaing, o número total de desempregados se multiplicou por 2,4;

– ano de 1982: o total de desempregados ultrapassa os dois milhões;

– ano de 1984, e somente neste ano, ultrapassa-se o milhão de jovens desempregados. Um de cada quatro trabalhadores de 15 a 24 anos está desempregado.

Entre 1974 (8,5%) e 1984 (25,3%), a proporção de jovens desempregados mais que triplicou, e o seu valor absoluto se multiplicou por 2,7. Em números redondos, conta-se um jovem desempregado em cada vinte jovens em atividade até 1970, um em cada dez em 1975, um em cada cinco de 1980 a 1982, um em cada quatro em 1984 e, depois, de novo um em cada cinco em 1987.

O recuo relativo dos desempregados de 15 a 24 anos, registrado a partir do ano tenebroso de 1984, se explica, por um lado, pelas numerosas medidas de inserção, social e profissional, aplicadas pelos poderes públicos (trabalhos de utilidade coletiva – os célebres "TUC" – missões locais, contratos emprego-solidariedade, reciclagem profissional, redução do custo salarial dos jovens e do primeiro emprego, concessão da renda mínima de inserção ("RMI"), no final de 1988, mas essa medida só é aplicada a partir dos 25 anos) e, por outro lado, pelo aumento da duração média da escolarização e dos estudos de grau superior. No entanto, como mostra o Quadro n. 2, a proporção dos jovens desempregados de 15 a 24 anos permanece, em 1991, duas vezes mais elevada que a média nacional (19,1% contra 9,3%).

Quadro n. 1

Evolução dos jovens desempregados de 15 a 24 anos em relação total dos desempregados, em unidades e porcentagens

	Número de jovens desempregados (unidades)	% de jovens desempregados/ jovens empregados	Total dos empregados (unidades)	% total dos desempregados/ empregados	% jovens empregados/ total dos desempregados
1974	414000	8,5	848000	3,8	48,8
1975	505000	10,6	1081000	4,8	46,7
1976	517000	10,9	1100000	4,9	47,0
1977	542000	11,4	1210000	5,2	44,8
1978	617000	13,2	1360000	5,9	45,4
1979	684000	14,8	1500000	6,4	45,6
1980	744000	16,5	1650000	7,0	45,1
1981	887000	19,3	1970000	8,3	45,0
1982	898000	19,6	2010000	8,5	44,7

1983	984000	22,2	2200000	9,3	44,7
1984	1120000	25,3	2540000	10,6	44,1
1985	999000	22,9	2530000	10,6	39,5
1986	955000	22,5	2620000	10,9	36,4
1987	869000	21,6	2560000	10,6	33,9
1988	793000	20,9	2530000	10,4	31,3

Quadro n. 2

Síntese das Taxas de Desemprego no Sentido do Birô Internacional
do Trabalho (BIT) por sexo e idade reunidos
(idade atingida em 31/12) (em %)

DESEMPREGADOS

	1954	1962	1975	1977	1980	1984	1985	1988	1990	1991
Conjunto 15 anos e mais	1,6	2,0	4,8	5,2	7,0	10,6	10,6	10,4	8,9	9,3
Entre 15 a 24 anos	/	/	10,6	11,4	16,5	25,3	22,9	20,9	18,0	19,1

Fonte: *Annuaire rétrospectif*, Tableau 28, p. 71, para 1954-1988, e *Annuaire statistique* 1991-1992.

3. Em 1954-1955, como mostra o Quadro n. 3, para o "Total dos 15 aos 24 anos", que é a síntese das porcentagens da população economicamente ativa nessa faixa etária, rapazes (R) e moças (M) confundidos, *a taxa de atividade dos 15 aos 24 anos* é muito elevada, 62,9%: dois jovens em cada três "trabalham", como se dizia então. Olhando em pormenor, vê-se que este é o caso para três em quatro rapazes (75%, e destes 60% dos 15 aos 19 anos e 91% dos 20 aos 24 anos) e uma moça em cada duas (50%, entre elas 43% na faixa dos 15 aos 19 anos e 57% dos 20 aos 24 anos). Depois essa taxa sintética não cessa de diminuir, com 58,6% em 1962, para cair abaixo da barreira dos 55% precisamente em 1975: 49,7% e depois 49,5% em

1977, 48,0% em 1980 (esses três anos são contemporâneos da minha pesquisa), 44,1% em 1985, 39,5% em 1988, 36,3% em 1990; enfim, 33,8% em 1991, ou seja, um jovem "empregado", de 15 a 24 anos, rapaz ou moça, em cada três.

Entre 1954 e 1991, a taxa de atividade dos jovens, rapazes e moças de 15 a 24 anos, viu-se quase dividida por dois. O recuo mais espetacular diz respeito à taxa de emprego dos mais jovens de 15 a 19 anos, dividida por cinco para os rapazes (60% em 1954, 12% em 1991), e por seis para as moças (de 43% para 7%).

Além disso, no período 1950-1970 a taxa de atividade dos jovens é nitidamente superior à média nacional (62,9% em 1954 contra 60,4%; 58,6% em 1962 contra 57,5% para passar abaixo dessa média no começo dos anos 70 (49,7% em 1975 contra 55,4%) e diminuir até os valores próximos de 33% em 1991 (média nacional: 54,9%).

Quadro n. 3

Taxa de atividade rejeitada nos recenseamentos, por sexo, e idade quinquenal, observada em março (idade atingida no decorrer do ano) (em %)

	1954	1962	1975	1977	1980	1985	1988	1990	1991
HOMENS	82,5	78,8	71,0	70,3	69,7	66,7	64,8	64,0	63,8
na faixa de 15-19 anos e	60,2	49,2	29,1	27,6	26,2	19,5	15,0	14,5	12,3
20-24 anos	91,0	88,1	81,5	81,2	80,4	78,2	71,2	65,1	62,0
MULHERES	38,3	36,3	39,2	40,6	41,8	43,5	44,3	45,8	46,0
na faixa de 15-19 anos e	43,2	35,5	21,7	21,1	18,3	13,4	10,7	8,1	6,8
20-24 anos	57,1	61,5	66,3	68,2	67,2	65,5	61,2	57,4	54,0
TOTAL H+M 15-24 anos	62,9	58,6	49,7	49,5	48,0	44,1	39,5	36,3	33,8
TOTAL H+F	60,4	57,5	55,1	55,4	55,7	55,1	55,1	54,9	54,9

Fonte: *Annuaire rétrospectif.* Quadro n. 9, para 1954-1988, e *Annuaire statistique 1991-1992.*

4. A Região Rhône-Alpes seguiu a mesma evolução durante o mesmo período, tendo em geral um ponto ou dois melhores que a média nacional: um pouco mais de empregados, um pouco menos de desempregados (por exemplo, 3,5% desempregados contra 4,8% na média nacional em 1975, 8% contra 9% em 1982).

Graças aos documentos por Regiões, Departamentos e Circunscrições municipais do Insee (censo de março de 1990), pude traçar o quadro das porcentagens da população economicamente ativa, incluindo os desempregados, indo do mais geral aos mais particular: França metropolitana (F), região Rhône-Alpes (RA), Departamento do Ródano (Rh), Unidade Urbana de Lyon (UUL, que reúne 63 circunscrições municipais na Courly, Comunidade Urbana de Lyon), Lyon (Ly), Primeiro (1º) e Quarto (4º) Distritos que representam o território da Croix-Rousse (Lyon compreende nove distritos ao todo). Mantive os dados relativos aos jovens de 15-19, 20-24 e 25-29 anos, a fim de completar os dados dos quadros e comentários precedentes.

Somando os resultados das cinco colunas da direita (de Rh ao 4º Distrito), constata-se que a taxa de emprego é em média dois pontos superior à média nacional (aproximadamente 57% contra 55%), salvo no quarto distrito. E que a taxa de desemprego é inferior um ponto e meio à média nacional (aproximadamente 9,5% contra 11%), salvo no primeiro distrito onde é levemente superior. A parte dos jovens economicamente ativos é nitidamente mais fraca na cidade de Lyon e nos dois distritos que na França metropolitana, assim do resto que a parte dos jovens desempregados (ainda que nesses dois distritos não seja significativa para os de 15-19 anos, por causa da insuficiência da amostra, 22 pessoas apenas). No primeiro caso (atividade econômica), obtém-se aproximadamente 9,0% de empregados de 15-19 anos contra 11,8% na média nacional, e cerca de 50% de economicamente ativos de 20-24 anos contra 63,7%. No segundo caso (desemprego), constata-se que a proporção dos jovens desempregados de 20-24 anos, de cerca de 15% para Lyon e os seus dois distritos, é também significativamente inferior à média nacional de

20,3%. Faz-se constatação análoga para os mais velhos de 25-29 anos (em torno de 11% contra 13,5%).

Quadro n. 4

Taxa da população economicamente ativa, com as taxas de desemprego, segundo o Censo nacional de 1990, para a França metropolitana, a Região Rhône-Alpes, o Departamento do Ródano, a Unidade Urbana de Lyon, a cidade de Lyon e seus Primeiro e Quarto Distritos (La Croix-Rousse) (em %)

	F	RA	Rh	UUL	Ly	1°	4°
% dos ativos	55,1	56,6	57,8	57,6	55,5	56,7	54,9
de 15-19 anos	11,8	10,2	10,5	9,6	9,2	8,5	8,5
e 20-24 anos	63,7	64,0	58,6	55,9	47,8	44,8	55,0
e 25-29 anos	86,7	87,6	87,1	86,7	86,4	85,7	89,7
% dos	11,1	9,1	8,7	9,5	9,2	11,4	7,9
desempregados	21,8	17,1	17,3	20,2	19,4	*16,3	*14,4
de 15-19 anos	20,3	16,3	15,1	16,6	14,5	17,2	15,2
e 20-24 anos e 25-29 anos	13,5	11,4	10,6	11,2	10,0	12,4	9,7

* 22 sujeitos nos dois casos.

Esses resultados, bastante positivos em relação às médias nacionais, não aliviam em nada o peso do assim chamado "destino sociológico" (fórmula de Pierre Bourdieu), representado pelo desemprego de longo prazo. Um jovem (rapaz, mas ainda mais uma moça) que tem dificuldade para encontrar emprego em Lyon no momento de minha enquete em 1975 tem muita chance de hoje fazer parte do batalhão de desempregados de longo prazo, ou de receber o benefício, se assim se pode dizer, da "Renda Mínima de Inserção", prevista pela Lei de outubro de 1988 (RMI), 2.200 francos mensais aproximadamente. Ver Pierre Vanlerenberghe (Ed.), *RMI, le pari de l'insertion* (Relatório da Comissão Nacional de Avaliação da Renda Mínima de Inserção), Paris, La Documentation Française, 1992, 2 t. Para uma apresentação sumária, ver a entrevista com P. Vanlerenberghe, em: *Actualités sociales hebdomadaires* n. 1.777, 20/03/92; e *Economie et statistique*, n. 252, março de 1992.

Esse jovem tem tanto menos chance de ter achado um emprego, sobretudo um emprego estável, se for pouco escolarizado ou não diplomado, ou mal qualificado profissionalmente. "Vítima" da exclusão social – fórmula hoje utilizada para descrever o alijamento das estruturas de emprego e, de modo mais geral, de toda forma reconhecida de trabalho – terá assim sido vítima da ideologia antiescolar, contrária às qualificações e aos diplomas que representam "a integração no sistema" execrado, ideologia que surgiu a partir dos acontecimentos de maio de 1968, teorizada por intelectuais portadores de diplomas superiores, ainda muito ativa por volta de 1975, quando era de bom tom ter "saído da escola ou da faculdade". Essa utopia infelizmente teve efeitos negativos quanto às realidades socioprofissionais da época, muito mais severas do que suspeitaria "o enorme cortejo dos discursos imóveis" (Roland Barthes).

* Nota complementar: a Croix-Rousse interrogada[24]

O que escrevi sobre o bairro urbano "em geral" resistiu melhor ao tempo que os capítulos sobre a Croix- Rousse, datados do ponto de vista demográfico. Utilizei os dados dos recenseamentos de 1962 a 1975. No entanto, já se podia pressentir o rejuvenescimento da população, assim como as primícias da implantação, constatada posteriormente, de atividades e serviços orientados para as artes e a cultura (sobre a "gentrificação", cf. p. 359 nota 19), tendência verificada pela história recente da Croix-Rousse, que passou a ser um famoso lugar de atração, de restauração e de espetáculos ao vivo.

1. *Em um primeiro tempo, a Croix-Rousse (1º Distrito) se esvazia e envelhece.* Os recenseamentos de 1962, 1968, 1975 e 1982 registram

---

* Texto acrescentado a esta edição.

uma constante diminuição do número de habitantes: 47.000 em 1962, 41.200 em 1968 (menos 12,3% em relação a 1962), 31.200 em 1975 (menos 24,3%), 25.600 em 1982 (menos 17,9%). No total, de 1962 a 1982, o Primeiro Distrito perdeu 21.400 habitantes; 45,5% da sua população. Decréscimo da natalidade, envelhecimento e hemorragia demográfica, tais eram os critérios "croix-roussianos". Será preciso aguardar o censo de março de 1990, para ver uma ligeira recuperação: 26.592 habitantes, ou seja, 3,9% a mais que em 1982.

Essas anomalias demográficas não tinham apenas aspectos negativos. O morador da Croix-Rousse, sempre apegado ao seu bairro, tem portanto a tendência a envelhecer em seu lugar de origem, se ouso dizer, apesar do pouco conforto já legendário do habitat (cf. p. 76-79, "A população do primeiro distrito", sobre a enquete feita em março de 1975). Três valores explicavam esse enraizamento:

– "neste bairro a vida não é cara". Em 1975, ainda era possível alugar apartamentos de três-quatro peças por menos de 500 francos *por trimestre* (cerca de 1600 francos atualmente);

– "é um bairro agradável", todos gabavam a sua calma e seus "bons ares", seu mercado, seus jardins, as árvores do Boulevard. Essas qualidades não escaparam à atenção dos promotores que não deixaram de fazer do platô, no limite entre os primeiro e quarto distritos, um novo bairro residencial;

– fica perto do *centro da cidade* que abrange em parte (o primeiro distrito se estende até a igreja de São Nazário; o Hôtel de Ville, na Place des Terreaux, fica no seu território) e ao qual está corretamente ligado pelos transportes coletivos. Ora, o "centro" das cidades é *sempre* mais atraente que as áreas periféricas. Por que "se perder" nos subúrbios quando se pode beneficiar ao mesmo tempo das vantagens da tranquilidade e da proximidade do centro?

2. *A partir de 1975, a chegada de "jovens" (em geral de 20-25 anos)* compensa o envelhecimento. Estudantes, artesãos, artistas são atraídos pelos aluguéis convidativos dos apartamentos, das lojas comerciais, dos ateliês. Esse rejuvenescimento atacou a colina oriental

pelo "lado do Ródano", tocando as ruas e praças entre a ladeira Saint-Sébastien e a ladeira da Grande Côte (ou Grand'Côte). O outro lado, no oeste, acima da Praça Rouville a prumo sobre o Saône, resistia aos intrusos por uma média de idade elevada. Com o tempo, o avanço da juventude do leste para oeste transpôs a Grande Côte, se estabeleceu por cinco ou seis anos na ladeira das Carmelitas, que lhe é por assim dizer paralela, e depois a extrapolou para chegar enfim à rue Rivet e às ruas próximas.

3. *O recenseamento de 1990 esclarece a estrutura demográfica desse rejuvenescimento.* Pude traçar, graças aos dados do Insee, o quadro das porcentagens da população por "grandes grupos de idade", do mais geral ao particular: França Metropolitana (F), Região Rhône-Alpes (RA), Departamento do Ródano (Rh), Unidade Urbana de Lyon (UUL), Lyon (Ly), Primeiro (1º) e Quarto (4º) Distritos para a Croix-Rousse. Acrescentei os dados relativos às faixas dos 15-19, 20-24 e 25-29 anos para completar, afinando-a, a demografia dos jovens.

Quadro n. 1

Distribuição por grandes grupos de idade da população na França Metropolitana, na Região Rhône-Alpes, Departamento do Ródano, Unidade Urbana de Lyon, cidade de Lyon e seus Primeiro e Quarto Distritos (a Croix-Rousse)

	F	RA	Rh	UUL	Ly	1º	4º
* população	54,4 M	5,35 M	1,5 M	1,215 M	422444	26592	30552
** 0-19 anos	26,5	27,0	26,6	26,1	21,4	21,0	20,2
20-39 anos	30,3	30,4	31,8	32,5	34,8	39,1	31,9
40-59 anos	23,3	23,9	23,9	24,0	22,3	20,1	22,9
60-74 anos	12,8	12,1	11,5	11,4	13,0	10,8	14,4
75 anos e +	7,1	6,9	6,2	6,0	6,5	8,9	10,2

* População em milhões (M), e depois em milhares.
** Grandes grupos de idade em porcentagens.

O Quadro n. 1 mostra que em Lyon e na Croix-Rousse (Ly, 1º e 4º), a proporção dos habitantes de 0-19 anos é nitidamente inferior à média nacional, 21% contra 26,5%; portanto, déficit de crianças e adolescentes. Por outro lado, constata-se uma forte proporção de jovens na faixa de 20-39 anos, sobretudo no 1º em que a sua taxa é a mais alta: 39,1% contra 30,3% na média geral. Os de 20-39 anos são portanto a fonte principal do rejuvenescimento em curso nos "pontos extremos".

Esta tendência se verifica no Quadro n. 2 abaixo: em Lyon e em nossos dois Distritos, a proporção dos adolescentes na faixa de 15 a 19 anos é um ponto e meio inferior à média geral, 6% contra 7,5%. Mas a taxa sintética dos situados na faixa de 20 a 24 e 25 a 29 anos, nas três colunas da direita (Ly, 1º e 4º), é nitidamente superior à média geral que supera em dois pontos e meio, 10% contra 7,5%.

Quadro n. 2

Extratos da distribuição por idade, por quinquênios, da população francesa segundo as mesmas categorias que no quadro precedente, para os que estão nas faixas de 15 a 19, 20-24 e 25-29 anos (em %)

	F	RA	Rh	UUL	Ly	1º	4º
15-19 anos	7,5	7,5	7,4	7,3	6,1	6,0	5,9
20-24 anos	7,5	7,7	8,7	9,1	10,1	11,2	7,6
25-29 anos	7,6	7,6	8,4	8,8	9,9	11,3	9,3

Uma análise mais fina (fora do Quadro) da população do 1º Distrito mostra que, no "grande grupo etário" dos 20 aos 39 anos, é o grupo dos que têm de 23 a 27 anos o mais numeroso por ano de idade. Com efeito, enquanto o número médio dos que têm de 20 a 39 anos é 520 por ano, este número ultrapassa a barreira dos 600 por ano para aqueles que têm de 23 a 27 anos: 629 têm 23 anos; 630, 24 anos; 607, 25 anos; 633, 26 anos e 624, 27 anos. Os de 23 a 27 anos constituem também, no censo de 1990, a classe etária mais importante do 1º Distrito: 11,7% dos habitantes, ou seja, quatro pontos acima da média na França Metropolitana, onde a taxa dos que têm de 23 a 27 anos é, em relação ao conjunto da população, de 7,8%. Noutras palavras, e levando o tempo que se escoou desde o último levantamento demográfico, os na faixa de 25 a 30 anos são atualmente, muito mais que as crianças e os adolescentes, o ponto de concentração do rejuvenescimento demográfico do 1º Distrito.

4. *Esses resultados estatísticos vêm confirmar a observação empírica.* Passando pelas ruas, percebia-se o rejuvenescimento no decorrer do tempo. As antigas mercearias ou as lojas de artesãos, os antigos bistrôs (barzinhos), se transformavam em livrarias, galerias ou estúdios, ou então em teatros ou outros locais de espetáculos ao vivo, mesmo nos espaços onde se poderia razoavelmente considerar "fora de alcance", há uns dez ou quinze anos. As trancas foram tiradas, lentas modificações transformaram as paredes, as butiques, os pátios, os apartamentos – esses célebres apartamentos de *canuts* com suas "sacadas" que as agências imobiliárias chamam de *mezzaninos*. A nova pintura das fachadas deu grande realce a esse bairro cuja aparência geral era, não faz muito tempo, lastimável por seu desmantelo. A isso veio acrescentar-se a multiplicação das associações, em número de ao menos duzentas nos 1º e 4º Distritos (cultura, lazeres, esportes, restaurantes comunitários, associações de moradores etc.).

5. *Os jovens que se instalavam na Croix-Rousse desenvolveram sobretudo atividades artísticas e culturais.* A pesquisa "Artistas croix-roussianos: os números", publicada no *Le territoire du créateur* (coletânea editada por Daniel Dhéret: cf. p. 359, nota 19, e p. 361, nota 24), recenseia quatrocentos artistas nos primeiro e quarto Distritos, o que representa 1% da população de 19 a 74 anos, mas também 2% da "população economicamente ativa". Essa proporção, muito significativa para uma categoria tão especializada de habitantes, mostra que a Croix-Rousse se tornou, a partir do quinquênio 1975-1980, ponto de uma forte concentração de atividades artísticas e culturais. Os aluguéis baixos explicam (explicavam!) essa atração, mas também a configuração especial dos apartamentos que, previstos para se tra-

balhar com os teares Jacquard, oferecem tetos impressionantemente altos. Esse volume do habitat é particularmente adequado para os artistas plásticos, que são os mais numerosos segundo a pesquisa.

Ao lado dos artistas, de outros profissionais como livreiros, editores, donos de galerias, restauradores, enriquecem a gama das atividades culturais e dão também ao bairro uma forte mais-valia simbólica[25]. E, com ela, uma mais-valia imobiliária que, de algum tempo para cá, se volta contra eles e os expulsa de um espaço urbano que eles mesmos valorizaram. A renovação dos contratos de aluguel se faz em condições devastadoras e, se não se encontra nenhuma solução, a sorte dos artistas e de toda a vida cultural se vê diretamente ameaçada.

6. A chegada de jovens por volta de 1975, artistas inclusive, não conseguiu frear a hemorragia demográfica tal como se constata, já o vimos, até 1982. Mas estes conseguiram inserir atividades que, novas há cerca de 10 anos, agora são reconhecidas. A tal ponto que a Croix-Rousse é realmente um bairro de artistas, considerado como tal em Lyon, na França e no estrangeiro. A Croix-Rousse não seria a Croix-Rousse *atual* sem a sua população de artistas e profissionais da vida cultural. Além disso, este bairro, antes relativamente fechado, se abriu para o restante da aglomeração lionesa. Mais ainda, *muita gente acorre para ali: o intercâmbio cultural faz hoje parte da sua vida cotidiana, a tal ponto que se tornou um dos seus valores.* Um sábado à noite na Croix-Rousse, nos anos de 1990, é completamente diferente de um sábado à noite em 1980: para um acontecimento cultural há dez anos, agora se contam dois ou três. Por vezes a festa invade todas as ladeiras, como *La nuit des voraces*[26], em 21 de setembro de 1991, que deu ensejo a centenas de artistas mostrar as suas obras e exprimir-se. Os artistas, os agentes culturais, os espectadores e outros visitantes da noite aqui se sentem como *em casa*, e é isso que é novo em relação a 1975.

7. Último ponto no qual é mister insistir: *a memória histórica da Croix-Rousse remonta para além da ocupação romana.* Ela repousa sobre um empilhamento do qual gostaria de sublinhar três momentos.

O martírio de Santa Blandina e seus companheiros, em agosto de 177, tornou-se uma imagem piedosa que mascara o essencial. Com efeito, os primeiros cristãos que desembarcaram nestas paragens, sob a autoridade de Potino e de Ireneu, são discípulos do Apóstolo João, o mais enigmático dos autores do *Novo Testamento*. Isso talvez possa explicar o cristianismo de tipo místico, gnóstico e inclusive esotérico de Lyon[27] (capital da gastronomia, e também do Espiritismo). A cidade constantemente se voltava para o Oriente. A seda e portanto muito diretamente os *canuts* da Croix-Rousse são a figura emblemática dessa relação. Lyon foi um dos polos bancários, comerciais e intelectuais da bacia mediterrânea. No seu velho fundo cultural, Lyon é oriental e árabe (como o atesta a sua tradição universitária de orientalistas). A imigração magrebina data de tempos mais antigos que as crises políticas e econômicas dos anos 60 deste século, remonta a meados do século XIX. É uma tradição nessa cidade, uma dimensão da sua história, o fato de suas relações constitutivas, *essenciais*, com o Oriente (muçulmano ou cristão). Se existe uma cidade onde o racismo e a xenofobia não deveriam ter lugar, esta é precisamente Lyon.

Outro elemento constitutivo da sua história, a atividade dos *canuts*, foi sempre acompanhada de uma mútua ajuda social, dando origem a numerosas mútuas e cooperativas nascidas das crises de 1831 e 1834. Há uma placa comemorativa (no número 95 da Montée de la Grand'Côte): "Aqui foi fundada em 1835, por Michel Derrion e Joseph Reynier, a primeira cooperativa francesa de consumo 'Le commerce véridique et social'". A atual atividade associacionista e a solidariedade correlata, solidariedade entre criadores e solidariedade com um lugar, se inscrevem diretamente na linha dessa tradição social comprovada. É uma possibilidade suplementar para a Croix-Rousse continuar sendo um *"território dos criadores"*.

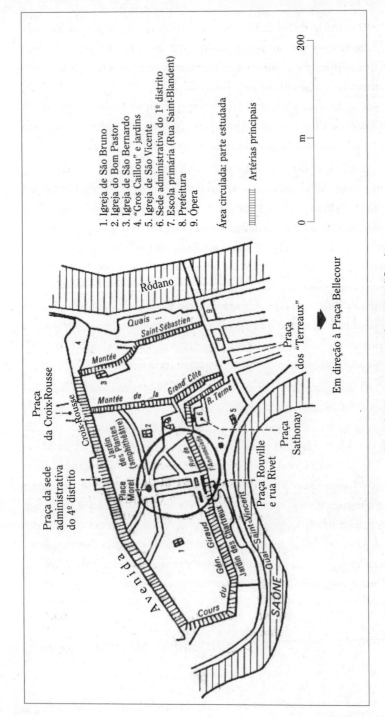

Bairro da Croix-Rousse: plano simplificado

1. Rua Rivet
2. Rua Prunelle
3. Rua de Flesselles
4. Rua Pierre Blanc
5. Rua Ornano
6. Ladeira das Carmelitas
7. PRAÇA MOREL
8. Rua dos Cartuxos
9. Rua da Tourette
10. Rua do Bom Pastor
11. RUA JEAN-BAPTISTE SAY
12. LADEIRA DE LA GRAND CÔTE
13. RUA NEYRET
    Igreja do Bom Pastor
14. Rua Imbert Colomès
15. RUA DIDEROT
16. Ladeira São Sebastião. Praça Colbert
17. Rua dos Fantasques. Igreja de São Bernardo
18. PRAÇA DA CROIX-ROUSSE
19. PRAÇA SATHONAY
20. Jardim Botânico
21. Rua Bourdeau
22. Rua das Tables Claudiennes
23. Cour des Voraces
24. Encruzilhada de diversas ruas; na rua da Alma viveu Madame C.

Obs.: Em maiúsculas estão os locais mais frequentemente utilizados ou citados.

O bairro estudado: plano detalhado

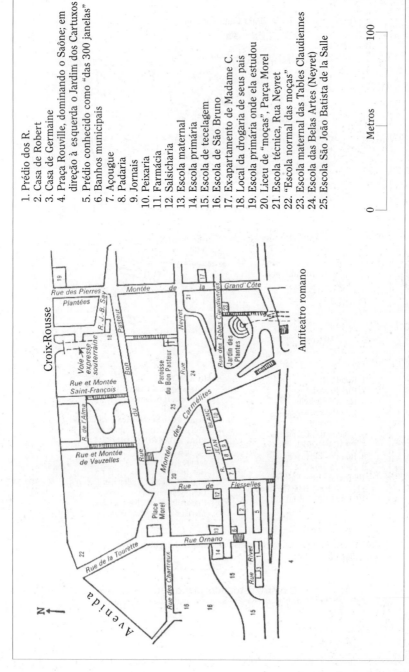

1. Prédio dos R.
2. Casa de Robert
3. Casa de Germaine
4. Praça Rouville, dominando o Saône; em direção à esquerda o Jardim dos Cartuxos
5. Prédio conhecido como "das 300 janelas"
6. Banhos municipais
7. Açougue
8. Padaria
9. Jornais
10. Peixaria
11. Farmácia
12. Salsicharia
13. Escola maternal
14. Escola primária
15. Escola de tecelagem
16. Escola de São Bruno
17. Ex-apartamento de Madame C.
18. Local da drogaria de seus pais
19. Escola primária onde ela estudou
20. Liceu de "moças", Parça Morel
21. Escola técnica, Rua Neyret
22. "Escola normal das moças"
23. Escola maternal das Tables Claudiennes
24. Escola das Belas Artes (Neyret)
25. Escola São João Batista de la Salle

Os arredores da rua Rivet

O duplo apartamento da família R.

Trata-se de dois apartamentos contíguos servidos por uma mesma entrada, o vestíbulo A. O primeiro apartamento, mais amplo, que é o coração da vida familiar, comporta um corredor B, uma cozinha, sala de estar C, e dois quartos D e E. No plano (inserido à p. 108), as partes hachuradas designam o restante do imóvel. No cômodo principal, C, dividi o espaço em três partes para ordenar a enumeração do mobiliário e dos objetos que ali se encontram. Os dois apartamentos não têm banheiros, os sanitários, comuns, estão situados fora, na escada do prédio.

1. PRIMEIRO APARTAMENTO

Vestíbulo (A) que dá à direita para o primeiro apartamento (área = cerca de 60m²), compreendendo os espaços B, C, D e E; e à esquerda, para o segundo apartamento (área = cerca de 30m²), compreendendo os espaços F e G. Joseph cuida dos seus negócios pessoais nesse segundo apartamento.

Corredor (B)

Por trás da porta, um lavatório "branco" instalado por ocasião dos trabalhos efetuados por Joseph em 1960. Na parede, um armário com remédios, e munido de um espelho, uma caixa de madeira escondendo o medidor elétrico, um porta-mantos e uma caixa para os calçados. O corredor leva ao quarto de Madame Marie (espaço D). A parede que se encontra do lado esquerdo de quem vai para este quarto foi aumentada por Joseph: tem 2,50m de altura e termina portanto mais ou menos nos dois terços da altura total do cômodo, que passa dos 4m.

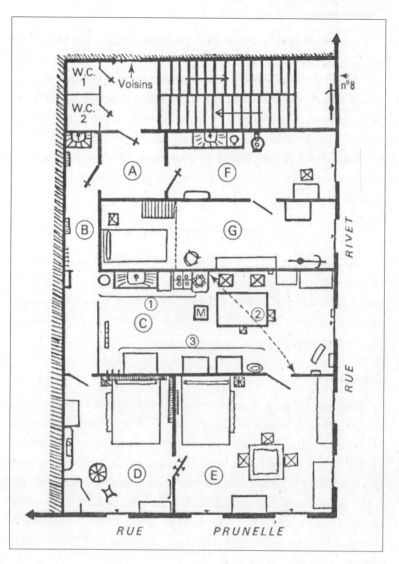

Plano do duplo apartamento dos R.

Cozinha sala de estar (C)

A família R. vive a maior parte do tempo neste cômodo. Trata-se de uma cozinha espaçosa, "à moda lionesa", que serve também de sala de estar. É a única peça que tem aquecimento contínuo durante a estação fria: um aquecedor a gás, cujo queimador se encontra à direita de quem entra, ao longo da divisória construída por Joseph. Acham-se reunidos no subespaço 1 diversos móveis e objetos. À esquerda, na direção de B para C, um pequeno depósito de lixo doméstico, de matéria plástica. Depois um grande lavatório branco, com aquecedor de água, instalado por Joseph em 1960, por ocasião de trabalhos no apartamento; uma máquina de lavar roupa, instalada em 1962; um fogão a gás instalado em 1958 (antes as refeições eram preparadas num fogão a carvão; o atual aquecedor a gás se acha instalado no local onde antes ficava o fogão a carvão): uma geladeira grande que data de 1956; em cima dela, uma toalha sobre a qual descansa, sempre, uma bandeja com frutas.

O subespaço 2 contém muitos elementos. Há em primeiro lugar uma mesa de cozinha em fórmica vermelha, que se pode alongar, com diversas cadeiras. A cadeira marcada com um M no assento pertence a Madame Marie: ela fica de frente para a geladeira e perto de todos os apetrechos da cozinha. Durante as refeições, a atribuição dos lugares é estável: à direita de Madame Marie, Joseph, depois Jean quando está presente; à sua esquerda, Maurice, quando vem. O ou os convidados ocupam habitualmente o lugar entre Madame Marie e Maurice. Na parede estão pendurados diversos objetos: uma caixa de música em forma de bandolim, um barômetro com propaganda do aperitivo Cinzano, cartões postais da Córsega. Acha-se ainda uma caixa de madeira, para guardar as ferramentas, bizarramente pintada em malva claro por Joseph, em cima da qual fica um aparelho de rádio dos anos 50, um pouco massudo como se apreciava então. O aparelho não funciona mais, mas o seu pick-up regulado para discos de 78 rotações por minuto já tocou todos os tangos do mundo. Em cima dele há uma antena retangular, enfeitada com a fotografia de uma paisagem montanhesa. No canto, um móvel do Beaujolais, comprado por Madame R., em 1930, de uma pessoa que morava em Villé-Morgon. Data provavelmente da primeira metade do século XIX. Divide-se em duas partes: uma caixa no chão (tendo um metro de altura aprox.) que se abre com duas portas, e uma série de estantes no alto das quais se acham esculpidos cachos de frutas. Nas estantes, diversas lembranças, cartões postais e um cofrinho em forma de chalé da Saboia, com um teto que se abre, enfim um velho termômetro redondo.

Sob a janela, no chão, um tamborete de criança no qual Madame Marie fica de pé, quando quer olhar pela janela, pois ela é de pequena estatura. À direita, olhando para a janela, e um pouco à frente sobre o seu móvel com rodinhas, há um aparelho de TV em cores, comprado em 1973, com o prêmio dos "35 anos de casa" de Joseph. Na parede, perto da janela, um velho relógio "de pesos". O relógio costuma enguiçar muito, desafiando a paciência de Joseph, que é no entanto em bricolagem. Perto da porta que abre para o quarto E, pendurado na parede, um armário de farmácia, com espelho. Ali Madame Marie arruma "as suas coisinhas de beleza": uma caixinha de pó de arroz, com tampa cor de rosa, nebulosa e cheirosa; água de violeta, de lavanda, diversos elixires (entre eles, sem dúvida, o da Grande-Chartreuse) "para as cólicas" etc.

Eis o conteúdo do subespaço 3. À direita da porta que abre para E, simbolizada por uma figura oval, uma velha máquina de costura Singer de 1903: – "Mamãe me deu de presente, quando fiz dez anos, para que eu começasse a ter uma profissão ao sair da escola". Marie trabalhou a vida inteira nessa venerável máquina de costura, muito bem feita, de mecânica realmente fascinante: pedal, rodas, correias, mecanismo da agulha etc. Ainda há mais dois móveis de cozinha, idênticos, em fórmica. Mais longe, um grande e velho quadro de madeira "para as coisas do lar", que contém os cestos pendurados em ganchos, panos, produtos de limpeza etc. Entre esse quadro enorme e os dois móveis em fórmica, no espaço livre se acha a arca onde se guarda o pão, e ao lado se arrumam as garrafas de vinho "ordinário". Entre o quadro e o aquecedor a gás, o canto "panos de chão e dos panos de prato".

Este cômodo contém também um secador de roupa, irrepreensível neste plano: trata-se de um quadrado de madeira onde estão fixadas cordas paralelas para pendurar a roupa a secar. Este quadrado está preso ao teto por um sistema de polias que permite abaixá-lo e elevá-lo à vontade. Nos dias "de lavagem de roupa" Madame Marie estende no chão alguns jornais velhos, no espaço compreendido no plano entre a letra C e a mesa, destinados a absorver a água que escorre do secador.

Quarto de Madame Marie (D)

Entra-se neste quarto seguindo o corredor, à esquerda da porta de C. Ali há uma cama grande, com mesinha de cabeceira. Na parede, estantes de biblioteca com suporte de metal dourado, onde ficam alinhados os livros preferidos de Madame Marie (coleções de poesias etc.) e suvenires de família (fotografias dos pais de Madame Marie, seu marido Barthelémy, falecido em 1949, seus filhos e netos) bem como diversos bibelôs. Diante da cama, por trás da porta, uma grande secretária moderna (para as "papeladas", como diz Joseph), cuja parte superior, coberta de vidro, contém igualmente fotos de família. Ao lado, uma chaminé, com um aparelho de som. Enfim, no canto direito, quando se olha para a janela, um grande armário onde se encontra uma parte da impressionante coleção de discos de Joseph. Do outro lado da janela, há outra biblioteca, com livros e bibelôs. Em uma das estantes, o telefone, instalado em 1972. Ao lado, perto da porta que abre para E, um enorme espelho de pés, onde uma pessoa pode ver-se em pé. No meio do cômodo, uma mesinha redonda, baixa, sempre com flores, e uma poltrona. Na porta que abre para E e, de um lado e outro dessa porta, cabides.

Sala de jantar e quarto de Joseph (E)

Embora se chame de "sala de jantar", esta peça é usada só excepcionalmente para a função que lhe é atribuída. É sem dúvida o cômodo mais agradável: grande e bem arejado. Das duas janelas que dão para a rue Prunelle desfruta-se uma bela vista para os cais do Saône, que também se pode ver da janela do quarto D. À esquerda de quem vem de D, uma grande cama; acima, estantes de livros onde se acha a coleção encadernada, ano por ano, da revista *Constellation*. Ao lado da cama, sua mesinha de cabeceira; no chão, um degrau para descer da cama. Entre as duas janelas, um belo armário com espelho; guarda as roupas, os lençóis, cobertores, toalhas etc. da família. Em uma das gavetas de baixo, Madame Marie cuidou de guardar a sua mortalha, com um vasinho de água benta, e uma palma benta, renovada todos os anos no Domingo de Ramos por sua prima Amélia, muito praticante. No canto, uma linda baixela com "a prataria". Na prateleira intermediária, separando o *buffet* de baixo do de cima, diversos objetos, entre eles uma bela taça. Depois, em direção à parede de C, o grande armário da família, tendo em cima compartimentos especialmente concebidos para arrumar os discos: suas capas colocadas de frente servem como elementos de decoração. Temos assim a fotografia de Mistinguett, de Jean Lumière, ou de F. Chaliapine em *Boris Godunov* etc. No meio, uma linda mesa quadrada com suas quatro cadeiras. Atrás da baixela e do armário se achavam duas janelas, agora muradas, que davam para a rue Rivet.

2. SEGUNDO APARTAMENTO

O vestíbulo A comum ao primeiro apartamento dá para a cozinha F, de onde se tem acesso ao quarto G.

Cozinha (F)

Encontra-se logo à esquerda de quem entra um armário enorme, exageradamente alto (é preciso usar uma escada para alcançar a parte superior), depois um lavatório "branco", um pequeno móvel de baixela sobre o qual repousa um moderno fogareiro a gás, de uma só boca. Ao lado, um velho forno de carvão que não se usa mais. Em frente, uma mesa dobrável com sua cadeira de lona. Contra a parede, do mesmo lado, além da porta que abre para o quarto G, um canto indeterminado onde Madame R. empilha as suas caixas de papelão.

Quarto (G)

Logo à direita de quem entra, um pequeno armário com portas de vidro, onde se guardam livros infantis e alguns brinquedos; na frente, a bicicleta de Joseph: para ir para o trabalho, Joseph usa essa velha bicicleta, que ele guarda fora, no patamar da escadaria. Ao lado, uma grande biblioteca mural com os livros de Joseph, sobretudo as suas "belas coleções" compradas a prazo e por correspondência através de organismos especializados. Ali se acham cerca de seiscentos livros (romances, poesias, livros de história etc.). Em uma das estantes, algumas velhas máquinas fotográficas, limpas e bem conservadas: Joseph é fotógrafo amador e fervoroso em tudo o que diz respeito à fotografia. Abaixo, um cofre em forma de automóvel modelo 1955, a *Frégate Renault*: este modelo foi aliás o primeiro veículo comprado por Joseph "para a família". Esta peça é notável pelo fato de compreender um "jirau" acima da cama, uma espécie de balcão interno ganho em vista da altura (teto de 4 metros) que servia de quarto de dormir quando o tear ocupava o centro do cômodo. O acesso a esse jirau se faz por uma escada em caracol, muito firme. No alto, ficam agora velhos livros e um armário. Diante da cortina, representada em pontilhado no plano, a prumo em relação ao jirau, uma cadeira de braços.

CAPÍTULO IV

OS ESTABELECIMENTOS COMERCIAIS DA RUA

A rua Rivet

A rue Rivet não é nem muito longa nem muito movimentada: duzentos metros de comprimento, talvez um pouco mais, cortados na metade por uma ruela transversal (rue Prunelle) que prolonga uma subida em degraus e termina em outra escadaria (rue Ornano). Esse cruzamento é uma espécie de fronteira: para todos os seus habitantes, a rue Rivet se divide em dois "lados", que se opõem claramente um ao outro. Os R. moram em um dos imóveis de ângulo do cruzamento, e se encontram justamente no limite que divide a rua.

Um dos lados, à esquerda quando se sai da "allée"[1], só se atravessa em certas ocasiões: para chegar até ao carro de Joseph, quando ele o estaciona na praça no final da rua; para pegar o trólebus, linha 13, quando as pessoas mais velhas querem "subir até o platô"; para ir passear no Jardim dos Cartuxos. Simbolicamente, essa parte da rua é inerte: aí ninguém para; por aí só se passa: somente uma mercearia, muito velha e antiquada (que desapareceu no fim de 1978), conhecida pelo nome de "la Germaine", "se aguenta" nessa espécie de deserto onde ela ocupava uma espécie de posto de fronteira; mais adiante, não se acha nem mais uma só loja comercial em centenas de metros: a praça que fecha a rue Rivet abre para o passeio do General Giraud que só oferece aos pedestres o bloco austero da escola de tecelagem, seguido de intermináveis paliçadas tendo, diante delas, na calçada do outro lado, o Jardim dos Cartuxos, acompanhando o passeio em todo o seu comprimento. A impressão estética tem muito peso na apreciação pejorativa da parte esquerda da rue Rivet: nenhuma vitrina de loja vem animá-la (a não ser aquela, tão sombria como as paredes, de "la Germaine"); portas de garagem em lona ondulada, mais ou menos gastas, deformadas, acentuam a austeridade das grandes fachadas, nuas, dos imóveis dos "canuts". No final, a praça é cercada de um muro de contenção, tão alto como um prédio, cego e escuro. É na verdade a parte "fria" da rua, que nenhuma lâmpada vem alegrar de noite, onde sopra um vento horrível no inverno, chamado pela clareira da praça de onde ele se precipita pela rua muito estreita.

É saindo de casa, pela direita, que a família R. vai espontaneamente para a vida social: ali se distribuem as lojas comerciais, da rue Rivet, mas também nas ruas próximas (rue de Flesselles, rue Pierre-Blanc). Um armazém, conhecido como "o armazém do Robert", tem pinturas de cores claras; suas amplas vitrinas derramam uma luz viva quando cai a noite; no período das "festas", elas são decoradas com lanternas e neve artificial; diante do armazém ficam dois bares, igualmente iluminados à noite. O lado direito da rua é a sua parte ativa: muito movimento de gente, barulho, vozes, ela é humana. Ela dá passagem também para o parque da clínica Saint-Charles que oferece, nesse extremo da rua, a visão dos seus tufos de flores, seus bosques e seu arvoredo. É também por ali que os R. alcançam o centro da cidade ou diversos lugares de seus passeios habituais[2].

Robert, o comerciante

Além desses dois bares ("canis", como se diz aqui), a rue Rivet compreende sobretudo um comerciante dotado de grande valor simbólico nesse pequeno bairro. Todo o mundo o conhece e chama pelo primeiro nome "Robert". A expressão "vou no Robert" é aqui de uso geral; seu armazém é ponto de encontro aprovado por quase todos os moradores da rua, aprovação ainda mais vigorosa e unânime por ser "Robert" o único mercado bem abastecido em uma área relativamente importante com relação à densidade da população do bairro. Como diz Madame Marie, "ele trata bem todo o mundo, todo o mundo gosta muito dele, é o *Robert universal* no bairro". Tal "universalidade", Robert a deve, com certeza, à sua "boa índole", mas ela aumentou também com o desaparecimento das outras lojas do bairro a partir dos anos 60.

Madame Marie se lembra do tempo em que os estabelecimentos comerciais, pequenos ou grandes, pululavam na sua rua e nas ruas vizinhas, há uns quinze anos. Recita como que uma ladainha das lojas que desapareceram: uma leiteria na esquina da rue Pierre-Blanc: "agora, acabou-se!"; havia um *Bon lait*, descendo a rue de l'Annonciade, em frente à Clínica Saint-Charles: "agora, acabou-se!"; o Père Durand, da rue de Flesselles, desapareceu, e um padeiro, um açougueiro e um dono de mercearia fecharam as portas na rue Rivet; havia também a salsicharia de Madame Solier (todos a chamavam de "Madame" por deferência, "pois era uma senhora muito distinta"), que fabricava um chucrute tão saboroso que muita gente descia do Platô para comprá-lo. Aqui se abre o registro do *antigamente*, palavra que assume função mítica ao insistir no desaparecimento de um passado que não volta mais, carregado porém de referências simbólicas. Nessa maneira de falar a esse respeito, o passado se torna a medida do tempo presente, sempre culpado de um *esquecimento* ou de uma morte.

Antigamente, portanto, a porosidade social do bairro fundava um espaço que possibilitava uma multiplicidade de pequenas lojas comerciais ou de biscateiros (amoladores, vidraceiros, serralheiros, vendedores de azeite, de vinho a granel etc.) vivendo em perfeita osmose com o meio ambiente: havia gente que trazia as facas para o amolador, não tanto para afiá-las, mas só "para lhe dar trabalho". Essa intenção de "lhe dar trabalho" era a origem de muitas iniciativas de compra no bairro. Assim, por exemplo, Madame Marie ia "no père Durand" uma vez por semana só para "lhe dar trabalho": o père Durand, que costumava beber um pouco além da conta, tinha uma pequena mercearia em uma rua vizinha; não era muito trabalhador, mas todos o apreciavam pois "ele não era gente ruim". Joseph ia a um velho cabeleireiro, na rue de l'Annonciade, explicitamente "para lhe dar trabalho"; e ali encontrava no sábado à tarde dois ou três antigos fregueses; eu até diria "torcedores", pouco incomodados pelo cabelo às vezes nem tão comprido ainda. Esse velho cabeleireiro trabalhou até o fim dos seus dias, apesar de uma cegueira crescente e inquietante. Um contrato implícito de benefício sutil ficava subentendido nessa manobra. Poderia ser formulado deste jeito: afinal de contas, mais vale manter uma concorrência entre vários comerciantes do que cair sob o monopólio de um único. Melhor valem o "flerte" e as infidelidades ("Cometi algumas infidelidades para com o senhor", diz a freguesa ao seu fornecedor, quando traz na bolsa produtos comprados em outro estabelecimento) que o casamento "para o melhor ou o pior" (de toda forma, sempre "de conveniência") com *um só* comerciante. Isso mantém uma certa distância entre a oferta e a procura, a coexistência de várias trajetórias entre cada um desses dois termos, um jogo que possibilita o acréscimo da liberdade de escolhas.

Nesses "bairros pequenos", onde o poder aquisitivo é modesto, a concorrência é severa: a menor sobrecarga econômica (custos do funcionamento, aumento das licenças, dos impostos, aumento considerável de alguns "intermediários" que monopolizam a distribuição...) destrói um equilíbrio comercial fervilhante, mas precário. As grandes reformas do consumo "varreram" esses bairros de todo o tipo de pequenos lojistas que não souberam adaptar-se às novas exigências. *Robert* é uma exceção: sua loja comercial conseguiu se manter modernizando-se, sem nada perder de uma prática comercial pertencente ao antigo sistema de sociabilidade, fortemente individualizada. Essa posição de força excepcional, Robert a deve a dois fatores: a sua instalação antiga e o seu gosto pela modernidade.

A família de Robert ocupou essa mercearia mais ou menos na mesma época em que a família R. se instalava na rue Rivet (por volta de 1930). Robert tinha então uns dez anos e agora, mais de cinquenta.

Sucedeu à sua mãe, "uma senhora muito rigorosa" – como diz Madame Marie, depois de ter sido por muito tempo servente: ele arrumava o leite ou o vinho nas prateleiras, "ia entregar as encomendas" aos doentes, aos anciãos, às mulheres grávidas etc.

Joseph, Maurice e Robert cresceram juntos, conheceram os mesmos problemas no tempo da grande guerra, as mesmas dificuldades de "instalação" no pós-guerra. E o que é verdade para os R., o é também para muitas outras famílias do bairro. Robert tem portanto um conhecimento "por dentro" da *sua* rua (disse-me que "adora" a rue Rivet e que seria incapaz de viver um dia em outro lugar, ao menos enquanto estiver trabalhando), dos indivíduos, das famílias, dos dramas, conhecimento de todos absolutamente excepcional. Dotado de prodigiosa memória, ele não esquece nada, tudo registra, conhece os gostos de cada um e de cada uma, chama quase todos os seus fregueses pelo nome, trata familiarmente todos aqueles que conheceu na juventude, conhece todas as crianças. Homem de muito boa aparência ("ele é muito bem apessoado", diz Madame Marie), de jeito descontraído, inteligente e bondoso, soube se impor como um polo de atração no bairro: sem ele, a rue Rivet não seria o que é. Como me dizia Jean: "é uma figura apreciada neste bairro. Quando o seu filho se casou, na primavera, todo o mundo foi à janela para cumprimentar a noiva. Nunca se tinha visto coisa igual na rue Rivet!"

Antigamente, a mercearia do Robert se parecia com qualquer outro estabelecimento do bairro: uma grande peça mal iluminada onde se amontoavam molhos de legumes pelo chão e caixas de conservas penduradas no alto, tendo no fundo, diante da porta com campainhas, um grande balcão refrigerado (não faz muito tempo ele ainda recebia barras de gelo toda manhã) para conservar os lacticínios e os frios; uma lâmpada miserável tremeluzia sobre essas sombrias riquezas. Há cerca de quinze anos ele se tornou sócio de um clube lojista, para "enfrentar a onda" e adaptar-se às novas estruturas da distribuição. Passou do nível de "loja" para o de "mercado", concebido como um pequeno *self-service*, cujo plano em forma de ferradura distribui de uma ponta a outra "em sentido obrigatório" os bens de consumo; para sair, é necessário passar diante da caixa onde fica Robert: este vai e vem, conversa com uns e outros, repreende uma criança, dá um bombom a outra, serve uma cliente, pede notícias.

Madame Marie receava que a noção de *self-service* fosse incompatível com o que ela sabia da antiguidade do seu bairro; isso perturbava alguma coisa nos seus hábitos: "No começo, isso me confundia, mas, depois, me habituei. É muito limpo, e tão bom como antes". A modernização suscita sempre alguma desconfiança quanto à qualidade dos produtos; a padronização, a mercadoria previamente embalada, todos esses processos modernos na apresentação dos alimentos inquietam. A força de Robert consistiu, precisamente, em repartir equitativamente as coisas: não renunciou aos "antigos" produtos, agora apresentados em nova embalagem; e não houve portanto ruptura simbólica. O eixo do consumo pôde se manter apoiando-se simultaneamente no "antigamente" e no "agora". Isso explica o sucesso atual do "mercado do Robert" que atrai em uma grande área do bairro uma freguesia considerável.

Os fregueses de Robert vivem um equilíbrio entre a permanência do passado (pois é o mesmo dono da mercearia há quarenta anos) e "as necessidades do progresso" (pois o seu armazém agora é "moderno"). O armazém de Robert realiza um compromisso aceitável pelas diversas faixas etárias: os "moços" se sentem ali tão bem servidos como os mais idosos. Encontram ali uma técnica do autoatendimento que já integraram em sua prática de consumo. E os mais idosos não se sentem ludibriados, discriminados pela modernização, pois Robert continua a manter, sob uma forma comercial renovada, uma prática antiga de consumo, ou seja, uma prática *falada*: discussões, informações, ajuda na hora da escolha do produto, crédito etc. Isso se traduz, em Madame Marie, por uma pontinha de arrogância irônica: ter na *sua* rua um mercado cuja estrutura nada fica devendo aos "grandes espaços" modernos, mas sem ter perdido a vantagem dos benefícios conquistados por uma longa familiaridade. Para os moradores inseridos há muito tempo no tecido relacional de um mesmo bairro, a obsessão absoluta é o anonimato dos "grandes espaços". A esse propósito, Madame Marie tem uma fórmula muito significativa: "Isso me deixa sem apetite!"

Germaine

Ao contrário do mercado de Robert, a mercearia da *Germaine*, no outro extremo da rua, pertencia a um outro mundo. Madame Marie, antigamente, gostava de ir até lá, "para dar trabalho" à Germaine, mas, ultimamente, por obscuras razões, ela havia deixado de "ir até lá". Antes da modernização de Robert, a pequena loja da Germaine, embora já considerada meio "antiquada", ainda podia lhe fazer alguma concorrência, podia ser comparada com ele. Mas, a partir daí, a ruptura foi total: veio consagrar o abismo que separa um pequeno estabelecimento comercial, condenado ao desaparecimento, de um mercado que soube inserir-se em uma rede moderna de gerência e distribuição. Entrar nela é como encontrar sem tirar nem pôr uma velha mercearia do começo do século (existe uma outra do mesmo tipo na rue du Boeuf, no bairro Saint-Jean): universo sombrio, meio esverdeado, quase azulado, onde a Germaine reinava, cinzenta e vagarosa, atrás da caixa registradora. As paredes exalavam odores fantásticos, odores dos temperos, das salsichas e linguiças, em conflito com os odores do leite, das manteigas e dos queijos; odores de barris, de café, de azeite, de verduras. À esquerda, na entrada, havia um minúsculo balcão metálico, em forma de feijão, em cima do qual a Germaine servia copos de vinho a alguns fregueses.

Nessa mercearia se experimentava a passagem de uma temporalidade para outra, do mesmo modo que um corpo é expulso de um líquido para outro por suas densidades diferentes. Deixava-se de repente atrás de si o barulho surdo e anônimo da cidade para penetrar em uma densidade social extremamente pesada, que transformava os gestos habituais em convenções ritualizadas: falava-se a meia-voz, ela respondia cochichando, do seu universo fechado, a-histórico, fechado dentro de si. A observação dos consumidores que vinham ali servir-se confirmava a estranheza desse sentimento, sobretudo dos homens e, entre eles, os solteiros e os mais idosos. Os fregueses fiéis da Germaine – chamados na gíria local "pratiquants" – eram geralmente os mais pobres da rua, os "excluídos": aposentados na miséria, velhos alcoólatras, semimendigos e, junto com eles, a categoria social sempre representada como uma abominação da desolação, os mendigos e esfarrapados (e velhas mulheres alcoólatras). Alguns "clientes" (palavra que já indica alguma inserção na hierarquia social) iam lá de vez em quando, ou por comodidade em caso de urgência (pela proximidade) ou para observar o sacrossanto princípio do "dar trabalho" à Germaine, antes do seu inelutável desaparecimento.

O hábito de fazer suas compras nos mercados implica então uma diferença de *status* social *numa* rua: não há equivalência entre os fregueses de Robert e os da Germaine. Ir comprar nele ou nela implica uma transparência social e, por isso, fundamental, a renúncia de Madame Marie a ir comprar na Germaine não é tanto consequência de um obscuro conflito mas antes uma questão de "conveniência". Essa conveniência, é claro, não se manifesta com toda a consciência, pois não passaria pela cabeça de ninguém dizer "não é conveniente" ir comprar nela. Mas ela age no nível mais profundo de uma opção por um estilo de comércio que implica um estilo de relação com a cidade e, através dela, ascendendo na escala, com toda a sociedade. Esse tipo de opção em favor de uma modernidade "equilibrada" exclui a prática arcaizante do comércio de "la Germaine", pois este é, sob qualquer ponto de vista, de um passadismo regressivo.

Robert, o confidente

Não se pode compreender perfeitamente a "função-bairro" de Robert, a não ser que se junte ao seu papel profissional o de *confidente*. Confidente de um tipo muito particular: especialista, não da confissão, mas do discurso codificado. O enunciado das confidências no mercado repousa na alusão, na elipse, na litotes, no eufemismo, figuras, todas elas, que apagam, minimizam ou invertem o sentido que explicitamente enunciam. Mas por que essa economia do discurso? Robert é o ponto final de trajetórias cotidianas, com operações muito precisas que aí se desenrolam em um tempo de todo o jeito limitado. É possível prolongar a conversa alguns minutos, depois de ter pagado, mas a conveniência não permite que uma mulher se demore habitual e longamente junto à caixa de Robert: o pessoal da rua "faria conjeturas". E, para Robert, melhor seria perder essa freguesa, "pondo-a no devido lugar" ao invés de deixar persistir o mais leve mal-entendido. Ele se vê forçado pela conveniência, sempre mais puritana para aquele que é dono de um negócio, a "ser sempre correto".

Uma pressão social objetiva proíbe que se consagre, no estabelecimento comercial, um tempo específico à palavra confidencial. Deve-se procurar um estatuto para a intimidade, que a torne suficientemente possível para ser bem percebida como tal, mas ao mesmo tempo a mascare na sua apresentação. As confidências não se desvelam tais quais, elas não se utilizam de um discurso no estilo direto, mas vão enxertar-se no discurso funcional da compra e por ele deslizar, de certo modo ligadas a ele, como Ulisses e os seus companheiros de aventura agarrados aos pelos dos carneiros, para escapar à vigilância do Ciclope. Elas se transferem para a cadeia dos lugares-comuns, das expressões proverbiais que abastecem a linguagem funcional da escolha dos objetos. Essas expressões já prontas para o uso, que servem de comentário para ações que se estão realizando, são também o espaço literário em que se enrosca a confidência. O suprassegmental (gesto, entonação) faz a linguagem "dizer muita coisa" que o comerciante decodifica para se inserir na conivência sugerida. Estamos aqui na função fáctica da língua ("O código funciona?"), mas uma função fáctica que se reconhece como tal: "Compreendeu o que eu quis dizer?" – Sim. – Bem, então vou continuar...". Eis o que exprimem a entonação, a mímica (ou qualquer outra intervenção suprassegmental), para ter a certeza de que a mensagem foi decodificada no seu nível correto pelo receptor.

Eis o resumo de um diálogo ouvido, no mercado de Robert, entre ele e uma das suas freguesas, Madame X. Eu o abreviei bastante:

R. – Então, Madame X., o que a senhora vai levar hoje? Olhe a batata, está uma maravilha.

Mme. X. – Sim, vou levar batata, mas para mim. E vou levar laranja porque Paul, o senhor sabe, a batata!...

R. – E como é que ele tem passado? Quase não aparece mais.

Mme. X. – Ah!, assim assim! Nada de novo... Vai indo sempre bem com a menina. Mas, afinal, *a vida é isso mesmo...*

R. – Ah, sim (tom de aprovação – silêncio).

Mme. X. – E o queijo como está?

R. – Experimente ver aquele, é famoso.

Mme. X. – Oh não! Não para mim... Não gosto muito desse aí[3]: (elevando aos poucos o tom de voz e olhando Robert direto nos olhos) o senhor sabe, de gostos e de cores não se discute, não se discute. Não se pode fazer nada contra isso... Me dê aquele pequeno, de leite de cabra, é melhor; e um pouco de "onze" vinho, como de costume[4].

R. – E Aline, como é que vai?

Mme. X. – Vai bem... sempre na mesma. Não se pode fazer nada para que ela se decida. Seu pai fica bravo. O que o senhor quer que eu faça? sobretudo na minha idade... (No tom da evidência). Enfim, apesar de tudo, *a gente tem que aproveitar a juventude. Eles não terão eternamente vinte anos, esses jovens!* (Mme. X. pega então a saca cheia, deposita-a por um instante à beira da caixa e, bem depressa, em voz quase baixa, como quem termina, ou para "se despachar"). E afinal, vou lhe dizer, eles têm toda a razão de *não esquentar a cabeça,* logo logo virão as preocupações. Quanto a mim, se na idade deles tivesse tido essa liberdade, eu teria aproveitado bem. Não é verdade? Bom, já vou indo, até a vista, Robert. Até amanhã! Até a vista, senhor (para mim).

R. – É isso aí. Até a vista, Madame X.

O que nos diz essa pequena conversa? Fatos brutos. Madame X. gosta de batata, mas compra também laranja, queijo e vinho ("onze"). Os dois falam de Paul e de uma moça, Aline, que tem conflitos com o pai por causa de um problema que desconhecemos, mas que tem provavelmente algo a ver com a "moralidade". O que é que ela informa a Robert, que só ele é capaz de entender? Vamos voltar ao texto, no qual se podem distinguir quatro níveis:

1. O nível funcional, o da compra, que corresponde ao parágrafo precedente. Diz respeito à escolha das frutas, do vinho etc.

2. O nível alusivo que remete a um saber contextual, que se acha à disposição de Robert. Ele sabe quem é Paul, conhece-lhe os gostos, pede notícias a seu respeito. Madame X. lhe transmite sobriamente toda uma série de informações: "porque Paul, o senhor sabe, a batata!" – "nada de *novo*" – Vai indo *sempre* bem com a menina". É portanto um nível informativo que pretende confirmar o saber anterior de Robert sobre problemas que Madame X. sabe que ele conhece.

3. Um primeiro nível de expressões proverbiais: mas afinal "a vida é isso mesmo", "de gostos e de cores, não se discute, não se discute"; esta última expressão é absolutamente notável no contexto, pois é uma transposição onde o que parece se dizer do queijo se diz ao mesmo tempo de uma outra situação que Robert conhece bem, pois ele se acha autorizado a lhe responder por uma pergunta nominal: "E Aline, como é que vai?"

4. Um segundo nível de expressões proverbiais ou de lugares comuns, todos centrados em torno do *carpe diem*: "*a gente tem que aproveitar a juventude. Eles não terão eternamente vinte anos*"; em suma, "eles têm razão para aproveitar". Nesse ponto, Madame X. dá a sua própria opinião ("e afinal, vou lhe dizer") sobre a situação, mas sem descrevê-la, sempre se escondendo atrás da máscara de expressões feitas. Tendo chegado até esse ponto da sua convicção, ela pede uma aprovação: ela avançou pelo terreno da confidência o mais longe que podia com Robert e vai logo para casa, com a certeza de ter sido entendida.

Reconstituindo-se "a história", ficamos sabendo que Madame X. é a mãe de Paul, e a avó de Aline. Ela mora num apartamento que fica bem perto do do filho e da nora, e vai às compras para eles, porque ambos trabalham fora. Aline, que mal chegou aos vinte anos, vive com um namorado e não quer se casar, para escândalo do pai. A situação de crise já se arrasta há alguns meses. Madame X. não sabe que partido tomar. Ou, melhor, ela não tem coragem de tomar abertamente o partido da neta. Por isso os estereótipos que se destacam no terceiro nível ("a vida é isso mesmo", "de gostos e de cores") tendem a minimizar a crise, a *normalizá-la* graças ao relativismo da "sabedoria popular". A sequência exprime a sua própria posição diante da crise: ela quer ser "compreensiva" ("eles só têm vinte anos = eles estão com a razão"); esta é então uma forma de dizer a Robert que acha Paul muito rígido, e que ela não o segue na mesma severidade. Com o auxílio de algumas frases, e num lapso de tempo relativamente breve, a confidência foi portanto bastante longe, graças à economia discursiva permitida por alusões, referências rápidas a um passado que só Robert conhece, e sem que nada de claro tenha sido revelado aos outros fregueses[5].

Madame Marie insiste diversas vezes sobre o papel de confidente que Robert exerce entre os fregueses do bairro. No exemplo estudado aqui, ela lhe pede notícias do irmão com o qual, me conta, ele não se dá muito bem. – "Ele brigou com o irmão. Não sabe o que aconteceu com ele, onde desapareceu. Michel, ele se casou? Não sabe. Aí eu lhe digo: E Michel?" Às vezes *a gente conversa assim, nós dois*, lá, e aí eu falo ("je fais"): "E Michel", "a gente não sabe por onde ele anda..."

O pequeno inciso que sublinhei contém, ele sozinho, todas as condições que vão servir de base para o registro da confidência. É um ato excepcional que rompe com o *continuum* dos hábitos ("às vezes"); os atores deixam de lado por um momento a teatralidade "freguesa/comerciante" para deixar aflorar um outro nível de linguagem onde é possível descansar um instante; "a gente conversa assim", quer dizer, uma conversa face a face, "como estou falando com você neste momento", como se fala a uma pessoa íntima, a sós ("nós dois, lá"), sem outro interlocutor, num momento do dia em que não há movimento no mercado. "E aí eu falo (*je fais*): E Michel?" O uso do verbo "faire", em vez do usual "dire" (simplesmente "dizer"), indica, julgo eu, o nível exato de linguagem aqui praticado: o performativo, isto é, neste caso, a consciência de ter estabelecido um contrato que se pode dizer intensamente provisório, no qual a palavra tem um preço, pois ela envolve compromisso, ainda que seja por um pouquinho de tempo.

Mais superficialmente, o papel de confidente de Robert é garantido sempre de novo por manifestações de simpatia por ocasião de acontecimentos excepcionais, como a volta das férias, festas etc.;

– "Eles fizeram o casamento do último filho, e nos mandaram o convite; e para os quatro (filhos) sempre me avisaram, ele me dá o meu tubinho de drágeas, lá, todas as vezes".

E em termos mais gerais:

– "Se você visse como ele brinca, com todas as mulheres, lá; as moças, as idosas, ele cumprimenta, ele é... muito chique. Mas a mulher dele, ela sabe compreender, sim: não lhe faz nenhuma cena..."

Esta última frase sobre a esposa de Robert nos mostra muito exatamente o que é possível *nos limites da conveniência*. Se Madame Marie teve o cuidado de me dizer que "Madame Robert" não tem ciúme das "intimidades" de seu marido, não é tanto para gabar-lhe a virtude, mas para me significar, seu ouvinte, que não há motivo para ela se aborrecer. Estamos no terreno daquilo que é não apenas tolerado, mas quase exigido pela conveniência. Isso se inscreve no jogo social do bairro que espera que, na sua teatralidade, o comerciante da rua seja mais que um distribuidor por dinheiro de bens de consumo. O espaço em que ele reina deve manter sempre uma possibilidade de palavra, a mesma da rua, que encontra ali a ocasião de se manifestar.

É no mercado de Robert que a consciência dos moradores do bairro se aguça muito mais que na calçada ou na escada. Por quê? Porque comprar é um ato público que envolve, não apenas o preço de custo, mas porque se é visto pelos outros no ato de escolher o que se tornará refeição. Desvela-se então alguma coisa de si mesmo/a, do próprio segredo; isso cria uma disponibilidade permanente de palavra que, a partir por exemplo de um comentário sobre a qualidade dos produtos, decola dessa base sobre a qual começou a rolar para se elevar até um discurso mais geral sobre os acontecimentos do bairro. Madame Marie me disse muitas vezes que, toda vez que acontece alguma coisa no bairro (acidente, morte, nascimento, ronda policial etc.), basta ir ao mercado de Robert para escutar o comentário a esse respeito. *É lá que o bairro fala.*

Robert é o corifeu do bairro; recebe o boato dos acontecimentos e lhe dá uma forma universalmente comunicável, aceitável por todos. Ele transforma em notícia as informações fragmentárias que lhe chegam de todos os lados. A atividade oral no seu mercado lembra a estrutura de uma tragédia grega antiga: o coro das mulheres solta exclamações, se interroga, comenta, amplia, diante das palavras do solista: "Isto aconteceu como eu estou lhe contando!" Ninguém pensaria em lhe contestar este papel de solista que o investe com autoridade soberana e que só ele pode ter pela posição de sintetizador de informações que ocupa no bairro: ele pode dar palavras ao boato, organizá-lo em enunciados, interpretá-lo em "lições" satisfatórias. Robert, afinal de contas, é essencialmente um homem público. Usará portanto – e receberá – a linguagem pública, justamente aquela que descrevíamos acima: provérbios, lugares-comuns, estereótipos. Daí a acuidade com a qual ele capta, sob a universalidade dessa palavra pública, a informação privada e mesmo íntima, secreta. Mas, de modo mais geral, a sua palavra pertence a todos. E todos a recolhem, pois ela dá um sentido "universal" aos acontecimentos do bairro, para que o maior número possível de moradores participe da informação ou da emoção.

Enfim, a relação com Robert implica uma prática do tempo, muito elaborada, ligada à vizinhança e ao hábito. A união dessas duas condições transparece sob expressões verbais deste tipo: "Com

Robert, a gente pode tomar a liberdade para..." Isto quer dizer um benefício que não funciona apenas com relação aos mantimentos (ser bem servido...), mas também no que tange ao tempo: poder incomodar Robert, mesmo fora da hora oficial do seu trabalho. Madame Marie, por exemplo, tem o raro privilégio – com algumas outras poucas pessoas da rua – de poder bater "à porta de trás", depois das oito horas da noite, quando Robert já fechou o mercado. Não se trata apenas de tolerância, regra de boa educação, mas de uma permissão que resulta de um costume muito antigo. Trata-se de um pacto, que se deve utilizar de tempos em tempos, duas ou três vezes por ano, para verificar a solidez da relação estabelecida no decurso do tempo. Privilégio, gesto que não se permitiria um recém-chegado, cabe aos R. reativá-lo regularmente para ver, em suma, se tudo está funcionando bem: rotina. Esse pequeno rito plurianual tem uma função de *confirmar a segurança*, tanto para os R. como para Robert: verificar que se está sempre "à vontade" nas relações, que há "uma margem de segurança" nas relações diárias, que um pode portanto contar com o outro. As duas consciências freguês/comerciante consolidam os vínculos de seu reconhecimento fazendo-se reciprocamente indispensáveis, até na transgressão horária que marca essa procura tardia.

De maneira mais geral, a estrutura própria do mercado favorece a intensidade da comunicação. No padeiro ou no açougueiro, a escolha dos alimentos é relativamente simples. Dizem respeito apenas a um "momento" da refeição, a uma só classe de objetos (pão, carne). Em geral, só se escolhe um tipo de carne para uma refeição. No armazém ou no mercado o leque dos produtos oferecidos à freguesia compõe um discurso gastronômico muito mais complexo. Ele é por si só um sintagma que se deve constituir na hora: legumes, conservas, frutas, leite, queijos, bolos, secos, sobremesas, bebidas, artigos de limpeza etc. Ali a pessoa passa, por conseguinte, muito mais tempo que em qualquer outra loja, revelando ao mesmo tempo a capacidade que se tem para dominar a complexidade desse universo superabundante. A "apresentação pessoal" é aqui muito mais envolvente: não se escolhe de verdade o pão que se vai comprar, mas sempre se pode hesitar diante da qualidade de uma verdura ou de um tipo de queijo: o *savoir-faire* exigido é importante. Daí, creio eu, o elevado valor simbólico dos mercados e mercearias de bairro: são de certa maneira, tanto nos bairros urbanos tradicionais como nos populares, os salões da rua, os lugares públicos onde sempre se pode "perder um pouquinho de tempo", ou seja, ganhar algum proveito em termos de reconhecimento.

Ainda me lembro do lugar extraordinário que tinham na vida do bairro, já faz bastante tempo, duas mercearias, bem diferentes uma da outra. A primeira era de propriedade do "père Michel", que todo o mundo conhecia: bom sujeito, rugoso e taciturno, a ele tinha sido confiado pelas mães de família o ambíguo papel do "bicho-papão". Muitas vezes se ouvia gritar na rua, num jardim público a fatídica ameaça: "Agora, chega! vou falar com o père Michel!" Ele mesmo assumia o papel e fazia uma cara aterrorizante. A segunda mercearia ocupava uma posição simétrica, exatamente inversa da primeira. Tratava-se de uma leiteria-mercadinho, propriedade de um casal e seus dois filhos. A mulher era de certo modo a mãe de todas as crianças do bairro. Com ela se deixavam as chaves de um apartamento, para que ela pudesse subir e cuidar das crianças com gripe, sozinhas em casa durante o dia, enquanto os pais trabalhavam. Era para ela não tanto um serviço prestado, mas antes um privilégio que ela se atribuía e que ela acreditava, sem dúvida, fazer parte legitimamente das suas atribuições como dona da leiteria do bairro.

Assim, o père Michel e Madame Carli, cada um à sua maneira, se inseriam no bairro, ultrapassando amplamente as atribuições meramente funcionais do seu papel de comerciantes. Ninguém sabia se limitar exclusivamente ao simples relacionamento de consumo, pois este vinha a ser – era necessário que viesse a ser – o suporte de um outro discurso que, de maneira genérica, denomino aqui *a confidência*.

Para se compreender bem este processo, deve-se ir procurar do lado da honra: a pura relação de consumo é insuficiente, demasiadamente breve, para exprimir o que secretamente implica no plano das relações. A conveniência substitui o intercâmbio estritamente econômico e cria um espaço para a fala, no qual um reconhecimento mais completo dessas relações se torna pensável, portanto articulável. A obediência a esse pacto continua sendo a condição essencial para um bom relacionamento no bairro, isto é, a possibilidade para qualquer pessoa ocupar o seu lugar no funcionamento social da rua. O papel de Robert como confidente consiste em produzir este espaço, onde o bairro pode se reconhecer tomando consciência de si mesmo pela multiplicação dos intercâmbios que *autoriza*.

CAPÍTULO V

O PÃO E O VINHO

Gostaria agora de aprofundar um pouco mais a análise das relações que a família R. mantém com aquilo que consome em casa, nas refeições familiares. Mais precisamente, interessa-me analisar a função filosófica que o pão e o vinho ocupam na gastronomia da família, tendo em vista que, sem esses dois elementos, uma refeição se torna, não só inconsistente, mas até impensável. Os alimentos comprados no comerciante estão em uma distribuição aleatória enquanto não forem postos em ordem pela organização da refeição. Eles são escolhidos (ou melhor, a sua classe de objetos: verduras, carne, queijo, frutas), mas é na cozinha que eles se tornam uma sucessividade que se desenrola conforme uma ordem preestabelecida canônica: a entrada, o prato de resistência (carne ou peixe com legumes), salada, queijo, sobremesa. A preparação culinária impõe uma série coercitiva em cujo interior não se podem mais permutar os elementos: na França, por exemplo, não se abre uma refeição com aquilo que será a sobremesa, não se serve queijo com carne etc. Se não, a refeição seria vista como algo desordenado, "inconveniente" e, em todo o caso, como alguma coisa "não repetível", uma espécie de obscenidade, em suma.

Só há dois alimentos que "acompanham" uma refeição, do começo ao fim, e se acomodam a cada momento a série: o pão e o vinho. Os dois constituem como que duas muralhas que garantem o desenrolar da refeição. São portanto a base da cozinha, e é neles que se deve pensar em primeiro lugar antes de tomar qualquer outra decisão gastronômica. Suponhamos que Madame Marie tenha previsto um coelho para uma refeição e, no momento da compra, o açougueiro não tenha mais carne de coelho. Ela poderá comprar sem prejuízo um frango ou qualquer outra carne. Poderá substituir o coelho. Mas isso lhe é impossível tanto para o pão como para o vinho: nem um nem o outro podem ser substituídos por qualquer outra coisa que lhes tome o lugar. Pão e vinho são o a priori concreto de toda prática gastronômica, sua irrefragável necessidade: isto é ponto pacífico. Se desaparecerem, nada mais tem sabor, tudo perde a consistência. Se quisermos tomar emprestada uma comparação da velha linguística do século XVIII, pão e vinho (com a classe dos condimentos) são as consoantes da refeição, seus pontos fixos, sua dureza substancial: o cardápio está do lado das vogais, do valor acidental. Sozinhos, o pão e o vinho não compõem uma verdadeira refeição, é claro, mas ambos são hierarquicamente mais indispensáveis que o resto do cardápio.

Apesar de sua solidariedade estrutural, o pão e o vinho são irredutíveis um a outro. As conotações evocadas por um e pelo outro são antagônicas, como se pão e vinho fossem dois polos opostos, criando uma tensão em que tem lugar o cardápio. Não ocupam absolutamente a mesma posição na semântica gastronômica; são duas vertentes de uma mesma filosofia, construída a partir de uma antítese violenta, que não consegue dominar definitivamente: o drama, o trabalho, a seriedade, opostos ao riso, ao álcool, ao drama. O drama se encontra nos dois extremos da cadeia: com o suor da fronte que "pena", e no delírio do alcoólico que "dá pena". Fundamentalmente, pão e vinho trocam provocações culturais terríveis, potência do bem, vertigem do mal, dualismo arquetípico que transparece até na imagem comum do alcoólatra que bebe o próprio salário, arranca o pão da boca dos filhos, destrói a família. O alcoólatra é um homem que esqueceu o pão pelo caminho e põe fogo à própria casa: eis aí, acredito, a obsessão fundamental. Talvez se possa perguntar se, entre todas as funções atribuídas ao cardápio (festa, nutrição, variação), uma delas, despercebida por ser central, não seria a de manter uma ponte entre o pão e o vinho, de maneira que seja estabilizada essa relação fundamental e conjurada a ameaça do vinho desacompanhado.

O pão

O pão é o símbolo das durações da vida e do trabalho; é a memória de um maior bem-estar duramente conquistado no decorrer das gerações anteriores. Por sua presença real (os R. consomem geralmente "coroas") em cima da mesa onde reina, mostra que não há nada a temer, por enquanto, das privações de outrora. Enquanto as condições de vida mudaram consideravelmente em vinte ou trinta anos, resta o testemunho indelével de uma "gastronomia de pobreza". Ele não é tanto um alimento básico mas sobretudo um "símbolo cultural" de base, um monumento sem cessar restaurado para conjurar o sofrimento e a fome. Pois ele é precisamente "o que a gente gostaria muito de ter durante a guerra" (o pai de Madame Marie quase morreu de fome em 1943: "a gente só tinha algumas côdeas de pão que tínhamos que dividir entre todos. Papai estava muito velho e fraco, isso já não era suficiente para ele). O pão suscita o respeito mais arcaico, é quase sagrado. Jogá-lo ao chão, pisá-lo é visto como sacrilégio. O espetáculo de um pedaço de pão na lata de lixo desperta a indignação. O pão é um bloco só com a condição operária: não é tanto o pão que foi para a lata de lixo, mas a pobreza. O pão é um *memorial*.

Depois que o padeiro da rua fechou as portas, Robert também passou a vender pão para evitar que seus fregueses tivessem que ir muito longe para consegui-lo. A compra é muitas vezes precedida por um ritual muito simples, que consiste num "ato de pôr à parte": toda manhã Robert guarda algumas "coroas" para as freguesas, pois conhece as preferências de cada uma delas. O gesto implica uma palavra subjacente que o acompanha, e essa palavra pertence ao código oral que torna efetivas as qualidades intrínsecas da substância do pão: "bem cozido", "não muito cozido"; "louro", "bem tostado", "farinhento", conforme o gosto da freguesa.

Em casa, o pão é colocado sobre a sua tábua própria, na extremidade da mesa, envolto no seu papel de seda, assim que se volta das compras. Só raramente ele é cortado antes da refeição. Ao principiar a refeição, o chefe de família fica em pé, na extremidade da mesa, e corta tantas fatias quantos são os comensais. Depois o serviço continua conforme os comensais vão pedindo. Raramente há mais de uma fatia ou duas "de antemão", por medida de precaução, para não se correr o risco do desperdício. De resto, nunca se joga pão fora: quando ele está muito "velho", serve para fazer pudim ou, no inverno, para a sopa. Ou então Madame Marie o coloca numa saca de pano que entrega regularmente à sua prima Amélia, a qual conhece uma senhora que cria galinhas. O pão é sempre objeto de uma precaução quase inconsciente: depois da refeição, ele é colocado cuidadosamente num saco, posto no fundo do armário, "para não endurecer".

O pão tem às vezes o valor de uma prova que permite descobrir a origem social de um conviva. Se ele desperdiça o pão, de modo a pôr em risco a seriedade que o pão representa, esse conviva poderá perder todo o crédito: "Ele nunca passou necessidade, esse aí, logo se percebe". Graças ao pão, muito indiretamente, descobre-se se alguém "é por nós ou contra nós". Traz inscrita sobre si uma escrita social: implicitamente exige-se que ele a saiba ler corretamente. Pois não se brinca com o pão: ele condensa em um feixe muito intenso um sem-número de ardentes e sofridos esforços, que foi necessário manter ao longo da história, para que nunca faltasse. Eis o estranho paradoxo do pão: que este alimento, que serve para acompanhar os outros pratos (é excepcional comer só pão puro), seja percebido como o fundamento necessário de toda refeição, por mais festiva que seja, em razão da força da representação social de que continua a ser o suporte. Que essa necessidade seja garantida (quando o pão se acha presente sobre a mesa), eis o sinal que é lícito divertir-se legitimamente na gratuidade do cardápio, visto que "não falta nada", noutras palavras, pois não existe urgência do lado do sofrimento e da fome. Enquanto há pão[1]...

O vinho

A temperança. O discurso acerca do pão está sempre no limite do patético, acima de qualquer suspeita. Quanto àquele sobre o vinho, apresenta muito mais matizes, e se acha como que gravado de dentro por uma ambivalência indisfarçável: o prazer do bem beber tende sempre para o limite do beber em demasia. O pão goza de estabilidade, é um ponto fixo; o vinho contém intrinsecamente a possibilidade de um desvio, de um excesso no consumo; pode ser a origem de uma viagem sem retorno; o abuso da bebida vai desembocar logicamente na enfermidade, na destruição, na morte. Esta visão censuradora, pessimista, do vinho remonta ao discurso da escola primária sobre o alcoolismo. Na Croix-Rousse, como aliás em qualquer outro lugar, todo o mundo tem na mente a imagem social do alcoólatra, anjo da infelicidade, marido beberrão que espanca a mulher, e cujo fígado se exibia, todo escuro e empedrado ("fígado normal/fígado de alcoólatra"). Por isso, por causa desse "trabalho" das representações culturais inculcado na escola, não se toma vinho como se consome diretamente o pão; é preciso que haja algum rodeio, pois este permite, precisamente, afastar-se do excesso da bebida, para se autorizar a bem beber, sempre "sóbrio".

Esta estratégia – que visa afastar qualquer suspeita que possa pesar sobre o bebedor – repousa sobre a pretensão de um *saber-beber*. Ao discurso repressivo se contrapõe um discurso que exalta a virtude da temperança o *savoir-faire* da degustação qualitativa e quantitativa. Aqui, também não escasseiam as referências escolares. Todo o mundo conhece de cor a frase de Pasteur: "O vinho, bebido em quantidade razoável..."; todo o mundo conhece muito bem os parâmetros oficiais do bem-beber: um litro para os trabalhadores braçais, meio litro para os sedentários etc. A isso se acrescentam múltiplos conselhos para reforçar a legitimidade do beber: vinho natural não pode fazer mal; beber às refeições não faz mal como beber em jejum; o vinho ajuda a boa digestão; é perigoso beber água depois de comer frutas, isso faz mal ao estômago, mas uma gota de vinho faz tudo se normalizar; queijo sem vinho é um emplastro, um dia sem sol etc. Aqui se trata de um discurso de reforço que visa limitar o vigor do discurso antialcoólico, e que assume as feições de uma declaração de "não culpado", em face dos ataques de que o vinho é vítima.

Os controles do bairro. O bairro tem um papel legislativo implícito, mas importante: funciona como instância reguladora que modera o consumo do vinho. A compra do vinho constitui, com efeito, um ato visível, se não para todos, ao menos para o dono do mercado ou da mercearia. Basta que uma só pessoa do bairro possa saber que existe abuso de consumo alcoólico, portanto transgressão dos limites da conveniência, para que isso atue como freio. A conveniência exige então de quem vai beber que se coloque no limiar imediatamente inferior aos sinais que anunciam a reprovação, dentro do "não demais" plausível que não comprometa a reputação de um indivíduo ou de uma família. Com efeito, cada um conhece mais ou menos o número dos membros de cada família em condição de beber vinho; cada um conhece também os parâmetros mencionados acima; não é portanto difícil dividir a quantidade de vinho comprado pelo número de pessoas e daí deduzir a taxa de alcoolização de uma família. Este é o ponto sobre o qual se exerce o controle do bairro, e por aí, provavelmente, se aplique o freio ao consumo do vinho, com a tendência a contê-lo nos limites considerados como "razoáveis", "convenientes". Mantendo-se dentro desse regime implícito, uma pessoa pode, sem risco, oferecer-se ao olhar dos outros, e ainda assim conseguir a quantidade suficiente de bebida para "regar corretamente" cada refeição da semana.

Não se compreenderia bem o controle exercido pelo bairro se nisso se visse apenas um ato repressivo. Olhando as coisas a fundo, "o bairro" procura preservar-se, preservando o capital de relações humanas em que se acha alicerçado, impondo limites implícitos ao consumo do álcool. Tende a afastar para longe de si as transgressões que considera como excessivas. Dito isso, os limiares de tolerância, dentro dessa normalidade, são muito flexíveis e adaptados aos casos particulares. Trata-se, muito exatamente, de uma autorregulação em que cada um sabe, mais ou menos claramente, a que tem direito. Os critérios dessa tolerância e a maneira como podem combinar-se criam inúmeros exemplos de figuras: idade, sexo, profissão, doença, sofrimento, preocupações, tristeza, alegria, a cada um a sua medida, conforme seja um homem mais idoso que já sofreu muito (extrema tolerância) ou uma mulher feliz na força da idade (tolerância reduzida). Em parte alguma existem as Tábuas da Lei: o único limite é, e continua sendo sempre, conjurar a destruição ou o escândalo no bairro. Além desse limite, não há mais salvação; aquém, tudo é possível[2].

A temperança é mantida a título de ideal ao qual se recomenda submeter-se tanto pelo discurso "escolar" sobre o vinho como pelo ato público da compra, que se conjugam para exaltá-lo. A rua é um olhar que interpreta, sem cessar, a adesão a esta submissão, a fim de avaliar o grau de conformidade à conveniência. Uma estada muito prolongada além desses limites, uma viagem demasiadamente repetida nos sortilégios da garrafa acarretam um isolamento social progressivo do indivíduo ou do grupo cujas "bebedeiras" por demais frequentes revelam a obsessão do alcoolismo. O bairro luta contra esse monstro que ressurge sem cessar em seu ventre. Uma segregação social comanda uma chamada à ordem do bairro. Isso explica, agora, o isolamento da freguesia da Germaine, o único lugar público do bairro onde ainda se reúnem alguns poucos "mendigos". Por isso se tornara, para Madame Marie, tão pouco "conveniente" ir comprar lá.

O vinho e a festa: uma baliza social. "O Presidente Pompidou disse que os que bebem água são pessoas tristes. É a coisa mais inteligente que ele já disse" (Joseph). Dois elementos, concorrendo para o mesmo fim, se destacam dessa frase. O primeiro, a referência a Georges Pompidou. Sua fórmula é uma palavra dotada de autoridade; relaciona-se a uma posição de poder, como a de Pasteur, citada acima, relacionada com o saber. O parecer de um Presidente da República – ainda que, aliás, a sua política seja contestada pelos R. – corrobora o discurso positivo sobre o vinho. Vem exatamente ser um reforço contra os detratores da bebida: "Se até o Presidente disse, então..."

O segundo elemento é a tristeza de quem bebe água, portanto, por antífrase, a alegria dos que bebem vinho. Essa maneira jocosa de dizer indica num só lance a função cultural do vinho: é a antitristeza simbólica, a face festiva da refeição, ao passo que o pão é a sua face laboriosa, e a água, o seu lado penitencial ("a pão e água!"). O vinho é a condição *sine qua non* de toda celebração: é aquilo pelo qual se pode gastar mais para honrar alguém (um convidado) ou alguma coisa (um acontecimento, uma festa). Isto quer dizer que o vinho contém, pelas virtudes próprias que lhe são atribuídas, por um consenso cultural, um dinamismo social que o pão não tem: o pão se reparte, o vinho é oferecido. De um lado, nós estamos na economia do cálculo (não desperdiçar o pão), do outro em uma economia da liberalidade (que o vinho corra aos borbotões!). O vinho é portanto, por excelência, o eixo principal de um intercâmbio, o pontífice da palavra, do reconhecimento, sobretudo quando há convidados.

Assim, numa refeição festiva na casa dos R., quando vem o prato de resistência, Joseph se eclipsa no quarto, onde já terá guardada uma boa garrafa da qual sacou a rolha. Se há alguns instantes de atraso ou distração, a mãe o empurra com o cotovelo, ou murmura a meia-voz frases sibilinas: "Olha, você esqueceu... – Meu Deus, é verdade, tem alguma coisa à nossa espera..." Ele vai buscar a garrafa, sente-lhe o odor, "prova" e serve os convidados. E vem então a inevitável conversa à mesa ("O que acham? É bom, não?"), oralidade do juízo gustativo (palavra e gosto ao mesmo tempo), cuja função é totalmente dedicada à celebração. Um copo não pode ficar vazio, que seria indecente: "Dá dó", "faz pena ver", "não se parece com nada", "isso parece o quê?" Ainda que seja só um pouquinho, tem sempre que haver vinho no copo, isso dá uma boa atitude à mesa, à conversa. O vinho dá silenciosamente a certeza de ser possível uma "plenitude" na convivialidade. Caso falte, é que está ocorrendo em alguma parte uma desatenção para com o outro, uma falha na conveniência, um dever que não foi cumprido: "Oi, patrão, o senhor não está fazendo o que deve, está deixando a gente seca!" – Ah! me desculpem! não tinha percebido". Às vezes, uma espécie de rivalidade lúdica vem incrementar o jogo da oferta: "Me dê então um golinho... – Mais um pouco! – Oh! mas parece que você está economizando; vamos, ponha mais!" O vinho escapa ao cálculo, é justamente o contrário. Os provérbios, os trocadilhos explodem em cada refeição: "Quem bebeu, beberá",

"Quando meu copo está vazio, eu o lamento; quando está cheio, eu o esvazio" etc.

O vinho é, como o pão, um separador social. Receiam-se os "bebedores de água": "Ele não é muito alegre; ele não bebe como a gente. Isso nos aborrece, a gente fica constrangido". Ou, então, ao contrário: "Para as festas mais solenes a gente gosta muito de sair com os Denis. Eles comem, bebem, dão gargalhadas, são divertidos, a gente tem os mesmos gostos!" Madame Marie muitas vezes perguntou, na minha frente, se na casa dos "burgueses" do bulevar des Belges ou da Prequ'île havia vinho à mesa: "Não sei se lá fazem como a gente... Mas certamente menos que aqui!" Ingênua pergunta onde transparece, sem querer, sem mesmo o saber, a memória da clivagem entre "o povo" e "os outros". Madame Marie integrou essa gravidade moralizadora, mas ela sabe voltá-la contra os adversários, "os outros", em forma de desprezo, e esse desprezo pode exprimir-se sob a forma canônica seguinte: saber apreciar o vinho é saber alegrar-se; a gente só pode alegrar-se depois de ter dado duro no trabalho; portanto, só os trabalhadores sabem apreciar devidamente o vinho. Pois o vinho é o sangue dos trabalhadores, o que lhes dá a força e a coragem de realizar as suas obrigações, é a compensação da sua vida miserável, a festa à qual têm direito.

O vinho traça uma fronteira social, porque indica onde começa a "tristeza" social, ou seja, a incapacidade de alegrar-se. Por isso a categoria dos bebedores de água quer designar, não tanto os abstinentes propriamente ditos, mas sobretudo a detestada classe dos "esnobes", "impertinentes", "sofisticados", "grã-finos" etc., numa palavra, todos aqueles que representam para os R. a tristeza da vida, e que assimilam em bloco aos "burgueses".

Um abrupto resumo social? De fato, o costume das consumações atualmente em vigor em Lyon dá razão a Madame Marie. Sabe-se que existe, nessa cidade e nessa região, uma unidade de vinho que se chama *le pot*: trata-se de uma garrafa que contém quarenta e seis centilitros de vinho, ou seja, a quantidade exata para servir três *canons* (copo de aproximadamente quinze centilitros). Ora, comprar um *pot* significa apontar a sua faixa social: jamais um burguês lionês se arriscaria a fazê-lo. Isso é coisa específica dos bairros e das camadas populares. Sem perigo de errar muito, pode-se supor que esse costume se torna muito mais intenso assim que se penetra, pela parte de baixo, no bairro da Croix-Rousse. Em um bar da place des Terreaux, "embaixo", veem-se poucos homens reunidos em torno de uma ou várias dessas garrafas (*pots*). Mas assim que se chega à place Sathonay, o relevo das mesas muda logo consideravelmente: há gente bebendo *pots*, jogando cartas. Enfim, em alguns bares da avenida, ou das várias ruas que sobem para a esplanada, só se servem quase exclusivamente garrafas de vinho (*pots*: de manhã, vinho branco; à tarde, tinto[3]).

As fontes culturais: Gnaffron. O folclore lionês fornece outras referências, muito vigorosas, à convivialidade do vinho. Aí se vive a relação ao vinho como uma especificidade regional, uma reivindicação de identidade. Lyon é a cidade "dos três rios": o Ródano, o Saône e o Beaujolais. O teatro popular local, o famoso Guignol[4] (que nada tem a ver com o seu homônimo de Paris), põe em cena uma personagem-chave, que se encaixa perfeitamente em nossa análise. Trata-se de Gnaffron, o incorrigível amigo de Guignol, o simpático beberrão de cara rubicunda, sempre acompanhado de sua garrafa: seu brasão, suas armas, seus títulos de nobreza, sua insolência. "Ora, Gnaffron está sempre com seu litro de vinho, hein, sempre levava na mão uma garrafa!" – diz Madame Marguerite evocando as lembranças de espectadora infantil. Gnaffron é um herói cultural que ocupa um lugar complexo: fica no próprio lugar da ambivalência, que caracteriza todo discurso sobre o vinho: atraente e perigoso, perigosamente atraente.

É atraente porque, contra ventos e marés, justifica a bebida com toda a sua força zombeteira: troveja em sua honra. Ela é a arma absoluta contra a tristeza e o tédio, ela afoga todas as preocupações no esquecimento, é um doce rio noturno por onde se pode deslizar para fora da história. Gnaffron canta em voz alta o que bradam todas as canções que convidam a beber: "Bebam, co's diabos! Bebam sem parar!" "Bebida, bebida! sem bebida não há vida!" Com voz enrouquecida faz ressoar "o grito horrível que (Gargantua) tinha dado, ao vir à luz deste mundo, quando gritava pedindo: bebida, bebida, bebida!" Gnaffron é um avatar do deus Baco. A iconografia popular, encontrada aqui ou em bares de Fourvière ou da Croix-Rousse, o representa às vezes deitado sob os pâmpanos com enormes cachos de uva, com folhas de parreira circulando o seu velho chapéu de feltro escuro; ao longe, nas vinhas, homens e mulheres dançam ou se divertem, com um copo na mão. Gnaffron é uma espécie de proliferação nostálgica proveniente da terra da abundância e que entrou pela portinha na imaginação popular.

De modo mais profundo ainda, Gnaffron suscita uma adesão social: é o "tipo ideal" do homem do povo: na sua embriaguez ousa dizer a palavra subversiva dos mais baixos escalões da sociedade. É uma personagem carnavalesca que subverte inteiramente os valores sociais, familiares e políticos. O policial tem do seu lado a lei e a ordem; Guignol tem do seu lado a astúcia e a bengala ("E então, quando ele bate no guarda, sempre, hein! O policial apanha sempre pra valer!").

Gnaffron tem a sua garrafa, e a inspiração da palavra: uma palavra rude, anarquista, revoltada. Ele vem sempre depois do Guignol, como coadjuvante, seu comparsa complementar (como nos desenhos animados Tintin e o Capitão Haddock, Asterix e Obelix). Mais ainda, ocupa o lugar do valete: olhar lúcido, mas impotente, sem nenhum poder sobre a sociedade, cujas abissais disfunções ele põe a nu com seus sarcasmos. Mostra o traseiro para o proprietário (o horrível Canezou), para os policiais e o padre. Ele é uma palavra, um "discurso" social que cava bastante fundo para levantar o desejo de desordem e embriaguez latente sob qualquer ordem social.

Mas a forma teatral desse discurso lhe proíbe tornar-se um "fazer" que trabalhe efetivamente a espessura histórica da sociedade. Ela é a encenação fantasmática da ambivalência que "trabalha" o conceito do vinho, e das imagens sociais que se ligam a ele, até o coração da festa para a qual convida. Esse teatro diz simultaneamente que há incompatibilidade entre a bebedeira e a revolução ou a transformação sociais. A primeira fica do lado da nostalgia: sua maneira de convidar aos espasmos da alegria total se liga aos grandes arcaísmos sociais (a nudez, a dança, o sono). A bebedeira continua sendo, fundamentalmente, um pathos do ego. A Revolução supõe, ao contrário, uma crença, um engajamento, um rigor, um acúmulo de forças combinadas, mais ainda uma inserção na espessura social que se trata de transformar. Ora, Gnaffron, o libertário, não pode ser um revolucionário, por causa da bebida da qual é o símbolo ativo. Ao lado dos farrapos de sonhos que suscita em profundidade, ou mais exatamente por cima, inscreve-se em letras de fogo o lado maléfico do vinho, a exclusão social que é o seu resultado lógico quando se bebe em demasia. O vinho faz derrapar os sonhos subversivos sobre o social porque, no seu extremo, é uma revogação da História. Na rue Rivet, Gnaffron teria sido, sem dúvida alguma, freguês de Germaine, um pária simpático, mas um pária apesar de tudo.

A sabedoria popular não se engana nesse ponto. Assume essa ambivalência da personagem de Gnaffron, cujas conotações são sempre *duvidosas*, simultaneamente positivas e negativas. Por extensão, chama de "Gnaffron" o bêbado do bairro. A uma criança surpreendida quando está escorrendo o último "golinho" de uma garrafa ou de um copo se diz: "Olha aí o Gnaffron!" – o que é uma forma ao mesmo tempo de desculpar o gesto (considerado engraçado) e também de acusação (pois é perigoso). De modo mais geral ainda, diz-se às vezes, por exemplo, de um grupo de políticos famosos por sua incompetência: "Que bando de Gnaffrons!", no mesmo tom em que se diria: "Que bando de trapalhões!"

Em suma, a relação com o vinho, diversamente daquela com o pão, não é simples. A festividade que lhe compete assumir é dilacerada por um perigo que lhe é correlativo. Um "não beba demais!" vem sempre temperar o vinho, contrabalançar a lógica que grita: "Mais! Mais!" O vinho é um convite à viagem para a festa, mas não se pode ir até o extremo, até a vertigem central, mortal, que tem no entanto como premonição a troca inicial, simbolizada pelo ato de encher os copos, o tim-tim e a prova do primeiro gole. É que o fantasma da desordem absoluta, a abolição de todas as diferenças, pessoais, sexuais, culturais que a festa do vinho põe em cena – a festa dos loucos – não é realizável em parte alguma, atualmente, na vida social. A conveniência exige que se pare a tempo, a fim, precisamente, de se permanecer no tempo[5].

Dom e contradom

Os R. costumam comprar em Robert o vinho para o consumo corrente. Essa operação oferece ensejo para um joguinho, de aparência insignificante, mas que esconde ramificações insuspeitadas, tanto com relação ao dispositivo familiar como com relação à integração deste último no bairro. Se a família R. se presta a participar desse jogo, é porque concorda bastante exatamente com elementos constitutivos da sua "visão" do mundo. Entre esses elementos, dois me parecem particularmente eminentes: a relação dom/contradom (aqui, estabelecida com Robert), uma prática específica da temporalidade que se poderia chamar de o gosto da expectativa.

Do que se trata? A cápsula de cada garrafa de vinho contém uma pequena etiqueta autocolante que se deve aplicar sobre uma cartela dividida em trinta casas. Quando a cartela está preenchida (portanto, depois de ter consumido trinta garrafas de vinho comum), troca-se, no mercado de Robert, por uma garrafa de vinho de qualidade superior (VDQS), um Côtes-du-Rhône geralmente. A família R. pode ter assim uma espécie de pequena adega permanente de umas duas garrafas por mês, o que permite celebrar digna e gratuitamente uma ou outra refeição dominical quando se recebe a visita de algum amigo ou parente. Esse jogo ou brincadeira se resume a dois atos de extrema simplicidade: preencher a cartela com trinta casas (portanto *esperar*) e trocá-la por uma garrafa (portanto, *dar* para *receber* em troca). O jogo das etiquetas só é pensável, e portanto praticado, por se inserir na lógica da relação com Robert, com o qual vem fortalecer ainda mais os laços. Acrescenta ao ritmo dos vaivéns cotidianos uma medida ritmada por cada garrafa VDQS "ganha". Em torno desse ritmo se constrói a linguagem performativa da recompensa. A cartela cheia é prova de boa vontade, atestado de boa conduta; é um penhor integrado no texto de um contrato cujo representante é Robert. Ela enfatiza o vínculo que une o comprador e o vendedor na atividade do consumo. Estamos aqui no coração da prática da troca. A própria ideia de contrato supõe que exista uma reapropriação da troca comercial para a consolidação de um benefício social que não se reduz ao mero ato de compra.

A performatividade da linguagem se acha, aqui, formalmente inscrita no consentimento (o *obsequium* de que fala Spinoza, cf. p. 54) a uma vontade comum (a de "consumir bem", assim como a conveniência é um consentimento a "comportar-se bem" no regime convencional do bairro enquanto espaço social do reconhecimento), da qual o jogo é ao mesmo tempo o móvel e o motivo, o ritmo e a marca visível numa rede de signos igualmente conhecidos por todos. Neste signo, encontra-se isto: é necessário que o processo do reconhecimento seja vivificado, simbolicamente confirmado pela legibilidade do benefício adquirido pelos dois parceiros do contrato. A cartela significa evidentemente (diante de todo o mundo; que haja ou não alguém presente, algum espectador, no momento da troca, isso pouco importa; o que conta apenas, aqui, é a publicidade do lugar) *a fidelidade de Madame Marie, da qual Robert é, desta ou daquela forma, devedor*, pois ela ocupa para ele, nesse momento e nessa circunstância, o lugar do parceiro-consumidor, sem o qual o seu lugar de parceiro-vendedor não teria sentido algum. A publicidade do lugar vale por uma publicação, é uma manifestação quase oficial, visível, do contrato que lhe está subjacente de ponta a ponta. A dívida de Robert para com a freguesia (o que cabe a seu parceiro-consumidor como crédito suplementar, simbólico, acrescentado às contas mecânicas da compra) deve portanto dizer-se, expor-se publicamente, ela também, em alguma parte na sintaxe da troca comercial, pois esta é, no final das contas, o suporte de uma troca social (um contrato na linguagem do reconhecimento). De certo modo se poderia dizer que se assiste aí à substituição da compra (apenas comercial, contabilizável) pela troca (excedente simbólico, de benefício). A prática do bairro costuma prescindir de um número enorme de intermediários (por exemplo, a operação publicitária da empresa organizadora desse jogo) para conservar apenas o que convém ao bom funcionamento do sistema de relações. Robert oferece portanto a garrafa de vinho superior ("Aí está o seu presentinho"), muito menos como um estímulo a um consumo maior de vinho que como o sinal de uma aliança sempre renovada, continuando a selar o pacto que o liga a seus parceiros-atores, aqui seus compradores, no espaço do bairro.

Isso explica por que esse "presente" só pode ser um vinho de boa qualidade. Supondo-se que a oferta da recompensa seja ainda um vinho comum, duas ou três garrafas de prêmio para tantas garrafas consumidas, por exemplo, seria totalmente diverso o efeito. Passaríamos do domínio da troca para o da equivalência, da porcentagem. Haveria, certamente, um aumento do ter, mas aí não se acharia aquela tensão simbólica perceptível de ponta a ponta no jogo das etiquetas. Essa tensão, para se manter, necessita de uma ruptura qualitativa que transcende o *continuum* da compra; necessita do acesso a um limiar superior do consumo. A distância entre o vinho comum e o "bom vinho" é uma distância altamente significativa: não o retorno do mesmo tal como o exige o regime da equivalência, mas um diferencial simbólico ativo, que produz a motivação onde havia somente a mera necessidade. O "vinho velho" rompe a homogeneidade habitual do vinho comum assentando por baixo dele uma promessa que cava o leito de um outro desejo: o de uma festa efetiva (uma garrafa de bom vinho para uma refeição melhor) resultante de uma fidelidade mantida no espaço do bairro, isto é, em conformidade com a conveniência.

No entanto, se há ruptura qualitativa entre as duas categorias de vinho, não há ruptura substancial. Aí se encontra a lógica da bebida, a ambivalência do vinho, mencionada acima. A força dessa lógica obriga o vinho comum a não se bastar a si mesmo; é de certo modo um "mal menor" econômico, acompanhamento do dia a dia, insatisfatório para efetivar a festa cujo programa, no entanto, carrega no seu interior (pois é sempre vinho). Isso equivale a dizer, inversamente, que essa insuficiência, essa carência festiva contém um dinamismo que tende a apagar o vinho comum para assumir o programa festivo, em um nível de "qualidade superior". O vinho tende a se abolir enquanto comum para se realizar enquanto vinho "de qualidade superior". É isso exatamente o que acontece no jogo das etiquetas. O ideal do bebedor de vinho está sempre do lado de um crescimento da qualidade e da quantidade. Mas, assim como os imperativos da temperança, preconizada pelos controles implícitos do bairro, o vinho comum controla, economicamente, um gasto quantitativo que não pode, sem perigo para o equilíbrio econômico de uma família, dilapidar-se na corrida à qualidade.

Aqui, ainda, aparece o abismo simbólico que separa o vinho do pão. É difícil imaginar o ideal do comedor de pão. Não existe em padaria alguma um jogo de etiquetas que ofereça, por exemplo, um bolo em troca de tantos pães consumidos. O pão é um símbolo nutricional estático, do ponto de vista da prática cultural. O vinho, até na sua ambivalência, é uma dinâmica socializante. Abre itinerários na espessura do bairro, tece um contrato implícito entre parceiros factuais, instala-os num sistema de dom e contradom cujos signos articulam um ao outro o espaço privado da vida familiar e o espaço público do ambiente social. Talvez encontremos nesta atividade a essência social do *jogo* que é instaurar imediatamente o sujeito na sua dimensão coletiva de parceiro[6].

O vinho e o tempo

O jogo das etiquetas mostra igualmente uma outra vertente da prática cultural dos R., tão fundamental como a da troca (dom/contradom), embora ultrapasse amplamente a prática do bairro propriamente dito. Trata-se da relação que esse jogo mantém com o tempo, e que eu denominava acima "o gosto da espera". Sempre é uma coisa delicada intrometer-se, tentar interpretar a interioridade de que vivem "os outros", e trabalhar sobre o avesso das suas representações conscientes, sem ter ao mesmo tempo a certeza de uma verificação possível das afirmações que se fazem. Creio no entanto ser conveniente submeter esse jogo ao olhar da pesquisa à maneira do mergulhador que põe no rosto uma máscara transparente para contemplar aquilo que a superfície da água lhe esconde. Esse auxiliar basta para lhe revelar de um só golpe a suntuosidade das profundezas marinhas.

O jogo das etiquetas é mais ou menos o equivalente dessa máscara: posta sobre a espessura visível dos usos e costumes dos R., permite compreender o funcionamento interno, e secreto, da sua vida cotidiana. É, a este título, o analisador (o objeto para o qual se transferem conflitos que ele não gera, mas que se exprimem graças a ele) de um modelo particular do domínio temporal, isto é, de uma relação com o tempo que leva a dizer, ou pensar, a seu respeito, que se domina do ponto de vista da prática cotidiana. Parece-me possível destacar dois momentos desse domínio, um relativo à visibilidade do tempo, e o outro a sua disponibilidade.

1. A progressão rítmica do número das etiquetas aumentando de garrafa em garrafa, ocupando na cartela uma superfície exatamente proporcional ao consumo de vinho comum, e cuja lógica interna tende a se expandir no VDQS prometido, é bem precisamente o *analogon* de um acumulador de tempo. Ele marca as etapas do desejo que leva ao bom vinho, da mesma maneira que outros "instrumentos de tempo" (plano de poupança, calendário de parede etc.) traçam um caminho, ponderado pela espera, em direção aos objetos (um carro, uma festa de família etc.) que seriam a sua coroação. Do começo até o fim, esse jogo é o modelo (*pattern*) da espera, mas um modelo concreto, ativo, onde o acúmulo dos signos (as etiquetas) mantém, até a sua realização, o desejo à distância do seu objeto. Ocorre, a este título, no interior da lógica do princípio de realidade: paciência ativa do adiamento que deixa para depois – depõe na extremidade de um tempo a percorrer – o objeto desejável do qual só então a pessoa poderá apoderar-se. Baliza ativamente esse tempo protelado da posse, somente com o fim de torná-la efetiva.

Depois que o tempo por assim dizer se adensou na espera, ele é abolido instantaneamente na esperada efetivação da troca, conferindo a esta última uma consistência cultural e social em vista dessa evacuação dialética do tempo pelo seu próprio cumprimento. O jogo é assim um meio que tem, entre outras, ao menos a função de tornar visível o "tempo do desejo"[7]. Constitui-se numa espécie de aprendizagem da espera cujas tensões polares contraditórias vai equilibrar inserindo nelas a promessa do seu desaparecimento. E ao mesmo tempo adverte quanto à temperança e à economia: "Não tudo logo! Eu sou a concretização da tua espera. Queimando etapas que me constituem, corres o perigo de queimar a vida, e de enganar o teu desejo dando-lhe outro objeto que não o que ele esperava, isto é, nada! Pois sem a espera, não tens nada. Só a espera dá realidade aos objetos que desejas, ao bom vinho que esperas. Sem isso, pouco ou muito, é a morte!"

2. Essa visibilidade do tempo possui uma outra característica que lhe está logicamente ligada, embora seja difícil pô-la em evidência em toda a sua amplidão. O fato de a acumulação da espera ser um expoente do desejo implica quase necessariamente a sua admissão no interior de um grupo, aqui a família R., mas também os outros e, depois, pelas demarches da compra, o bairro inteiro, metonimicamente presente atrás do seu "representante", Robert. A visibilidade do tempo significa também que o tempo não é, como coisa em si, a ocasião de uma prática privada "para si", mas só ganha sentido por ser posto à disposição de outros que compartilham a mesma atividade dilatória, o mesmo processo desejante. No quadro das suas relações intrafamiliares internas, a cartela das etiquetas oferece constantemente à família R. uma leitura, "a livro aberto", do seu tempo coletivo. Sabe-se, por ela, a que ponto do percurso se chegou, percurso em cujo ponto extremo ocorrerá a troca que substitui pelo símbolo da espera (a cartela das etiquetas) a garrafa do bom vinho (recompensa da espera).

Nenhuma privatização vem arrebatar essa legibilidade da coletividade. Nisso este jogo é revelador de outra coisa que ele mesmo. É o analisador de outros tipos de relação com o tempo, entre os quais tem lugar. A coletivização do tempo se acha também, sob outra forma, na agenda mural que Madame Marie arranja todos os anos, mas sob outra forma. Ali Madame Marie registra os seus encontros, memoriza os pequenos acontecimentos da família. Cada um se refere a ela como a um painel de informações, acrescentando-lhe até correções, quando necessário. Inversamente, o hábito da agenda individual (com todos os ritos de "privacidade" que comporta) não existe, ou então se acha reduzido ao estado embrionário de um esboço de costume que levará tempo para ganhar autonomia. Da mesma maneira, a compra de um carro, por exemplo, supõe uma preparação coletiva muito intensa, e a partilha reiterada das esperanças encerradas na espera. Na família R., a data da primeira compra de um automóvel (abril de 1956) e a marca (Frégate Renault) conservam até hoje um valor simbólico extraordinário (mais tarde, Joseph comprou outro carro – um 204 Peugeot, em 1968 – mas ninguém se lembra exatamente quando: a espera do objeto se tinha banalizado).

Isso nos faz de novo pensar no tempo como a formalidade de um autorreconhecimento, onde o eu se descobre como parte de uma série de acontecimentos, reconhecível pelos outros, membros da mesma família, ou do mesmo bairro. O jogo das etiquetas, como a agenda mural, como a "lembrança" da Frégate, significa portanto, fundamentalmente, a integração formal no campo do reconhecimento intrafamiliar público: é a totalidade desse pacote relacional, mediatizado pelo consumo do vinho, para o qual o tempo transfere o assentimento da sua identidade, que se oferece ao olhar de Robert sob a aparência modesta da cartela. E o dom do bom vinho, em contrapartida, atesta a realidade dessa identidade, sendo o Robert o intermediário, "testemunha pública" dessa realidade.

CAPÍTULO VI

O FIM DE SEMANA

Sábado-domingo

No sábado e domingo, os usuários do bairro podem aproveitar diversos programas de lazer. O sábado é dedicado, de preferência, ao lazer individual, enquanto o domingo continua sendo tradicionalmente mobilizado por atividades de tipo familiar. No meio operário em que Joseph trabalha, o feriado ou folga do sábado é uma conquista relativamente recente, em comparação com a duração de sua "carreira" profissional. A liberação do sábado tem sua origem na reorganização festiva da semana que a escande de modo significativo. Na equipe de trabalho de Joseph, cujos membros viveram as diferentes etapas desta conquista, o verdadeiro começo da festa é a sexta-feira. É neste dia que os operários compartilham um rango certamente bem melhor que o tradicional mata-fome. Além disso, após o trabalho, exige o costume que se encontrem mais longamente em seu café habitual, até mais ou menos a hora do jantar. É o meio de simbolizar que estão realmente entrando *no* repouso semanal. Ademais, acontece frequentemente que alguns, liberados de suas obrigações familiares, deem uma esticada num restaurante ou numa cervejaria. Este rito e suas diversas ramificações eram impensáveis no sistema anterior (por causa do trabalho no sábado pela manhã) e dificilmente podia ser transferido para o sábado à noite devido à brevidade da folga que o destinava quase exclusivamente às atividades familiares. O aumento do tempo livre remodelou a organização da semana permitindo uma autêntica *individualização* do tempo semanal.

Esse fenômeno é particularmente interessante tratando-se da apropriação do espaço urbano. Antes, Joseph e seus colegas só dispunham de uma cidade "morta" (fechada aos domingos), com exceção das férias do verão. Faziam a maior parte de suas compras por catálogo, ou então as mulheres se encarregavam de fazê-las. Salvo raríssimas exceções, não podiam beneficiar-se de um contato direto e prolongado com os bens de consumo e ignoravam quase toda experiência "estética" deste contato (ver, tocar e sentir o cheiro). Agora, a folga do sábado permite-lhes tirar grande proveito de sua participação na vida comercial da cidade, não só como consumidores mas também, e talvez mais ainda, como *espectadores*. Aos sábados, Joseph "está de festa", pois este dia lhe pertence como algo a que tem direito[1]. Considerações mais gerais vêm corroborar essas observações: presença importante dos homens nos locais de comércio aos sábados, incremento dos serviços comerciais que podem interessá-los (artesanato, jardinagem, mecânica de automóveis etc.) e até transformação do modo de vestir-se: abandono da roupa "de domingo" tão característica entre os operários há uns quinze anos, em troca de um modo de vestir-se "mais jovem" e mais variado.

Esses minúsculos fatos sociais, difíceis de analisar em sua banalidade, cuja memória tende a apagar-se com os anos, insistem entretanto na extraordinária acumulação do desejo de vivenciar a cidade, desejo recalcado enquanto a libertação do sábado não lhe deu um espaço-tempo para desabrochar. Em suma, o consumo passou do estágio do *in vitro* (escolha por catálogo) ao estágio do *in vivo* (contato direto com os objetos). Por exemplo, Joseph havia comprado outrora um aparelho fotográfico e uma câmera (com todos os acessórios necessários: tela, aparelho projetor etc.) conforme indicações de um catálogo. Em maio de 1975, fui com ele a várias lojas, antes de fixar sua escolha no aparelho de seus sonhos; mas, conforme me disse, há vários meses andava hesitando e cada vez que podia, aos sábados, descia à cidade para olhar as vitrines e pedir informações. Antes jamais pôde "dar-se esse luxo", disse ele, como se quisesse dizer: "Jamais tive tanto prazer em escolher, olhar, comprar".

Com o prolongamento do descanso semanal, o "lambe-vitrines" (prazer de olhar vitrines) tornou-se uma atividade masculina: a cidade se oferece como espetáculo ao sonho. O "ser urbano" de Joseph e de seus colegas mudou de natureza quando conseguiram o lazer de percorrer ativamente uma cidade *desperta* e não mais entorpecida na tristeza do domingo. Agora que esta conquista passou a fazer parte dos costumes, mal se pode imaginar a revolução que introduziu no cotidiano: a cidade se tornou de fato uma cidade aberta, profusão de símbolos, poema. Além das estratégias do consumo, o lazer do sábado tornou possível a apropriação do espaço urbano pelo desejo de um sujeito itinerante que, descobrindo-a na vitalidade de suas forças vivas, começou a amá-la porque afinal podia reconhecer-se nela como consumidor e não mais apenas como produtor.

As grandes lojas (shoppings), as grandes áreas (supermercados)

Entre o bairro e o centro da cidade estabelecem-se relações de todo tipo, complementares ou contraditórias. Na prática urbana dos R., isso corresponde, *grosso modo*, a dois modelos de consumo que têm seu equivalente topográfico na cidade: de um lado as grandes lojas propriamente ditas (tradicionalmente situadas no centro das cidades: é o caso, por exemplo, em Lyon, da Place des Cordeliers e da rue de la République, onde se encontram as *Galeries Lafayette*, o *Grand Bazar*, o *Printemps* etc.); de outro lado, os "grandes supermercados" instalados nos subúrbios (por exemplo os *Carrefour* de Vénissieux e de Écully, o *Mammouth*, de Caluire).

As *Galeries Lafayette* – e quando os R. falam delas é preciso entender todas as grandes lojas – estão situadas num circuito urbano de altíssima densidade comercial, com o qual estão em perfeita osmose. Esta porosidade as torna ilimitadamente transitáveis; são uma continuidade da rua e pode-se passear nelas como no meio das bancas da calçada. A relação com as *Galeries Lafayette* é poética: o passeio que leva a elas desperta sensações (multidão, ruídos, odores); favorece o trabalho ativo da sensibilidade. A relação com o centro da cidade sempre vem acompanhada de um sentimento secreto de beleza, não tanto ligado à arquitetura como tal, mas à profusão dos belos objetos que nele se acham expostos em vitrines. Isto gera uma temática do dispêndio, da vontade de gastar: "Oh, que beleza! Como gostaria de ter isso!"

O centro da cidade é a permissão de sonhar sempre mais com uma outra vida, com um *outro lugar*. No âmago desta prática urbana das grandes lojas está um momentâneo esquecimento do real. As *Galeries Lafayette* são o meio de uma participação no ser coletivo, festivo, do centro. Como qualquer dispêndio, também este é extenuante. Ao regressar, Madame Marie fala de "turbilhões": "é um atropelo de gente que estive a ponto de desmaiar". Mas essas apreciações, sempre depois de ter decidido deslocar-se, é preciso entendê-las como um comentário esportivo; é uma maneira de dizer "aquilo, sim, é ambiente!" Este passeio sempre vem acompanhado de uma paradinha num grande café do centro, geralmente no *Bar Américain*. A atividade implícita no deslocar-se para o centro é como um circuito que se fecha sobre si mesmo; as *Galeries Lafayette* são como que um complemento do bairro, pois oferecem o suplemento festivo que o bairro, por sua organização própria e sua relativa vetustez, não possui.

Analisando mais de perto a relação com o centro, pode-se perceber que ele é o lugar de um impressionante número de trajetórias que, embora se recortem em grande parte (por causa da superfície relativamente pequena do centro da cidade que, em Lyon, se aperta entre as margens dos rios Saône e Rhône), conservam entretanto uma relativa autonomia umas em relação às outras. Não é a "mesma coisa" retornar pela rue de la République ou pela rue Édouard-Herriot. O primeiro trajeto está totalmente dentro do puro prazer de caminhar, ou melhor, de *lentibardanner* (conforme a gíria dos lioneses); os R. dispõem de uma linguagem apropriada a esse estilo de passeio cujo "retorno pela rue de la Ré(publique)" é sem dúvida o modelo urbano mais elaborado, sobretudo desde que este eixo se encontra totalmente dentro da zona dos pedestres: "voltamos passo a passo", "caminhamos devagar e sempre", "gosto muito de saborear sempre de novo as lindas vitrines", "podemos ver as transformações, é tão instrutivo", expressões, todas estas, que significam uma gratuidade temporal na qual se enraíza o prazer de caminhar.

Retornar pela rue Édouard-Herriot é fazer caminhadas funcionais paralelas ao passeio: "eu tinha que ir àquele lugar e aproveitei para voltar por lá" (segue em geral o nome de uma loja desta rua). Subjacente a cada itinerário acha-se uma justificação explícita ou secreta, cruzamento das vias no dedal sombrio das ruelas perpendiculares de alguns grandes eixos: a rue Mercière ocupa um lugar considerável no imaginário de Madame Marie por causa de lembranças precisas (foi lá que ela começou a trabalhar num ateliê de costura em 1906), mas ela não sabe mais o nome de uma ruela que se encontra algumas dezenas de metros mais longe. Há, na percepção do espaço, pontos cegos, quer por censura moral (as ruas das prostitutas, numerosas neste bairro), quer por desconhecimento, isto é, pelo fato de não se utilizar esta porção da malha viária. "Ir ao centro" é entregar-se a uma operação de múltiplas lógicas: consumo, espetáculo, passeio, descoberta... O centro possui um papel de atração pela orquestração das sensações urbanas que oferece espontaneamente ao usuário. É um dos polos de tensão que organizam a vida do bairro, na verdade sua extrema exterioridade, mas continua ligado a ele numa relação poderosamente significativa[2].

Quanto à relação com o *Carrefour*, trata-se de uma relação de tipo econômico. Devido à distância (é preciso tomar condução) e as condições materiais de acesso (enormes parques de estacionamento a atravessar, muito quentes no verão e frios demais no inverno), "ir ao Carrefour" não pode ser sinônimo de "fazer um passeio". Os R. só vão lá para *fazer compras*. Ou antes, iam, pois agora esta tarefa, considerada ingrata, geralmente é confiada a Joseph, ou ao chefe de família. Lá ele compra roupas para trabalhar, camisas "esporte" ou às vezes produtos alimentares que, curiosamente, não teria ideia de comprar perto de casa, como whisky ("para os amigos que, ocasionalmente, gostam de tomar!), apesar de Robert também vendê-lo. Este "extra" é de fato sinônimo de uma extraterritorialidade. O whisky, diríamos, parecia não se inscrever, pelo menos no começo, no sistema do bairro: era realmente uma coisa estranha que seria "até engraçado" pedir no Robert, portanto convinha ir procurar em outro lugar, naquelas longínquas fronteiras de consumo que as "grandes superfícies" ou hipermercados representam. Pois estes são uma "abstração", uma "ideia" do consumo quase inteiramente estranho ao hábito de consumo dos R., o qual, profundamente ligado ao seu circuito urbano tradicional, inclui proximidade e linguagem. A gente se lembra da reflexão de Madame Marie: "isso me faz perder o apetite"; este "tirar o apetite" sintetiza tudo que falta aos grandes supermercados para integrar-se em seu desejo de consumo, principalmente os cheiros das coisas e o contato com os comerciantes. A impressão subjetiva que se tem de ver os objetos expostos ao ar livre, de estarem ordenadamente amontoados nessas catedrais gigantescas que são os balcões dos "supermercados", provoca medo, pois a intimidade e a confidência são volatilizadas em proveito de um sistema de compra cujos benefícios os R. quase não conhecem.

Joseph vai ao Carrefour da mesma maneira que, às vezes, visita os canteiros das grandes ZUP do subúrbio. Para ele é ocasião de um espetáculo (tira fotos), de uma experiência de estranheza radical, de uma manipulação do espaço exatamente ao contrário da sua. Mais cruamente, da parte de Madame Marie há uma rejeição categórica, sem apelo. Vamos ouvir seu relato de ir a um restaurante com amigos:

"Mas, deixando isto de lado, vamos a mim. Posso garantir que não nego que sou uma velha, ocultar a idade seria inútil, mas quando vejo esses grandes conjuntos como no outro dia em que fomos almoçar no Tramoilles com os Giovanni, sim, quando atravessamos Rilleux, era de ficar doente! É uma (como se chama mesmo?), uma ZUP, é isso mesmo. Bem, eu digo uma coisa: se eu tivesse que viver lá dentro, seria um horror, uma coisa pavorosa! Aqueles edifícios imensos, todos quase colados uns aos outros, e depois as ruas, ruas tão grandes, praças, e além disso espaços minúsculos para jardim... Eu jamais poderia viver lá dentro, eu não! Não sei, mas mesmo que eu fosse... enfim, não se pode dizer isso, porque os jovens não têm a mesma mentalidade, é claro que não! Seria tentar em vão achar que isso é belo, você sabe. Eu vejo, mesmo na casa de Marcel, por toda parte aquelas belas entradas, tudo aquilo. Eu não conseguiria acostumar-me. Amélie, sim (sua prima), ela se acostumaria bem: "Ora! nada como ter conforto em casa, um bom banheiro. Eu nunca deixei de ter a minha pequena pia de ferro, tão antiga". Mas ela mudaria, sim. Afinal temos cinco anos de diferença. A gente muda com a idade" (Madame Marie tinha então 83 anos e sua prima Amélie 78).

Para Joseph a situação é um pouco diferente. O Carrefour, as grandes superfícies, os grandes conjuntos, as cidades novas que proliferam na região lionesa, tudo isto é um espaço de compromisso onde ele pode exercer sua condição de "cidadão moderno" sem grande risco, pois sabe que, na retaguarda, está sua querida Croix-Rousse. Para ele, esses lugares são uma terra exótica onde pode passar alguns bons momentos, em que pode "instruir-se" sobre aspectos da modernidade, mas lugares de onde é ainda possível retirar-se para encontrar um espaço social mais conforme à sua prática urbana. Pode-se dizer que ele encontra um interesse "de homem honesto" a contemplar a expansão de uma sociedade de consumo, da qual recebeu tão pouco durante anos, à qual sua "sabedoria" lhe ensinou a pedir pouco, sem também a não desconfiar absolutamente dela, segundo o argumento solidamente partilhado de que "há vantagem em toda parte".

Quando volta de lá para seu bairro, é como se entrasse num espaço que contém as palavras do reconhecimento, conhecido pelo coração, surpreendente como as coisas que amamos, como um poema, "uma música". O trajeto de retorno das partes "modernas" da cidade é escandido pela superação das etapas que levam progressivamente "ao lar": "começa-se a respirar", "como isso faz bem", "a carruagem sente a cavalariça". A fronteira mais precisa se situa após a praça dos Terreaux, onde se iniciam diversas ruas que sobem em direção ao platô. A partir daí, Madame Marie já está praticamente em sua cozinha (Ah! vejamos, o que é que vou fazer para o meu jantar?") e Joseph, não menos instantaneamente, propõe primeiro ir "tomar o aperitivo" num café do bulevar, em geral, *À la Soierie*, na Place des Tapis. A excursão na modernidade exige este tipo de cerimônia expiatória; o café é um lugar de reconciliação com o bairro, cujas qualidades só podem ser celebradas. É uma espécie de purificação assim formulada: "Como é bom o ar daqui", depois da "poluição" dos grandes conjuntos. Esta fórmula é afinal tipicamente croix-russiana: ela visa encontrar um "charme" específico, secreto, só apreciado pelos conhecedores, num bairro que continua sendo completamente marcado pela melancolia de suas habitações. É hora então de entregar-se à grande calma do anoitecer, sobretudo no verão, quando a sombra das árvores conserva e amplia a frescura. Desprende-se efetivamente do bulevar um charme estranho a confundir-se com as fronteiras da noite, como que abandonado pelo resto da cidade, cujo silêncio só é perturbado pela passagem dos carros ou pelo gemido da sirene, característico do motor elétrico dos *trólebus*.

Por conseguinte a prática do bairro é totalmente tributária do "resto" da cidade, centro ou subúrbios modernos. É que o bairro é muito restrito para assumir a totalidade do desejo urbano; as comodidades que oferece também não conseguem atender a todo tipo de comportamento do consumidor. Tem portanto necessidade de "outros lugares" dos quais os usuários possam usufruir para enriquecer seu domínio do espaço urbano em geral. Mas é também desta diferença de prática que o bairro retira um acréscimo de identidade; a "viagem" apenas terá sido um lapso de tempo, um excedente, reconduz ao seu lugar de origem, exatamente onde ressurge o prazer de viver no bairro. Uma vez fechada a cortina para o exterior do resto da cidade, o próprio bairro, bem longe de entorpecer-se na captação de sua identidade, encontra uma dinâmica interna capaz de satisfazer o reconhecimento de seus moradores. É aí que a prática do mercado significa toda a sua força social.

O mercado

Tradicionalmente o mercado é um importante ponto de referência sociológico para a compreensão das relações humanas no interior da prática do bairro. Nenhuma cidade, nenhum povoado pode prescindir dele. Ao mesmo tempo que é um lugar de comércio, é um lugar de festa (nas pequenas cidades provincianas, "refrões" acompanham frequentemente os mercados semanais), a meio-caminho entre o pequeno comércio de rua e o grande *shopping*, ou o supermercado, sem que os elementos que o constituem se confundam com um ou outro desses termos. Oferece uma profusão de bens de consumo que vai além do que pode oferecer um comerciante, sem cair no "distribucionismo" dos supermercados (distribuição dos bens de consumo em classes de objetos, que chamamos de *rayons* (setores): setor de lingerie, setor infantil etc.).

O mercado não faz esta repartição racional do espaço; as prateleiras se sucedem de acordo com a antiguidade, a implantação, a patente dos comerciantes, mas não segundo a ordem dos objetos. Enfim, no mercado a relação com os comerciantes obedece a leis precisas. Há uma inversão do sistema de reconhecimento relativamente aos comércios da rua; seus clientes são bem mais anônimos, sendo a relação, em geral, menos estreita que no interior de uma loja; por outro lado, o comerciante é valorizado e recupera o que o anonimato poderia ter de angustiante para os clientes; o "vendedor do mercado", pela estrutura "oral" característica do mercado – a "criée" (uma espécie de pregão, onde todos gritam alto sua mercadoria e suas vantagens de preço etc.), a interpelação familiar –, sempre é considerada mais ou menos como uma espécie de estentor, cuja "publicidade" é correlativa de uma maior distância social.

Na família R. como para muitas outras no bairro da rue Rivet, "fazer o mercado" é uma tarefa geralmente confiada aos homens. Neste sentido interferem muito as causas territoriais: tratando-se do bairro, o mercado fica "no alto", no bulevar. O acesso por ladeiras íngremes ou longas rampas de escadarias é uma operação fatigante que exige certo esforço físico. Quando Joseph vai ao mercado, cumpre em suma seu dever, como seus vizinhos. Prefere fazê-lo aos domingos de manhã, dia principalmente consagrado às atividades de tipo familiar.

Uma análise desta prática desvenda seu próprio "segredo": inaugurando-se como "familiar", ela se transforma numa prática própria a Joseph, da mesma maneira que cabe a Madame Marie a "prática" de ir ao Robert segundo uma dinâmica relacional que lhe é igualmente própria. A trajetória principal casa-mercado inclui subtrajetórias que lhe são complementares; ao "tempo necessário" do mercado, Joseph enxerta um tempo "livre", modificação pessoal que ele traz à necessidade familiar. O mercado é a ocasião de ritos, tipicamente masculinos, que se condensam no "aperitivo" tomado "com os companheiros" num café da Croix-Rousse.

Em sua trajetória, Joseph faz um circuito completo cujos polos extremos não são a casa/o mercado, mas a casa/o café. Ele "sobe" ao mercado pelo lado mais direito, a rue Ornano, subida da Tourette; ali ele toma o bulevar da Croix-Rousse à sua direita e, trezentos metros adiante, ele torna a encontrar o "baixo" do mercado. O primeiro tempo é um tempo de observação e de pesquisa dos preços; Joseph torna a subir lentamente até chegar ao que ele supõe ser uma ideia correta dos preços interessantes. Depois sai da ruela populosa encerrada pelas bancas, continua a "subir" o mercado pela parte externa, para escapar ao mesmo tempo da densa multidão e continuar sua pequena pesquisa de preços a partir das indicações fornecidas pelas casas comerciais paralelamente contíguas ao mercado. É sempre "no alto" do mercado que ele compra, pois vai abandonando suas hesitações à medida que avança: agora já pode decidir e compra bem depressa, "como fazem os homens".

Encontra lá um comerciante que mantinha outrora uma quitanda na sua rua, ao lado da casa de Robert. É conhecido na família R. pelo apelido de "pequeno quitandeiro". Grato a Joseph por sua "fidelidade" de cada domingo, o "pequeno quitandeiro" fecha sempre um pouco os olhos no bom sentido" (acrescenta sempre mais um pouco aos quilos pedidos). Pude assistir a esse sinal de gratidão, ainda que o "pequeno quitandeiro" ficasse um tanto incomodado com a minha presença: pesou um quilo de cerejas e se pôs a gritar voltado para um outro cliente só para desviar sua atenção para tirá-lo de seu campo de vista e ajuntar "disfarçadamente" um generoso punhado de cerejas no saco de Joseph com um formidável piscar de olhos, enquanto continuava gritando a plenos pulmões. "É um favor que ele sempre me faz, é muito gentil da parte dele, acho eu. E além disso é sempre uma questão de disfarçar...". Este favor, que se manifesta explicitamente sob a forma teatral do aparte rapidamente murmurado no zunzum da multidão, assinala Joseph como um "antigo" de sua rua.

Até no mercado Joseph encontra pessoas de sua rua com as quais é feito um pacto tão secreto que é inconsciente por força de ser automático, como se se tratasse de uma história comum. A categoria "antigo", que ressoa muitas vezes quando se evoca a vida do bairro ("Ah, sim, a gente se conhece de vista, é um antigo morador do bairro. Antigamente morava no número 6. Nós o vimos no Robert ou com certeza na praça quando tomávamos nosso aperitivo"), é um aditivo que dá cor à identidade do habitante (nome, prenome, idade, "ex-morador" de...). O "alto" do mercado é mais do que uma realidade topográfica; também é o espaço onde a efetividade do processo do reconhecimento é mais "alta", visto que lá Joseph encontra cada vez alguma coisa de sua rua.

Uma vez feito o mercado e terminadas as atividades concomitantes, Joseph continua sua subida para o "alto" do bulevar, costeia a praça da Croix-Rousse e toma uma rua que começa a descer do platô, do lado do "Rhône". Embaixo nesta rua, com cerca de duzentos metros, bem larga e enfeitada de árvores, encontra-se um café que se chama *À la crèche* (há uma escola maternal nas proximidades). Fazer o mercado é coisa impensável sem este desvio. O mais curioso, aqui, é a distância. Ainda que a praça do mercado regurgite de cafés (grandes, pequenos, "chiques", "populares"), Joseph só vai a este café distante do mercado, o que o obriga a fazer um grande desvio no caminho de volta. "É por causa do nome. Quem teria a ideia de chamar um café de *À la crèche*? Eu o acho muito cômico, principalmente para beber um copo no domingo de manhã. Além disso eles têm um *mâconnais* (vinho de Mâconnais) como nenhum outro no bairro. O vinho deles trabalha com as estações, com o tempo. Eles devem ter fornecedores certos, de renome. Às vezes é picante, diríamos quase espumoso, e outras vezes é bem seco. Isso varia, é claro...". Que o vinho branco do domingo de manhã, cuja função é "abrir" a refeição (é o "aperitivo" do domingo), seja formalmente contido sob a palavra "crèche", isto faz de sua degustação um ato quase religioso: Joseph vai "à creche" como outros vão "à missa das onze horas", com a mesma regularidade, para compartilhar um bem-estar coletivo (reencontrar o grupo de companheiros) cuja função é significar o imutável repouso do domingo de manhã. O café vem compensar o lado sacrificial do mercado como "prestar serviço": a "virtude recompensada", eis a justificação deste desvio.

Trata-se também de um encontro entre *homens*. Isto se dizia "outrora", falando ao ouvido, e entre os trabalhadores da fábrica de Joseph, apesar de situada no outro extremo da cidade (na periferia sul de Lyon). "Foi um velho aposentado da fábrica que nos deu o endereço. Morreu depois. Mas encontramo-nos com quem quiser. São os companheiros de fábrica que moram na Croix-Rousse. Somos alguns deles. Cada um vem e espera os outros. Às vezes estou sozinho diante de minha garrafa. Mas isto é raro. É bem raro quando Léon X. ou Robert Y. não vêm fazer um passeio. E também às vezes trazemos um amigo, ou travamos conhecimentos. Há até jovens. – ... – Não! Mulheres não! é bem raro. Às onze e meia elas estão na cozinha. Mas é claro que às vezes, quando elas não moram muito longe, vêm beber um trago conosco. Mas isso não é habitual. Quer dizer: quando elas estão em família, não há problema... Mas quando só há homens, a coisa é diferente, não sei como dizer; o domingo somos nós!..."

A ausência de mulheres também indica o sentido profundo do domingo: encontrar-se entre homens, *À la Crèche*, é colocar-se "à parte", por um tempo (o da celebração do domingo de manhã), antes de enfrentar as necessidades familiares, igualmente próprias do domingo. A *"crèche"*, o nome completamente ocasional deste café, parece ser o símbolo, pela polissemia que conota (Natal, infância, presentes), da intensidade com a qual se vive a última disponibilidade da derradeira hora do domingo de manhã. A *crèche* é aquele cantinho do bairro que escapa à autoridade da família; é aquele *ponto de fuga*, "a boa escapadela", para a qual convergem os itinerários dos homens.

Uma simbólica da cor do vinho o liga às etapas do dia: o vinho branco da manhã, por razões dietéticas precisas, é considerado como um excitante: "de manhã, faz despertar", "é como uma chicotada", abre o apetite. Quando é muito seco, a gente o toma "quebrado", isto é, com uma gotinha de xarope de cassis (bem menos do que no célebre *kir* – bebida que mistura vinho branco ou champanha com creme de cassis – dos dijonenses). Deve-se bebê-lo fresco e é esta sensação de frescura que corrobora sua relação com a manhã. O vinho branco se inscreve numa temporalidade bem precisa para este grupo de "companheiros": jamais antes das 10 horas e meia, e até, em geral, de preferência, depois das onze horas. Os donos sabem muito bem disto: após as 10 horas (depois do café preto) alinham todas as suas garrafas disponíveis em seu refrigerador: tudo está pronto para o assalto das onze horas. "Eu nunca tomo o vinho antes do fim da manhã. Ainda tenho o gosto do café na boca. Isso estraga o vinho". Sobretudo, o vinho branco do domingo de manhã "lava" – o que é dito sem outro predicado, de maneira intransitiva. É uma ablução interna que torna limpo, que liquida as preocupações da semana, estimula o suco gástrico para o almoço geralmente festivo do domingo familiar. É portanto uma espécie de ato mágico que antecipa os prazeres da mesa.

As garrafas são sujeitas a uma partilha rigorosa e *obrigatória*. Não se trata absolutamente do princípio da rodada, que se baseia numa organização diacrônica: após a vez de Jean, é a vez de Joseph, em que finalmente cada um é um jogo sucessivo de solistas, alternadamente donos da troca. No grupo de Joseph a partilha é simultânea: o número de garrafas pedidas corresponde exatamente ao número de comensais, e todas são trazidas ao mesmo tempo à mesa. Mas cada um, com sua garrafa, serve os outros e se faz servir por um de seus colegas. Assim, através desta sincronia, a reciprocidade é imediata e permite economizar sucessivas preeminências (do tipo da rodada), uma vez que o dom e o contradom são contemporâneos um do outro. O processo permite por conseguinte abolir a competição em favor de uma simplicidade que anula os alijamentos. Na hora de separar-se, cada um paga sua garrafa (ou antes, paga uma garrafa, pois, totalmente partilhadas, elas não pertencem mais a ninguém), ritual que a patroa conhece tão bem que traz quilos de moedas para responder às diversas maneiras de pagá-la. Esta aparente mesquinharia com ares de "cada um por si" é uma maneira de que se serve o grupo para preservar sua unidade anulando sempre de novo as dívidas recíprocas de cada parceiro.

Para Joseph e para seus amigos, a manhã do domingo é uma lenta progressão cada vez mais intensa até cair, após o almoço, no torpor do domingo de tarde. O domingo é de fato cindido em duas partes: uma traz a eclosão da festa preparada desde a sexta-feira à noite e a outra já é um pendor para a sinistra segunda-feira. Sob o ponto de vista da manhã, a tarde do domingo é ainda disfarçada pela apoteose do almoço. Mas do ponto de vista da tarde, a manhã já é "a véspera" de um outro tempo nostálgico cujo retorno se espera no próximo sábado.

A lenta progressão descrita no itinerário de Joseph reflete uma das preocupações prioritárias do grupo que ele representa: preservar, ao lado das "obrigações" familiares, um fundo, uma reserva, uma "*crèche*" onde é possível encontrar-se pela simples razão de celebrar *o* domingo de manhã. Este encontro não é imposto mas escolhido de acordo com critérios simbólicos (a creche) que provêm da organização própria a esse grupo: uma tradição ("foi um dos mais velhos que no-lo disse"), uma localização ("somos da Croix-Rousse"), uma conivência ("trabalhamos no mesmo lugar"), a aliança oculta, a troca do sangue (do vinho).

Seguindo Joseph nesta autêntica peregrinação, podemos verificar como se estabelece uma trajetória de bairro cheia de significados sociológicos. Primeiramente constatamos o cumprimento evidente de um dever familiar. Mas este dever também é o trampolim de uma subtrajetória que, inserida na primeira, impele entretanto para uma direção autônoma que oscila do dever para o prazer. Transpomos a linha de crista do horizonte familiar para encontrar sendas "familiares". O café de "*la crèche*" é o ímã que atrai a si este prazer para organizá-lo em esquema relacional fortemente tipificado: grupo de homens que trabalham quase todos na mesma empresa, reunidos por uma horinha em torno de algumas garrafas de vinho branco, de modo repetido e segundo um rito que lhes é próprio (a oferta recíproca do vinho). A passagem do mercado ao café é por conseguinte a passagem de um sistema social a um outro, das relações intrafamiliares às relações extrafamiliares. Também neste caso pode-se perceber quanto a estrutura do bairro satisfaz exigências aparentemente contraditórias. A partir de uma única ação inicial, ela diversifica lugares de encontro até aceitar pontos cegos e segredos nas práticas pessoais, pelo menos enquanto não ameaçam as coesões familiares e amigáveis.

É assim que a estrutura social do bairro revela sua extrema complexidade: ela resiste a qualquer abordagem "englobante". O que está à origem da eficácia social do bairro é um verdadeiro contrato social implícito: ninguém possui totalmente seu texto, mas todos dele participam de uma maneira ou de outra. Não há nenhuma tábua da lei onde estão afixados os artigos deste contrato, pois ele está muito mais inscrito, de um lado, numa tradição oral que se transmite através da educação, e, de outro, no jogo estereotipado dos comportamentos (sinais de polidez, tom de voz, olhares). Sua função antropológica é mobilizar, mas também temperar, contribuindo para este mesmo fim interesses sociais cotidianos. A prática do bairro – o esforço exigido dos usuários para que o equilíbrio não seja rompido – repousa totalmente nesta hipótese fundamental: o bairro não pode deixar de ser benéfico ao usuário se ele desempenhar a função social prevista pelo contrato. No que precede vimos a extrema diversidade dos benefícios dispensados, a nível das relações sociais sobre as quais se apoia o processo do reconhecimento (vizinhança, deferência, polidez).

A tensão que sustém, do interior, a vida do bairro está apoiada em dois polos, complementares e contraditórios ao mesmo tempo: de um lado, o *respeito da conveniência*, instância reguladora que recomenda tacitamente leis obrigatórias para o benefício do bem comum (o *obsequium* de Spinoza), e que poderíamos chamar, de modo mais geral, um possível para todos – aquilo ao qual cada um se pode dobrar sem prejudicar a si mesmo a fim de preservar a coesão social do bairro; de outro lado, a *singularização* progressiva deste espaço social pela prática cotidiana do usuário que reforça assim sua identidade de parceiro social. Manter, num mesmo lugar, este regime público da conveniência e da apropriação do espaço e de sua privatização é o núcleo que define o bairro urbano, enquanto nele se desenvolver uma atividade cultural.

Mais profundamente ainda e certamente mais inapreensível, sob as arengas dos políticos ou os números da estatística, bem mais longe do que tentei chegar nestas páginas, o bairro urbano é o lugar de uma aprendizagem social decisiva que, ao mesmo título que a vida familiar, escolar ou profissional, introduz, de maneira particularmente poderosa, à aprendizagem da vida cotidiana.

CAPÍTULO VII

"ENTÃO, PARA AS COMPRAS HÁ O ROBERT, NÃO É?"

Eis extratos da dupla série de entrevistas feitas em Lyon com duas antigas moradoras da cidade[1]. Madame Marie tinha então oitenta e três anos; espartilheira por profissão, trabalhou primeiro como operária numa grande casa no centro da cidade e depois instalou-se por própria conta em seu domicílio, após a morte do marido. Trabalhou até a idade de setenta anos e continuava a viver sozinha em seu apartamento da Croix-Rousse. Madame Marguerite tinha setenta e sete anos por ocasião das entrevistas e morreu antes de terminar este estudo. Empregada numa casa de import-export *onde acabou ocupando um posto de responsabilidade, ela também trabalhou até a idade de setenta anos. Nos últimos anos, vivia sozinha em seu apartamento, apesar de uma grande dificuldade para deslocar-se, por causa da complicação de flebites decorrente de uma queda que sofreu em 1945. A pedido de seu interlocutor, impressionado com sua vivacidade e a precisão de sua memória, ela havia começado a anotar por escrito, para ele, apesar de certa timidez para escrever, suas recordações sobre Lyon e a vida de seu bairro: foram destacadas algumas dessas passagens que completam perfeitamente um ou outro ponto das entrevistas.*

Madame Marie

Pierre – Então, para as compras há o Robert, não é?

Mme. Marie – Sim, eu vou ao Robert e ao padeiro. Ah, às vezes compro meu pão com ele[2], porque ele vende pão.

Pierre – E, como comerciante, o Robert é experiente?

Mme. Marie – Sim, ele é hábil, como é! Bem, não posso deixar de dizer isto: quando parti para o Sul, ele me pegou e me abraçou tanto. Voltei sábado de manhã: "Ah, Madame Marie!" Ah, já está de volta, *shuip, mum-mum* (onomatopeia imitando o abraço: ela ri). Veja só, eles casaram seu último filho e ele nos participou e assim foi com os quatro. Não para a filha, porque ela estava grávida; afinal eles viviam na farra mesmo, enfim...

Pierre – Eles ficaram aborrecidos?

Mme. Marie – Sim, ficaram aborrecidos. Mas todos os outros, o mais velho se casou em setembro e já vivia sete anos com aquela jovem, desde a idade de vinte anos. Afinal ele se casou. Todo mundo lhe dizia: "Mas por que você não se casa?" Eles se entendiam bem, eles se amavam muito, mas ele não queria casar-se porque se dedicava à corrida de carro e tinha medo de que lhe acontecesse um acidente; enfim, abandonou a corrida e então se casaram. Mas ele[3] sempre foi atencioso comigo, sempre me dava minha cartelinha de pílulas, sim, sempre.

Pierre – Ah bom!

Mme. Marie – Pois é, comerciante como este!... Eu o vi tão jovem, sabe! Quando ele veio para cá tinha apenas doze anos. Agora tem quarenta e nove anos. É, seu filho tem vinte e sete anos. Eles o tiveram logo, ambos se casaram com vinte anos. Então é um bom lar, sabe. Entretanto ele brinca muito, se você visse como ele graceja, isso com todas as boas mulheres, jovens e velhas. Ele faz elogios a todas, ele é... ele é muito distinto. Mas a mulher dele o aceita assim como ele é, e não é de fazer cenas...

Pierre – É gentil então, a mulher dele, não é?

Mme. Marie – Muito gentil, sim. Só há uma coisa que eu não compreendo. Ele se indispôs com o irmão e não sabe que fim ele levou e para onde se mandou. Será que Michel se teria casado? Ele não sabe. Quando lhe pergunto: "e Michel?" (às vezes falamos disto nós dois e digo: "e Michel?"). Bem, "não se sabe onde ele está", diz ele. Tirando isto, ele é amável e gentil com todo mundo, todo mundo gosta muito dele! *É o Robert universal do bairro!* (O grifo destaca a entonação da frase).

Pierre – Donde vêm os clientes de Robert?

Mme. Marie – Oh! de todo o bairro. É. O pequeno leiteiro, lá da esquina, fechou. Então todo mundo vem a ele, da rue de Flesselles, da rue Pierre-Blanc...

Pierre – E da rue de l'Annonciade, não é?

Mme. Marie – Que é isso? Não há mais rue de l'Annonciade! O leiteiro, aquele em frente à entrada da clínica, ele fechou, lá havia um *Bon Lait.* Lá há um *Bon Lait.* Mas não sei se está aberto. Passo lá raramente, na rue Pierre-Blanc, só para comprar minha carne e o peixe de vez em quando. Tenho que perguntar se há atum fresco, sabe! Se há, tenho que fazê-lo. Mas é mais fácil encontrar peixe nos Halles, porque lá, como você vê, na quinta-feira... Se você vai na segunda, terça, quarta-feira ou no domingo não há outro peixe, senão o congelado. Fresco só mesmo na quinta ou sexta-feira.

Pierre – Morando aqui, o bairro se estende até onde?

Mme. Marie – Ah, o bairro, para mim, é a rue Rivet, a rue de Flesselles, a rue Pierre-Blanc, nada mais que isso [...] Não é a mesma coisa que em Saint-Jean. É verdade que em Saint-Jean, quando se é jovem, não é a mesma coisa. Antigamente, por exemplo, com as crianças, nos pequenos bairros como este, a coisa era diferente. Eu descia no domingo, no Ano-Novo por exemplo, bem bonita, assim, porque sempre saíamos naquele dia, e em todo lugar podia contar com meu presentinho. Agora as pessoas não dão mais nada, sabe; eu ganhava meu saquinho de chocolate, meu punhado de papelotes, uma laranja no quitandeiro, ganhava alguma coisa na leiteria e em toda parte.

Pierre – Todos os comerciantes davam guloseimas às crianças?

Mme. Marie – Sim, é claro. Ao passo que hoje não se faz mais isso. Robert sempre ainda me dá um calendário, às vezes nem levo porque não sei onde colocá-lo. É, não é nem de longe a mesma coisa que antigamente, mas enfim, tudo mudou tanto, não é? O que vivi em Saint-Jean? Com meus pais[4], depois na rue de la Baleine, na rue du Boeuf, depois viemos para cá. Mas sou muito ligada a Saint-Jean, porque é o bairro dos meus... de todos os meus! Por isso, não faz muito tempo voltei lá para fazer um grande passeio, um passeio nostálgico, passando pelas ruas, pela rue Trois-Maries, revi minhas amiguinhas que, aliás, já morreram, ambas, sim, já morreram, minhas colegas de escola que moravam no número 11 da rue Trois-Maries, revi-as, sabe, como se estivéssemos saindo da escola... com seus aventais pretos, seus laços nos cabelos, Jeanne e Adélia, não, Jeanne e Adelaide, Adê como a chamávamos. Sim elas moravam no número 11, olhei as janelas. Bem, revi o padre Tomet, diretor da escola de Jean[5], de Maurice e de Joseph; ele passava sempre na rue des Trois-Maries, morava na praça dos Jacobins. Nós sempre nos encontrávamos na rue des Trois-Maries quando eu ia trabalhar e ele vinha com seu chapelão. Nem sei, é tanta coisa para lembrar.... A praça da Baleine, a praça do.... Quantas recordações nos ligam a tudo isso! A praça da Prefeitura onde eu esperava os garotos que saíam da escola, tudo isso, todos, tudo... Por quê? Porque aí estavam todos os meus. Meu padrinho morava na ladeira de, minha mãe nasceu no número 7 da rua, ladeira do Garrillan, meu padrinho morava no número 1, 1 bis, embaixo, portanto tudo isso são lembranças bem pessoais. Como eu dizia, ouvi, ali (como se chama mesmo?) Georges Simenon. Então ele falava, dizia que agora não escrevia mais, mas me disseram: "Que nada, ele escreve sempre". Enfim, resumindo, ele estava lá no meu jardim, estava sendo entrevistado por Yves Mourousi. Então ele dizia que agora não escrevia mais, que não tinha mais máquina de escrever, mais nada, ele encasquetou, tinha apenas seu gravador. E então o outro lhe retrucou: "Mas por que um gravador? – Bem, quando me vêm ideias, como esta, lembranças, eu, eu", enfim ele... anota, como? Ele inscreve?

Pierre – Ele grava?

Mme. Marie – Ele grava sim, imediatamente. Ele disse: "É talvez ..." (Como foi mesmo que ele disse?) "É talvez...". Você sabe, isso acontece com os velhos. Como é que se diz...?

Pierre – Esclerose?

Mme. Marie – É isso mesmo, sim. Ele disse, foi isto: "Talvez seja esclerose. Mas afinal, isso me dá prazer. Gravo ideias que me vêm ou lembranças". Sim, como você pode ver, é um pouco isso, as lembranças, mas é, é uma coisa bem pessoal: isso não interessaria a ninguém, mas enfim seria mais ou menos assim (como eu diria?), o espírito de um bairro, isso mesmo. Há muitas pessoas como eu. Sim, mas Amélie não é tanto... ela não é tão apegada, tão ligada às suas lembranças, isso porque ela é muito (como eu diria?), ela é muito, ela tem muitas outras preocupações, com seus filhos, mas sem depressão... Às vezes, porém, ela tem preocupações como esta de... ela é menos apegada que eu. Eu, sim, eu sempre fui muito apegada às lembranças (Silêncio).

Mme. Marie – Mas, ao lado disto, eu posso garantir a você: é verdade que sou velha, não posso esconder a idade, mas quando vejo esses conjuntos enormes, como no outro dia quando estivemos em Tramoilles, com os, na Páscoa, com os Giovanni, e então quando atravessamos para Rilleux, com quanto desgosto tive que dizer: é Rilleux-la-Pape, sabe, é uma (como se chama mesmo?), uma ZUP. Ah, se eu tivesse que viver lá dentro seria um horror! Edifícios imensos, todos agarrados uns aos outros e além disso ruas, ruas tão largas, praças... jardins tão pequenos. É, eu jamais poderia viver lá, não é mesmo! Mesmo, sei lá, se eu fosse... enfim, não se pode dizer, porque jovem não tem a mesma mentalidade. Ah não! Inútil seria insistir, sabe, eu vejo mesmo na casa de Marcel, por toda parte, aquelas lindas entradas, tudo assim, mas eu não poderia me sentir bem ali. Amélie, ela sim, ela se sentiria bem: "Oh, nada como ter o conforto da própria casa, um bom banheiro, eu sempre tive minha velha e pequena pia de ferro". Sim, *ela*, ela mudaria. Enfim, temos cinco anos de diferença, não é? Em cinco anos as coisas mudam tanto... a gente muda com a idade. Quanto mais ela avança, mas retomamos nossas... Mas apesar disto não sou como Monsieur Claude porque, se fôssemos assim, não teríamos nem pia branca, nem máquina de lavar, nem geladeira, nada disso! Mas confesso que eu não conseguiria viver nos novos conjuntos, *isso não. Impossível!*

Madame Marguerite

Mme. Marguerite – No domingo após o meio-dia, no verão, íamos a Montessuy.

Pierre – Como vocês iam lá? A pé ou de ônibus?

Mme. Marguerite – A pé, ou então de bonde. Havia um bonde velho, um *tramway*, sobre pequenos trilhos. Se você visse aquilo! Nem se pode imaginar tal coisa hoje em dia! O bonde fazia vlum-vrum-vrum-vrum, ao longo de todo o caminho, era uma barulheira sem fim. Aquele bonde, sabe, andava sobre uma via bem mais estreita que a via de lá; e, além disso, o tram também era mais estreito, mas mesmo assim fazia tanto barulho, escuta só, aquele bonde!

Pierre – E onde vocês tomavam o bonde?

Mme. Marguerite – Bem, nós o tomávamos sempre no mesmo lugar, na praça, lá no bulevar[6]. Ele seguia pela grande rua e ia até Sathonay.

Pierre – O equivalente da linha 33?

Mme. Marguerite – É isso. Mas naquele tempo quando se via esse bonde, que seguia depressa, na minha ideia ainda o vejo assim, seguia, seguia depressa, mas sacudindo o tempo todo da viagem, sabe!

Pierre – Vocês iam a Montessuy todos os domingos?

Mme. Marguerite – Meu pai não queria ir a outro lugar: *é Montessuy!* (Ela acentua as palavras ao pronunciá-las). Partíamos então às três horas. Algumas vezes levávamos lanche para comer e meu pai nos fazia a surpresa de comer lá embaixo sob um caramanchão, à tardinha. Como aquilo era agradável!

Pierre – Num bistrô?

Mme. Marguerite – Sim, porque havia lá um bistrô, isso foi... há muito tempo, quando Montessuy era apenas prados. Prados por toda parte, de todo lado, não havia casas. Então nos divertíamos lá à tarde, nos prados; e depois no caminho, ali à beira, havia um café onde se colocavam mesas do lado de fora, ao ar livre. Se você quisesse comer alguma coisa, havia caramanchões onde a gente podia ficar por algum tempo.

Pierre – Não havia nenhum espetáculo na Croix-Rousse?

Mme. Marguerite – Sim, havia cinemas que se instalaram. Havia o *Cinema Dular* e depois o *cinema La Croix*, praça da Croix-Rousse. Foram os primeiros balbucios do cinema, mudo, é claro!

Pierre – Lyon era a cidade do cinema.

Mme. Marguerite – E além disso havia, na praça de Chantecler[7], uma cervejaria, a *Brasserie Dupuy*, que era muito bonita, sabe! Nela havia uma sala enorme onde a gente se sentia tão bem, onde se podia almoçar e jantar, uma espécie de restaurante. Mas naquele tempo estava tudo em pintura ao redor, gênero Puvis de Chavannes, as pinturas, você sabe como. Nem sei dizer se eram dele. Havia um grande pátio com árvores, com plátanos e mesas. E, mais ainda, havia uma orquestra, músicos e até cantores.

Pierre – E vocês iam lá jantar, de vez em quando?

Mme. Marguerite – Não, não, porque para meu pai era um pouco caro, pois éramos quatro[8]. Mas jantei lá com uma amiga, Mademoiselle Vincent, que era professora. Ela nos pagou o jantar lá uma vez, me lembro bem; e então ao domingo íamos ainda muito lá, à *Brasserie Dupuy*, como de costume, à tardinha.

Pierre – Beber um copo, não é?

Mme. Marguerite – Beber um copo às seis horas, ou às cinco horas. Eu me lembro, havia lá uma mulher, uma mulher velha, velha mesmo, sim. É verdade que ela se vestia de velha, como era a mulher antigamente, há quarenta anos... Ela tinha um pequeno tonel e vendia azeitonas; ela as retirava com uma espécie de concha furada, assim, num papel e nos entregava. Vendia-se tantas e tantas azeitonas. Era bom, azeitonas com o aperitivo!

Pierre – Havia *os canuts* (operários das fábricas de Lyon), os "vorazes". Quem são eles?

Mme. Marguerite – Ah, sim, havia sempre *canuts*, muito mais que hoje em dia; em todas as ruas você podia ouvir o *bisse-tan-claque-pan* dos...

Pierre – O quê?

Mme. Marguerite – O *bisse-tan-claque-pan*! É o movimento do batente do tear. É, sempre foi assim, se dizia o *bisse-tan-claque-pan*. É uma onomatopeia que representa o ruído da tecelagem. A Croix-Rousse era a colina "laboriosa", é, era o trabalho. E como era! Trabalhava-se muito. Mas eu não vivi no meio *canut*, pois meu pai era comerciante[9].

Pierre – Mas vocês tinham clientes que eram *canuts*?

Mme. Marguerite – Sim, é claro, mas em direção à rue Jean-Baptiste Say não havia tais tecelagens. Elas ficavam mais no alto do bulevar, na rue Gigodot, em ruas como a rue d'Austerlitz, as ruas transversais, a Grande-Rue. Mas a vida dos *canuts* outrora era uma vida... tão terrível! Levantavam-se pelas quatro horas da manhã para trabalhar. Além disso havia garotos que eles faziam trabalhar para eles, lembro-me bem do trabalho deles, do árduo trabalho deles na esticagem ou na lançadeira, ou sei lá mais o quê. Eles chegavam a ficar corcundas, chegavam mesmo... era uma vida horrível, a vida deles!

Pierre – Mas eles iam também ao ateliê pela escadaria?

Mme. Marguerite – Sim, certamente!

Pierre – É por isso que os apartamentos são tão altos?

Mme. Marguerite – De teto tão alto, sim. E além disso cômodos tão grandes, como eu tinha um na rue de l'Alma: eu tinha um de 4 metros por 4,50 metros e com quatro janelas e 4 metros de altura. Era um verdadeiro cubo (Ela ri). E nem fazia tanto calor assim! Era um enorme cubo. De resto, a moradia dos Denis é do mesmo tipo de apartamento, também na ladeira Saint-Sébastien. Bem, eram todos dos *canuts* que viviam por lá. E o piso térreo era feito de velhos ladrilhos que eram mais ou menos assim (faz o gesto de girar a mão, sinal de instabilidade), cuidado com os tornozelos! E naquela época os teares eram instalados lá dentro. E as pessoas tinham que dormir em *soupentes* (uma espécie de jiraus), *suspentes*, como dizia Mme. Émilie: jamais consegui saber por que ela dizia *sus-pentes*, eu como Guignol (ri), *sus-pentes!*

> *Pierre – E Guignol*, vocês iam lá?

> *Mme. Marguerite* – Ah sim, íamos.

> *Pierre* – Lá era preciso entrar cidade adentro, não é?

> *Mme. Marguerite* – É sim, é verdade! Mas íamos. De vez em quando meu pai nos levava, ele gostava muito, divertia-se bastante quando nos levava. Mas minha mãe não ficava tão contente, porque havia *dois* Guignol: um que era "bom" para crianças e um outro que era... aquele onde se representavam peças de teatro. Mas nós as (como se chama mesmo quando a gente modifica, quando muda, há um nome, começa com "p").

> *Pierre* – Paródia?

> *Mme. Marguerite* – Paródia, é isso mesmo. A gente parodiava as óperas, fazíamos isso mais ou menos depressa, não entendíamos grande coisa talvez, minha irmã e eu, mas minha mãe ficava furiosa, ela não gostava que o pai nos levasse lá... Mas meu pai só gostava desse Guignol, porque o fazia rir; não gostava do outro que era para irmãs bem comportadas, enfim para as crianças, sabe. Sempre me lembro de Mignon, quando ela queria encontrar seu pai, então dizia que tinha um sinal distintivo: "Mas onde?" Então ela levantava todos os seus vestidos para deixar ver seu sinal que tinha na nádega (Risos). Oh, como era divertido o Guignol!

> *Pierre* – Guignol era então uma tradição bem viva?

> *Mme. Marguerite* – Sim, era. Isso já é coisa antiga, bem antiga. Data de Mourguet, foi criação dele. Era muito engraçado, sabe, e além disso era bonito o pequeno teatro sobre o cais Saint-Antoine.

Nós então íamos sobretudo num teatro que era passagem de l'Argue. Quando saíamos, havia todas aquelas prostitutas da rue Thomassin[10] que estavam lá (Ela ri). Mas tudo acabava bem! Não era preciso olhar as prostitutas nem ouvir o que se dizia. Minha mãe ficava furiosa, mas meu pai adorava aquilo, ele se divertia. Além disso estava convencido de que não compreendíamos nada; não sei se compreendíamos grande coisa, eu mesma não sei. E havia paródias políticas. Guignol era bem "vermelho", politicamente. Mas não me lembro exatamente. Enfim havia também clássicos como *Le déménagement*, coisas cômicas também.

Pierre – Com a Madelon e Gnaffron?

Mme. Marguerite – E quando ele batia na polícia, sempre, hem! Ali a polícia tinha direito a todas as pauladas, não é? (Ela ri).

Pierre – A que se assemelharia Guignol?

Mme. Marguerite – Ah bem, havia aquele chapéu preto, depois um rabinho, atrás, e então quando ele se mexia, assim, o rabinho se levantava, todo ereto. Enfim ele usava uma espécie de pequena casaca marrom...

Pierre – Era o chapéu de quem? dos *canuts*?

Mme. Marguerite – Oh, não! Creio que não. Jamais vi *canuts* com um chapéu daqueles. Ou será que ele estava entre eles, eles o metiam no meio deles?

Pierre – E o linguajar lionês?

Mme. Marguerite – Ah, sim. Havia de fato um sotaque, o sotaque lionês, sabe, *com certeza, com certeza*!

Pierre – Com o dialeto, a gíria lionesa?

Mme. Marguerite – Ah, aliás as palavras, sim! Sim, quando ele dizia, por exemplo: *"Tu me pétafines"* ou coisas assim.

Pierre – Que quer dizer *"pétafine"*?

Mme. Marguerite – É quando você tripudia sobre alguém, então você diz assim: *"tu me pétafines"*. Antigamente essas palavras me eram bem comuns, eu as conhecia bem.

Pierre – Era ele que dizia: *"Voir péter le loup sur la pierre de bois"*[11]?

Mme. Marguerite – Ah sim, é possível que ele dizia isso, sim é. Havia a Madelon, o Gnaffron, então ele que sempre estava com seu litro de vinho, sempre trazia o litro com ele, sabe. Em Paris ouvimos os Guignols; e isso ainda não foi tudo, sabe?

Mme. Marguerite – Havia espíritas em Lyon, muitos espíritas. Um deles (como se chamava mesmo?...), Philippe, depois Allan Kardec. Há outro ainda, Bouvier, que era curandeiro. Eles se reuniam na rue Longue, no centro, perto da igreja Saint-Nizier. Eu ia muito lá com meu marido. Ele travava conversas e se interessava muito pelo assunto. Mas nunca soube se ele acreditava ou não. Acho que ele tinha muito orgulho em travar essas conversas, mas nunca conversei com ele sobre isso, pois me enervava. Fui lá algumas vezes, mas não na rue Longue; fazíamos as mesas rodar. Eles invocavam Cartouche, não era Mandrin. Íamos lá na casa de pessoas que se chamavam os... Ah bem, esqueci todos os nomes, todos já se foram! Cais Saint-Antoine, é lá que eles deviam morar, num apartamento esplêndido, imenso, um belo apartamento de verdade, sabe. Havia lá uma mesa que ocupava quase toda a sala de jantar, uma mesa de carvalho espesso, pés bem grossos, tudo assim, sabe. Quando se dizia que era Mandrin que vinha, você ouvia brurum, bruum, bruum, bruum... Era o cavalo! Mas não se podia negar que era o cavalo. Estive lá muitas vezes. Depois fiquei com medo e nunca mais voltei lá.

Pierre – Não havia truques por lá?

Mme. Marguerite – Eu acho que não. Realmente lá... Aquelas pessoas lá que não trabalhavam, ninguém trabalhava, e eles entravam em transe. Eles tinham, como dizia o pai fulano (como se chamava mesmo? Lembro que começa por "p"; sempre me acontece isso, sei a primeira letra do nome, mas não consigo lembrar a segunda). Bem, ele dizia: isso são "apports" que ele teve. E eu acho que isso existe mesmo. Os tipos que são muito fortes em hipnotismo, em coisas assim, eles chegam a ter esses *"apports"*.

Pierre – E o que é um *"apport"*?

Mme. Marguerite – É assim: eles tinham de repente diante do nariz uma torta ou outras coisas que não foram compradas, mas que apareciam de repente. É o que diziam. E havia também um tal Me Palud, um advogado que se encontrava lá, ele se embriagava, levava uma vida devassa, um tipo assim, sabe. A mesa começou a dizer-lhe um monte de coisas ruins. Depois ele se levantou, estava meio bêbado, sabe, e isso o influenciou de tal forma que abriu a janela e queria jogar-se pela janela!

Pierre – Mas o que foi que a mesa lhe disse?

Mme. Marguerite – Não me lembro mais bem, mas coisas assim: que ele se comportava mal, enfim ela lhe passou uma descompostura em regra! E ele queria jogar-se pela janela! Nós o retivemos, sabe. Havia homens lá, meu marido também, havia inclusive um senhor que era Presidente da Câmara de Comércio: como você vê, era de fato um meio seleto aquele que frequentávamos (disse isto em tom irônico).

Pierre – E como é que a mesa falava?

Mme. Marguerite – A mesa? Ah, sei lá, não sei mais, ela falava por letra, por batida, A B C D, assim, é isso. Mas havia momentos em que eles faziam falcatruas. Uma vez, havíamos apagado todas as luzes, estava tudo escuro e havia um cartão de visita, se me lembro bem, que estava sob o envelope. Pedimos então à mesa que colocasse sua assinatura neste cartão de visita. Parecia que tudo deu certo e todas as vezes, sabe. Então meu marido, foi ele que colocou o cartão, havia feito um sinal embaixo. Verificou depois que não era mais o mesmo cartão que ele havia colocado sobre a mesa, já era outro. Ele não disse nada, mas me confessou: "Não, não é o mesmo cartão". E ainda isto, o filho Peyre que espalhou por toda parte que ele havia encontrado o tesouro de *Mandrin*, já lhe contei isso?

Pierre – Não.

Mme. Marguerite – Que ele havia encontrado o tesouro de Mandrin. Sabe como foi? Ele encontrou dois velhinhos e roubou-lhes todo o dinheiro, arruinando-os completamente, dizendo que era preciso fazer investigações, fazer aqui, fazer ali e eles caíram numa cilada. Depois ele foi preso, o filho Peyre.

Pierre – Também havia missas negras?

Mme. Marguerite – Sim, na casa deles devia haver, mas eu nunca assisti. Eles deviam fazer coisas como esta.

Pierre – Então não é só uma lenda, isso existia mesmo em Lyon.

Mme. Marguerite – Sim, claro que existia. Havia uma mesa, uma mesa redonda na casa deles; era toda pintada. Trazia os signos do Zodíaco pintados em volta e havia um monte de... Oh, não, não! E depois ele queria fazer aparições, mas eu fui totalmente contra isso e havia um senhor que também era contra, sabe. Aquilo me fazia medo: ver a mesa e aquelas coisas todas me dava tanto medo, mas ver uma aparição, isso eu não queria de jeito nenhum.

Pierre – Tinham eles também contatos com os mortos?

Mme. Marguerite – E então aqueles que vinham à mesa não eram todos pessoas já mortas? Claro que não eram pessoas vivas! Mas enfim eu depois fiz muitas vezes o truque da mesa, em casa, com Madame Lucie, que morava no mesmo edifício. Fazíamos truques como este. Mas tudo que se dizia: vai acontecer isto ou aquilo a você, jamais aconteceu, jamais, *jamais!* Porque, mesmo que fossem espíritos que vêm, seriam espíritos inferiores que estão ao rés-do-chão, se você quer saber. Um espírito superior não permanece ao nosso redor.

Pierre – Portanto, seja como for, seriam convivências maléficas?

Mme. Marguerite – Ah, sim! Compreendo muito bem que não se deve fazer isso; só pode trazer maus fluidos, sabe. Mas meu marido ocupou-se bastante com isso na Holanda. Tinha um professor, *Salverda de Grave* (acentua o nome ao pronunciá-lo), sempre me lembro do nome do professor, Salverda de Grave, que teve em Groningen, Groningue, acho eu. Parece que ele tinha de fato fotografado aparições, coisas assim, compreende? Era a reprodução de pessoas que já haviam morrido. Meu marido gostava muito de fazer esses truques.

Pierre – E agora, isso ainda continua sendo feito?

Mme. Marguerite – Sim. Aliás, eu não sei dizer [...]. Mas eu não quis continuar; após a morte de meu marido acabou tudo. Eu tinha outras coisas a fazer, ocupar-me com meus filhos, o que já era o bastante. Nunca mais... Mas naquele tempo, de vez em quando Mme. Lucie descia ao nosso apartamento, pois havia uma outra senhora que também vinha, uma médium. Ela adormecia em cinco segundos, nada era preciso, bastava colocar-se à mesa e ela dormia. E, além disso, era ela que falava, não era mais a mesa, era ela mesma que falava. É outra coisa que também jamais deu certo.

Pierre – O que ela dizia? Ela previa o futuro?

Mme. Marguerite – Eu nem me lembro mais, sabe. O futuro, sim, ela podia dizer coisas como esta: "Você vai dizer isto, você vai fazer aquilo", não me lembro mais. Como você sabe, faz tanto tempo, quase cinquenta anos... Acabei me convencendo que tudo aquilo era mentira, tudo que se dizia...

Pierre – E na rue Jean-Baptiste Say, as pessoas acreditavam nessas coisas?

Mme. Marguerite – Uma coisa é certa, meu pai nunca. Mas minha mãe, isso a deixou completamente louca, sabe! Oh, sim! Porque então ela acreditava tanto, tanto mesmo na reencarnação que às vezes podia ser verdade, pois, no fundo, nada sabemos do que se passa no outro lado; e, no gato dela, ela via um homem, um futuro homem, sabe! Não é exatamente a metempsicose que ela admitia, mas devia pensar que este gato, numa outra vida, seria alguém melhor, mais perfeito. Mas ela era esquisita com os animais! Por exemplo, à mesa, o primeiro a ser servido era o gato, que se tornava malvado, que era terrível, aquele animal, sabe! Tivemos que vaciná-lo, ele se tornou raivoso, mordia, que gato danado! Mas ela adorava os bichos, era tudo para eles, o animal em primeiro lugar e por isso a crença dela nisso tudo era inflexível.

Apontamentos de Madame Marguerite

Por que os croix-russianos gostavam tanto de sua Croix-Rousse? Digo "gostavam" no passado, pois hoje a população de nossa colina é uma miscelânea. Imóveis novos trouxeram pessoas que jamais haviam colocado o pé na Croix-Rousse e elas não conseguiram assimilar a mentalidade dos indígenas. Outrora nosso bairro parecia uma aldeia, todo mundo conhecia todo mundo, as pessoas eram fiéis aos comerciantes, gostávamos de nosso bistrô, de nossa cabeleireira, de nossa modista. Agora trocamos dez vezes por ano de cabeleireira, por exemplo.

Quando se saía da *ficelle*[12], no bulevar que é muito bonito, amplo, com muitas árvores, respirava-se um ar melhor do que na cidade. Esta é uma constatação absolutamente verídica e comprovada. O ar aqui era mais puro e a gente se sentia imediatamente em casa. Há algumas ruas, como a rue de Cuire onde muitas casas ainda possuem guarda-ventos do tipo que há nas fazendas. Há sessenta ou setenta anos, isso aqui era só campo. As casas têm um aspecto precário, vetusto, mas vale a pena entrar na *allée* (termo lionês) e no final do corredor encontrar um belo jardim e não raro uma outra casinha, linda e graciosa. Há muitos jardins individuais na Croix-Rousse e seria vandalismo destruí-los.

Hoje a colina não tem mais aquele aspecto de grande aldeia. Como já disse, muitos "estranhos" vieram estabelecer-se aqui. Alguns desdenham certamente o caráter conservador dos antigos croix-russianos, mas esses edifícios enormes, essas torres[13] destroem nossa perspectiva e lastimamos certamente o calor de nosso antigo bairro. Falo com amor da Croix-Rousse porque foi aqui que nasci e cheguei à idade avançada. Vivi quase toda a minha vida nesse bairro, exceto uns cinco anos [...].

Acho que nós da Croix-Rousse gostamos muito do que não muda muito o aspecto da cidade e da vida. Nosso bairro parecia muito com uma aldeia onde todo mundo se conhecia e se encontrava nas *ficelles*. Era bom viver aí, pois o ar sempre era mais puro do que na cidade. Mas as lojas embelezaram e aos poucos as velhas casas desapareceram [...].

Conheci as butiques mais rústicas, casas comerciais onde nem sempre reinava o bom gosto em expor as mercadorias, mas os comerciantes conheciam seus clientes e havia sempre uma troca de cortesia e de amabilidade. Depois, pouco a pouco chegaram as mudanças, as lojas e as casas comerciais se modernizaram e, salvo alguns retardatários, o conjunto dá uma impressão bizarra. De fato, se tomarmos a rua principal, a Grande-Rue, podemos constatar quantas butiques lindas foram abertas embaixo de casas antigas e em geral feias, com apenas um ou dois andares. Mas assim como na rue de Cuire, basta seguir o corredor e, para grande surpresa, podemos encontrar muitas vezes no fundo um belo jardim. [...]. Os comerciantes infelizmente não são mais croix-russianos autênticos. Fizeram lojas mais modernas, mas não conseguiram captar a mentalidade do indígena. Não há mais conversas familiares e a gente não se conhece mais. [...].

Havia algumas curiosidades na Croix-Rousse. Durante muito tempo o trem Lyon-Bourg atravessava o bulevar da Croix-Rousse, encontrando-se a estação do lado direito do bulevar[14]. Quando o trem chegava lentamente, locomotiva à frente, a gente se apressava em atravessar as vias, porque de manhã o mercado funcionava do outro lado do trem. Esse trem atrapalhou a circulação durante anos e foi um pouco antes de 1914 que se decidiu fazer uma outra estação antes da chegada ao bulevar. Essa outra estação jamais foi concluída, pois a guerra interrompeu a construção, mas foi feita uma provisória que durou anos. Agora o Lyon-Bourg não existe mais na Croix-Rousse.

Foram instalados dois elevadores para subir da cidade. Ambos funcionavam igualmente, através de um cabo grosso e do vaivém de duas cabines, uma subindo e outra descendo. De imediato os croix-russianos batizaram esses elevadores com o nome *ficelle*, nome que permaneceu até desaparecerem. Havia a *ficelle* a um vintém, a mais velha, que servia o bairro da indústria e comércio das sedas, Croix-Paquet, e a *ficelle* de dois vinténs religando a rue Terme ao bulevar da Croix-Rousse[15]. Cada cabine estava ligada a um *truck* onde se instalavam os carros de cavalos, os carros de mão, velocípedes e na saída do trabalho o *truck* era reservado à população, por ser muito pequena a cabine naquela hora. O Prefeito achou que devia privar-nos das duas *ficelles* ao mesmo tempo! Uma, a de dois vinténs, deu lugar a um túnel para os carros. Nós, os antigos croix-russianos, choramos nossa *ficelle* que em alguns minutos nos levava perto dos Terreaux e o resultado não foi de todo feliz. Quanto à nossa velha *ficelle* de um vintém, ela deu lugar ao metrô. Duvido que esse metrô tenha entusiasmado os croix-russianos!

No que diz respeito aos *canuts*, alguns eram muito pobres, vivendo miseramente nos apartamentos sem conforto. Jamais vi revolta de *canuts*. Toda a Croix-Rousse outrora vibrava com o tique-taque dos teares. Aliás era possível ver os três quartos das casas ou dos apartamentos de teto muito alto para corresponder à altura dos teares. Aos poucos todos esses *canuts* que trabalhavam para casas de seda desapareceram. A tecelagem passou depois para o campo ou para fábricas [...]. O tule e a passamanaria tiveram grande desenvolvimento em Lyon, mas atualmente só há uns poucos artesãos que produzem esses artigos. Quando um ateliê ou uma fábrica se modernizava comprando equipamentos mais modernos, os velhos teares partiam para a Síria, o Egito e a Argélia. Os homens daqueles países vinham fazer estágios em Lyon para aprender o ofício de tecelagem e voltavam para seu país onde, com nossos teares antigos e com uma mão de obra bem mais barata do que na França, fabricavam seus tecidos. E foi assim que, pouco a pouco, a indústria têxtil em Lyon foi desaparecendo [...].

Nas ruas podia-se ouvir o dia inteiro o barulho dos teares. A tecelagem era feita naquela época em grande parte em casas particulares, quer na cidade ou no campo. Conheci um operário tecelão especializado num belíssimo trabalho de tecido. Ela fazia retratos das nossas grandes personagens do momento. Trabalhava de portas fechadas, proibido de receber quem quer que fosse. Seu trabalho era secreto.

Os apartamentos de *canuts* que existem sempre eram de teto muito alto, por conseguinte difíceis de aquecer... Apartamento de um *canut*: uma peça ou cômodo bem grande, de teto muito alto, a fim de poder instalar ali teares (mais de quatro metros de altura), uma cozinha separada desta peça por uma divisória de vidro, combinando o dia com o ateliê. Em geral só tinha uma janelinha ou nem isso. De acordo com a altura, esta cozinha era dividida em dois planos: a parte superior ou jirau que servia de quarto de dormir. Podia haver até dois quartos. Outrora, em todas as ruas da Croix-Rousse, ouvia-se o tique-taque dos teares. Havia também ateliês de dobragem e de urdidura [...]. Não havia muita higiene nos apartamentos dos *canuts*. A grande peça clara, de teto bem alto, era reservada aos teares. O restante era em geral bem sombrio. Algumas peças, principalmente a cozinha, eram divididas em duas partes no sentido da altura. A parte superior era um jirau, a *"suspente"*, como diziam os antigos *canuts* de Guignol!

Todo ano, no recomeço das aulas, acontecia a *Vogue*. Era uma distração familiar que perdeu hoje todo o seu velho encanto. Havia muito mais atrações do que agora: tiro, loterias, uma fábrica de objetos em vidro, de fenômenos ou truques, como a mulher de barba, a mulher sem membros (um truque feito com espelho), a anã, o anão etc., muitos picadeiros e vendedores de *guimauve* e da *chique* lionesa. Durante muitos anos, tivemos aqui Raymond, de mão trêmula, que gravava argolas de guardanapo, copos de metal etc. A aparência dele era de *cowboy*: botas, um chapéu grande, muito popular na Croix--Rousse. Na grande *Vogue* de outubro sempre há, como há mais de cem anos, a venda de castanhas quentes e do vinho branco doce[16]. Que boas "bebedeiras" se tomam naquela ocasião!

Eu gostava – e ainda gosto – da *guimauve* e das *chique*s. Acho que as *chiques* não se encontram senão em Lyon. Antigamente, lembro-me bem, as barracas de bombons instalavam uma roleta com números de um a dez. Por dois vinténs tínhamos o direito de fazer girar a roleta e ganhávamos tantos bastões de *guimauve* quantos indicava o número premiado. Dez bastões, era uma fortuna! [...].

Não posso esquecer de dizer que os primeiros cinemas eram ambulantes e que os vimos na *Vogue*. As barracas podiam fazer fortuna. Havia sobretudo o *Cinema Dular* que nunca se afastava muito de Lyon (Havia a *vogue* anual em diversos bairros de Lyon). Depois o cinema se fixou na praça da Croix-Rousse num imóvel onde permaneceu por muitos anos.

Vou voltar aos nossos domingos. No verão, íamos, portanto, a Montessuy que naquela época possuía à direita e à esquerda fortificações à Vauban. Havia muita relva e as crianças se divertiam muito. Levávamos de vez em quando um lanche frio que comíamos sob um caramanchão. Aquilo eram os dias de grande luxo!

No inverno, mamãe me levava às catorze horas a um cinema que ficava perto da nossa casa. Era outrora um cinema que seguia a "vogue", o primeiro cinema que vimos. Eram filmes de episódios como *Judex* (série devida a Louis Feuillade, a partir de 1916). Uma coisa que só me enraivecia e que divertiria loucamente os jovens de hoje: quando aparecia na tela um homem e uma mulher se beijando na boca, eu não devia olhar! Minha mãe me tampava os olhos. E guardei esta espécie de culpa, pois até hoje não gosto de olhar para a tela quando dois amantes se beijam!

Muitas pessoas da Croix-Rousse iam fazer piquenique nos Montes do Lyonnais. Famílias inteiras partiam juntas a pé, carregando as provisões que eram alegremente levadas até o alto dos Montes Cindre, Thou, Verdun... Eram dias cheios de canções, de alegria e divertimento que eu pessoalmente nunca experimentei. Talvez ao cair da tarde os homens já tinham perdido um pouco o sentido vertical! Mas era uma provisão de ar fresco para a semana. [...].

Meus domingos de inverno eram bem tristes. Nós permanecíamos no fundo da loja onde a lâmpada[17] não era acesa a não ser quando não se podia ver mais nada. Para marcar o domingo, meu pai dava a mim e minha irmã dois vinténs. Íamos comprar *guimauve* russa na mercearia do bulevar que também não fechava[18]. Eu adorava aquela *guimauve*; apesar de passados setenta anos, parece que ainda sinto o gosto dela na boca. Não sei se ela ainda existe. Não me lembro de ter tido a impressão de ser maltratada por meus pais. Esses dois vinténs, aquilo era uma fortuna, uma recompensa. Eu nem podia pensar que fosse possível receber mais que isso. O que pensariam disso as crianças de hoje? [...]

Também havia, uma vez por ano, um passeio à Île-Barbe, onde jantávamos uma pequena fritada. Era agradável estar a bordo do Rio

Saône na hora do anoitecer. Para voltar a Lyon havia um velho bonde, ou melhor, um trenzinho com uma locomotiva e vários vagões mal articulados uns aos outros e que "andava" a quarenta por hora, acho eu, rangendo as ferragens, sobre uns trilhos em que os vagões balançavam da direita para a esquerda. Chamávamos esse trem de "a guilhotina", de tão pobres que eram os tipos que se faziam esmagar por ele. Mas não deixava de ser algo pitoresco e os lioneses ainda hoje falam dele rindo[19].

Entremeio
por
Michel de Certeau
e Luce Giard

CAPÍTULO VIII

OS FANTASMAS DA CIDADE

Um fantástico do "já do lado de lá"

A estratégia que, no passado, visava organizar novos espaços urbanos transformou-se aos poucos em reabilitação de patrimônios. Depois de haver projetado a cidade futura, será que se começou a imaginá-la no passado, como um espaço de viagens nela mesma, uma profundidade de suas histórias? Uma cidade hoje frequentada por sua estranheza – Paris –, muito mais que levada aos excessos que reduzem o presente a nada mais que simples escombros que deixam escapar um futuro – Nova York.

Tratando-se de Paris, esse retorno não foi súbito. Já no quadriculado dos planejadores funcionalistas surgiram obstáculos, "resistências" de um passado teimoso, obstinado. Mas os técnicos deviam fazer tábula rasa das opacidades que atrapalhavam os projetos de cidade transparente. A palavra de ordem era esta: "Não quero saber disto". Era preciso eliminar esses restos e substituí-los. Afinal este urbanismo destruiu mais do que a guerra. Entretanto, mesmo tomados em seus listéis, antigos imóveis sobreviviam. Essas velharias que parecem dormir, casas desfiguradas, fábricas desativadas, cacos de histórias naufragadas, elas ainda hoje formam as ruínas de uma cidade desconhecida, estranha. Irrompem na cidade modernista, cidade de massa, homogênea, como os lapsos de uma linguagem que ninguém conhece, quem sabe inconsciente. Elas surpreendem. Cada vez mais defendidas por associações de fiéis, essas ilhotas criam efeitos de exotismo em seu interior. Voltam constantemente a inquietar uma ordem produtivista e seduzem à nostalgia que se apega a um mundo a ponto de desaparecer. Citações heteróclitas, cicatrizes antigas, elas criam rugosidades sobre as utopias lisas da nova Paris. As coisas antigas se tornam importantes. Algo fantástico esconde-se aí, no cotidiano da cidade. É um espectro que agora ronda o urbanismo.

É claro que o fantástico não voltou sozinho. Foi trazido de volta pela economia protecionista que sempre se reforça em período de recessão. Também é objeto de operações bem-sucedidas levadas a cabo pelos promotores de *lofts* ou de bairros renovados. Permite uma valorização dos terrenos e uma transformação do comércio. Desta forma, na ilhota Saint-Paul renovada, os negócios se reduzem agora a lojas de antiguidades e a livrarias. A restauração se coloca em Paris num mercado internacional da arte. Ela multiplica os bons investimentos.

Esse fantasma é esconjurado sob o nome de "patrimônio". Sua estranheza é convertida em legitimidade. Os cuidados votados a ilhotas ou a bairros deteriorados prolongam aliás uma política que remonta à lei Malraux (1962) sobre a preservação (ainda em voga) de arquiteturas antigas, civis e cotidianas e, mais distante ainda, à lei de 2 de maio de 1930 sobre os sítios a proteger (conjuntos, já), ou mesmo a de 1913, que só se referia a monumentos. Amplifica-se uma tradição cuja origem seria o discurso do abbé Grégoire contra o vandalismo (1794): ela se pronuncia sobre a destruição necessária de um passado que não volta mais e a preservação de bens selecionados de interesse "nacional". Inicialmente colocada sob o signo de "tesouros" a extrair de um corpo condenado à morte, essa política museológica já assume, em Malraux, o caráter de uma estética. Hoje ela vem ao encontro de urbanistas que constatam o envelhecimento precoce de imóveis modernos rapidamente transformados em construções obsoletas e antiquadas[1]. Será que é preciso, portanto, renovar de vinte em vinte anos o parque construído? Tanto por razões econômicas como nacionais e culturais, voltamos a esse passado que muitas vezes envelheceu menos do que o novo. Por conseguinte, renova-se mais do que se inova, reabilita-se mais que do que se constrói, protege-se mais do que se cria.

Mas aqui algo se insinua, algo que não obedece mais à ideologia "conservadora" do patrimônio. Esse passado tem ares de imaginário. Um estranho já está aqui, na mansão. Esta situação de romance fantástico coincide perfeitamente com as pesquisas de escolas de arquitetura que, como *Site* nos EUA, visam dar aos citadinos a possibilidade de imaginar a cidade, de sonhá-la, portanto de vivê-la. O que torna a cidade habitável não é tanto sua transparência utilitária e tecnocrática, mas antes a opaca ambivalência de suas estranhezas. Um novo barroco parece vir substituir as geometrias racionais que repetiam por toda parte as mesmas formas, esclarecendo geograficamente a distinção das funções (comércio, lazer, escolas, habitat etc.). Ora, as "velhas pedras" já oferecem, em toda parte, esse barroco. Inútil, como em Berlim, inventar no final das avenidas uma paisagem campestre onde desembocam como rios no mar. Os restos de passados que se foram abrem, nas ruas, escapadelas para um outro mundo. No cais dos Célestins[2], na ilhota Saint-Paul[3], em tantos outros lugares, fachadas, pátios, calçadas, relíquias de universos desfeitos, vêm encaixar-se no moderno como pedras orientais.

Bem longe de alinhar-se numa pedagogia histórica que muitas vezes ainda organiza o museu em *vaterländisches Museum* de uma pequena ou de uma grande "pátria"[4], a nova renovação se afasta das perspectivas educacionais e estatais que incentivavam a preservação de um tesouro "de interesse público". Ela se interessa menos com os monumentos do que com o habitat ordinário, menos com a circunscrição de legitimidades nacionais do que com historicidades exógenas de comunidades locais, menos com uma época cultural privilegiada (a Idade Média, o Grande Século, a Revolução) do que com "colagens" feitas pelos sucessivos reempregos das mesmas construções. Ela empreende sempre "salvar", mas trata-se de complexos destroços impossíveis de classificar numa linearidade pedagógica ou abrigar numa ideologia referencial e disseminados numa cidade como os traços de outros mundos.

Uma população de objetos "lendários"

O imaginário urbano, em primeiro lugar, são as coisas que o soletram. Elas se impõem. Estão lá, fechadas em si mesmas, forças mudas. Elas têm caráter. Ou melhor, são "caracteres" no teatro urbano. Personagens secretos. As docas do Sena, monstros paleolíticos encalhados nas margens. O canal Saint-Martin, brumosa citação de paisagem nórdica. As casas-abandonadas (em 1982) da rue Vercingétorix ou da rue de l'Ouest, onde fervilham os sobreviventes de uma invisível catástrofe... Por subtrair-se à lei do presente, esses objetos inanimados adquirem autonomia. São atores, heróis de legenda. Organizam em torno de si o romance da cidade. A proa aguda de uma casa de esquina, um teto provido de janelas como uma catedral gótica, a elegância de um poço na sombra de um pátio remelento: esses personagens levam sua vida própria. Assumem o papel misterioso que as sociedades tradicionais atribuíam à velhice, que vem de regiões que ultrapassam o saber. Eles são testemunhas de uma história que, ao contrário daquelas dos museus ou dos livros, já não tem mais linguagem. Historicamente, de fato, eles têm uma função que consiste em abrir uma profundidade no presente, mas não têm mais o conteúdo que provê de sentido a estranheza do passado. Suas histórias deixam de ser pedagógicas; não são mais "pacificadas" nem colonizadas por uma semântica. Como entregues à sua existência, selvagens, delinquentes.

Esses objetos selvagens, provenientes de passados indecifráveis, são para nós o equivalente do que eram alguns deuses da Antiguidade, os "espíritos" do lugar. Como seus ancestrais divinos, eles têm papéis de atores na cidade não por causa do que fazem ou do que dizem, mas porque sua estranheza é muda e sua existência subtraída da atualidade. Seu retiro faz falar – gera relatos – e permite agir – "autoriza", por sua ambiguidade, espaços de operações. Esses objetos inanimados ocupam aliás, hoje, na pintura, o lugar dos antigos deuses: uma igreja ou uma casa, nos quadros de Van Gogh; uma praça, uma rua ou uma fábrica nos de Chirico. O pintor consegue "ver" esses poderes locais. Ele apenas antecipa, mais uma vez, um reconhecimento público. Para reabilitar uma antiga fábrica de concreto, o prefeito de Tours, M. Royer, e M. Claude Mollard, do ministério da Cultura, honram um "espírito" do lugar[5], como Lina Bo Bardi o faz em São Paulo em relação à Fábrica da Pompei (que se tornou o Centro de Lazer), ou muitos outros "ministros" desses cultos locais.

Mas onde parar e como delimitar a população dessas coisas que são "espíritos"? Também as árvores fazem parte deles, eles que são "os únicos verdadeiros monumentos" – "os majestosos plátanos centenários que a especulação dos entrepostos preservou porque eram úteis e abrigavam as adegas dos ardores do sol"[6]. Mas ainda uma fonte, o detalhe de uma fachada, o milho ou o presunto pendurado no teto de um taberneiro, um realejo ou um fonógrafo de Edison na penumbra de uma casa comercial, a forma encurvada de um pé de mesa, brinquedos, fotos de família, os fragmentos viajantes de uma canção... Esta população estende suas ramificações, penetra toda a rede de nossa vida cotidiana, desce aos labirintos do habitat, cujas profundezas ela coloniza silenciosamente. Assim a camisa de linho que abre, como uma Musa, *Le cheval d'orgueil*[7]: ela passa de geração em geração, usada sucessivamente pelos membros da família, lavada e ornada duas vezes por ano como outrora as estátuas de santos patronímicos, deusa muda, sujeito de uma história cujas circunstâncias e adjetivos só os humanos podem constituir. Com o relógio, o armário, a pá ou o vestido plissado bordado de verde e amarelo, ela atravessa o tempo, sobrevive à exiguidade das vidas humanas, ela articula um espaço. Experiência camponesa? Não. A racionalidade urbana a oculta, sem dúvida, a título da ideologia citadina – "burguesa" ou tecnocrata – de uma ruptura voluntarista em relação às "resistências" do campo, mas, de fato, esta experiência é exatamente aquela que a cidade amplifica e complexifica, criando o panteão onde os "espíritos" em tantos lugares heterogêneos se cruzam e compõem os entrelaçamentos de nossas memórias.

Michelet tinha razão[8]. Se os grandes deuses antigos estão mortos, os "pequenos" – os das florestas e das casas – sobreviveram aos sismos da história; eles pululam, transformando nossas ruas em florestas e nossas construções em casas assombradas; ultrapassam as fronteiras dogmáticas de um suposto "patrimônio"; eles possuem lugares, quando nós achamos que os prendemos, empalhamos, etiquetamos e colocamos sob vitrine nos hospitais de artes e tradições populares. Certamente alguns deles morrem nesses zoos museológicos. Mas eles não representam afinal de contas senão uma ínfima proporção entre a população dos fantasmas que fervilham na cidade e que formam a estranha e imensa vitalidade silenciosa de uma simbólica urbana.

Por conseguinte é perfeitamente justificável a desconfiança dos promotores da reabilitação. Deviam até desconfiar mais quando abrem a cidade e concedem uma legitimidade a esses imigrantes desconhecidos. Mas eles agem com prudência. Dessas coisas antigas, eles admitem o que pode ser chamado de "patrimônio". Com que critérios? Isso não é claro. Seu tamanho, sua idade, seu valor (econômico) e sobretudo a importância (social ou eleitoral) de seus *supporters* ou de seus habitantes podem valer a uma "velharia" sua agregação ao patrimônio. Passa então por sua restauração. Os objetos assim enobrecidos se veem então reconhecidos e conquistam um lugar e uma espécie de segurança de vida; mas, como todo agregado, por meio de uma conformação à lei da restauração. São modernizados. Essas histórias corrompidas pelo tempo, ou selvagens, vindas de não sei onde, são educadas no presente. É claro que os processos pedagógicos de que são objeto comportam uma contradição interna: elas devem ao mesmo tempo preservar e civilizar o antigo; tornar novo o que era velho. Os produtos que saem da restauração estão portanto comprometidos. Isso já é muito. As "velhas pedras" renovadas se tornam lugares de trânsito entre os fantasmas do passado e os imperativos do presente. São passagens sobre múltiplas fronteiras que separam as épocas, os grupos e as práticas. À maneira das praças públicas para onde afluem diferentes ruas, as construções restauradas constituem, de forma histórica e não mais geográfica, permutadores entre memórias estranhas. Esses *shifters* asseguram uma circulação de experiências coletivas ou individuais. Desempenham um papel importante na polifonia urbana. Sob este aspecto, respondem à ideologia subjacente à restauração e que associa o "estatuto" da cidade à salvaguarda de imóveis antigos. Seja qual for o quadro no qual se insere esta vontade "salvadora", o certo é que as construções restauradas, habitats mistos pertencentes a diversos mundos, já libertam a cidade de sua prisão numa univocidade imperialista. Mantêm aí, por ripolinadas que sejam, heterodoxias do passado. Salvaguardam um essencial da cidade, sua multiplicidade.

Uma política de autores: os habitantes

Entretanto a restauração tende a mudar essas heterodoxias em nova ortodoxia cultural. Há uma lógica da conservação. Mesmo distribuídos fora dos templos patrimoniais da lembrança e colocados à disposição de habitantes, os objetos restaurados se tornam peças de coleção. Sua disseminação ainda trabalha no sentido de estender o museu para fora de seus muros, de museificar a cidade. Não que o museu seja uma calamidade ou possa ser transformado em espantalho ou em bode expiatório. Ele exerce muitas vezes um papel de laboratório, adiantando-se ao urbanismo[9]. Mas ele possui um funcionamento próprio. Subtrai a usuários o que apresenta a observadores. Depende de uma operação teatral, pedagógica e/ou científica que retira de sua utilização cotidiana (de ontem ou de hoje) os objetos que oferece à curiosidade, à informação ou à análise. Faz passar esses objetos de um sistema de práticas (e de uma rede de praticantes) a um outro. Empregado para fins urbanísticos, o aparelho continua fazendo esta substituição de destinatários; tira de seus usuários habituais os imóveis que, por sua renovação, destina a uma outra clientela e a outros usos. A questão já não diz mais respeito aos objetos restaurados, mas aos beneficiários da restauração.

Se recusarmos a lógica da conservação, que outra hipótese poderia substituí-la? Quando o museu recua, quem é que ganha? A *lei do mercado*. Esta é a alternativa que se apresenta às intervenções do Estado ou da prefeitura de Paris: ou manter as instituições de conservação (mais ou menos pedagógicas), públicas (museus) ou privadas (associações e *hobbies* de todo tipo), ou entrar no sistema da produção-consumo (sociedades imobiliárias, comissões de estudo, gabinetes de arquitetos). Na segunda hipótese, a "subtração" museológica (imóveis retirados do habitat privado para serem transformados em instituições teatrais públicas) é substituída por uma desapropriação econômica (imóveis tirados dos habitantes mais pobres para serem melhorados e vendidos a adquirentes mais ricos). Vinte exemplos desses últimos anos podem confirmá-lo: o bairro do Marais, a rue Mouffetard, o bairro dos Halles etc. Esta restauração urbanística é uma "restauração" social. Ela leva a um terreno deteriorado e restaurado por burgueses e pelos profissionais liberais. Os aluguéis sobem. A população muda. As ilhotas reabilitadas formam os guetos de pessoas abastadas e as "curetagens" imobiliárias se tornam assim "operações segregativas"[10].

Uma política da restauração procura jogar entre os "conservadores" e os "marchands". Regras visam limitar ou controlar uns pelos outros. Nessas relações de forças, poderes intermediários se insinuam. O Corps des Ponts et Chaussées, em particular, lentamente talhou-se um império neste matagal, em nome de uma posição técnica e de tecnocratas que escapavam ao mesmo tempo da visão ideológica estreita da conservação e do pragmatismo incoerente do mercado. Mas os primeiros "intermediários" a promover deviam ser as pessoas que vivem nesses lugares a restaurar.

Por seu próprio movimento, a economia da restauração tende a separar dos lugares aqueles que lá vivem. A restauração dos objetos vem acompanhada de uma desapropriação dos sujeitos. Este movimento resulta não tanto de intenções malignas, mas da própria lógica de um aparelho (técnico ou científico) que tende a isolar a consideração dos sujeitos do tratamento dos objetos. Neste caso particular, não é de surpreender que administrações técnicas se interessem tanto com imóveis e tão pouco com os habitantes, ou que, por exemplo, num tempo de recessão que exige uma luta contra a degradação de um parque, elas concedam a coisas capazes de resistir ao tempo um valor que recusam às pessoas idosas. Elas selecionam e gerem aquilo para o qual estão equipadas – o que depende de uma produção ou de uma reparação de objetos.

Pelo próprio título de instituições terapêuticas, elas obedecem a esta regra. A restauração participa de fato da medicalização do poder, um processo que não cessa de desenvolver-se há dois séculos. O poder se torna cada vez mais um poder "cuidadoso". Assume a saúde do corpo social e por conseguinte suas doenças mentais, biológicas ou urbanas. Atribui-se a tarefa e o direito de curar, de proteger e de educar. Passando do corpo individual ao corpo urbano, esse poder terapêutico não muda de métodos. Trata dos órgãos e da circulação fazendo abstração das pessoas. Substitui apenas o fígado doente por uma ilhota arruinada. Nesta administração médica ampliada, a desapropriação dos sujeitos continua sendo a condição prévia de uma restauração dos corpos. Também as partes urbanas atingidas são colocadas sob tutela, confiscadas dos habitantes e confiadas aos especialistas da conservação, do imobiliário ou das Pontes. É o sistema do hospital.

Assim como a relação terapêutica se reintroduz, ainda muito marginalmente, no campo de uma tecnocracia médica, a dinâmica das relações entre habitantes e especialistas deve ser restaurada. Ela coloca em jogo relações de força entre cidadãos supostamente iguais diante da lei. Aqui está em questão uma política que ultrapassa e controla uma gestão econômica. Muitos projetos ou realizações mostram como os habitantes podem ser informados e consultados por meio de instâncias locais; como associações de bairro (por exemplo, no bairro Guilleminot) devem também participar nas decisões; ou como o Estado ou a cidade podem proteger locatários contra o despejo que os ameaça por motivo de restauração. Em 1979, a propósito da ilhota Sainte-Marthe, M. Léon Cros, conselheiro de Paris, declarava que "os proprietários, para beneficiar-se de subvenções da cidade e do Estado, deverão assinar uma convenção que colocará os locatários ao abrigo de um aumento muito grande" e que "os locatários em questão se beneficiarão com a ajuda personalizada ao aluguel"[11]. É claro que nenhuma medida é completamente satisfatória. Além de esta levar a interrogar-se sobre o peso dos tributos exigidos dos contribuintes para financiar tais subvenções (quem paga e para quem?), incentiva os proprietários a praticar um malthusianismo da locação. Impõe-se um debate político, a fim de elaborar as melhores soluções.

Na medida em que uma política se inspira no princípio de que o "patrimônio", como dizia M.J.-P. Lecat, deve "tornar-se uma questão de todos os franceses"[12], deve ser sublinhada uma forma particular mais fundamental, o direito à criação, isto é, uma autonomia que diz respeito às regulamentações draconianas fixadas por especialistas. Os habitantes, sobretudo os mais desfavorecidos, não só têm, no quadro das leis, o direito à ocupação dos lugares; também têm o direito à sua estética. De fato, o "gosto" deles é sistematicamente difamado, sendo privilegiado o dos técnicos. A arte "popular" também não é exaltada, mas só quando se trata de um passado ou de um longínquo que passou a ser objeto de curiosidade[13]. Por que esta estima desmorona uma vez que se trata de trabalhadores ou de comerciantes vivos, como se eles fossem menos criativos que outrora, ou como se os promotores e os funcionários dessem prova hoje de uma inventividade fora do comum? Desde o museu camponês de Albert Demard, em Champlitte[14], até o museu de arte bruta de Michel Thevoz em Lausanne, tudo prova, ao contrário, as insólitas capacidades poéticas desses habitantes-artistas desdenhados pelos engenheiros-terapeutas da cidade.

Entre muitas outras razões, a prospectiva urbana requer que esses artistas desconhecidos recuperem seus direitos de autores na cidade. Desde a *tele* até a eletrônica, a rápida expansão da mídia colocará à disposição dos indivíduos os meios que uma paleotécnica reserva a uma elite. A esta democratização das técnicas deve corresponder uma democratização da expressão artística. Como estender a primeira se censuramos a segunda? Será que se pode aliar um conservadorismo cultural a um progressismo tecnológico? Infelizmente esta aliança contraditória é frequente (lei geral: um tradicionalismo cultural compensa, numa sociedade, a promoção econômica). Mas isto é desperdiçar o verdadeiro capital de uma nação ou de uma cidade. Pois seu patrimônio não é feito dos objetos que ela criou, mas das capacidades criadoras e do estilo inventivo que articula, à maneira de uma língua falada, a prática sutil e múltipla de um vasto conjunto de coisas manipuladas e personalizadas, reempregadas e "poetisadas". Finalmente, o patrimônio são todas essas "artes de fazer"[15].

A arte de hoje já o faz e reconhece nisso uma de suas fontes, como naquilo que eram para ela, ontem, as criações africanas ou taitianas. Os artistas cotidianos das maneiras de falar, de vestir e de morar são fantasmas na arte contemporânea patenteada. Estaria mais do que na hora de um urbanismo ainda à busca de uma estética lhes reconhecesse o mesmo valor. A cidade já é sua permanente e móvel exposição: mil modos de vestir-se, de circular, de decorar, de imaginar traçam as invenções nascidas de memórias ignoradas. Fascinante teatro, que se compõe dos gestos sem número que utilizam o léxico dos produtos de consumo para dar linguagem a passados estranhos e fragmentários. "Idiolectes" gestuais, as práticas dos habitantes criam, no próprio espaço urbano, uma multitude de combinações possíveis entre lugares antigos (segredos de que infâncias ou de que mortes?) e situações novas. Elas fazem da cidade uma imensa memória em que prolifera a poética.

Uma mítica da cidade

Na perspectiva de uma democratização, condição para uma nova estética urbana, duas redes retêm particularmente a atenção: os *gestos* e os *relatos*. Ambos se caracterizam como cadeias de *operações* feitas sobre e com o léxico das coisas. De dois modos distintos, um tático e o outro linguístico, os gestos e os relatos manipulam e deslocam objetos, modificando-lhes as repartições e os empregos. São "bricolagens", de acordo com o modelo reconhecido ao mito por Lévi-Strauss. Inventam colagens casando citações de passados com extratos de presentes para fazer deles séries (processos gestuais, itinerários narrativos) onde os contrários simbolizam.

Os gestos são verdadeiros arquivos da cidade, se entendermos por "arquivos" o passado selecionado e reempregado em função de usos presentes. Refazem diariamente a paisagem urbana. Esculpem nele mil passados que talvez já são inomináveis e que menos ainda estruturam a experiência da cidade. Maneiras como um magrebino se instala num HLM, um rodeziano mantém seu bistrô, um nativo de Malakoff anda no metrô, como a jovem do século XVI traz seu "jean" ou como o passante marca com um grafito seu modo de ler o anúncio. Todas essas artes de "fazer com", usos polissêmicos dos lugares e das coisas, deveriam ser mantidos pela "restauração". Como colocar mais à disposição dos inventores a praça, a rua ou o imóvel? Programa para uma política de renovação. Com muita frequência, ela tira a vida das ilhotas transformando-as em "túmulos" para famílias ricas.

As histórias sem palavras do andar, do vestir-se, de morar ou do cozinhar trabalham os bairros com ausências; traçam aí memórias que não têm mais lugar – infâncias, tradições genealógicas, eventos sem data. Este é também o "trabalho" dos relatos urbanos. Nos cafés, nos escritórios, nos imóveis eles insinuam espaços diferentes. Acrescentam à cidade visível as "cidades invisíveis" de que fala Calvino. Com o vocabulário dos objetos e das palavras bem conhecidas, eles criam uma outra dimensão, sempre mais fantástica e delinquente, terrível ou legitimante. Por isso, tornam a cidade "confiável", atribuindo-lhe uma profundidade ignorada a inventariar e abrindo-a a viagens. São as chaves da cidade: elas dão acesso ao que ela é, mítica.

Também os relatos constituem instrumentos poderosos cuja utilização política pode organizar um totalitarismo. Mesmo sem ser objeto da primeira exploração sistemática que dela fez o nazismo[16], eles fazem crer e fazem agir: relatos de crimes ou de festanças, relatos racistas e chauvinistas, lendas de ruas, contos fantásticos de subúrbios, piadas ou perversidades de fatos diversos... Exigem uma gestão democrática da credibilidade urbana. Já há muito tempo o poder político sabe produzir relatos a seu serviço. A mídia melhor ainda. Os próprios urbanistas tentaram produzi-los artificialmente nos novos conjuntos: assim na Defense, ou no Vaudreuil. Com toda razão. Sem eles, os bairros novos permanecem desertos. Pelas histórias de lugares, eles se tornam habitáveis. Habitar é narrativizar. Fomentar ou restaurar esta narratividade é portanto também uma tarefa de restauração. É preciso despertar as histórias que dormem nas ruas que jazem de vez em quando num simples nome, dobradas neste dedal como as sedas da feiticeira.

Relatos não faltam na cidade, é claro. A publicidade, por exemplo, multiplica as lendas de nossos desejos e de nossas memórias contando-as com o vocabulário dos objetos de consumo. Ela debobina através das ruas e nos subsolos do metrô o interminável discurso de nossas epopeias. Seus anúncios abrem nos muros espaços de sonho. Jamais talvez uma sociedade se tenha beneficiado de uma mitologia tão rica. Mas a cidade é o teatro de uma guerra dos relatos, como a cidade grega era o campo fechado de guerras contra os deuses. Entre nós, os grandes relatos da televisão ou da publicidade esmagam ou atomizam os pequenos relatos de rua ou de bairro. É urgente que a restauração venha em socorro desses últimos. Já o faz registrando e difundindo as memórias que se contam no padeiro, no café ou em casa. Mas isto é feito arrancando-as de seus lugares. Festas, concursos, a organização de "lugares de palavra" nos bairros ou imóveis restituiriam aos relatos os solos onde podem desabrochar. Se "o evento é aquele que se conta[17], a cidade não tem história, ela só pode viver se preservar todas as suas memórias.

O arquiteto Grumbach dizia recentemente que a cidade nova que ele gostaria de construir seriam "as ruínas de uma cidade que teria existido antes da cidade nova". Seriam as ruínas de uma cidade que jamais existiu, os traços de uma memória que não tem lugar próprio. Toda cidade verdadeira corresponde efetivamente a esse projeto. Ela é mítica. Paris, já foi dito, é uma "ucronia". De diversos modos, Anne Cauquelin, Alain Médam e muitos outros ainda apontaram este lar de estranheza na realidade urbana. Isto significa que a restauração não sabe, afinal, o que ela faz "voltar" – ou o que ela destrói – quando restaura as citações e os fragmentos de memórias inapreensíveis. A esses fantasmas que frequentam o trabalho urbano pode ela apenas oferecer um balizamento de pedras já marcadas, como palavras para isso.

CAPÍTULO IX

ESPAÇOS PRIVADOS

O território onde se desdobram e se repetem dia a dia os gestos elementares das "artes de fazer" é antes de tudo o espaço doméstico, a casa da gente. De tudo se faz para não "retirar-se" dela, porque é o lugar "em que a gente se sente em paz". "Entra-se em casa", no lugar próprio que, por definição, não poderia ser o lugar de outrem. Aqui todo visitante é um intruso, a menos que tenha sido explícita e livremente convidado a entrar. Mesmo neste caso, o convidado deve saber "ficar no seu lugar", sem atrever-se a circular por todas as dependências da casa; deve saber, principalmente, abreviar sua visita, sob pena de cair na categoria (temível) dos "importunos", daqueles que devem ser "discretamente lembrados" das boas maneiras, ou, pior ainda, daqueles que devem ser evitados a todo custo, pois não sabem ser convenientes nem manter "certa distância".

O habitat se revela

Este território privado, é preciso protegê-lo dos olhares indiscretos, porque cada um sabe que o mínimo apartamento ou moradia revela a personalidade de seu ocupante. Mesmo um quarto de hotel, anônimo, diz muito sobre seu hóspede de passagem no fim de algumas horas. Um lugar habitado pela mesma pessoa durante um certo tempo esboça um retrato semelhante, a partir dos objetos (presentes ou ausentes) e dos costumes que supõem. O jogo das exclusões e das preferências, a disposição do mobiliário, a escolha dos materiais, a gama de formas e de cores, as fontes de luz, o reflexo de um espelho, um livro aberto, um jornal pelo chão, uma raquete, cinzeiros, a ordem e a desordem, o visível e o invisível, a harmonia e as discordâncias, a austeridade ou a elegância, o cuidado ou a negligência, o reino da convenção, toques de exotismo e mais ainda a maneira de organizar o espaço disponível, por exíguo que seja, e de distribuir nele as diferentes funções diárias (refeições, toalete, recepção, conversa, estudo, lazer, repouso), tudo já compõe um "relato de vida", mesmo antes que o dono da casa pronuncie a mínima palavra. O olhar atento reconhece imediatamente a confusão dos fragmentos do "romance familiar", o traço de uma encenação destinada a dar uma certa imagem de si, mas também a confissão involuntária de uma maneira mais íntima de viver e de sonhar. Neste lugar próprio flutua como que um perfume secreto, que fala do tempo perdido, do tempo que jamais voltará, que fala também de um outro tempo que ainda virá, um dia, quem sabe.

Indiscreto, o habitat confessa sem disfarce o nível de renda e as ambições sociais de seus ocupantes. Tudo nele fala sempre e muito: sua situação na cidade, a arquitetura do imóvel, a disposição das peças, o equipamento de conforto, o estado de manutenção. Eis portanto o indicador fiel e tagarela com que sonham todos os inquisidores, da administração às ciências sociais, como aquele juiz de menores que estabelecia um modelo de investigação sobre as famílias que tinham contas a ajustar com a justiça, detalhando os tipos de habitação a distinguir: "Casa individual ou fazenda, imóvel de aluguel clássico, grupo HBM modelo antigo, grupo HLM moderno, conjunto residencial castor, conjunto residencial jardim, pensão, hotel ou quarto mobiliado adequado, hotel ou café suspeito, barraco de subúrbio, vagão, carroça ou barco fixos e alojamentos móveis"[1].

A diversidade dos lugares e das aparências nem se compara à multiplicidade das funções e das práticas de que o espaço privado é ao mesmo tempo o cenário próprio para mobiliar e o teatro de operação. Aqui se repetem em número indefinido em suas minuciosas variações as sequências de gestos indispensáveis aos ritmos do agir cotidiano. Aqui o corpo dispõe de um abrigo fechado onde pode estirar-se, dormir, fugir do barulho, dos olhares, da presença de outras pessoas, garantir suas funções e seu entretenimento mais íntimo. Morar à parte, fora dos lugares coletivos, é dispor de um *lugar protegido*, onde a pressão do corpo social sobre o corpo individual é descartada, onde o plural dos estímulos é filtrado ou, em todo caso, devia sê-lo, teoricamente. Daí a intolerância crescente, na cidade contemporânea, com o barulho dos vizinhos e com o cheiro de sua cozinha. Daí, mais ainda, a emoção física profunda que sente aquele que descobre, depois de uma breve ausência, que seu apartamento foi "visitado", arrombado e assaltado. Os relatos concordam em que o sofrimento não vem da "perda" dos bens roubados, mas do transtorno que esta intrusão gera na casa de alguém. Um amigo me dizia: "senti como se fosse uma violação e sonhei com isso com temor e tremor por muitos dias".

Lugar do corpo, lugar de vida

Neste espaço privado, via de regra, quase não se trabalha, a não ser o indispensável: cuidar da nutrição, do entretenimento e da convivialidade que dá forma humana à sucessão dos dias e à presença do outro. Aqui os corpos se lavam, se embelezam, se perfumam, têm tempo para viver e sonhar. Aqui as pessoas se estreitam, se abraçam e depois se separam. Aqui o corpo doente encontra refúgio e cuidados, provisoriamente dispensado de suas obrigações de trabalho e de representação no cenário social. Aqui o costume permite passar o tempo "sem fazer nada", mesmo sabendo que "sempre há alguma coisa a fazer em casa". Aqui a criança cresce e acumula na memória mil fragmentos de saber e de discurso que, mais tarde, determinarão sua maneira de agir, de sofrer e de desejar.

Aqui podemos convidar os amigos, os vizinhos, evitar os inimigos, o chefe do trabalho, por tanto tempo quanto permite a frágil barreira simbólica entre o privado e o público, entre uma convivialidade eletiva, regrada pelos indivíduos, e uma socialidade obrigatória, imposta pelas autoridades. Aqui as famílias se reúnem para celebrar os ritmos do tempo, confrontar a experiência das gerações, acolher os nascimentos, solenizar as alianças, superar as provas, todo aquele longo trabalho de alegria e de luto que só se cumpre "em casa", toda aquela lenta paciência que conduz da vida à morte no correr dos anos.

Quanto mais o espaço exterior se uniformiza na cidade contemporânea e se torna constrangedor pela distância dos trajetos cotidianos, com sua sinalização obrigatória, seus danos, seus medos reais ou imaginários, mais o espaço próprio se restringe e se valoriza como lugar onde a gente se encontra enfim seguro, território pessoal e privado onde se inventam "modos de fazer" que tomam valor definitório: "Veja só como é que eu faço isso... Na minha família, temos o hábito de..." Coisa estranha, quanto mais exíguo se torna o espaço próprio, mas ele é entulhado de aparelhos e de objetos. Diríamos que é preciso densificar este lugar pessoal, material e afetivamente, para tornar-se o território onde se enraíza o microcosmos familiar, o lugar mais privado e mais caro. Aquele lugar para o qual é tão bom voltar, à noite, depois do trabalho, depois das férias, ao sair do hospital ou da caserna. Quando a esfera pública não oferece mais lugar de investimento político, os homens se fazem "eremitas" na gruta do habitat privado. Hibernam em seu domicílio, buscam satisfazer-se com pequenos momentos de felicidade individuais. Talvez alguns até já sonhem em silêncio outros espaços de ação, de invenção e de movimento. Num muro do bairro, em junho de 1968, uma mão anônima escreveu essas palavras: "A ordem nas ruas faz a desordem nas cabeças". Reciprocamente, o desespero social instala a imaginação no poder, nos sonhos solitários.

O jardim fechado povoado de sonhos

A opressão não se engana, quando arranca os cidadãos à sua felicidade privada para amontoá-los em suas prisões ou seus campos, impondo-lhes a tortura de uma vida pública das funções mais íntimas. Resultado: eis a horda reconstituída onde cada um é um lobo para o outro. A utopia não se engana muito ao estender sua vigilância panóptica aos gestos mais privados do corpo individual, a fim de tudo governar e de tudo controlar na "cidade perfeita"[2]... A memória comum sabe tão bem disto que canta, em todas as línguas, a doçura de "seu pequeno lar". Entretanto, o jardim fechado onde o corpo dissimula sua pena e suas alegrias não é uma "cidade proibida". Se ele não quiser tornar-se sinônimo de uma terrível ordem de despejo, longe dos vivos, o espaço privado deve saber abrir-se a fluxos de pessoas que entram e saem, ser o lugar de passagem de uma circulação contínua, onde se cruzam objetos, pessoas, palavras e ideias. Pois a vida também é mobilidade, impaciência por mudança, relação com um plural do outro.

Só uma língua morta não sofre modificações, só a ausência de qualquer residente respeita a ordem imóvel das coisas. A vida entretém e desloca, ela usa, quebra e refaz, ela cria novas configurações de seres e de objetos, através das práticas cotidianas dos vivos, sempre semelhantes e diferentes. O espaço privado é aquela cidade ideal onde todos os passantes teriam rostos de amados, onde as ruas são familiares e seguras, onde a arquitetura interna pode ser modificada quase à vontade.

Nossos habitats sucessivos jamais desaparecem totalmente, nós os deixamos sem deixá-los, pois eles habitam, por sua vez, invisíveis e presentes, nas nossas memórias e nos nossos sonhos. Eles viajam conosco. No centro desses sonhos aparece muitas vezes a cozinha, aquele "compartimento quente" onde a família se reúne, teatro de operação das "artes de fazer" e da mais necessária entre elas, "a arte de nutrir".

SEGUNDA PARTE

Cozinhar
por
Luce Giard

CAPÍTULO X

ARTES DE NUTRIR

A seguir, trata-se principalmente do papel (privilegiado?) das mulheres na preparação da comida no lar. Não que eu acredite numa natureza feminina imanente e estável que destinaria definitivamente as mulheres aos trabalhos domésticos, dando-lhes o monopólio da cozinha e das tarefas de organização do lar[1].

Desde que a Europa transpôs suas fronteiras geográficas no século XVI e descobriu culturas diferentes, a história e a antropologia nos fizeram ver que a distribuição dos trabalhos entre os dois sexos, os ritos de iniciação, os regimes alimentares ou as assim chamadas "técnicas do corpo"[2], conforme Mauss, dependem da ordem cultural local e consequentemente podem mudar. Dentro de uma cultura, uma mudança das condições materiais ou da organização política é o que basta para modificar a maneira de conceber e de repartir este tipo de tarefas cotidianas, podendo também alterar a hierarquia dos diferentes trabalhos.

O fato de continuarem sendo, na França, *as mulheres* que em geral se encarregam do trabalho cotidiano de cozinhar depende de uma situação social e cultural e da história das mentalidades; não vejo nisso qualquer manifestação de uma essência feminina. Se achamos necessário interessar-nos neste estudo por este tipo de prática ao invés de qualquer outro, é por causa de seu papel central na vida cotidiana da maioria das pessoas, independentemente de sua situação social e de sua relação com a "cultura erudita" ou com a indústria cultural de massa. Além disso os hábitos alimentares constituem um domínio em que a tradição e a inovação têm a mesma importância, em que o presente e o passado se entrelaçam para satisfazer a necessidade do momento, trazer a alegria de um instante e convir às circunstâncias. Com seu alto grau de ritualização e seu considerável investimento afetivo, as atividades culinárias são para grande parte das mulheres de todas as idades um lugar de felicidade, de prazer e de invenção. São coisas da vida que exigem tanta inteligência, imaginação e memória quanto as atividades tradicionalmente tidas como mais elevadas, como a música ou a arte de tecer. Neste sentido, constituem de fato um dos pontos fortes da cultura comum.

Introito

Como criança, eu me recusava a seguir os conselhos de minha mãe que queria que eu ficasse ao lado dela para aprender a cozinhar. Eu detestava este trabalho de mulher, porque jamais era pedido a meu irmão. Minha escolha já estava feita e meu futuro determinado: um dia eu teria uma "profissão de verdade", estudaria matemática ou me tornaria escritora. As duas opções me pareciam estreitamente ligadas como se uma exigisse a outra. A idade, as viagens e os livros pareciam garantir-me que um dia, com meu esforço e aplicação, seria possível chegar à arte de escrever palavras e números destinados a encher minha vida.

Bem cedo saí de casa e aprendi, como muitas outras, a tomar as refeições em comum – uma comida feita para muita gente, sem sabor nem identidade – nos refeitórios barulhentos e sombrios; e só me lembro daquelas batatas de todo dia, daquele arroz empapado e daquela carne de nome indefinível que parecia perpetuar aos meus olhos a sobrevivência de raças animais tão antigas que só sua antiguidade genética poderia justificar seu grau de dureza e resistência. Foi assim que descobri, *a contrario*, que até aquele momento eu tinha sido muito bem alimentada, que jamais alguém havia racionado a parte em frutas ou queijos que me cabia, e que a prosperidade de uma família se traduzia antes de tudo por seu regime alimentar. Mas continuei ainda por muito tempo a achar que a habilidade feminina de fazer a compra dos mantimentos, de preparar e servir a comida eram tarefas elementares, convencionais e prosaicas e, por conseguinte, um pouco estúpidas.

Enfim, com vinte anos de idade, consegui um pequeno alojamento individual, fora dos internatos escolares. Era uma moradia rudimentar, porém suficiente para preparar minhas refeições. Vi-me então na condição de cuidar de minha própria comida, orgulhosa de poder escapar do barulho e da multidão dos restaurantes universitários, das filas e dos menus obrigatórios. Mas, como proceder? Eu não sabia fazer nada e esperar ou pedir conselho às mulheres da família seria como voltar ao seio materno e submergir no próprio modelo feminino recusado. A solução me pareceu evidente: essas coisas como tantas outras podem ser aprendidas nos livros. Basta encontrar na livraria uma fonte de informações "simples", "rápidas", "modernas" e "baratas", como dizia meu vocabulário ingênuo. E, para confirmar essa possibilidade (pelo menos era o que eu achava), comecei a estudar atentamente um livro de receitas publicado em edição de bolso, sem ilustrações e sem floreios "femininos", o que lhe dava, na minha opinião, um eminente valor prático e eficácia segura.

Da experiência tateante dos primeiros gestos, dos ensaios e erros, o que sobrou foi esta surpresa: constatei que jamais aprendi alguma coisa, nada observei, pois sempre preferi fugir, com obstinação, do contágio daquela educação que se dá à filha. Sempre preferi meu quarto, meus livros e meus jogos silenciosos à cozinha onde minha mãe vivia atarefada. Entretanto, meu olhar de criança viu e memorizou gestos, meus sentidos guardaram a lembrança dos sabores, dos odores e das cores. Já me eram familiares todos esses ruídos: o borbulhar da água fervendo, o chiar da gordura derretendo, o surdo ruído de fazer a massa com as mãos. Bastariam uma receita ou uma palavra indicativa para suscitar uma estranha anamnese capaz de reativar, por fragmentos, antigos sabores e primitivas experiências que, sem querer, havia herdado e estavam armazenadas em mim. Tive que confessar que também em mim se aninhava um saber de mulher que sorrateiramente havia escorregado para dentro de mim, burlando a vigilância de meu espírito. Algo que me vinha do corpo, agregando-me ao grande corpo das mulheres de minha linhagem, para incorporar-me ao seu grupo anônimo.

Aos poucos fui descobrindo não o prazer de comer bons pratos simples (tenho pouca atração pelos deleites solitários), mas o prazer de manipular a matéria-prima, de organizar, combinar, modificar e inventar. Aprendi a alegria tranquila da hospitalidade antecipada, quando se prepara um jantar ou uma ceia para partilhar com amigos, da mesma maneira que se compõe uma ária festiva ou se pinta um quadro, com as mãos em movimento, os dedos atentos, o corpo todo tomado pelo ritmo do agir e o espírito como em sonho, liberto de seu próprio peso, esvoaçando de ideia em reminiscência, descobrindo enfim aquele encadeamento de pensamento que modula de novo aquele fragmento de texto. Assim fui investida sub-repticiamente, sem que pudesse desconfiar, do prazer secreto e tenaz de *cozinhar*.

Quando me conscientizei claramente disto, já era tarde demais, o inimigo já se havia instalado. Tive que tentar explicar a mim mesma a natureza, o sentido e o modo de tudo isto, na esperança de compreender por que este prazer me parece tão próximo do "prazer do texto", por que teço um parentesco tão íntimo entre a escrita dos gestos e a escrita das palavras, e, se é lícito estabelecer, como o faço, uma espécie de reciprocidade entre suas respectivas produções. Por que procurar satisfazer, tanto num caso como no outro, a mesma necessidade central de *despender* ou consagrar uma parte do próprio tempo de vida àquilo que não deixará nenhum traço, àquilo que deverá apagar-se? Por que desejar tanto e inquietar-se por imprimir nos gestos e nas palavras aquela mesma fidelidade às mulheres de minha linhagem?

Mulheres votadas sem fim aos trabalhos domésticos e à produção do que mantém a vida, mulheres subtraídas da vida pública e da comunicação do saber, mulheres escolarizadas à geração de minhas avós: delas gostaria de guardar uma lembrança viva e verdadeira. Seguindo seus passos, sonhei fazer uma escrita pobre, de *escritor público* a quem não pertencem as palavras, cujo nome próprio se apaga, uma escrita que visa à sua própria perda, que repete, à sua maneira, aquele humilde serviço em favor do outro cujos gestos elementares, sempre entrelaçados, exigidos pela indefinida repetição das tarefas domésticas, aquelas mulheres obscuras (ninguém mais sabe o nome delas, ninguém mais conhece sua força ou sua coragem) fizeram ao longo das gerações, na sucessão das refeições e dos dias, na atenção pelo corpo do outro.

Quem sabe se o que eu procuro na minha satisfação culinária não seja exatamente isso: a restituição, através dos gestos, dos sabores e das composições, de uma *legenda muda*, como se, por força de assumi-la com meu corpo e minhas mãos, eu devia chegar a restaurar-lhe a alquimia, a merecer-lhe o segredo da língua, como se, deste pisar obstinado na terra-mãe, um dia acabaria recuperando a verdade da palavra. Ou antes, uma escrita de palavras, renascida, capaz enfim de revelar a dívida maravilhosa e a graça impossível de poder saldá-la. Mulheres sem escrita que me precederam, que me legaram a forma de suas mãos ou a cor de seus olhos, vocês que me desejaram de antemão, me carregaram, me nutriram – bisavó que ficou cega de tão velha esperando que eu nascesse para consentir em morrer –, vocês cujos nomes eu balbuciava nos meus sonhos de infância, vocês cujas crenças e sujeições eu não conservei, eu gostaria que a lenta memorização de seus gestos na cozinha me insuflassem as palavras que lhes serão fiéis, que o poema das palavras traduzisse o dos gestos, que às receitas escritas de vocês e aos sabores correspondesse uma escrita de palavras e de letras. Enquanto uma de nós conservar os saberes nutricionais de vocês, enquanto de mão em mão e de geração em geração se transmitirem as receitas da terna paciência de vocês, subsistirá uma memória fragmentária e obstinada da própria vida de vocês. A ritualização requintada dos gestos elementares tornou-se-me assim mais preciosa que a persistência das palavras e dos textos, porque as técnicas do corpo são mais bem protegidas da superficialidade da moda e porque aí entra em jogo uma fidelidade material mais profunda e mais densa, uma maneira de ser no mundo e de fazer aqui a própria morada.

O anônimo inominável

"Sou parte de algumas imagens bem precisas de minha infância: minha mãe que eu via na banca da cozinha; minha mãe carregando as compras. O que eu quero não é fazer naturalismo. Mas, a partir de uma imagem bem estilizada, chegar à própria essência da realidade"[3].

"Em última análise, Jeanne Dielman é um filme hiper-realista sobre a ocupação do tempo na vida de uma mulher limitada a seu lar, sujeita ao conformismo imposto dos gestos cotidianos... Mas revalorizei todos estes gestos restituindo-lhes sua duração real, filmando, em planos-sequências, em planos fixos, com a câmera sempre voltada para a personagem, fosse qual fosse sua posição. O que eu quis foi mostrar o justo valor do cotidiano feminino. Acho mais fascinante ver uma mulher – que pode ser todas as mulheres – arrumando sua cama durante três minutos que uma corrida de carros que dura vinte minutos"[4].

"Mas para meu cinema, tenho antes a impressão de que a palavra que mais lhe convém é fenomenológico: trata-se sempre de uma sucessão de eventos, de pequenas ações que são descritas de maneira precisa. E o que justamente me interessa é esta relação com o olhar imediato, com o como tu vês essas pequenas ações que se passam. E é também uma relação com o estranho. Tudo é estranho para mim, tudo que não vem à superfície é estranho. Uma estranheza ligada a um conhecimento, ligada a alguma coisa que sempre viste, que está sempre aí em torno de ti. É justamente isto que produz um sentido"[5].

Estas frases cortantes e essas imagens eficazes de Chantal Akerman traduzem quase perfeitamente a intenção deste estudo sobre o número sem conta das cozinheiras. Nesta voz, em sua doçura e sua violência, reconheci a própria necessidade de retornar à insignificância para romper o cerco. A própria vontade de aprender a desviar os olhos da "cultura erudita", aquele fundo herdado e exaltado entre os que residem nos bairros de luxo. A mesma distância relativamente à "cultura popular" cujas maravilhas ingênuas são mais bem cantadas quando se enterra ou despreza aqueles que a geraram. A mesma recusa de caluniar uma "cultura de massa" deplorando sua mediocridade produzida em escala industrial, repartindo ao mesmo tempo os dividendos desse comércio. Portanto, voltar o olhar para as pessoas e as coisas do presente, para a vida comum e sua diferenciação indefinida. Reencontrar "o gosto da germinação anônima inominável"[6] e tudo o que constitui o *vivo* do sujeito. Ver o gelo frágil dos hábitos, o solo movediço dos partidos tomados onde se incisam circulações sociais e costumeiras, onde se descobrem atalhos. Aceitar como dignas de interesse, de análise e de registro aquelas práticas ordinárias consideradas insignificantes. Aprender a olhar esses modos de fazer, fugidios e modestos, que muitas vezes são o único lugar de inventividade possível do sujeito: invenções precárias sem nada capaz de consolidá-las, sem língua que possa articulá-las, sem reconhecimento para enaltecê-las; biscates sujeitos ao peso dos constrangimentos econômicos, inscritos na rede das determinações concretas.

Neste nível de invisibilidade social, neste grau de não reconhecimento cultural, coube há muito tempo e ainda cabe, como de direito, um lugar às mulheres, uma vez que, em geral, não se dá qualquer atenção às suas ocupações cotidianas: é preciso que "essas coisas" sejam feitas, portanto alguém tem que fazê-las; de preferência será uma mulher, outrora era uma "criada para todo o serviço". Esta própria designação revela exatamente o *status* e a função. Trabalhos que visivelmente nunca acabam, jamais suscetíveis de receber um arremate final: a manutenção dos bens do lar e a conservação da vida dos membros da família parecem extrapolar o campo de uma produtividade digna de ser levada em conta. Só quando faltam é que chamam a atenção, mas neste caso é ainda de reprovação que se trata. Como canta muito bem a inspiração salutar dos quebequenses, "*môman* não trabalha, ela tem muito que fazer!"[7]

Como todo agir humano, essas tarefas femininas dependem da ordem cultural: diferem, de uma sociedade à outra, sua hierarquia interna e seus modos de proceder; de uma geração à outra, numa mesma sociedade e de uma classe social à outra, transformam-se as técnicas que presidem essas tarefas, como também as regras de ação e os modelos de comportamento que dizem respeito a elas. Cada mulher pode criar para si um *estilo próprio*, imprimir um toque especial, acentuando um determinado elemento de uma prática, aplicando-se a um outro, inventando uma maneira pessoal de caminhar através do recebido, do admitido e do já feito. Deste modo, apropriando-se do "saber-fazer" comum, cada "fada do lar" adquire finalmente um modo próprio de fazer intervir, umas sobre as outras, as sequências cronológicas e de compor, sobre temas obrigatórios, *ne varietur*, uma música de variações jamais fixas numa forma estável.

As práticas culinárias se situam no mais elementar da vida cotidiana, no nível mais necessário e mais desprezado. Na França é de tradição que a responsabilidade caiba quase exclusivamente às mulheres e que essas tarefas sejam objeto de sentimentos ambivalentes: a cozinha francesa é valorizada em relação à das nações vizinhas, a importância da alimentação infantil e da higiene da família é sublinhada pela mídia, a responsabilidade e o papel da dona de casa como principal compradora e provedora do lar são priorizados. Ao mesmo tempo, esse trabalho é considerado monótono e repetitivo, desprovido de inteligência e de imaginação; é mantido fora do campo do saber, negligenciando-se nos programas escolares a educação dietética. Entretanto, com exceção dos pensionários de coletividades (conventos, hospitais, presídios), quase todas as mulheres têm que cozinhar, quer só para suas necessidades, quer para alimentar os membros da família e seus convidados ocasionais.

Em cada caso *cozinhar* é o suporte de uma prática elementar, humilde, obstinada, repetida no tempo e no espaço, com raízes na urdidura das relações com os outros e consigo mesmo, marcada pelo "romance familiar" e pela história de cada uma, solidária das lembranças de infância como ritmos e estações. Trabalho de mulheres que as faz proliferar como "árvores de gestas" (Rilke), como deusas

Chiva de cem braços, hábeis, econômicas: o vaivém sacudido e rápido de bater as claras em neve, as mãos que fazem lentamente, em movimento simétrico, com uma espécie de ternura contida, a massa de brioche. Preocupação de mulheres: "será que o biscoito vai ficar bastante macio?" Observação de mulheres: "esses tomates não são suculentos; é preciso regá-los de vez em quando enquanto cozinham". Transmissão de saber: "minha mãe (minha tia ou minha avó) sempre me aconselhava acrescentar uma gota de vinagre à costela de porco grelhada. Movimentos ágeis e habilidosos da mão que é preciso observar antes para depois poder imitá-los: "para despregar o crepe da frigideira, dar uma pancadinha, assim". Atividade multiforme considerada tão simples ou até um pouco tola, salvo nos casos raros em que é elevada à excelência, ao extremo requinte – mas isto já é questão de *grands chefs*, que são homens, é claro.

Entretanto, desde que alguém se interessa pela arte culinária, pode constatar que ela exige uma memória múltipla: memória de aprendizagem, memória dos gestos vistos, das consistências, por exemplo para saber o momento exato em que o creme inglês está no ponto e retirá-lo do fogo para não derramar. Exige também uma inteligência programadora: é preciso calcular com perícia o tempo de preparação e de cozimento, intercalar as sequências umas às outras, compor a sucessão dos pratos para atingir o grau de calor desejado no momento adequado: por exemplo, é inútil que os filhós de maçã da sobremesa estejam no ponto quando os convivas mal estão nos aperitivos. A receptividade sensorial também intervém: mais que o tempo teórico de cozimento indicado na receita, o que informa sobre a evolução do cozimento e sobre a necessidade de aumentar ou diminuir o calor é o cheiro que vem do forno. Aqui também entra a engenhosidade que cria artifícios: como aproveitar os restos para dar a impressão de que se trata de um prato completamente diferente? Cada refeição exige a capacidade inventiva de uma miniestratégia para fazer mudança, por exemplo quando falta um ingrediente ou não se dispõe do utensílio próprio para uma determinada receita. E quando os amigos chegam de improviso justamente na hora do almoço ou jantar, é preciso saber improvisar sem precisar dividir, utilizando os artifícios combinatórios. Portanto, entrar na cozinha, manejar coisas comuns é pôr a inteligência a funcionar, uma inteligência sutil, cheia de nuanças, de descobertas iminentes, uma inteligência leve e viva que se revela sem se dar a ver, em suma, *uma inteligência bem comum.*

Numa época em que o emprego que se tem ou que em vão se procura muitas vezes não é mais um emprego que dá uma identidade social, em que para tantas pessoas nada resta no fim do dia a não ser a amarga sensação da inutilidade de tantas horas sombrias, a preparação de uma refeição oferece aquela rara felicidade de fazer pessoalmente alguma coisa, dar forma a um fragmento do real, conhecer as alegrias de uma miniaturização demiúrgica que garante o reconhecimento daqueles que a consumirão através de inocentes e prazerosas seduções. Aquele trabalho culinário que parece sem mistério nem grandeza, eis que ele se desenrola numa montagem complexa de coisas a fazer, segundo uma sequência cronológica predeterminada: prever, organizar e abastecer-se; preparar e servir; descartar, arrumar, conservar e limpar. Eis que ele assedia a memória dos romancistas, desde os fabulosos excessos dos heróis de Rabelais, totalmente entregues ao comer, digerir, eliminar[8], até as "longas listas de pratos ou manjares" de Júlio Verne[9], passando pela "cozinha burguesa" das criaturas balzaquianas[10], pelas receitas de Zola e pelos simples pratos ensopados dos porteiros de Simenon[11].

Vozes de homens que descrevem comidas de mulheres, como as pessoas simples de Pierre Bonte, cujos acentos ardentes vinham povoar de "bons selvagens" as manhãs das cidades:

"Vejam, esta sopa de feijão. Como se diz, é uma sopa de feijão, mas, entenda-se bem, isto não quer dizer que é só de feijão. Minha mulher fez esta sopa hoje de manhã. Por isso levantou-se às sete horas; a água do feijão já estava sobre o fogão de lenha – ela havia colocado o feijão de molho ontem à noite – acrescentou-lhe dois alhos-porós cortados em pedaços miúdos com algumas batatas, juntou tudo isto e, quando começou a ferver, colocou os salgados. Uma hora antes de servi-la, depois de três e meia a quatro horas de cozimento..., ela temperou a sopa. O tempero é assim: colocou numa frigideira banha de porco, refogou nela uma cebola até ficar bem tostada, juntou um pouco de farinha, misturou e verteu a mistura na sopa"[12].

Confesso que ainda sonho com os croquetes de arroz e com os pastéis fritos que os felizardos filhos da Condessa de Ségur comiam no jantar, em recompensa de seu saber; eu não era tão sabido como eles e a mesa de minha família jamais servia esses manjares desconhecidos que me pareciam ter estranhos sabores. Mas, saídos dos temperos literários, despojados de sua nobreza passageira, os trabalhos culinários aí estão em sua crua realidade. Trabalhos de mulheres, sem horário nem salário (salvo quando se é empregado de alguém), trabalhos que não têm valor nem somam renda (os homens têm coisas mais sérias a calcular), trabalhos em que o sucesso sempre se prova pela falta de duração (como um suflê que, ao sair do forno, em seu equilíbrio sutil, em seu cume glorioso, já vacila para imediatamente murchar). Sim, um lento e interminável trabalho de mulheres. Mulheres tão pacientes que são capazes de repetir indefinidamente os mesmos gestos.

"São as mulheres que descascam as batatas, as cenouras, os nabos, as peras, as laranjas e picam a couve. Tudo que se descasca, as mulheres sabem descascar. Não é complicado fazer isso. Aprende-se desde pequena, de mãe para filha: 'Querida, vem me ajudar a descascar as batatas para o jantar!' [...] As mulheres descascam as batatas todo dia, para o almoço e para o jantar; as cenouras e também o alho. Sem problemas, sem criar problemas para si nem para o marido. As batatas, isso sim, é problema das mulheres [...]. O domínio das mulheres é o da mesa, da comida, da batata. É o legume básico, o mais barato; dela pouco se fala, mas se descasca e se prepara de mil maneiras. Como será que vou servir as batatas no jantar? É aí que está um problema doméstico: a administração. Por que dar tanta importância à administração [...]? Você faz tão bem as coisas, minha querida. 'Eu adoro as batatas que você faz, diz o homem.

Você vai fazer batatas fritas amanhã?' E a mulher faz batatas fritas. A questão é importante, mais importante que a discussão: não o contrariar, para que tenha tanto desejo de mim como de minhas fritas. E no dia seguinte ela descasca de novo, batata por batata, corta, recorta em pequenos pedaços, pacientes, minuciosos, todos quase iguaizinhos. Para que tudo fique bom, bonito e atraente. De tal forma a despertar o apetite. Desejo de comer, desejo de nutrir-se de mim. 'Tenho fome de você, diz o homem. Você é gostosa. Eu vou devorar você, diz o homem. Um dia. Tenho apetite de você'"[13].

Vozes de mulheres

Para apreender melhor as modalidades dessas práticas culinárias foi acrescentada às leituras, experiências e lembranças pessoais, uma série de conversas individuais bem longas, com uma estrutura bastante flexível. A finalidade dessas conversas não era verificar opiniões frequentes nem fazer um quadro estatístico representativo, mas permitir-nos escutar a voz de mulheres: elas falam de seu modo de cozinhar, de organizar este trabalho, de vivê-lo e de senti-lo – meio de conhecer sua própria linguagem, suas palavras e até as inflexões de sua voz, até o ritmo de suas palavras. Essas conversas não tinham por meta desembaraçar das imagens subjacentes nem desvendar raízes inconscientes, nem definir e classificar tipos de atitude. Sua intenção era *apenas escutar mulheres falar:* falar daquilo que, comumente, ninguém quer ouvi-las falar, ninguém lhes dá atenção. Assim se pode aprender delas e só delas como se representam seu papel e sua competência, se elas dão importância ao seu saber-fazer e que secreta lealdade elas investem para encontrar uma maneira pessoal de cumprir uma tarefa imposta.

Essas entrevistas foram feitas com muita liberdade e graças à disposição de colaborar de algumas parentas e amigas de Marie Ferrier que as organizaram e de mim mesma. Nossas mães, irmãs e cunhadas foram excluídas deste grupo: incidências afetivas muito fortes ou vestígios de conflitos familiares poderiam deturpar o diálogo. Por razões semelhantes, não apelamos para nenhuma psicóloga, psicanalista, médica ou professora universitária: a experiência profissional delas, seu nível cultural e sua experiência em comunicação poderiam certamente interferir na nossa pesquisa.

As mulheres que Marie Ferrier encontrou e interrogou longamente (aproximadamente duas horas para cada entrevista na casa da pessoa) pertencem à pequena e média burguesia. Elas variam em idade, situação de vida e profissão; sua cultura é de cunho mais literário ou voltada para trabalhos de administração, o que não desmente um velho hábito na escolarização das filhas: mantê-las distantes das técnicas de fabricação industrial e das profissões ligadas às ciências exatas. Nem todas tiveram filhos, mas sabem perfeitamente que um adolescente ou um homem adulto não requer a mesma alimentação que uma mulher. Enfim, não interrogamos adolescentes ou jovens que ainda vivem com os pais: a tendência delas seria oferecer um discurso repetitivo das práticas da mãe ou em reação a ela, ou fazer a descrição de uma prática sonhada, mas ainda não colocada em prática.

Cada entrevista foi feita de acordo com um plano bem flexível, dando lugar a muita liberdade e espontaneidade à entrevistada, inclusive para dar vazão às suas associações de ideias. No correr da entrevista, Marie Ferrier apresentava uma série de temas para tornar possível uma análise comparativa dos conteúdos e evitar um total desvio da conversa. Esses temas se referiam aos seguintes pontos e se sucediam mais ou menos nesta ordem:

1. a previsão das refeições e a escolha do menu;

2. a compra e arrumação dos mantimentos;

3. as fontes de receitas e a aprendizagem culinária;

4. a preparação e o papel da invenção pessoal;

5. a utilização de produtos alimentícios industrializados (conservas, congelados, comida pronta e inclusive congelamento doméstico) e de eletrodomésticos (batedeiras, liquidificadores etc.);

6. o papel do homem da casa e suas intervenções na cozinha.

Nessas entrevistas não houve formulação fixa das perguntas, nem bateria de questões a propor numa ordem estrita, nem questionário prontinho para preencher. Nossa estratégia metódica foi bem outra[14]: Marie Ferrier registrou integralmente conversas livres com amigas ou com mulheres que poderiam tornar-se suas amigas. Depois ouviu novamente os registros bem devagar para depurá-los e transcrevê-los. Decidimos inserir neste volume a transcrição integral de uma entrevista, a de Irène[15], para dar liberdade e plenitude a uma dessas vozes. Essas vozes cujos rostos vão continuar-nos desconhecidos aqui compõem uma polifonia bem afinada. Vozes vivas e diversas que se aprovam, se comovem se lembram; vozes que se lastimam, respondem e se contradizem. Vozes que revelam sem pretensão, com palavras do cotidiano, práticas comuns. Vozes de mulheres que revelam a vida das pessoas e das coisas. Vozes, simplesmente vozes.

Nossa maneira de proceder privilegiou mulheres habituadas ao manejo do francês, capazes de falar de si mesmas sem muito constrangimento ou timidez; foi para evitar este tipo de dificuldade que renunciamos a interrogar desconhecidas ou mulheres de meio muito modesto. Neste sentido, nossa pequena amostra quase não é representativa da condição média das mulheres, de sua alienação quanto à linguagem e de seu constrangimento de falar em público qualquer coisa que diretamente lhes diz respeito. Todavia, se essas entrevistas foram deliberadamente conduzidas sob forma de diálogo, na casa da entrevistada, às vezes com a presença do marido ou de um filho, tivemos entretanto sempre o cuidado de alertar que esses depoimentos receberiam, através da pesquisa em curso, uma forma de publicidade.

No decorrer da entrevista, compreendemos tarde demais que teria sido mais proveitoso prever com cada interlocutora uma segunda entrevista depois de um certo intervalo: várias delas manifestaram de pronto este desejo, dizendo que continuaram a refletir sobre a entrevista depois da retirada de Marie Ferrier e infelizmente não puderam fornecer informações complementares, nuances, por não poder continuar o diálogo que mal havia começado. Os limites de tempo impostos a esta parte da pesquisa e a distância geográfica das entrevistadas só permitiram que no caso n. 5 (Elisabeth) pudesse ser feita uma segunda entrevista, feita a três, em minha presença. Eis, sob prenomes fictícios (para preservar o anonimato das vozes, como elas desejaram), a lista das entrevistas feitas:

1. Agnès, finalizando os estudos;
2. Béatrice, finalizando os estudos;
3. Colette, professora;
4. Denise, redatora numa agência de estudos;
5. Elisabeth, responsável pela administração num grande liceu;
6. Françoise, documentalista;
7. Geneviève, profissão liberal;
8. Henriette, artista;
9. Irène, secretária de direção;
10. Jeanne, sem profissão;
11. Karin, sem profissão;
12. Laurence, sem profissão.

A ordem alfabética dos prenomes corresponde à ordem cronológica de idade: as quatro primeiras tinham por ocasião das entrevistas, em 1978, de 25 a 30 anos; as quatro seguintes de 31 a 40 anos, Irène entre 41 e 50 anos, Jeanne entre 51 e 60 anos; enfim as duas últimas de 61 a 70 anos. Um terço delas jamais teve filhos (isto se refere às mais jovens); as outras tiveram um único filho (três casos); dois (um caso); três (dois casos); sete (um caso). Residiam à época em Paris e seus arredores (sete casos, embora a metade delas tivesse passado a infância e adolescência em província); numa outra cidade grande (um caso na França e um caso fora da França); num povoado de 10.000 habitantes (um caso) ou numa comuna rural (dois casos), sendo o todo distribuído por diversas regiões da França. Duas são de origem estrangeira: uma de um país limítrofe e a outra de um país europeu bem mais distante da França, tendo ambas parentes nesses países. Todos estes detalhes, como também outras características, não constam do quadro recapitulativo para preservar o anonimato das vozes.

Uma das entrevistas tornou-se inaudível por ter sido prejudicada pelas condições materiais de gravação, sendo impossível recomeçar a sessão (caso n. 4, Denise). Mas conseguimos recuperar alguns elementos, pois Marie Ferrier havia anotado alguns pontos no decorrer da discussão. No caso de Elisabeth foi possível gravar em minha casa uma segunda entrevista duas semanas depois da primeira, se bem que o material explorado se compõe de doze entrevistas com onze pessoas diferentes. No que segue, o que atribuo a essas vozes é sempre específico do prenome da locutora e as citações entre aspas reproduzem fielmente o que foi dito, exatamente como foi transcrito da gravação feita por Marie Ferrier, palavra por palavra. Assim procedendo, espero tornar sensíveis aquele fragmento da voz, aquele movimento às vezes rude, áspero, aquele frêmito de uma emoção, de uma lembrança. Textura de vozes vivas e verdadeiras que dá densidade a palavras tão comuns.

Outras fontes

Este conjunto limitado de informação direta e pessoal foi duplicado com o recurso a fontes de dados fatuais e quantificados, provenientes dos trabalhos do Insee e do Inserm. O Insee faz regularmente pesquisas de largo alcance sobre o consumo dos franceses, utilizando um método próprio; o que nos interessou, na hora de redigir esta parte do estudo (em 1979), foram os últimos fascículos publicados do Insee que abordavam o consumo alimentar em 1972 por postos de venda (inclusive o autoconsumo, avaliado quando era possível) e a distribuição das refeições em 1971 (feita em domicílio ou não[16]). A técnica de pesquisa é bem definida: seleção de uma amostra representativa de cerca de 10 mil "lares comuns" (em oposição aos assim chamados "lares coletivos" como os pensionatos, hospitais, conventos, casas de estudantes, presídios etc.); um "lar" é composto de várias pessoas que vivem sob o mesmo teto, seja qual for seu vínculo de parentesco ou sua situação jurídica.

A amostra deve ser constituída de tal forma que seja representativa da França, portanto deve incluir: 1. a distribuição dos chefes do lar em categorias socioprofissionais; 2. a região geográfica de residência; 3. o tamanho da comuna de domicílio; 4. o número de pessoas que vivem no lar. A pesquisa consiste em consultar cada lar durante uma semana (entrevista preliminar, registro preciso, por escrito, de todas as compras do lar, e verificação, com auxílio de um formulário, da validade das informações colhidas etc.); estende-se por todo um ano (salvo a primeira quinzena de agosto e a segunda quinzena de dezembro, época de férias ou de festas, durante as quais as indicações recolhidas seriam parciais ou heterogêneas, em relação às semanas comuns), permitindo compensar as variações sazonais e constituir séries o mais homogêneas possíveis. Esta metodologia específica e o tamanho da amostra autorizam o tratamento estatístico dos dados colhidos[17].

Do Inserm também foram consultados, graças à gentileza de seus membros, trabalhos sobre a seção de nutrição. Trata-se de uma pesquisa de vasto alcance[18], abrangendo 1.367 famílias que residem em quatro departamentos (Bouches-du-Rhône, Loire, Rhône, Meurthe--et-Moselle) e em três tipos de zona (sede, subprefeitura e região rural). A amostra, como indicam os pesquisadores, não é representativa quanto à distribuição em categorias socioprofissionais; além disso a região parisiense está completamente ausente e o tamanho das famílias interrogadas (21% têm quatro filhos ou mais) é superior à média nacional. Mas a publicação parcial dos resultados, sem rigoroso tratamento estatístico, oferece preciosas indicações sobre o comportamento alimentar dessas 6.196 pessoas em 1965-1966, tendo cada família sido observada durante três dias. O método empregado consistia em fazer responder por escrito um questionário longo e detalhado dirigido à mãe de família: três quartos delas não tinham profissão, o que contradiz as estatísticas gerais de emprego das mulheres, mas que aqui se explica pela forte natalidade das famílias interrogadas. Este questionário era depois completado oralmente por respostas a questões suplementares do entrevistador; enfim, para alguns temas, houve, na cidade, discussões de grupo[19].

É preciso observar que esses trabalhos do Inserm eram em parte financiados pelo Ministério da Agricultura dos EUA. Se perguntarmos por que os EUA se interessavam pelo comportamento alimentar dos franceses em suas opiniões sobre os alimentos industriais e em seus desejos de aumentar suas compras de alimentos, não devemos esquecer que naquela época:

1. a indústria americana de alimentos estava entrando na segunda fase de sua penetração no mercado europeu, muitas vezes sob a proteção de firmas britânicas que passaram para o controle de grupos financeiros americanos;

2. a agricultura americana também estava em vias de reorganização: a grande extensão de sementeiras que deviam ser substituídas por culturas forrageiras ou produtoras de alimentos para o gado estava ligada às estimativas de consumo de carnes de abate nos próximos anos etc.

Sejam quais forem os interesses de seu sócio capitalista, a pesquisa do Inserm traz interessantes informações sobre o hábito de consumo familiar, sobre gostos e repulsas, sobre aspirações a mudar esses hábitos, sobre a composição e ambiência das refeições, informações colhidas através da imagem que têm de si mesmas as mulheres que fazem a comida, pois só elas foram consultadas.

Alimentos terrestres

Por que comer? Primeira evidência: para satisfazer as necessidades energéticas do organismo. Como as demais espécies animais, o homem tem que submeter-se a esta necessidade por toda a vida: mas distingue-se do reino animal por sua prática de períodos de abstinência (voluntária, por medida de economia, em tempo de penúria) que podem chegar à observância de um jejum prolongado (Ramadá do islã, ritos de purificação iniciática dos africanos) ou até à recusa obstinada de qualquer alimento (anorexia, greve de fome por opção política, isto é, opor a contraviolência simbólica e tangível de uma tortura do próprio corpo à violência do poder ou da ordem estabelecida).

Este alimentar-se todo dia não é algo indiferente. Tanto em qualidade como em quantidade, deve satisfazer a certos imperativos (composição da dieta, proporções relativas de diversos nutrientes) sob pena de não poder garantir a conservação da saúde do indivíduo, sua proteção contra o frio ou contra os agentes infecciosos, sua capacidade de exercer uma determinada atividade física[20]. Abaixo de um certo limiar quantitativo, uma mísera *ração de subsistência* garante a sobrevivência temporária de um organismo debilitado que queima em parte seus próprios tecidos para nutrir-se, perde força e resistência e, se este estado se prolongar, entra em estado de desnutrição[21].

Da mesma forma, um regime mal equilibrado em qualidade e em diversidade induz a um estado de nutrição deficiente. A ração diária deve fornecer uma quantidade suficiente de protídeos, proporcional ao peso do indivíduo, à sua idade e sua atividade física; a composição deste tanto (protídeos de origem animal e protídeos de origem vegetal) também deve ser levada em conta. Com os três tipos de nutrientes (protídeos, lipídios e glicídios), a ração alimentar deve além disso fornecer alguns elementos indispensáveis (aminoácidos e ácidos graxos essenciais, vitaminas e sais minerais), mas de acordo com um sistema de proporções e de relações sutis: por exemplo, um mesmo nutriente "pode ser um fator de economia para uma vitamina e uma causa de dispêndio para outra"[22]; assim também as necessidades minerais não são isoláveis umas das outras, pois seu metabolismo é interdependente; alguns elementos devem ser associados para serem assimiláveis etc.

A história da medicina registra toda uma lista de doenças de carência ou devidas à má qualidade dos alimentos absorvidos, como o *mal des ardents*, frequente na Idade Média e na Renascença, nome descritivo do ergotismo devido à farinha de centeio-espigado (esporão do centeio), isto é, portadora de um fungo parasitário; a *nova peste* das Cruzadas, que era a avitaminose do escorbuto; o *grande mal de São Quintino*, durante a Guerra dos Cem anos, edema de fome provocado pela falta de protídeos; a *pelagra* devida à falta de vitamina

PP ou B_3 frequente nas regiões rurais em que a base de alimentação é o milho (mas certas práticas locais como a calagem do milho no México evitaram essa doença na América Latina) etc.[23]

Não há uma composição-padrão da ração alimentar que convenha de uma vez por todas aos seres humanos; as necessidades em proteínas, sais minerais ou vitaminas variam de acordo com o tamanho e o peso do indivíduo, seu sexo, suas condições climáticas de vida (o habitat, a roupa que veste e a proteção contra as intempéries), a intensidade de sua atividade, as etapas de sua vida (crescimento, gravidez, lactação, idade adulta, velhice). Sabe-se hoje que um estado de má nutrição que sobrevenha em certos períodos da vida tem consequências profundas e duráveis: assim a subalimentação do bebê retarda seu crescimento cerebral e acarreta distúrbios irreversíveis da estrutura e do funcionamento do cérebro, prejudicando portanto suas capacidades de atividade mental[24]. Conhecemos muito bem a esterilidade temporária provocada nas mulheres em idade de procriar por uma forte subalimentação (amenorreia de fome, observada durante o cerco prolongado de cidades, por exemplo em Leningrado, durante a Segunda Guerra Mundial[25]). Na mulher grávida, a falta de proteínas de origem animal aumenta consideravelmente o risco de toxemia[26]; o período de aleitamento exige um acréscimo, em quantidade e em qualidade, da ração alimentar, para proteger a mãe e o filho.

A todos esses males tradicionais vêm juntar-se, hoje em dia, no Ocidente supernutrido, doenças que provêm da abundância ou de excesso, do comer demais, em outras palavras, as novas *doenças da civilização*. A epidemiologia colocou em evidência fatos inquietantes.

1. A crescente frequência das doenças e do câncer de intestino parece diretamente correlacionada ao empobrecimento do regime alimentar em celulose e fibras vegetais (diminuição do consumo de cereais, preferência pelo pão branco e por farinhas altamente beneficiadas[27]); isso incentivou os padeiros a fazer "pães de farelo" e "pães especiais", como o pão integral, à base de cereais diversos, não refinados.

2. A importância das doenças cardiovasculares parece estar ligada, entre outras causas, a regimes muito ricos em glicídios e em certos tipos de lipídios[28].

3. A evolução da mortalidade por câncer na França, de 1950-1967, diferia segundo as regiões (taxas mais elevadas no Norte, e menores na região mediterrânea) e parece estar correlacionada ao regime alimentar (no Norte, consumo menor de frutas e utilização da manteiga para cozinhar ao invés do óleo vegetal)[29].

Isto basta para sublinhar como é essencial para a saúde estabelecer um regime alimentar e como é necessário conciliar múltiplas e sutis exigências através dos prazeres da mesa, aparentemente uma coisa tão simples e tão natural[30]. Se as coisas são bem mais complicadas do que parece à primeira vista, é porque não existe uma sabedoria popular natural neste domínio: mesmo não havendo qualquer limitação econômica, certas tradições culturais induzem a escolher regimes deficitários ou perigosos para estes ou aqueles de seus membros. Por exemplo, é conhecida a história do *kuru* que atinge, eletivamente, as mulheres e as crianças na tribo dos fore em Nova Guiné: esta doença, sempre fatal, é o ataque lento do sistema nervoso central por um vírus transmitido pelo consumo do cérebro dos inimigos mortos, reservado como presente seletivo às mulheres de guerreiros. Provavelmente é um fator genético o responsável pela persistência do vírus e pela falta de reação imunológica adaptada[31].

Não existe suficiente sabedoria inata do indivíduo: para convencer-se disto, basta fazer uma consulta no próprio meio onde se vive: o levantamento das opiniões mostrará de imediato quanto disparate existe neste domínio. Mesmo as pessoas cultas, atentas à precisão e à exatidão de suas informações em outros domínios, repetem sem envergonhar-se sobre os alimentos "digestos", "leves", "fortificantes" ou "bons para as crianças" uma miscelânea heteróclita, diz-se, de segredos de nutrição, de preconceitos sem fundamento e de informações vagas. Aqui a evidência perde sua clareza primordial chocando-se com a falta de regulação interna dos comportamentos alimentares do homem, mais flexível à mudança e mais adaptável que o animal, mas também mais vulnerável[32]. Por ignorância, negligência, hábito cultural, falta de recursos materiais ou atitude pessoal (se considerarmos os comportamentos simétricos de bulimia e de anorexia), pode-se arruinar a própria saúde impondo-se carências ou excessos alimentares e até chegar a morrer daquilo que se escolheu comer, "cavando a sepultura com os próprios dentes", como diz a sabedoria popular – sem contar os envenenamentos acidentais ou provocados (cujos resultados permanecem muitas vezes anônimos).

Tanto quanto os outros elementos da vida material, a alimentação não se apresenta ao homem *in natura*. Mesmo cru e colhido diretamente da árvore, o fruto já é um *alimento culturalizado*, antes de qualquer preparação e pelo simples fato de ser tido como comestível. Nada é mais variável de um grupo humano a outro que esta noção de ser comestível: basta pensar no cão que é abominado na Europa e apreciado em Hong-Kong, nos gafanhotos aqui detestados e apreciados no Magreb, nos vermes saboreados em Nova Guiné[33]; mais perto de nós, animais abatidos que são cozidos lentamente com tanto cuidado nos países latinos e desprezados nos Estados Unidos. Aliás há diferenças de tradições nacionais dentro da própria Europa: uma cozinha aprecia os miolos, enquanto a outra as tripas, mas por nada deste mundo consumiria o fígado do cordeiro ou o "tutano" da medula espinhal[34]. Às vezes a necessidade ou o contágio do exotismo levam a comer na casa dos outros o que jamais se comeria na própria casa, mas também há pessoas que preferem morrer de fome a ingerir alimentos estranhos, como acontece nas aldeias africanas da zona rural castigadas por longas secas, que dão aos animais o leite em pó que as organizações internacionais de ajuda distribuem entre eles[35].

Existe uma complexa geografia e uma sutil economia das opções e dos hábitos, das atrações e das repulsas. A nutrição diz respeito a uma necessidade e um prazer primordiais: constitui uma "realidade imediata", mas "substâncias, técnicas, costumes, tanto umas como os outros entram num sistema de diferenças significativas"[36], coerente através de seus ilogismos. Pelo fato de os homens não se alimentarem de nutrientes naturais, de princípios dietéticos puros, mas de alimentos *culturalizados*, escolhidos e preparados de acordo com leis de compatibilidade e regras de conveniência próprias a cada área cultural (no Magreb uma galinha será recheada de frutas secas, na Inglaterra serve-se a compota de groselhas com o assado, enquanto a cozinha francesa faz uma estrita separação entre doce e salgado), os alimentos e os manjares se ordenam em cada região segundo um código detalhado de valores, de regras e de símbolos[37], em torno do qual se organiza o modelo alimentar de uma área cultural num determinado período. É nesta fonte, neste código detalhado, mais ou menos bem conhecido e seguido, que a cozinheira vai haurir sua inspiração, suas possibilidades de compra e de preparação, seu humor e os desejos de seus "convivas". Mas às vezes é vítima do cansaço diante do caráter efêmero e perecível de seu trabalho. Mesmo seus sucessos, que pode perceber nos comentários de seus "clientes", não lhe parecem mais justificar todo aquele trabalho que teve: "É como um bazar, onde em pouco tempo tudo some, tudo desaparece. Acho isso desesperador" (Marie Ferrier entrevistando Irene).

Essa hesitação, instante fugidio de desânimo, as cozinheiras a conhecem muito bem, mas se esforçam para não cair nela. Amanhã será outro dia, tudo vai recomeçar, outra comida será feita, outro sucesso virá. Cada invenção é efêmera, mas a sucessão das refeições e dos dias tem valor durável. Nas cozinhas, *luta-se contra o tempo*, o tempo desta vida que sempre caminha para a morte. A arte de nutrir tem a ver com a arte de amar, portanto também com a arte de morrer. Outrora, na aldeia, o enterro era ocasião de uma reunião da grande família em torno de um sólido banquete, grave e feliz, depois do sepultamento. Começava-se então o trabalho de luto partilhando alimentos terrestres. Outrora a morte fazia parte da vida, e me parece que não era tão terrível.

CAPÍTULO XI

O PRATO DO DIA

Cada hábito alimentar compõe um minúsculo cruzamento de histórias. No "invisível cotidiano"[1], sob o sistema silencioso e repetitivo das tarefas cotidianas feitas como que por hábito, o espírito alheio, numa série de operações executadas maquinalmente cujo encadeamento segue um esboço tradicional dissimulado sob a máscara da evidência primeira, empilha-se de fato uma montagem sutil de gestos, de ritos e de códigos, de ritmos e de opções, de hábitos herdados e de costumes repetidos. No espaço solitário da vida doméstica, longe do ruído do século, faz-se assim porque sempre se fez assim, quase sempre a mesma coisa, cochicha a voz das cozinheiras; mas basta viajar, ir a outro lugar para constatar que *acolá,* com a mesma certeza tranquila da evidência, se faz *de outro modo* sem buscar muitas explicações, sem se preocupar com o significado profundo das diferenças ou das preferências, sem pôr em questão a coerência de uma escala de compatibilidades (do doce e do salgado, do adocicado e do acre etc.) e a validade de uma classificação dos elementos em não comestível, repugnante, comível, deleitável e delicioso.

Histórias

A propósito das sociedades primitivas, Mary Douglas se interrogava sobre a definição do "sujo", "uma ideia relativa", elemento de um sistema simbólico pelo qual uma cultura ordena o mundo sensível, classifica e organiza a matéria, se bem que, dissimulada sob esta obsessão de evitar a sujeira, de cumprir os ritos sagrados da purificação, "a reflexão sobre a sujidade implica a reflexão sobre a relação da ordem com a desordem, do ser com o não ser, da forma com a falta de forma, da vida com a morte"[2]. Pode-se transferir esta observação à questão da nutrição, mas sem deixar de reconhecer no tecido desta estruturação simbólica o papel de alguns parâmetros ligados a uma determinada história e geografia.

Um primeiro nível depende da *história natural* de uma sociedade (espécies vegetais e animais disponíveis, natureza dos solos cultivados, condições climáticas), mas este nível dificilmente é separável do nível da *história material e técnica* (técnica de arroteamento, de lavragem e de irrigação, melhoria das espécies animais e vegetais, introdução e aclimatação de espécies trazidas de outros espaços geográficos, aumento do rendimento graças aos adubos e à correção dos solos, modo de conservar e de preparar os alimentos etc.). Tudo isto se insere nos ciclos de longa duração cujos benefícios herdamos sem sequer tomar consciência: assim, desde o século XVI, a França foi buscar na Itália legumes melhorados por seus horticultores (aspargos, alcachofra, couve-flor etc.) e aclimatou plantas vindas da América (pimentão, tomate, feijão etc.[3]).

O recente aumento de nossos recursos neste domínio nos fez esquecer as preocupações do passado. Com a aceleração dos meios de transporte, a multiplicação das trocas entre países, o controle das condições de conservação dos alimentos, quer crus ou cozidos (esterilização a alta temperatura, pasteurização, liofilização, congelamento e supergelação etc.), a lembrança das lutas incessantes do camponês, do atacadista e da dona de casa contra o calor, a umidade, os insetos e os pequenos roedores para conservar os gêneros estocados (sementes, forragens, provisões para o inverno) se evaporaram em algumas gerações.

Entretanto, da Antiguidade até o nosso século, todas as sociedades humanas viviam obsidiadas pela necessidade de proteger as substâncias, de estocar seguramente grãos e alimentos: reservas de grãos enterrados em covas profundas para protegê-los da fermentação[4]; carnes defumadas ou salgadas; excedente de leite transformado em manteiga e em queijos; secagem de frutas e legumes, conservas em óleo, em água com vinagre ou em álcool etc. Aqui a criatividade fez maravilhas: cada cultura com suas descobertas, suas astúcias e suas ignorâncias. Por exemplo, por volta de 1800, os camponeses do Nivernais não sabiam conservar para o inverno a colheita dos frutos do verão[5], enquanto os poloneses do século XVI já secavam as frutas, os peixes e algumas carnes (bacon), secavam e defumavam nabos e cebolas, salgavam em tinas repolho, pepino, carne de porco e de boi, conservavam no saibro cenouras e nabos etc.[6]

Mas não basta conhecer uma técnica para colocá-la em prática. É preciso ainda dispor dos recursos necessários: para um pequeno camponês, a criação de um ou dois porcos depende do alimento disponível (resíduos de cereais, cascas ou restos, frutos de faias do norte, bolotas das florestas de carvalho) e do preço do sal necessário para conservar e salgar a carne dos animais abatidos[7]. A introdução de uma nova espécie vegetal se defrontava com dois obstáculos a contornar – a suspeita dos prejuízos e o conjunto dos hábitos culinários: a batata podia alimentar, desde o fim do século XVIII, cinco vezes mais pessoas, ocupando a mesma superfície plantada que os cereais comuns; mas foi preciso uma longa espera para que deixasse de ser um alimento reservado ao gado[8] e se inventasse uma cozinha própria para ela, com receitas eruditas (por volta de 1820), depois burguesas (por volta de 1860), em seguida mil variações populares[9] para que enfim conquistasse sua patente de alimento de base, apreciado por todos.

Este aspecto das coisas nos faz chegar ao terceiro nível, o da *história econômica e social*. O preço dos gêneros alimentícios, a flutuação do mercado livre, a regularidade das provisões, sua abundância, eventualmente seu racionamento, tudo isto compõe a imagem de prosperidade ou de penúria de uma sociedade. Sem discutir o negro espectro das grandes fomes e sem trazer à memória os tempos sombrios da guerra e a penúria gerada por ela, não podemos esquecer a miséria comum do povo simples ao longo dos séculos. No século XVIII, em Paris, nos motins, o que primeiro se fazia era saquear as padarias, roubar o trigo ou o pão. Os arquivos judiciários conservam o traço de muitas mulheres de vinte e cinco a trinta e cinco anos em geral, responsáveis pelos filhos, que tinham que roubar carne e alguns legumes para poder sustentá-los. Roubava-se aos poucos, com discrição, só o necessário para fazer uma refeição: ou um pedaço de toucinho, ou um pouco de alho-poró, um cesto de cerejas, quase nada, para poder subsistir[10].

Mas houve coisa pior ainda. No século XIX, a burguesia parisiense e seus fornecedores (donos de hotéis e restaurantes), todos comerciavam suas sobras. A mesa posta com fartura para as recepções, o guarda-roupa repleto e variado para quem quisesse manter seu *status* ou justificar a reputação de seu comércio eram coisa cara e as técnicas de conservação ainda sumárias. Daí o costume de revender as sobras ou restos. Estes restos seguiam um circuito descendente (à medida que sua frescura diminuía), através dos bairros da cidade: cada mercado possuía balcões reservados ao comércio de *bijoux*, como se dizia na linguagem da época. Cada vez mais avariados, tendo perdido sua identidade, seu gosto requintado e sua especificidade, esses desperdícios acabavam pelo menos encontrando comprador a preço mínimo[11]. Na verdade, os pobres não são muito exigentes, ou melhor, não podem sê-lo, o que vem a dar no mesmo. A fome está aí, o corpo do pobre reclama sua ração e pior ainda se tiver que perder a saúde, ou até a própria vida. Chamava-se então de "febre maligna" ou "vontade de Deus" aquele lento envenenamento da miséria. O jeito era submeter-se, aceitar o golpe da sorte.

Com esta obstinação do pobre, um corpo faminto cuja fome nunca acaba, sonhando continuamente com uma possível saciedade, com uma abundância capaz de inverter a lei comum das proporções, cantando as ladainhas da saciedade, desenhando a imagem de uma fabulosa satisfação plena nas mil lendas do País de Cocagne[12], tendo como herói imortal o Pantagruel de Rabelais, a literatura volta incessantemente ao tema do comer. O exemplo da *Bibliothèque bleue* é característico: nos quase 450 títulos, continuamente reeditados do século XVII ao século XIX, encontramos uma longa série de livretos que descrevem "festins" e "banquetes", oferecem "listas" e "inventários" de pratos, contam as "histórias" e "façanhas" que têm lugar à mesa, espaço festivo por excelência, legendário de um improvável excesso onde se conjugam os prazeres arcaicos do beber e do comer[13].

Experiência imemorial daquelas ladainhas de palavras repetidas para evocar a falta de comida, jogo mil vezes retomado nas reuniões coletivas, no refeitório do colégio, na caserna dos soldados, na cela do preso e num campo de concentração de apátridas judeus na Suíça durante a última guerra:

"Com Germaine de T., inventamos uma estratégia interessante e útil. A cada refeição – somos dez em redor de uma mesa – cochichando de modo a podermos ser ouvidas pelas mulheres de nossa reunião de convivas, discutimos, ela e eu, o menu do dia: 'Eu sugiro um suflê de queijo como entrada [...]. E a carne? Se fizéssemos um frango ao estragão acompanhado de vinho Moselle um pouco seco? E como sobremesa? Um creme de café com chantilly não é muito pesado. Precisamos de café bem forte' [...]. E, enquanto falávamos, as oito mulheres e também nós sorvíamos a sopa leve de couve de todo dia e as costumeiras batatas cozidas com o paladar divino das maravilhas culinárias"[14].

Magia evocadora das receitas detalhadas que levam por um instante ao tempo feliz da abundância. Mas esta magia supõe que se tenha passado outrora por uma verdadeira experiência dos prazeres culinários. Os pobres, os realmente pobres, os que sempre foram pobres não têm cozinha, como podemos verificar pelas pesquisas e lembranças. A mãe Denis conta assim o mundo bretão de sua infância, na virada do século, perto de Pontivy: de manhã comíamos o cozido de trigo mourisco e de noite a sopa com bolachas. O almoço do domingo era mais farto: carne de porco salgada (jamais outra carne), batatas e mais uma vez bolachas. Monótono e frugal, pobre em nutrientes de carne, esse regime repete o dos camponeses da Idade Média, ao longo de toda a história imóvel da terra dos pobres[15].

Como criada para todo o serviço na casa de um comerciante do povoado próximo, a pequena Jeanne, futura Mãe Denis, descobre o luxo fabuloso das refeições substanciais servidas diariamente; ela ainda guarda a lembrança maravilhosa daquele jantar festivo, "uma jantarada" coroando um domingo de dois em dois meses, o grande dia de limpeza geral de toda a casa. Neste comerciante, Jeanne aprendeu um pouco de cozinha: cozidos, assados, uma difícil aprendizagem em que a gente tem que encarar com humor a completa ignorância na matéria. Mas naquela ocasião ela reencontrou também a frugalidade da comida de seus pais: para seu noivado eles só puderam oferecer aos jovens noivos aquele menu de festa, que é simplesmente uma refeição de bolachas com manteiga e toucinho. No fim de uma longa e dura vida de trabalho, guarda-cancelas, empregada diarista e lavadeira, a Mãe Denis ainda permanece nos costumes de sua infância: ao meio-dia, diariamente, bolachas e toucinho, este último um sinal de enriquecimento; para homenagear a pessoa que a entrevistou, ela preparou um menu de festa, o único que ela conhece: um cozido de couve com toucinho e bolachas bem quentes[16].

Outra região, outro meio, à mesma época e na mesma pobreza: aqui trata-se dos tecelões do Avesnois que trabalham em casa no inverno e que se empregam no verão como operários agrícolas na Normandia. Uma mulher já de idade, com o mesmo modo de falar, conta as mesmas privações: em sua infância ela jamais tomou leite ou comeu frutas, a não ser uma laranja que ganhou de presente de Natal; a comida de todo dia eram fatias de pão com queijo branco (o pão era feito por muito tempo pelo próprio pai para economizar alguns trocados), sopa e algumas vezes batatas. Para o domingo a mãe comprava um pouco de carne, de última categoria, um pedaço pequeno que ela cozinhava e recozinhava para amaciá-la um pouco e que servia para "dar gosto" ao cozido e "forças" às crianças; neste caso o que devia nutrir era mais o cheiro do que a própria carne: como dizia o veterano Kant, "o cheiro da comida é uma espécie de sabor preliminar"[17]. Quando o tio vendedor ambulante parava de passagem, ofereciam-lhe uma comida extraordinária aos olhos das crianças: toucinho com couve. A mãe conhecia as ervas, as plantas que curam os pequenos problemas de saúde, mas "só havia, dizia minha mãe, uma doença que ela não podia curar com suas plantas: era a fome, quando não tínhamos o que comer"[18].

Perguntadas por Marie Ferrier sobre as receitas tradicionais da família, as camponesas do Jura responderam: nossas avós nem tinham cozinha, eram tão pobres que misturavam tudo num grande caldeirão que cozinhava lentamente suspenso à cremalheira na lareira. Tratava-se principalmente de não perder nada. As pessoas pobres do East Anglia também diziam a mesma coisa[19]. Escolher, combinar, preparar são gestos da cidade "quando já se tem com que fazer". Citadinos da era da abundância, nós sonhamos com alimentos sadios, produtos naturais e achamos os camponeses bem mais favorecidos que nós. Talvez isso seja verdade hoje para certos meios rurais, mas é algo recente e não podemos esquecer que há hoje "novos pobres" nas cidades, sem trabalho nem moradia que às vezes compram o mais barato dos alimentos, isto é, ração feita para cães e gatos.

A história da multidão de camponeses é uma história de pobres que se privam para vender o melhor de sua produção aos que moram nas cidades e reservam os subprodutos medíocres para o autoconsumo familiar. Assim os camponeses da Alsácia não consomem queijo ou manteiga, produtos reservados à venda, contentando-se com leite desnatado e soro de leite coalhado[20]. A pesquisa dos historiadores mostra em toda parte "a incontestável superioridade alimentar da cidade comparada à do campo". "As pessoas do campo comem mal, apesar ou por causa do autoconsumo. Além disso, em épocas de crise de alimentos, é a população rural que sofre mais, sofrimento ainda redobrado pela total falta de dinheiro. [...] O camponês vem para a cidade tanto para trabalhar como para ter o que comer[21]".

Este balanço também vale para o dia de hoje. A pesquisa do Inserm, feita há alguns anos[22], permitiu definir um "tipo alimentar rural tradicional", encontrado tanto em Morbihan como na região de Toulouse, onde a sopa é o prato único servido em todas as refeições, preparado de acordo com uma técnica de cozimento lento na água, em que o cozido de legumes e de carne (esta em pequena quantidade) compõe uma mistura que pouco difere de um dia para outro[23]. Neste quadro, quanto mais importante o autoconsumo e menor a circulação de dinheiro, mais monótono é o regime e pobre em carnes, além de desprovido de frutas. O desenvolvimento da escola primária no campo teve um efeito benéfico sobre o estado de saúde das crianças, não graças aos bons princípios inculcados, mas pela criação de cantinas escolares onde as crianças pobres recebiam ao meio-dia uma substancial refeição quente[24]: em 1904, o inspetor primário de Château-Chinon constatou que a maioria dos alunos (que têm que percorrer vários quilômetros a pé de manhã e à tarde) traziam como provisão "o inevitável *grapiau, galette* de farinha mourisca, até bom enquanto está quente, mas pesado e indigesto quando frio[25]".

Um último elemento vem corroborar esta imagem da pobreza no campo. É a natureza do material de cozinha mencionado nos inventários de pessoas falecidas: no Auvergne do século XVIII, o essencial para os camponeses é o "pote" ou caldeirão para ser suspenso à lareira, além dos tachos de cobre e algumas frigideiras; os utensílios mais complexos (pingadeira ou escumadeira, espeto etc.) só aparecem em casas de pessoas importantes[26]; um estudo da mesma natureza para a região de Meaux constata o crescente aparecimento de peças de faiança e de vidraria após 1750: no fim do século, já encontramos sete ou oito pratos por família, uma travessa e saladeiras[27]. Indicações de detalhe que vêm confirmar as hipóteses do realismo social: há uma "hierarquização alimentar" que corrobora a hierarquia social, como nota Guy Thuillier para o Nivernais de outrora[28], e isto ainda continua verdade até hoje.

De um grupo a outro, não se consomem os mesmos produtos, não se acomodam da mesma forma, nem são absorvidos respeitando o mesmo código de boas maneiras à mesa. As diferenças muitas vezes ficam por conta de uma *história cultural regional,* dos particularismos obscuros, quando se trata de necessidades materiais configuradas pela tradição e de uma maneira de adaptar-se à produção agrícola do lugar: quando um determinado legume ou fruto é colhido em abundância, é preciso aprender a prepará-lo e conservá-lo. Assim, desde a segunda metade do século XVIII, os menus dos colégios apresentaram um aspecto regional bem nítido: couve e chucrute na Alsácia, feijão branco e castanhas em Auch[29]. Da mesma maneira, se a cozinha da Alsácia se especializou em chucrute e na utilização do nabo, é porque se dispunha de grande quantidade desses dois legumes adaptados ao clima da região e ao seu solo, e porque se encontrou um meio de conservá-los pela salga e fermentação[30].

Em cada cozinha regional, se houve invenção de um "modo de fazer" particular, cujo significado ou cujas razões foram depois esquecidos, isso via de regra foi para responder a uma necessidade ou a uma lei do local. Os viajantes estrangeiros admiravam outrora a sutilidade do sul da China, cuja cozinha é baseada no arroz integral, na pimenta, nos legumes verdes, soja e peixes, mas os elementos desta composição lhe foram impostos pelos fatos: eram estes os produtos ao mesmo tempo mais baratos e mais nutritivos disponíveis na região[31]. Muitas vezes o sabor de um prato está na natureza própria de um produto do solo: preparada com batatas da Califórnia, a torta Tatin perde o extremo equilíbrio do acidulado (atribuído às maçãs-rainetas) e do açúcar caramelizado que faz todo o seu charme, e o *pollo negro* do México seria irrealizável sem pó de cacau (sem açúcar).

Atualmente, coisas e pessoas se transportam de um continente a outro, pode-se saborear cozinhas exóticas, experimentar novos sabores, estranhas combinações, receitas inesperadas são feitas e o vínculo de causa e efeito entre produtos disponíveis a bom preço e cozinha comum local já não existe mais. Não são mais as condições locais que impõem a escolha de um prato, seu modo de prepará-lo, mas o contrário. Decide-se preparar aquele prato vindo do Magreb ou das Antilhas e para isso se vai à procura de todos os ingredientes: aqui as batatas-doces, ali o cordeiro, mangas ou bananas verdes. No fim das contas cada cozinha regional perde sua coerência interna, aquele espírito de economia cuja engenhosidade inventiva e rigor constituíam toda a sua força; em sua vez e seu lugar, o que resta é apenas uma sucessão de "pratos típicos" cuja origem e função já não temos possibilidade de compreender, como aqueles lugares pitorescos que legiões de turistas percorrem, mas não podem conhecê-los pelo que foram. Mil supostas cozinhas fabricam em nossas cidades pratos exóticos simplificados, adaptados aos nossos hábitos anteriores e às leis do mercado. É assim que comemos os fragmentos de culturas locais que se desfazem ou o equivalente material de uma viagem passada ou futura; assim o Ocidente devora com toda garra cópias pálidas dessas maravilhas sutis e ternas, elaboradas com muito vagar durante séculos por gerações de artistas anônimos.

A esta multiplicação de empréstimos, fruto da sociedade do espetáculo e da viagem, somam-se outros fatores que vêm arrancar de seu solo uma cozinha regional. Um fato novo entrou em cena: a regularidade das provisões ao longo de todo o ano. Frutos e legumes sazonais podem ser importados fora da estação ou sua maturação pode ser retardada por diversos processos, de modo que as limitações que deram origem às práticas regionais perdem atualmente seu peso. Além disso, há uma ou duas gerações, ampliou-se singularmente o horizonte das mulheres cozinheiras. Outrora as receitas eram aprendidas e passadas da mãe ou da avó para a filha. Minha mãe conservou ao longo dos anos o caderno manuscrito de receitas que a mãe dela lhe havia dado às vésperas de casar-se; nem ela nem eu achamos útil fazer a mesma coisa por ocasião do meu casamento. Os tempos haviam mudado e minhas fontes de informação em matéria culinária eram quase sempre a mídia (fichas dos magazines femininos, receitas explicadas nos programas de rádio ou de TV) ou minhas amigas. Cada uma se volta então para a experiência das pessoas da mesma idade, abandonando em silêncio o modelo das gerações passadas, com o obscuro sentimento de que as receitas tradicionais vindas do passado seriam complicadas demais, muito longas de preparar, não se adaptariam ao nosso modo de vida, além de, no fundo, fazerem referência a um antigo *status* social da mulher. Parece que muitas de minha geração fomos levadas a pensar que à recusa do antigo estatuto devia acompanhar a recusa das antigas maneiras de fazer que lhe são próprias, portanto devíamos mudar também de *estilo de cozinha*.

É verdade que os pratos regionais dependem muitas vezes de uma cozinha rústica, exigindo um cozimento regular, lento e longo, difícil de reproduzir hoje na vida urbana: nem o tempo que se pode dedicar nem os aparelhos culinários disponíveis (tipos de fogão, combustíveis utilizados) lhe convêm. Além disso, um amplo domínio da cozinha regional se presta aos banquetes de festa e exige ingredientes caros na cidade (caça, por exemplo) e um longo tempo de preparação. Somando tudo isto, esses traços explicam a nítida desregionalização das práticas culinárias, como se todo um estrato histórico se apagasse de nossa memória. Este efeito é redobrado pela mobilidade social e profissional das gerações jovens, sua exogamia territorial: hoje muito menos que antigamente se escolhe o cônjuge no círculo estreito do bairro, da parentela ou da aldeia. À cozinha de sua mãe que ela aprendeu a amar como criança, a jovem traz muitas modificações, tanto valendo-se da tradição de sua sogra, como dos conselhos de suas colegas de trabalho ou da lembrança das últimas férias no estrangeiro.

Por um estranho desvio, continua-se não obstante a valorizar a referência a uma cozinha regional que cada uma de nós conheceria, donde extrairia suas melhores receitas. Assim a maioria das interlocutoras de Marie Ferrier, e sempre aquelas de mais idade no momento da pesquisa, pensavam *a priori* que se tratava de consultá-las sobre a cozinha regional que elas supostamente praticariam ainda hoje, pelo que, de antemão, elas se escusavam de ter permanecido em geral bem pouco fiéis aos hábitos de sua região. É claro que esta suposição também dependia da maneira comum de considerar ou antes desconsiderar o cotidiano. No espírito de nossas interlocutoras, a cozinha comum, as práticas cotidianas, não podia merecer a atenção de uma entrevistadora "que veio especialmente de Paris" como dizia uma delas no sul (Laurence).

Como o resto da vida do dia a dia, a cozinha constituía para todas elas uma zona de silêncio e de sombra, dissimulada no detalhe indefinidamente repetido da vida comum. À medida que o diálogo progredia, podia-se ouvir suas vozes mais livres, vivas e felizes, libertadas do temor "de não ter nada de bom para dizer" (Jeanne), de "não parecer interessante" (Irene). Elas se adiantam para falar mais, felizes por encontrar "palavras para dizê-lo", restabelecendo de modo bem natural um diálogo entre mulheres cúmplices, uma conivência marcada no discurso pela constante repetição de expressões como "você sabe, não é, como se faz" e "você vê", "você compreende", "isso, nem vale a pena explicar" etc. Prazer de romper a lei do silêncio público, prazer de contar exatamente aquilo que faz a rotina dos dias e das horas que se sucedem, prazer de revelar-se, justificando-se assim de ser mulher, de ocupar-se no trabalho do lar e encontrar nele sentido, variação e criatividade. Cada qual praticando, sem saber, mas querendo, o retorno de *Monsieur Teste*: "Perdidas no brilho das descobertas publicadas, mas à margem das invenções ignoradas que o comércio, o medo, o tédio, a miséria comprometem cada dia, eu estava certa de encontrar obras-primas interiores. Eu me divertia em extinguir a história conhecida sob os anais do anonimato[32]".

Culturas

Se abandonarmos a dimensão diacrônica das histórias empilhadas na evidência das práticas culinárias e tentarmos considerá-las na ficção de um puro presente, o que nos surpreende é sua abundante diversidade, de uma sociedade a outra, dando a estranha impressão de que deve haver alguma razão para isto e que os hábitos alimentares de uma determinada sociedade num dado tempo estão ligadas por coerências internas, invisíveis, mas reais. Tudo se passa como se um determinado regime alimentar revelasse uma ordem do mundo, ou antes postulasse em seu próprio ato a inscrição possível desta ordem no mundo. Com os quatro volumes dos *Mythologiques* (1964-1971) e com o caso da América índia, Lévi-Strauss nos deu um exemplo deslumbrante de onde se pode encontrar um modelo de análise de cozinhas específicas, de suas escolhas, seus preconceitos, suas proibições e do discurso social que o reproduz, sob a forma lendária e mítica.

Lévi-Strauss interessou-se por todos os aspectos da comida: alimentos tidos como comestíveis, modos de preparação, maneira de absorvê-los (com as regras de compatibilidade e de incompatibilidade), atividades de digestão, funções de eliminação. Tomou como hipótese que todos esses elementos, essas redes de informações diversas, de menus diferentes e de francas oposições têm sentido, e que a cozinha constitui "uma linguagem na qual cada sociedade codifica mensagens que lhe permitem significar pelo menos uma parte do que ela é"[33], isto é, "uma linguagem na qual ela traduz inconscientemente sua estrutura"[34]. A coerência dessas aparências falsamente incoerentes, mas que não se comprova como tal, a não ser num discurso também ele falsamente explicativo, se situa em três níveis: uma lógica das qualidades sensíveis, uma lógica das formas e uma lógica das proposições[35].

A primeira dessas lógicas refere-se à escolha inicial dos alimentos aceitos como comestíveis, que devem ser absorvidos sob forma de *comida crua*, ou necessitando de uma preparação que os transforma em *comida cozida*, ou ainda perdendo sua qualidade primeira de comestíveis por putrefação (comida estragada). A segunda lógica refere-se às misturas permitidas e aos modos de preparação reconhecidos, pois nem tudo é aceito num determinado grupo social. A terceira trata das boas maneiras à mesa e do calendário das proibições provisórias (tal iguaria para tal período da vida, ou tal comida preparada deste jeito durante os ritos de iniciação etc.).

Cada uma dessas lógicas funciona a partir de um grande número de exclusões e de um número limitado de autorizações válidas dentro de um determinado círculo de compatibilidades. Esta compatibilidade diz respeito não só às misturas de ingredientes, mas também à adequação de uma comida a um *status* social ou a uma determinada idade. Não se sabe o que deve surpreender mais, se o teorema de limitação que opera a cada nível ou a criatividade que preside à constituição das listas de compatibilidade, ou ainda as artimanhas do discurso que servem para explicá-las.

Tudo isto deve ser levado a sério, como o repete o discurso social, mais claro talvez neste ponto nas sociedades sem escrita: "violar um regime alimentar, negligenciar o emprego de utensílios de mesa ou de *toilette*, fazer gestos proibidos, tudo isto infecta o universo, arruína

as colheitas, afasta a caça, expõe os outros à doença e à fome"[36]...
Pois trata-se de respeitar uma ordem do mundo, e as boas maneiras
à mesa ou a fidelidade às proibições alimentares manifestam uma
necessária "deferência diante do mundo"[37]. Esta leitura antropológica
das práticas alimentares é mais sedutora ainda porque permite dar
sentido a proibições inexplicáveis, como no caso do judaísmo e de
suas prescrições minuciosas.

Retomando as teses de Mary Douglas e completando-as com
uma paciente consideração dos detalhes, Francis Martens explicou a
(quase) inexplicável recomendação do Pentateuco: "não cozinharás o
cabrito no leite de sua mãe" (Ex 23,19) como ligada à proibição do
incesto mãe-filho, especialmente terrível num universo ritual onde
o elemento maternal exerce um papel preponderante[38]. Se é difícil
colocar em evidência a coerência do sistema de proibições que dá
significado a cada uma delas e a necessidade que suscita o detalhe
das prescrições alimentares, é que a eficácia dos processos simbólicos
parece proteger-se de seu caráter inconsciente, apoiado numa justificação defensiva e numa recusa de avançar na discussão como dizem
a seu modo as explicações geralmente aceitas: "sempre foi assim" ou,
"em todo caso, é mais saudável"[39].

Podemos substituir ou justapor a este tipo de leitura um outro,
com base na sincronia, por exemplo o do modo sociológico. Um
modelo deste foi proposto por Bourdieu ao tratar em *La distinction*
das condutas de preferência (alimentação, vestuário, mobília, música
etc.) que em geral dependem do gosto individual, mas ao mesmo
tempo reconhecidas como ligadas à estratificação social, mesmo que
só seja aos julgamentos da linguagem comum: a classe popular tem
gostos "vulgares", ao passo que a burguesia tem gostos "distintos". A
tese central de Bourdieu, já presente em suas obras anteriores, é clara:
"Assim, os espaços das preferências em alimento, em vestuário e em
cosmética se organizam segundo a mesma estrutura fundamental, a
do espaço social determinado pelo volume e pela estrutura do capital.
Para construir completamente o espaço dos estilos de vida no interior

dos quais se define o consumo cultural, é preciso estabelecer, para cada classe e fração de classe, isto é, para cada uma das configurações do capital, a *fórmula geradora do habitus* que retraduz num *estilo de vida* particular as necessidades e as facilidades características desta classe, de condições de vida (relativamente) homogêneas"[40]...

Nesta hipótese, que parece receber em Bourdieu valor de dogma, a cada indivíduo é atribuída de início uma posição de classe, caracterizável pelo montante do capital (real e simbólico) que detém, modificável em certas proporções (que são limitadas) pelo resultado feliz ou infeliz das estratégias de mobilidade social. Tudo se passa como se a sociedade, sem outra história que o desenrolar temporal das trajetórias individuais, fosse imóvel, presa como um condenado numa estratificação em classes e subclasses bem estanques e estritamente hierarquizadas. Nesta estrutura rígida de conjunto, só se deslocam indivíduos prontos a adotar, na parte mais visível de seu modo de viver, as maneiras de agir usadas no estrato social de acesso. Mas esta conformação continua superficial: no que diz respeito ao vestuário, à mobília ou à comida, setores da vida social que são objeto "de aprendizagens precoces" e não são retomados no modelo escolar, continua--se mais estreita e significativamente tributário do *habitus* de classe originariamente recebido[41].

Uma interpretação como esta repousa no postulado de que haveria uma homologia termo a termo entre grupos sociais e modos de agir. Cada grupo se definiria por sua posição de classe e seu modo de agir dependendo de uma circulação *obrigatória* em "um conjunto de opções totalmente preparadas, de possíveis objetivamente instituídos"[42]. Deste modo, a criatividade do grupo ou do indivíduo é descartada de antemão, nada de novo que realmente importa pode advir, nem o gosto pode ser ampliado por uma descoberta ocasional (como ouvir uma ária que intriga pelo rádio ou um anúncio com novo estilo gráfico que prende o olhar), nem encontro marcante com um novo interlocutor que faça conhecer outras práticas culturais, nem desejo pessoal de uma autoformação num determinado domínio estético. Poderíamos dizer – usando a terminologia de Karl Popper – que a teoria de Bourdieu é irrefutável, pois não é "falsificável": nenhum fato "inédito" que seja não interpretável na teoria e possa abalar o edifício pode sobrevir.

Na perspectiva de Bourdieu, as práticas alimentares são tão imóveis quanto as outras, ou até mais, pois estão sempre ligadas à primeira infância, ao mundo maternal[43]. Aliás, a natureza dos produtos utilizados lhe parece menos importante do que a maneira de prepará-los, e sobretudo de consumi-los, se incluirmos no consumo o modo de servir, apresentar, oferecer e partilhar[44]: se a hipótese é discutível, pois a qualidade de uma cozinha depende da qualidade dos produtos utilizados e de sua escolha minuciosa, ela inspira a Bourdieu uma atenção aguda para os diferentes estilos de etiqueta à mesa, donde ele tira soberbos fragmentos de antologia sobre "a mesa popular", lugar de "comer sem cerimônia", ao passo que entre a burguesia tudo concorre para "comer conforme manda a etiqueta"[45]. Em contrapartida, apesar de ser um grosso volume, *La distinction* nada diz sobre o modo de cozinhar: como acontece em geral em Bourdieu, as atividades femininas são um lugar de silêncio ou de desinteresse que a análise nem se dá o trabalho de levar em conta.

Memórias

O que se come? Come-se, é claro, aquilo que se pode "oferecer", aquilo que gostamos de comer: frase que denuncia uma falsa clareza e revela uma simplicidade totalmente enganosa. "Poder" remete aqui ao disponível como as provisões, ao acessível como o preço, ao assimilável pela digestão, ao permitido pela cultura, ao valorizado pela organização social. "Gostar" também é um termo confuso, ligado ao jogo múltiplo das atrações e das repulsas, fundado nos hábitos da infância, magnificados pela lembrança, ou tomados ao avesso pela vontade adulta de livrar-se deles. "Em suma, nós comemos o que nossa mãe nos ensinou a comer – ou o que a mãe de nossa mulher lhe ensinou a comer. Gostamos daquilo que ela gostava, do doce ou do salgado, da geleia de manhã ou dos cereais, do chá ou do café, do azeite de oliva (quem é provençal), dos gaffelbitter (quem é escandinavo)", de tal forma que "é mais lógico acreditar que comemos nossas lembranças, as mais seguras, temperadas de ternura e de ritos, que marcaram nossa primeira infância[46]".

Comer serve não só para manter a máquina biológica do nosso corpo, mas também para concretizar um dos modos de relação entre as pessoas e o mundo, desenhando assim uma de suas referências fundamentais no espaço-tempo. Isso se pode perceber muito bem entre os velhinhos internados no asilo que reclamam obstinadamente pelo respeito aos seus antigos hábitos alimentares. É o caso de Amélia, do Jura, que queria encontrar de novo a manteiga (banha) de porco de sua infância e a profusão de legumes verdes de seu passado rural: "Como se come aqui, não se pode pensar em... estar bem, ah, não!... No campo se come verdura, quer dizer, couve, alface, espinafre, de tudo, saladas cozidas, até alho-poró com aspargo"[47]...

Assim também, quando alguém é forçado ao exílio pela conjuntura política ou pela situação econômica, o que subsiste por mais tempo como referência à cultura de origem é a comida, se não para a refeição cotidiana, pelo menos para os dias de festa. É uma maneira de mostrar a pertença a outro solo. Experiência multissecular, verificada sempre de novo, reatualizada para os judeus do Magreb, chegados à França com o fim das guerras de independência: "Cozinhamos aqui como cozinhávamos 'em casa', como se fazia 'lá', lembrando a Argélia e o tempo anterior à partida. O ato de comer se torna então um verdadeiro discurso do passado e o relato nostálgico do país, da região, da cidade ou do lugar em que se nasceu"[48]. Reservada ao dia do sábado e às grandes festas litúrgicas, ou da história familiar (nascimento, casamento etc.), a comida tradicional com seus ritos minuciosos de composição (este prato para o tempo pascal, aquele para a festa da circuncisão) e de preparação se torna a manutenção e "a narração da diferença, inscrita na ruptura entre o tempo alimentar 'do si-mesmo' e o tempo alimentar do outro"[49].

Mas também comemos nossas representações sociais da saúde, o que supomos ser "bom para nós". Na pesquisa de Claudine Herzlich, a mais mencionada das práticas de higiene necessárias à conservação de uma boa saúde é o regime alimentar[50]. Na pesquisa feita pelo Inserm, a preocupação com uma alimentação "saudável" e "higiênica" cresce com o nível de vida, com o grau de instrução e com a taxa de urbanização da comuna em que se reside[51].

É ainda necessário precisar, como complemento, que essas representações dependem do nível social ou, como observa Bourdieu, que há "paradoxos do gosto, por necessidade": os gostos populares, por necessidade econômica e por hábito, se baseiam nos "alimentos mais nutritivos e mais econômicos ao mesmo tempo", devido "à necessidade de reproduzir a custo mínimo a força de trabalho"[52]. Também existe muitas vezes uma estreita relação entre o que uma família pode adquirir como alimento comum, o que gostaria de comer e o que acha benéfico à saúde.

O que revela o papel atribuído ao tipo de alimento para manter a boa saúde é a evolução dos termos *dieta* e *dietética*. Em grego, *diaita* designa em geral o "gênero de vida" e, em particular, o que é "prescrito pelo médico"; em Hipócrates, *diaitètikè* é a "ciência das prescrições higiênicas", sentido que a palavra conserva ainda no francês da Renascença: "a segunda parte da medicina é chamada dietética, que visa socorrer os doentes pela boa higiene de vida", diz Ambroise Paré[53]. Porém, na linguagem contemporânea, a dieta se tornou a supressão de todo alimento sólido e a dietética diz respeito ao estudo e composição do regime alimentar, como se o essencial de uma boa higiene de vida fosse definido exclusivamente pela alimentação recomendada.

Toda prática alimentar depende em linha direta de uma rede de pulsões (de atração e de repulsa) quanto aos odores, cores e formas, também quanto aos tipos de consistência; esta geografia é tão fortemente culturalizada quanto as representações da saúde e da boa educação à mesa e, consequentemente, é também historicizada. No final dessas exclusões e dessas escolhas, o alimento escolhido, permitido e preferido é o lugar do empilhamento silencioso de toda uma estratificação de ordens e contraordens que dependem ao mesmo tempo de uma etno-história, de uma biologia, de uma climatologia e de uma economia regional, de uma invenção cultural e de uma experiência pessoal. Sua escolha depende de uma soma de fatores positivos e negativos, fatores por sua vez dependentes das determinações objetivas do tempo e do lugar, da diversidade criadora dos grupos humanos e das pessoas, da contingência indecifrável de micro-histórias. Citando o exemplo da América que entrou na modernidade europeia para nela suscitar "aqueles movimentos de homens, de plantas, de alimentos", Fernand Braudel sonhava com "a história simultânea daquelas associações alimentares, tão lentas a se combinar e depois descombinar-se [...], combinação a descobrir em seus elementos e em sua duração, como também em suas relações com outras combinações"[54].

O inventário dos ingredientes, de suas associações e de suas transformações em preparações diversas, fornece os elementos de uma imensa *combinatória de múltiplas entradas* que infelizmente não podemos repertoriar de modo unívoco por mil razões: as espécies animais e vegetais viajam e se modificam em qualidade de acordo com suas condições de produção (criação artesanal ou industrial, tipos de forragem, natureza do solo e de exposição ao sol, escolha das variedades de sementes e de adubos etc.); os sabores não são quantificáveis e dificilmente se distinguem como bem o sabia o perito no assunto, Brillat-Savarin: "Sabendo-se que existem séries indefinidas de sabores simples que podem modificar-se pelo acréscimo recíproco de qualquer número e qualquer quantidade, precisaríamos de uma língua nova para exprimir todos esses efeitos, de montanhas de *in-folio* para defini-los e caracteres numéricos desconhecidos para etiquetá-los[55]".

Todos os prazeres da boca são duplamente sujeitos às leis da *oralidade*: como absorção do alimento, prazer do paladar, e como suporte de uma atividade profusa da linguagem, prazer da fala, que descreve, nomeia, distingue, matiza, compara, irisa e desdobra. A criancinha leva à boca tudo que sua mão alcança ao explorar o espaço que a rodeia, mas não é só por desejo compulsivo de tudo incorporar a si: Michel Tournier lembrou bem que, para a criança, a boca serve de segundo órgão do tato que lhe permite "tocar mais", apalpar, sentir a rugosidade de uma coisa, conhecer-lhe intimamente a semente[56]. Mais tarde, no adulto, através do jogo impenetrável dos comportamentos alimentares e de suas minúsculas variações de pessoa a pessoa, se superpõem histórias (cultural, social, familiar) e suas memórias. Juntas, elas inspiram hábitos, costumes e preferências, tributários de mentalidades e de sensibilidades, e também marcados com uma *inscrição na temporalidade* que intervém em diferentes níveis.

Primeiro, como as culturas, os grupos sociais não vivem na imobilidade e seus gostos não são imutáveis. Tal prato valorizado em tal época, por tal meio, será mais tarde descartado como "muito vulgar", "grosseiro", ou "pesado". Também no caso da comida, o costume comum depende da moda, como o vestir-se ou as ideias. Por exemplo, o arroz figurou no cardápio "do melhor estilo" durante grande parte do século XIX; ainda em 1870 era servido mais frequentemente como prato intermediário doce do que como prato salgado acompanhando uma carne; quanto ao queijo, hoje tão estreitamente associado à imagem dos hábitos franceses, ele quase não aparecia na mesa da classe burguesa do século passado, pois conotava uma referência à terra[57]. O tempo impõe ainda o ciclo das estações: aos morangos sucedem os damascos e ao feijão-manteiga, as endívias.

O tempo ainda obriga a fazer permutas agradáveis e regulares, cuja sucessão faz o ritmo dos meses do ano, apesar de serem hoje, graças às técnicas de conservação e à diversificação das provisões, menos rígidas que outrora. Os balcões dos mercados continuam a mudar de semana a semana: o morango do Périgord cede o lugar às peras Beurré Hardy, a Belle de Boskoop aparece ao lado da moscatel de Hamburgo, e logo depois vem a inesquecível Rainha das maçãs rainetas. Por pequenos toques se esboça uma geografia de cores, de odores e de formas, anunciada pela voz estridente dos vendedores que gritam todos ao mesmo tempo, em tom firme, as qualidades excelentes de seus produtos garantida pela magia semântica de sua ligação com lugares desconhecidos, cuja repetição de ano em ano se torna familiar a você; entre eles e você se tece uma muda cumplicidade, como entre o vendedor e sua possível clientela, para a qual ele atualiza de novo cada ano, com a mesma convicção, um repertório ritual. Na estação dos marmelos, um grita: "Para encontrar marmelos, madames, sigam por aqui", enquanto seu sócio repete com uma doçura equívoca: "Venham, venham pegar-me, venham colher-me, eu sou a mais bela, a mais doce do mercado", apontando com um gesto de convite sua maravilhosa moscatel.

Ligado à escala das idades, o tempo vem ainda modificar, nas diferentes etapas da vida, as necessidades biológicas e as preferências alimentares, fazendo, por exemplo, o velhinho recuperar naturalmente os gostos da infância: laticínios e pratos doces, sopa de legumes passada no liquidificador e compotas suculentas de frutas. Mas existe também o tempo do ano civil, as escansões do calendário com a alternância dos dias de trabalho e de descanso semanal, a vinda das festas litúrgicas cujos ritos culinários sobrevivem prazenteiramente à erosão das práticas religiosas, enfim as celebrações familiares (aniversários, batizado, casamento etc.). Vêm, pois, sobrepor-se, completando-se ou contrariando-se, às escolhas dos pratos e da composição das refeições, os sinais do tempo real e os do tempo biológico, psicológico, familiar e social.

Alguns desses traços têm vida longa, sem que se consiga explicar a razão. Assim, na região parisiense, que se tornou majoritariamente estranha à prática católica, a sexta-feira continua sendo o dia de maior consumo de peixes[58]. Será que é o hábito das donas de casa que é determinante, ou a inércia das coletividades, a crescente facilidade de encontrar peixe fresco naquele dia, ou a necessidade inconsciente de um ponto de referência visível do desenrolar da semana, prenunciando o tão desejado *week-end?* Se as proibições religiosas tradicionais já se apagaram, novas ritualizações se oferecem para sucedê-las, vindas da esfera mercantil, do tipo "chegou o novo *beaujolais*" (vinho de Beaujolais), ou os regimes "macrobiótico" e vegetariano, cujos adeptos se impõem voluntariamente o sistema de exclusões e de preceitos estritos, enquanto outros se impõem só comer produtos colhidos pelos métodos de uma "agricultura biológica" (em princípio sem adubos químicos nem pesticidas, simplesmente plantados na terra), supostamente menos perigosos à saúde que os produtos de uma agricultura intensiva, ávida de altos lucros.

Divididos entre o temor e a lembrança, tomados de desejos contraditórios, o coração e a razão têm que escolher entre "o bom", isto é, meu gosto pessoal, e "o bom para minha saúde", isto é, meu interesse. É como navegar entre o Lago da Ternura e o Oceano da Razão, entre os adágios da tradição e os conselhos da dietética moderna. Alguém insinua: "nada é melhor que a comida da vovó Maria, lentamente cozida no fogão de lenha, que os bolos rústicos de tia Adélia"; outra pessoa adverte: "já está mais do que na hora de aprender a comer alimentos saudáveis"[59], "um quilo a menos, um ano a mais"[60]. E enquanto Bourdieu ainda acha que as práticas alimentares nada têm a ver com o discurso escolar, o Comitê Nacional de Educação para a Saúde propõe aos professores, como atividade de alerta, um jogo pedagógico *Comer certo* que permite ensinar aos alunos, sob forma de brincadeira, a compor menus equilibrados e a compreender o uso dos diversos alimentos[61]. Ó combate desproporcional entre as guloseimas e as prescrições, entre o razoável e o desejável!

Memórias obstinadamente fiéis ao maravilhoso tesouro dos sabores da infância. Bolo de amêndoas cujo sabor secreto ainda continuava vivo na mente de meu pai, já velho e doente, sabor que desapareceu com a avó dele, tão querida, que morreu no começo do século, antes que ele completasse sete anos. E aqueles ovos nevados que um amigo meu já de certa idade me olhava pedir num restaurante, ele mesmo proibido de comer tal guloseima, mas justamente aquele manjar que lhe trazia à memória o sabor de seus primeiros sucessos escolares, assim recompensados à mesa familiar. Sabores da felicidade perdida, doces sabores do tempo passado: "Este copo de vinho pálido, fresco, seco, coloca diante de mim toda a minha vida champanhesa. Achavam que eu bebia: eu me lembro tão bem"[62]... Este vinho, eu o reconheço, que importa ter sido produzido em outra terra; é aquele que meu avô, andarilho solitário e altivo, colocava no riacho para ficar fresco, ao sair da mata, para o piquenique que coroava o longo passeio silencioso, do qual ele sabia fazer, misteriosamente, uma festa inesquecível.

Já condenado ao anonimato da morte, Gabriel acabou seus dias num asilo e suas únicas lembranças se concentram na comida preparada pela mãe: "Penso muito nela, na minha mãe, penso constantemente, era uma pessoa muito gentil. Meus irmãos e irmãs, não acho que eles se sentiam magoados com isso, mas eu, eu era sempre bem recebido, mesmo depois de casado. Quando ela nos convidava, sempre fazia bons pratos"; ou o almoço oferecido pela vovó: "Todos os domingos, a vovó preparava a sopa de chocolate, depois comíamos omelete com presunto, salada, manteiga, carne de porco em conserva frita na banha, havia de tudo sobre a mesa no fim do almoço"[63], como se falar da comida outrora oferecida e partilhada fosse sua única maneira, pobre e pudica, de reviver a doçura do passado e a ternura dos rostos amados.

Corpo

No comportamento alimentar, tão profundamente arraigado na vida cotidiana que parece coisa tão simples, se atualizam, se entrelaçam e se contrariam dois modos de relação que começam a definir-se e a estruturar-se desde os primeiros tempos da vida. Um se refere à relação primária com a mãe que nutre ou com aquela que faz as suas vezes; o outro designa a relação que o indivíduo entretém com seu próprio corpo como corpo vivo, sujeito à restrição do tempo, condenado à morte, e como corpo sexuado, destinado a tomar forma masculina ou feminina.

A criança é nutrida pela mãe, de sua mão recebe aquilo que foi preparado para ela; mais tarde, a mãe vai consultá-la sobre suas preferências, mas sempre achará, em última análise, que ela sabe melhor que a criança o que é "bom para ela". Não poucas refeições familiares são palco de uma luta obstinada pelo poder, o poder da mãe e do pai sobre o corpo do filho forçando-o a "comer tudo, tudo que está no prato", ou a "comer a carne, senão não terá sobremesa".

É claro que não existe neste domínio sabedoria natural do homem grande ou pequeno. Deixar que falem apenas as preferências da criança nos levaria a um regime desequilibrado, rico em doces ou em farinhas, pobre em proteínas animais e em legumes frescos, como confirma, em nossa pesquisa, a entrevista de Elisabeth. Ela relata as milhares de discussões entre o pessoal da cantina de sua escola que reclama dos menus adaptados aos gostos das crianças (arroz, massas e batatas todo dia) e o administrador responsável que se sente na obrigação de seguir as diretrizes dietéticas recebidas da Educação Nacional e se obstina em introduzir pratos de legumes cozidos, patês de peixe etc., que as crianças, principalmente antes de onze ou doze anos, se recusam a comer.

A mãe insiste, ela força a comer, confirmando deste modo que o corpo da criança ainda é seu: "Minha mãe vigiava sempre para ver se comíamos tudo que ela nos serviu. Muitas vezes eu não queria comer, mas ela insistia, tentando me enfiar a comida na boca. 'Mais uma colher, esta é para o titio, estas duas para a titia. Olha que suco gostoso e que belos legumes a mamãe preparou. É para você crescer e ficar bem forte'"[64]. A criança se mantém obstinada na recusa, buscando primeiro subtrair seu corpo à lei materna, descobrindo obscuramente que possui um trunfo maior: recusar é poder ter a mãe em seu poder, resistir-lhe, inquietá-la, "matá-la de desgosto e de preocupação", como diz às vezes a voz lamuriosa da cozinheira quando vê que sua comida não agradou.

Trata-se de uma luta corpo a corpo que se trava a pequenas colheradas e grandes palavras em torno da mesa familiar: a criança quer ser livre imediatamente, crescer pode ficar para mais tarde; a mãe exige que coma primeiro, isto é, obedeça, para mais tarde se tornar grande, forte e livre, mas a criança se impacienta, não pode esperar. Inventa então mil artifícios, nunca tem fome em casa, mas devora qualquer coisa na casa dos outros. Bem cedo descobre outras vinganças sorrateiras, elogia a comida das outras, e fere a afeição exclusiva da mãe: "Uma vez meu pai nos levou a passeio e, no salão de chá, comemos Welsh Rarebit: canapé de queijo fundido. Comentei com entusiasmo com minha mãe a respeito do delicioso prato, um prato que ela jamais havia feito (...). Minha mãe ficou toda ofendida! Eu não compreendi por que nem como fiz isto. Senti-me 'malvada' e envergonhada. Atualmente posso compreender como minha mãe se sentia traída quando comíamos a comida feita por outra pessoa"[65].

Mas o conflito não é geral nem contínuo. Tudo depende de como a mãe sente a recusa, de sua capacidade de ceder em parte diante das reivindicações da criança ou de sua obstinação em fazer valer todo o peso de sua autoridade na batalha. Geneviève, falando de seu filho, de dez anos: "Ele não gosta de nada. Gostaria que eu lhe fizesse todos os dias espetinhos (*brochettes*), fritas ou pizza. *Não gosta de nada*, ele é assim, exatamente como o pai dele (os pais são separados). "Com ele, tudo muda de repente: entre o queijo de Gruyère e o presunto, os ovos, o purê, as fritas, talharim, espaguete, carne picadinha, frango assado e ainda... Como podes ver, muda de repente em torno dessas dez coisas". Geneviève evoca seus esforços passados, inúteis, não reconhecidos, o desabafo de uma oferta de amor não aceita: "Quando ele era pequeno, fiz todo esforço, você sabe, para variar suas refeições, para não repetir duas vezes seguidas a mesma coisa. Eu me esforçava, punha a funcionar minha imaginação: fazia-lhe vagens com meia batata e meia cenoura e misturava tudo isto com frango. Fazia a comida dele, mas só conseguia provocar crises, ele não queria comer nada! Fiz tantos esforços inúteis que desisti de tudo, deixei rolar, abandonei uma porção de coisas". Sua voz, quase sumindo ao pronunciar a última frase, queria como que dizer também: "Meu filho me abandonou, ele não me amou, exatamente como o pai dele".

De modo geral, se a mãe se sente feliz e tem certeza de ser querida pelos seus, a comida será para o bebê um momento maravilhoso de festa, ocasião de uma intensa troca de risos, de carinhos, de palavras inarticuladas, de mil sinais para chamar a atenção da mãe, atrair seu olhar, fazê-la sua. Mais tarde, mal começando a engatinhar e andar, já virá esconder-se na cozinha, sob a mesa, brincando aos pés da mãe, fuçando nos armários da despensa, lambendo a caçarola do creme, deliciando-se com o cheiro do chocolate que derrete ou com os aromas pegajosos que sobem do tacho de fazer doce.

A criança olha, observa os movimentos da mãe, admira a força das mãos que preparam a massa; o mistério da bolinha de fermento que sobe no copo de água a fascina; aprecia em silêncio a habilidade da faquinha que vem com um ligeiro gesto retirar o excesso de massa das bordas da fôrma de torta; aprende a fazer tarefas simples (descascar nozes sem quebrá-las, descaroçar damascos, descascar maçãs); aprende o nome dos pratos e dos utensílios, aprende a diferenciar os verbos de ação e os graus de cozimento. A cozinha é parte essencial de sua aprendizagem sensorial e motora: "Tirar a criança da cozinha – dizia Bachelard – é condená-la a um exílio que a afasta de sonhos que jamais conhecerá. Os valores oníricos dos alimentos se ativam quando se acompanha sua preparação [...]. Feliz o homem que, em criança, "ficava em volta" da dona de casa[66]".

A cozinha pode ser o abençoado lugar de uma doce intimidade, conversas sem nexo travadas a meias-palavras com a mãe que vai e volta da mesa para a pia e da pia para o fogão, com as mãos ocupadas, mas o espírito disponível e a palavra atenta a explicar, discutir, reconfortar. Mais tarde, o adulto, ele próprio artista em sua cozinha ou visitante da cozinha de alguém, suspira: "É tão bom entrar na cozinha. Cada vez que entro tenho a impressão de voltar à minha infância"[67]. Às vezes a recordação do passado é tão premente que se decora a própria cozinha à antiga, ou se decide instalar nela um aparelho antigo, alguma coisa do passado: "Há algum tempo adquiri um fogão daqueles que nos aquecem, aquele que se acende com fogo, fogão de lenha legítimo, que suja as mãos, que queima, que tem que ser reabastecido e que exige tempo. Há muito tempo sonhava com um deles, gosto de acender o fogo cedinho, ao raiar do dia, e à noite quando faz frio, gosto de vigiá-lo (...). Acabo de reencontrar uma felicidade esquecida, uma recordação de infância. Como se toda a vida não passasse de uma busca desses prazeres! Será que não passamos do lado deles sem saber? Eu estou feliz, minhas mãos estão quentes, meus pés também e meu coração"[68]...

Através do interesse e do cuidado que se tem com a comida, no leque de prazeres que nos permitimos ou nas restrições que nos impomos, se lê e se traduz em atos visíveis a relação que mantemos com o nosso próprio corpo e com os outros. Interrogando adolescentes e adultos jovens sobre o tema da alimentação, *Le Monde* concluiu que essas novas gerações, tão ávidas por experimentar drogas ou álcool, pouco se interessavam com a nutrição. De fato, a maior parte deles respondia que deixavam de fazer uma refeição ou até duas para economizar tempo e dinheiro, que preferiam reservar para outras atividades de lazer, que detestavam a demora das refeições em família e que não gastavam tempo em preparar de vez em quando refeições elaboradas para partilhar com os amigos. Esta mesma pesquisa trazia outras informações da mesma ordem: em 1975, no restaurante universitário de Rennes, em mil estudantes observados, mais de um terço fazia suas refeições em menos de vinte e cinco minutos; em Paris, numa grande cantina da Seguridade Social cuja metade dos dois mil clientes cotidianos são jovens adultos, a duração da refeição é em média de vinte minutos[69]. Mas não devemos atribuir a essas cifras um significado absoluto: na França, uma cantina de refeições coletivas raramente é um lugar agradável, calmo, bem ventilado, arrumado com gosto, ainda que seja frequentado apenas por necessidade e se passe nele o menos de tempo possível.

Talvez seja necessário reconciliar-se com o próprio corpo para dar-se o trabalho de nutri-lo convenientemente, ou ter experimentado a plenitude de um vínculo de afeição durável para encontrar o prazer de preparar um banquete para outrem. Pode-se analisar essas questões colocando-as no quadrilátero de seus excessos, que vai da bulimia à obesidade, passando depois ao processo de emagrecimento para acabar na anorexia mental. Se faço alusão a essas condutas extremas, é porque elas parecem radicalizar e levar à sua extrema intensidade, teatralizar e dar a ver o que, em outros instantes, nos tenta insidiosamente, e cujos começos esboçamos de modo atenuado naquele esquartejamento que ameaça e que perturba entre o excesso mortífero do comer demais ou do beber demais sem qualquer limitação e a renúncia também excessiva de comer e de beber, condutas simétricas pelas quais o indivíduo clama a aversão ao próprio corpo e sua impossibilidade de assegurar-lhe a sobrevivência autônoma.

O primeiro desses excessos, a *bulimia*, precipita quem dela sofre a todo instante para o comer, comer o que quer que seja e na maior quantidade possível. Não se trata de escolher, de fartar-se de comidas gastronômicas, mas de encontrar o mais depressa possível alguma coisa a engolir, para empanturrar-se, entulhar o corpo, encher o vazio, inchá-lo, forrá-lo, deformá-lo, despi-lo de sua forma reconhecível. "Preciso comer, comer, coisas bem consistentes, pão, purê, até farinha... comer com a mão para fazê-lo mais depressa... até não poder mais, até fazer mal. Estou inchado, dilatado em todos os sentidos, meu ventre parece o de uma mulher grávida de cinco meses; não consigo mais andar de tão pesado que está o ventre. Quando me olho no espelho, digo: não é possível, não sou eu. Como estou mudado! Paro quando de fato não aguento mais[70].

Após uma sessão de empanturrar-se como esta, muitas vezes a jovem (nesta faixa de idade é que se encontra a maioria dos casos de bulimia) força o vômito, depois aliviada recomeça o mesmo processo, como se ela se sentisse forçada a repetir uma sequência estereotipada de atos compulsivos. Como na anorexia, mas de modo menos transparente, inicia uma luta de morte contra seu próprio corpo: o indivíduo não pode perdoá-lo e o enche de alimentos como o boxer enche de pancadas o adversário. O corpo se torna "o lugar de um combate sem saída", com a alternância de períodos em que, sem cair na anorexia propriamente dita, é forçado à fome, a fim de impedir que tome forma feminina, para não se transformar em mulher à imagem da mãe, não se tornar semelhante a ela; depois é empanturrado de alimento engolido a toda pressa, como se o corpo não passasse de um grande saco de regiões diferenciadas, um odre sem fundo que deve ser enchido bem depressa para escapar, através desta violência irracional, à lei, ao olhar anterior da mãe que ensinava o razoável, escolhia e preparava a comida da criança, media a parte que lhe cabia. "A bulimia mascara portanto um conflito que está relacionado com o sexo", aparece após a puberdade quando a mocinha, presa à constelação familiar e numa relação de superinvestimento à mãe, não consegue nem romper este vínculo privilegiado para se tornar "separada", autônoma, nem reconhecer-se um corpo sexuado para viver as pulsões que lhe estão ligadas[71].

A obesidade se distingue da *bulimia*. Neste caso, o aumento de peso é objeto de cuidados constantes, é controlado por uma dieta regular – em certos casos, a obesidade é completamente diferente, pois dependeria de distúrbios metabólicos ainda pouco conhecidos. O obeso clássico gosta de comer, comer bem em qualidade e em quantidade; muitas vezes tem preferência pelos doces e sobremesas[72]. Parece sonhar em voltar à primeira infância, à felicidade trêmula dos primeiros passos arriscados sob o olhar vigilante de uma mãe protetora, ao tempo das primeiras vitórias recompensadas com um beijo e um afago. Ele quer evitar os golpes, os golpes da sorte, as desventuras da vida, pequenas ou grandes, construindo-se uma carapaça simbólica, uma cerca bem grossa que aumente a distância entre seu eu frágil e a agressão do outro; procura à sua maneira amortecer os choques, diminuir os riscos. Nas nações industrializadas, à medida que sobe o nível de vida, cresce também o número de obesos: não é porque se tem dinheiro disponível para comprar mais comida, mas porque o sistema social aumenta ao mesmo tempo a procura de segurança do cidadão e porque a pressão exercida por centenas de constrangimentos provocam uma crescente angústia para estar em dia com a norma insidiosa e ameaçante. Com seu corpo hipertrofiado, com sua boa vontade que vai de regime em recaída, o obeso pede ao meio em que vive e a seu médico que procurem "entendê-lo", que respondam primeiro ao "seu pedido de mudança global", que o protejam do mal de viver[73].

Já obeso ou apenas "um pouco redondo", "estufado", "envelopado", "uma baleia", como se diz em linguagem popular, nosso contemporâneo se tornará a presa fácil das tentações enganadoras e das falsas ofertas, reforçadas pela publicidade, de inúmeras *receitas de emagrecimento*, tão diversas quanto ineficazes. Processos mágicos prometem, através do dinheiro, é claro, resultados maravilhosos obtidos sem esforço graças a um remédio miraculoso, sem regime e sem esforço, ou pela imposição de um jejum seletivo, severo e perigoso, levado ao absurdo[74]. Neste setor em plena expansão, é possível fazer negócios da China; charlatães e trapaceiros, às vezes até diplomados em medicina se contam entre eles; e a contrainformação razoável e honesta mal consegue chegar a pregar-lhes uma peça[75]. Na verdade, é de ficar estarrecido com a credulidade com que pessoas sensatas se deixam iludir neste domínio. Pode-se ver nisto o sinal do superinvestimento afetivo que encontra seu lugar justamente na alimentação, de forma que as condutas alimentares se encontram, por natureza diríamos, colocadas fora do campo do racional ou até do razoável.

Ao papel da moda e das representações coletivas vêm somar-se ainda outros fatores: o culto geral da juventude e da beleza, o medo da velhice e da morte, a imposição de cânones de beleza aos quais só um pequeno número pode facilmente conformar-se, a contradição entre o ideal de beleza consagrado (corpo magro e musculatura bem trabalhada) e a realidade completamente diferente do modo de viver (vida sedentária, conforto, falta de exercício físico, recusa de trabalhos manuais), tudo isto impede a maioria das pessoas de sentir-se à vontade em seu próprio corpo, de aceitar sua imagem de imperfeição. Daí a crença pueril que as pessoas se metem na cabeça de que o aborrecimento de viver ou suas decepções dependem essencialmente de alguns quilos a mais.

Habituadas pela educação recebida e pelo discurso social a crer que seu "capital beleza" – como anunciam os magazines e a publicidade – constitui todo o seu haver, as mulheres investem alto na imagem narcisista do próprio corpo: também foram elas por muito tempo o público mais sensível às questões da aparência e mais crédulo em matéria de receitas de emagrecimento ou de rejuvenescimento. No momento atual, a publicidade e os estereótipos sociais tentam persuadir também os homens da necessidade de cuidar da aparência. Errando de aberração alimentar até o abuso de diuréticos ou de laxativos, com a obsessão de "perder peso", muitas pessoas acabam perdendo às vezes a saúde e sempre o dinheiro. Ninguém pode duvidar que os hábitos alimentares e seus acessórios constituem um dos principais mercados do dinheiro e do lucro na nossa sociedade.

Quanto à *anorexia mental* – uma dieta voluntária tão severa que pode levar até à morte por desnutrição – em geral ela não é consequência de um regime de emagrecimento muito rígido e prolongado. Esta recusa de alimentar-se aparece em geral entre adolescentes de quinze a vinte anos. Mas condutas transitórias do mesmo estilo podem manifestar-se já entre lactantes e outras crianças. Entre adolescentes, trata-se de uma espécie de relação sádica para com o próprio corpo, odiado no momento de sua transformação visível em corpo sexuado definido, corpo vivido numa representação fantasmática de "corpo-tubo" a ser continuamente esvaziado de todo conteúdo, quer por vômito forçado, quer por um uso excessivo de laxantes. O anoréxico quer esvaziar a todo custo aquele corpo que o bulímico tenta em vão encher totalmente. Faminto, portanto menos pesado, aliviado, hiperativo e triunfante, o anoréxico desafia seu meio e a lei comum: deifica seu eu colocando seu corpo fora da lei e, por meio da privação de alimento e de sono, retira um prazer masoquista desta marcha triunfal para a morte. Pois é de detestação e de morte que se trata nesta luta passo a passo, como confirmam as tentativas de suicídio que sobrevêm quando se procura no hospital realimentar à força o anoréxico[76].

O último elemento cuja importância eu gostaria de assinalar nas condutas alimentares e que tem um papel fundamental é sem dúvida a proximidade íntima, corporal e afetiva, com as práticas amorosas. Evidência concreta: nós comemos com a nossa boca, orifício corporal cujas partes (lábios, dentes, mucosas internas) e funções (saborear, tocar, lamber, acariciar, roçar, salivar, mastigar, engolir) intervêm em alto grau na relação amorosa. Come-se para nutrir o próprio corpo, desenvolvê-lo, construí-lo ou transformá-lo segundo a própria imagem e o próprio desejo: cada um constitui seu regime alimentar para embelezar, purificar, preparar-se para agradar: escolhe-se o alimento para o companheiro para conformar o seu corpo ao nosso desejo dele, para torná-lo mais forte, esbelto ou gordo, delicado ou musculoso. Cozinhando, a gente "se prepara" um parceiro "no ponto" e, quando vem a noite, diz-se-lhe com uma falsa inocência: "eu preparei para ti (com muito amor) um frango ao ponto, como tu gostas, com passas e maçãs". Ó manobras de sedução que acabarão por atingir seu objetivo: a carne é macia! Um filme brasileiro conseguiu formular maravilhosamente esta experiência secular: "Como era gostoso o meu Francês", sim como ele era gostoso e se deixava devorar ternamente.

O amor é cheio de uma fantasmagoria de devoração, de assimilação canibal do outro a si mesmo, nostalgia de uma impossível fusão identificatória. "Amar o outro, desejá-lo, é alimentar-se dele e ao mesmo tempo saciar sua fome, uma fome simbólica à qual a fome real ou biológica dá passagem"[77].

Não se engana a linguagem comum quando diz da sedução que ele (ela) "vai fazê-la", como se "faz" um belo prato de costeletas ao molho com legumes cortados. O intercâmbio amoroso transforma instantaneamente o parceiro em comestível deleitável, atribui-lhe diminutivos tirados do vocabulário da cozinha ("meu amorzinho = *mon chou*", "meu coelhinho = *mon petit lapin*", "meu queridinho = *mon poulet*" etc.), o "devora com olhar de carinho, o "come com beijos". A confissão dos amantes separados registra a mesma coisa: "Quanta falta me fazes, tenho fome de ti, gostaria de comer-te".

Lévi-Strauss remete a um mito africano, onde cozinhar se assemelha a fazer amor, com uma correspondência termo a termo em que "as pedras da lareira são as nádegas, o caldeirão a vagina, a colher grande de mexer, o pênis"[78]. Sem cair no literalismo, é bom lembrar que a mesa e o leito parecem muitas vezes ter a mesma causa. O piquenique, o almoço sobre a relva acentuam a semelhança. Representando o auge deste almoço, Édouard Manet suscitou a indignação pudibunda dos burgueses do Segundo Império, mas apenas colocou em cena e em imagem algo bem conhecido: o almoço sobre a relva com corpos molemente alongados que se mostram sob o véu sedutor do tecido, com convivas que se permitem insinuações prazerosas de duplo sentido que seriam muito mal vindas numa austera sala de jantar, por incitarem, pela doçura campestre de sua falta de decoro, a imaginar a possibilidade de uma outra intimidade. Por seu caráter sorrateiramente lascivo, já insinua aos convidados uma outra coisa, uma outra proximidade, um outro festim.

Em torno de uma mesa, as regras são severas. Cada um deve esconder a parte inferior de seu corpo sob a mesa e sob a toalha. O que se apresenta é apenas o busto, erigido à vertical, os dois punhos repousando com desembaraço de um e de outro lado do talher. Ao contrário da etiqueta inglesa, o código francês de boas maneiras acha inconveniente esconder a mão sob a mesa, subtraindo-a do olhar vigilante do outro; será suspeita das piores intenções, talvez porque a toalha a oculta aos olhares, enquanto na Inglaterra o talher é colocado sob pequenos *sets*, uma espécie de toalhinha bordada individual em cima da mesa, deixando livres as bordas da mesa e a sua parte inferior, acessíveis, portanto, a todos os olhares. Na França, o essencial do campo visível à mesa são os rostos dos vizinhos, o olhar deles que corre de um lugar a outro, de prato em prato, calculando o que lhes restará quando a travessa chegar a eles, e sua boca onipresente, sempre pronta a abrir-se para falar, comer ou rir. O que a mesa celebra é antes de tudo a boca, centro da cerimônia; interessa-se por ela bem mais do que pelo instrumento indispensável para atualizar o rito convivial – refiro-me ao garfo ou à colher necessários para levar a comida à boca. Mas a linguagem marca muito bem a hierarquia dos valores: "ser um bom garfo" quer dizer ter um bom apetite, aquele entusiasmo prazeroso e contagiante de comer; "ser uma boa boca" quer dizer ter um gosto requintado, já se trata de um grau superior, de aceder ao *status* de conhecedor em matéria de boa cozinha.

A mesa é uma *máquina social* complicada, mas também eficaz: ela faz falar, "vai-se à mesa" para confessar o que se gostaria de calar, deixar-se "cozinhar" por um vizinho hábil, ceder à algazarra de um instante, a uma baforada de vaidade, à doçura aveludada de um vinho tinto e ouvir aquilo que alguém jurou, ainda ontem, jamais contar a alguém. Nada como um colóquio de fim de jantar para adiantar os negócios em dinheiro e as coisas do coração. Todo mundo pode admirar o rosto avermelhado pelo prazer da boa comida, o brilho dos olhos realçado pela luz das velas. A conversa continua animada: cada um quer ser mais eloquente, amável, ou até mordaz; e por baixo deste discurso explícito alguém sussurra à meia-voz: "Você me encanta, você me seduz. Um dia, quem sabe, se você quiser..." A toalha já se confunde com o lençol da cama; suas manchas de vinho e de frutas já fazem alusão a outras manchas[79]. O odor acentuado da comida quente, a proximidade do corpo do/a conviva, seu perfume despertando o olfato, tudo isto estimula suas percepções e suas associações, fazendo-o imaginar outros cheiros sedutores, perfumes secretos do corpo nu, tornando-se finalmente tão próximo. O convidado sonha, sonha e espera. Inclina-se para sua vizinha de mesa, faz escorregar-lhe uma observação insinuante, insiste uma segunda vez com o olhar, dá a entender a lisonja muda que a discrição da etiqueta e a conveniência ainda lhe proíbem de pronunciar, voltando-se depois para agradecer a Madame Tartempion por aquele delicioso *filet en brioche*, e cumprimenta Monsieur Tartempion, seu esposo, pela perfeita combinação entre este *filet* e seu Saint-Émilion 1976. O anfitrião responde, envaidecido, mas modesto: "Um pequeno *château*, caro amigo, mas o ano é importante". A mesa é um lugar de prazer: esta descoberta já é bem antiga, mas conserva sua verdade e seu segredo, pois comer sempre é bem mais que comer.

CAPÍTULO XII

SEQUÊNCIAS DE GESTOS

"Tenho certeza de que só consegui interpretar Jeanne Dielman desta maneira porque se tratava de um filme feito por uma mulher que gostava dos meus gestos. Não do meu desempenho de atriz, mas de todos os gestos como lavar a banheira, tricotar, lavar a louça... Eu sabia que ela amava de paixão esses gestos [...]. Era preciso falar de compaixão de uma mulher para uma outra que ela poderia ter sido e que não conseguiu ser [...]. Sentia-se o que teria sido (para Chantal Akerman) o mundo de sua infância, uma infância que ela não queria exatamente para si, mas que olhava com tanto respeito... E acho que isto fica gravado na memória de todas as crianças, tanto meninos como meninas. Também os meninos gostavam dos gestos de amor, daqueles gestos de amor da mãe deles"[1].

Como encontrar as palavras exatas, palavras simples, comuns e precisas para contar aquelas sequências de gestos mil vezes entrelaçados que formam a teia indefinida das práticas culinárias na intimidade das cozinhas? Como escolher palavras tão verdadeiras, naturais e vivas que possam fazer sentir o peso do corpo, a disposição ou o cansaço, a ternura ou a irritação que se apoderam de nós diante desta tarefa continuamente recomeçada, onde quanto melhor o resultado (um frango recheado ou uma torta de peras), mais rapidamente tudo será consumido, e, mal a refeição tenha acabado, já é preciso pensar na seguinte.

Sucessão de gestos e de passos, repetidos, obrigatórios. *Dentro*: na cozinha, para preparar tudo; da cozinha para a sala para servir e comer, levantando-se sem cessar para ir vigiar a carne que está grelhando ou repor a mostarda que está acabando na mesa; da sala para a cozinha para tirar a mesa; de novo na cozinha para lavar a louça e arrumar tudo. *Fora*: da casa ao mercado, à mercearia, à padaria, ao açougue, ao vendedor de vinho; depois a volta para casa com os braços carregados de sacas de compras. De passagem, topar com uma mulher jovem ainda mais carregada a resmungar sem saber pra quem: "É, foi nisso que me tornei: o burro de carga da família. É carregar, carregar, sempre carregar". *Dentro*: na cozinha, esvaziar as sacas e arrumar as compras da mercearia; colocar os gêneros que devem ir à geladeira em recipientes próprios; anotar as despesas, verificar o troco e a nota. Enfim, sentar-se. Hoje, amanhã e depois de amanhã recomeçar tudo de novo, desfiar o mesmo rosário de perguntas: O que sobrou para o jantar? Quantos seremos à mesa? E amanhã, o que fazer para o almoço? "O que é pior para mim é *saber o que fazer* e não tanto cozinhar [...]. O grande problema para mim é sempre saber com que encher a barriga de todos. E isso me mata! É uma coisa que Paulo, por exemplo, não é capaz de compreender, que *é preciso pensar sempre nisto*. Você não pode escapar de pensar nisto. Eu bem que gostaria de não precisar pensar no mercado, se você quiser, e poder fazer outra coisa. Mas chega a hora de comer e então com que encher a barriga? É tradicionalmente assim, todos os dias" (Colette).

Mas a palavra "gesto" aqui é enganosa. Deveríamos encontrar um termo que englobasse tanto os movimentos do corpo como os do espírito. "A cozinha não é uma coisa complicada. É preciso saber organizar-se, ter memória e um pouco de bom gosto. Eu aprendi a cozinhar simplesmente cozinhando", dizia a mãe Brazier[2]. Sim, na cozinha a atividade é tanto *mental* quanto manual: são mobilizados todos os recursos da inteligência e da memória. É preciso organizar, decidir, prever. É preciso memorizar, adaptar, modificar, inventar, combinar, não esquecer os gostos de tia Germana e o que o pequeno Francisco não gosta, seguir as prescrições do regime temporário de Catarina e variar o menu, sob pena de que toda a família grite indignada, com a facilidade dos que colhem o fruto do trabalho dos outros: "*Outra vez couve-flor!* Já não comemos na segunda-feira e também na sexta-feira passada? Não queremos mais! Não gostamos disto!" – Eu também não, mas como fazê-los entender que é o único legume fresco, de preço acessível no momento? Responderão certamente com arrogância: "Você tem que se virar!"

Na cozinha, sempre é preciso *calcular* o tempo que se tem, o dinheiro, não ultrapassar o orçamento, não superestimar a própria velocidade de execução, não atrasar quem vai à escola. É preciso saber *avaliar* num pestanejar o que será mais vantajoso em preço, preparação e sabor. É preciso saber *improvisar* com brio quando o leite "derramou" no fogo, quando a carne desembrulhada e limpa se tornou insuficiente para quatro convivas, ou quando Mateus traz um coleguinha para o jantar sem avisar previamente e é preciso "aumentar" um pouco aquilo que era a conta para o jantar da família. É preciso *lembrar-se* que os Guy já comeram couve com salsicha de Morteau na última visita que nos fizeram e que Beatriz não suporta bolo de chocolate, ou que o único vendedor de peixes do bairro fechará excepcionalmente toda esta semana. Todos esses detalhes rapidamente passados em revista, o jogo das exclusões, das impossibilidades (por falta de tempo, de dinheiro ou de provisões) e das preferências deve culminar numa proposta de solução que pode ser rapidamente feita, pois é preciso um menu para esta noite, por exemplo, rosbife com batatas ao forno. Mas também é preciso *combinar* o vinho e não prever um prato com creme se a entrada é de *cornets* com bechamel, ou se um dos convivas não suporta preparados à base de leite.

Desta forma, cozinhar envolve um volume complexo de circunstâncias e de dados objetivos, onde se confrontam necessidades e liberdades, uma confusa mistura que muda constantemente e através da qual se inventam as táticas, se projetam trajetórias, se individualizam maneiras de fazer. Cada cozinheira tem seu repertório, suas grandes árias de ópera para as circunstâncias extraordinárias e suas canções simples para o público familiar, seus preconceitos e seus limites, suas preferências e sua rotina, seus sonhos e suas fobias. À medida que se adquire experiência, o estilo se afirma, o gosto se apura, a imaginação se liberta e a receita perde sua importância para tornar-se apenas ocasião de uma invenção livre por analogia ou associação de ideias, através de um jogo sutil de substituições, de abandonos, de acréscimos ou de empréstimos. Seguindo cuidadosamente a mesma receita, duas cozinheiras experientes obterão resultados diferentes, pois na preparação intervêm o toque pessoal, o conhecimento ou a ignorância de certos segredos culinários (por exemplo, enfarinhar a fôrma de torta depois de untá-la, para que o fundo da massa seque bem durante o cozimento), toda uma *relação com as coisas* que a receita não traz e quase não especifica e cuja maneira difere de um a outro indivíduo, pois muitas vezes está arraigada na tradição oral, familiar ou regional.

O campo do esquecimento

Considerados de um ponto de vista um pouco mais alto e mais distante, os trabalhos cotidianos da cozinha parecem, na esfera privada, totalmente votados à repetição, de estrutura arcaica, um saber ligado a códigos sociais, bem antigos, estabilizado em velhas formas de equilíbrio, isto é, num agregado obscuro e pouco racional de preferências, de necessidades e de costumes recebidos. Visto sob este ângulo por aqueles que "não põem a mão na massa", o conjunto dessas práticas quase não parece suscetível de evoluir, a não ser em pontos menores. Entretanto, examinadas em detalhe, as práticas atuais se revelam consideravelmente modificadas desde o século XIX, em razão da mudança geral do modo de vida.

A elevação do nível de vida e a escolarização generalizada, a crescente mobilidade geográfica, a multiplicação das viagens e a prática da exogamia tiveram seu papel nessa mudança. Mas a industrialização dos objetos e a mecanização das tarefas elementares, como também a substituição da força muscular pela energia eletromecânica transformaram diretamente a vida cotidiana das cozinheiras. As crescentes exigências em matéria de conforto e de higiene, as modificações correlativas das representações comuns quanto à saúde e nutrição, a produção em grande escala e a difusão a preços baixos dos mais diversos aparelhos, tudo isto repercutiu sobre o trabalho cotidiano da cozinheira. Grande número de gestos e de procedimentos comuns à geração de minhas avós, maneiras de fazer que eram parte da aprendizagem normal de uma moça e de seu capital (meio) de saber-fazer, já se apagaram da consciência comum e só subsistem nas lembranças de infância de alguns, no relato lacunar dos velhinhos ou graças aos etnólogos, pessoas da cidade empenhadas em recolher os últimos vestígios de uma cultura camponesa moribunda e em conservar a memória e os traços de um passado próximo e já longínquo[3].

"Há uma vida e uma morte dos gestos", nota o historiador atento ao movimento da vida cotidiana[4]. Se gestos polidos de século em século, quase imóveis numa longa duração, puderam desaparecer como que por encanto numa ou duas gerações, é porque o gesto técnico tem como duração única o tempo em que é animado por uma necessidade (material ou simbólica), um significado e uma crença. O gesto técnico, distinto do gesto de expressão que traduz um sentimento ou uma reação, define-se primeiramente por seu objetivo de utilidade, sua intenção operatória. Totalmente orientado por sua finalidade, busca chegar à realização que manifestará sua eficácia como gesto. Quer se efetue por meio de um instrumento (cortar a cebola com uma faquinha) ou simplesmente pela mão (fazer a massa do pão), exige toda uma mobilização do corpo, traduzida pelo movimento da mão, do braço, às vezes de todo o corpo que balança cadenciado pelo ritmo dos esforços sucessivos requeridos pela tarefa a executar.

O gesto se decompõe numa sequência ordenada de ações elementares, coordenadas em sequências de duração variável segundo a intensidade do esforço exigido, organizada segundo um modelo aprendido de outra pessoa por imitação (alguém me mostrou como fazer), reconstituída de memória (eu a vi fazer assim), ou estabelecida por ensaios e erros a partir de ações vizinhas (acabei descobrindo como fazer). A habilidade de adaptar o gesto às condições de execução e a qualidade do resultado obtido são a prova de que se conseguiu pôr em prática e em evidência aquele saber-fazer exatamente como deve ser feito. Quer se trate do domínio culinário ou de outro tipo de transformação material feita com uma determinada intenção, o gesto é antes de tudo uma *técnica do corpo*; segundo a definição de Mauss, uma "das formas pelas quais os homens, sociedade por sociedade, de uma maneira tradicional, sabem servir-se de seu corpo[5]". Superpõem-se aí invenção, tradição e educação para dar uma forma de eficácia que convém à constituição física e à compreensão prática de quem faz o gesto. Se o gesto vier a perder sua utilidade – quer porque o termo da cadeia operatória já não parece interessar, ou porque aparece um processo mais econômico em tempo, energia, habilidade ou provisão – perderá também seu sentido e necessidade. Em breve não subsistirá mais a não ser sob uma forma irônica, até certo ponto ilegível, antes de se tornar o testemunho mudo e insignificante de uma cultura material defunta e de um antigo simbolismo, gesto fragmentado, incompleto, deformado, a submergir lentamente no oceano obscuro das práticas que caíram no esquecimento. Pois o gesto técnico só vive realmente de sua necessidade concreta ou simbólica (no caso de práticas de proteção, de rituais ou de observâncias religiosas) e o mais das vezes em estreita simbiose com um meio e seu cortejo de objetos técnicos. O gesto só dura enquanto durar sua função de utilidade, sustentado pelas milhares de reatualizações de seus praticantes, e graças ao consenso deles. Um gesto só é refeito se ainda for tido como eficaz, operatório, de bom rendimento ou de necessidade real em vista do esforço que exige. Sua permanência está ligada à crença que nele se investe: é preciso achá-lo necessário, cômodo, operatório, benéfico; é preciso acreditar em seu possível sucesso para continuar a repeti-lo.

Neste ponto, a língua comum não é ambígua: faz-se assim "porque sempre se fez assim", aliás "é assim que se deve fazer", e ainda "é preciso seguir o costume". Esquecido pela força da crença, abandonado pela necessidade, o gesto técnico se estiola e morre: por que fatigar-se em fazer o que não serve para nada? De toda maneira, como a articulação dos fonemas na língua e pelas mesmas razões, o gesto técnico obedece ao princípio de economia generalizada e de simplificação cada vez maior. Ainda como eles, tem a função de unicidade num sentido. Mas comporta também suas ilusões, seus ostracismos, seus erros e seus preconceitos, pois está preso, com todo o agir humano, nos sistemas de categorias e de oposições que caracterizam em sua especificidade qualquer cultura. Assim todo um compacto tecido de ritos e de hábitos, de crenças e de pressupostos, munido de sua lógica própria e compondo um sistema à sua maneira[6], determina e conforma os gestos técnicos aqui praticados como úteis, necessários e dignos de crédito.

Os gestos antigos não foram relegados simplesmente por causa da entrada dos aparelhos eletrodomésticos na cozinha, mas por causa da transformação de uma cultura material e da economia de subsistência que lhe é solidária. Quando a natureza das provisões muda, os gestos de preparação culinária fazem o mesmo: assim para os camponeses *cévenols*, que outrora se alimentavam de castanhas, hoje só velhos que permaneceram na região ainda podem repetir a ladainha de gestos precisos, múltiplos, complexos com os quais se secava, defumava, debulhava, selecionava, conservava para o inverno ou triturava em farinha as castanhas[7]. Quando os gestos se apagam, as receitas que lhes estavam ligadas também desaparecem; e em breve o que subsiste é apenas a lembrança interiorizada de sabores bem antigos, presos na doçura da infância perdida, enevoados, mas indestrutíveis, como aquelas *laïssoles* e aquelas *pascades* do Rouergue, intermediárias entre a papa de farinha espessa, o mata-fome (espécie de crepe espesso) e a *galette*[8], ou como a fogaça de outrora: "Atualmente, estão habituados à fogaça que se encontra em quase todo lugar e a acham boa, porque é boa; mas eu, que posso fazer uma comparação, eu prefiro a antiga"[9]...

Mais que todo o resto, são os ingredientes disponíveis que mudaram desde o século passado e antes de tudo em sua apresentação. Outrora, comprava-se produtos *a granel*: as azeitonas e os pepinos em conserva em tonéis de salmoura, a farinha em saco do padeiro, o óleo exatamente na medida da vasilha que se levava à mercearia para encher. Maravilhas dos aromas misturados daqueles armazéns escuros onde reinava uma atmosfera meio inquietante, caverna de Ali Babá onde o comerciante reinava no meio de uma sábia desordem de sacos, barricas, frascos, cuja verdadeira natureza e segredo de classificação só ele conhecia, espaço próprio que ele cruzava por atalhos cautelosos, pregando no chão o cliente com esta ordem imperiosa: "Não se mexa, não toque em nada, aqui quem trabalha sou eu!" Gesto ligeiro de sua mão para fazer girar o rolo de papel de embrulho forte (chamado então "papel do merceeiro"), cuja base ele fixava bem antes de verter o conteúdo da grande colher de pau cheia de furos, que acabava de imergir no tonel de azeitonas. Pequenas pás de alumínio, utensílios de madeira ou de vime próprios para pesar, a pedido do cliente, açúcar, lentilhas, ervilhas quebradas ou ameixas secas. Balança Roberval com pesados pratos de cobre cujo ponteiro do fiel me parecia jamais voltar completamente ao seu ponto de equilíbrio: será que o dono da mercearia me trapaceava ou será que meu olhar de criança não era capaz de avaliar posições relativas em perspectiva?

Ao voltar do armazém, a farinha era peneirada com todo cuidado antes de ser utilizada. As grandes mãos abertas seguravam em dois pontos diametralmente opostos o frágil círculo de madeira da peneira, sacudindo-a com um leve toque dos dedos apoiados alternativamente em cada lado. Uma terna cumplicidade se estabelecia com esta farinha volátil e preciosa, não se podia perder nada dela com algum movimento muito brusco ou uma sacudida violenta. O gesto devia ser doce e medido, ritmado e cuidadoso como certos pianistas tocam piano.

Na cozinha tudo era arrumado segundo uma geografia sutil do quente e do frio, do seco e do úmido, do arejado e do abafado "ao abrigo de tudo que é bichinho", pois tudo era temível, o gato da vizinha, as formigas ávidas de açúcar, as baratas sinônimo de sujeira e os malditos carunchos, objeto de tanta aversão e de sábias precauções, cuja invasão dissimulada me aterrorizava. Era preciso estar sempre de sobreaviso e conhecer um gesto de parada, cortar as partes "verdes" das batatas, esmagar o peixe meio cozido para tirar as espinhas mortíferas, abrir os damascos para não comer o verme com a fruta.

Naquele tempo, antes do reino dos produtos selecionados, calibrados, desossados, cortados, previamente embalados, condicionados sob forma anônima ou só por seu nome genérico ainda se podia conhecer sua natureza de origem, tudo era saboroso, porque tudo era perigoso, surpreendente em bom ou mau sentido. Cada compra era uma ocasião para quem comprava de *usar de esperteza com a esperteza do vendedor*. A visita ao mercado era o momento de um maravilhoso *ballet* de gestos, piscadelas de olho e mímicas: o dedo indicador afastava a folhagem das frutas para poder ver o grau de maturidade da polpa, o polegar apalpava a firmeza dos rabanetes, um golpe de vista circunspecto detectava a presença de manchas nas maçãs, aspirava-se longamente o cheiro dos melões e o odor dos queijos de cabra, comentava-se à meia-voz uma relação qualidade/preço. Tratava-se de atualizar uma competência, provar as próprias capacidades de discernimento, basear numa atividade gestual um julgamento moral sobre o comerciante e sua mercadoria. Voltava-se para casa cansado e orgulhoso da sessão, inocente teatro do pobre onde cada um improvisava a seu modo insolentes réplicas cujos efeitos eram percebidos pela criança sem compreender o sentido ou o registro equívoco.

Também naquele tempo era preciso ser econômico e organizado. A necessidade faz a lei. Anunciado de longe pelo tinido dos guizos de seu cavalo, o leiteiro passava cada tardinha com sua carroça carregada de pesadas vasilhas. A criança lhe corria ao encalço, à margem do caminho, com uma grande caçarola na mão, depois voltava, compassadamente, carregando com as duas mãos a caçarola cheia, constrangida e orgulhosa, bem atenta em manter bem horizontal a vasilha para não derramar nenhuma gota. Depois o leite era lentamente fervido, operação acompanhada do monótono *clop-clop* do "anti-sobe-leite", um pequeno disco de metal, pesado, cheio de sulcos concêntricos que se depositava no fundo da caçarola, mas ninguém jamais conseguiu explicar-lhe seu porquê e como. Em seguida o leite fervido era despejado num grande recipiente de cerâmica, imediatamente coberto com uma grande tampa e esfriado para o dia seguinte, depois que a vovó recolhesse solenemente a camada de "nata", aquela coisa viscosa e mole, detestável, mas que vovó reservava. "É o creme de leite, o melhor de tudo", dizia ela. O pote de creme ia se enchendo aos poucos; depois, servia para preparar deliciosas bolachas que se comiam bem quentes, ao sair do forno, e bastava um bocado para fazer desaparecer toda aquela aversão contra "a nata do leite".

A verificação da qualidade dos ingredientes ocupava muito tempo. Os ovos eram examinados à contraluz e para certificar-se se eram realmente frescos eram imersos num balde de água fria (onde se repartiam entre o fundo e a superfície, por ordem de frescura decrescente). Inspecionava-se cuidadosamente a cabeça do frango, o brilho de seu olho, a cor de sua crista, o estado de seu bico, apalpava-se o volume de seu papo antes de abatê-lo. Depois limpar o animal exigia muito cuidado: era preciso depená-lo, chamuscá-lo para tirar as últimas lascas, abri-lo e retirar-lhe as vísceras, operação malcheirosa que fazia a criança fugir da cozinha a gritos até ouvir a chamada de volta: "pode vir, está limpo como um vintém novo". Meio escondida atrás da porta, a criança havia observado a cozinheira tirar com perícia um monte de entranhas, o coração, a moela e o fígado do qual retirava imediatamente a bolsa de fel.

Cada semana se passava em revista, por precaução, os frascos de conservas feitas em casa segundo processos empíricos cujos resultados não eram muito confiáveis. Eram dispostos em ordem, como para exibição, no armário da despensa; cada qual trazia sua data num rótulo, com uma caligrafia impecável, com seus traços grossos e finos regulares, suas maiúsculas perfeitas, como ainda se pode ver nos antigos registros de administração municipal. Cada frasco era examinado de perto para detectar qualquer sinal de mofo, experimentando com o dedo a firmeza da vedação de parafina que obstruía o gargalo, esticava-se o papel que fechava os potes de geleia e outros doces. Algumas vezes, a gulodice era tanta que se insinuava que a compota de laranjas apresentava reflexos verdes; a vovó virava o frasco em todos os sentidos, levava-o ao terraço para examiná-lo à luz do sol, pedia a opinião de todos os familiares, mas finalmente decidia em tom aborrecido: "Não vejo nada, mas é mais prudente consumi-lo logo antes que se estrague todo!" Havia um estranho ilogismo nessas operações sucessivas. Apesar dos indignados protestos, a vovó teimava em salgar demais para conservar, e depois dessalgar para consumir. Mas o pior era o bacalhau salgado, comprado do exterior: era preciso colocá-lo durante um dia inteiro de molho em água com um pouco de vinagre, trocando a água várias vezes. O peixe ficava em repouso num coador de pé, colocado na bacia que continha água. Assim, se dizia, "o sal cai no fundo" e a criança imaginava imensas montanhas de sal escondidas no fundo dos oceanos. Para o presunto cru, procedia-se da mesma forma, mas o último banho era de água com leite "para adoçar o gosto", uma aliança de contrastes que deixava qualquer criança perplexa. Hoje filés de peixe congelados e semiconservados quase sem sal tornaram todas essas manipulações caducas. A necessidade de conservar provisões para mais tarde, frutas e legumes para o inverno, foi causa de invenção de milhares de práticas. Algumas frutas (maçãs, ameixas, damascos) eram secadas. Legumes (como pimentões e tomates) eram submetidos a um tratamento refinado: levemente assados a seco depois da retirada das sementes, secados ao sol, rapidamente passados em óleo quente, depois guardados em jarras ou vidros cheios de óleo (uma parte deste processo ainda é usado para alguns queijos). Outros legumes cortados em pedaços (couve-flor, alcachofra, cenoura) eram conservados por maceração num óleo aromatizado de especiarias variadas e de rodelas de limão. Os pepinos eram conservados em vinagre. Certas frutas, descascadas, ligeiramente amassadas, eram guardadas num leve xarope (principalmente peras e damascos); outras eram colocadas em aguardente (cerejas e bagas diversas).

Também eram preparadas compotas e geleias de fruta, macerações e licores diversos. Era preciso aproveitar-se de breves colheitas para mostrar-se previdente e engenhoso. Pela sua diversidade, pela multiplicidade dos gestos e da perícia implicados, todo este trabalho era feito com uma certa alegria, no meio de uma azáfama feliz. Para a criança, todas essas tarefas ritmavam o belo verão, longe das obrigações da escola. Na grande casa atarefada, nem sequer se tinha tempo ou vontade de aborrecer-se. Às vezes se fazia com as vizinhas um trato para dividir as tarefas: uma era famosa por suas compotas, outra admirada por seus pepinos em conserva. Fazia-se então um revezamento: uma ia fazer na casa da outra o que sabia fazer melhor e depois esta retribuía com sua especialidade, "uma troca de favores", como se dizia. E essas palavras guardam o odor pegajoso do doce que era longamente virado no grande tacho de cobre onde a massa de frutas com açúcar borbulhava, agitada de inquietantes sobressaltos, antes de acalmar-se numa mistura homogênea, de um belo tom ambreado, uma mistura espessa e como que carregada de futuros prazeres.

A todas essas práticas possíveis numa casa da aldeia, os camponeses acrescentavam o essencial: o porco abatido e colocado na salmoura, segundo um ritual bem específico de receitas, de gestos e de proibições, onde sabor empírico e estruturação simbólica se mesclavam inextricavelmente[10]. Por muito tempo a presença da lareira permitiu defumar alguns pedaços. Apesar de ter desaparecido das cozinhas modernas, dispostas e aquecidas de outra maneira, a lareira impõe sua lembrança na língua através dos gestos que suscitava: se a cremalheira onde era suspenso "o pote comum" já não existe, continua-se entretanto a celebrar em cada mudança ou inauguração de uma nova casa "a suspensão da cremalheira", símbolo passado de uma instalação familiar. Quando os gestos se apagam, quando os objetos desaparecem ou se imobilizam na sombra de um depósito, na vitrine de um museu, às vezes as palavras ainda subsistem, em memória de um passado que não volta mais.

Novos saberes

Hoje compramos os mantimentos acondicionados de tal maneira que exigem uma gama de gestos anteriores a qualquer preparação culinária. Para fazer suas compras é preciso sobretudo *gostar de ler* e saber decifrar as etiquetas. Por exemplo, para a carne pré-embalada em pequenas bandejas no balcão do supermercado, é preciso examinar a data e saber o que ela significa, isto é, se se trata do dia do abate do animal (para ter sabor, uma carne deve ser um pouco dura), da data do acondicionamento, da data-limite de venda (que reserva ainda 48 horas para um possível consumo) ou do último dia de utilização recomendado. É preciso saber ler e fazer o cálculo mental para determinar qual desses dois frangos é mais vantajoso. Mas como escolher entre o "frango caipira" (que sorte!) e o frango "nutrido de ração durante 70 dias" (que breve destino!), entre o que traz a etiqueta "Qualidade-França" e aquele "frango de granja de categoria A"? Para interpretar exatamente essas informações é preciso saber ler correntemente, vasculhar cuidadosamente um bom jornal do dia e principalmente memorizar. Assim se poderá saber que a data da etiqueta na embalagem de ovos não corresponde nem ao dia da postura nem ao dia da embalagem, mas decorre de uma sábia computação que permite legalmente e segundo as normas da CEE (onde não se trata de querer agradar a alguém) indicar uma data bem posterior à postura.

Comprar alimentos tornou-se um trabalho qualificado que exige uma escolaridade de vários anos. É preciso amar a retórica dos números, gostar de decifrar inscrições minúsculas, uma certa aptidão para a hermenêutica (ciência das interpretações já apreciada por Aristóteles) e de noções de linguística (sempre úteis para sair-se bem na sociedade). Munida de tudo isto, a pessoa saberá interpretar, portanto aproveitar-se das informações generosamente "colocadas à disposição do consumidor", como dizem os produtores. Portanto é preciso ler, examinar, comparar para descartar as massas e outros alimentos com colorantes suspeitos ou os sucos de frutas que têm água ou açúcar em excesso. É preciso saber desconfiar daquela brancura sedutora que um agente conservador pode garantir às batatas raspadas e ao aipo ralado. Cuidado com a bela aparência das frutas cítricas: podem ter sido injetadas substâncias químicas em sua casca para prolongar sua cor e frescor originais. É preciso examinar bem à luz aquele "tijolo" de leite pasteurizado para descobrir sua data-limite de validade. É preciso sobretudo combinar todos esses fragmentos de saber e poder mobilizá-los no instante quase sem esforço.

Assim, todos os gestos e práticas da compradora têm que transformar-se para adaptar-se aos novos costumes do mercado. Outrora, era preciso prestar muita atenção para não se deixar levar pela lábia do vendedor, avaliar com um golpe de vista a qualidade de uma carne, sentir o odor um pouco forte de um queijo, notar a cor amarela de uma manteiga já velha. Hoje o que se exige é saber ler e ter confiança não mais num saber pessoal e empírico, de estrutura tradicional, adquirido através de uma longa aprendizagem, passado na família do mais velho para o mais novo, mas ao saber científico da coletividade, codificado nas normas regulamentares e transmitido no anonimato. É preciso acreditar na sabedoria de regulamentações do Estado, cujo por que e como nos escapam, e na força e eficácia dos controles que asseguram seu cumprimento[11]. Cada um tem que *sustentar com sua crença* todo o edifício, *crer* que as normas são conformes ao seu próprio interesse e que são verídicas as indicações colocadas nas embalagens.

Ao entrar na cozinha com suas compras, a cozinheira dispõe de toda uma panóplia de materiais (acondicionadores plásticos, papel de alumínio, papel parafinado, sulfurizado, celofane) e de vasilhas herméticas para embalar seus mantimentos e arrumá-los na geladeira, no armário da despensa ou no *freezer*. Para os produtos de mercearia, tem que se virar com a dificuldade de abrir caixas, latas e frascos. As caixas de papelão são fáceis de abrir, basta uma pressão do dedo ou a ponta de uma tesoura ao longo de uma linha pontilhada. Outras embalagens exigem técnicas especiais: latas são abertas com abridor próprio; há embalagens que vêm envoltas numa cinta de metal que deve ser retirada com cuidado. Há também as caixas de madeira que vêm pregadas, como as usadas para bacalhau etc. Os frascos ou vidros de boca larga fechados a vácuo são abertos forçando a tampa com mão firme ou girando-a convenientemente, ou recorrendo a um instrumento novo que é o abridor de vidros.

Mas há ainda os sucos de frutas acondicionados em "tijolos" de papelão: para abri-los basta fazer na parte superior dois furos opostos em diagonal. O mais difícil é o café moído conservado a vácuo em embalagens metálicas: é preciso destacar da borda da tampa, com gesto firme, uma fina lingueta de metal. Pior para os desajeitados, pois o corte deste opérculo metálico é mais afiado que uma faca de açougueiro e corta profundamente a palma da mão se for mal calculado o ângulo de ataque ou a trajetória.

Chega finalmente o momento de preparar a comida. Também nisto os gestos da tradição recuam diante dos que foram impostos pelos novos utensílios. Existe a batedeira elétrica para bater as claras em neve, o liquidificador que bate e mistura tudo ou quase tudo, o espremedor de frutas, o descascador e o descaroçador. Uma série de pequenos instrumentos de metal vêm ajudar a cozinheira, ou melhor, vêm dar perfeição "profissional" à apresentação de seis pratos. Que pena! É como se ela precisasse imitar os pratos exibidos por um dono de restaurante ou a fábrica de biscoitos para agradar a seus convivas. A chegada desses aparelhos – nascidos da utilização cada vez maior dos metais, das matérias plásticas e da energia elétrica – transformou a paisagem interior da cozinha familiar.

Algumas dessas novas utilidades domésticas se limitam a aperfeiçoar e padronizar o antigo simples gesto da mão, aquele "instrumento dos instrumentos" que, na teoria de Aristóteles, era símbolo da superioridade humana[12], ou o gesto da mão munida de um instrumento rudimentar (ralador, faca, garfo, colher). Outros tornam possível a repetição estereotipada, em ritmo elevado, de um gesto cujo resultado codificam: pode-se, assim, aumentar as quantidades de matéria empregada e diminuir a duração da operação e a intensidade do esforço exigido. Outros ainda surgiram para cumprir tarefas novas, criadas pelo próprio processo de industrialização (faca elétrica para cortar congelados), ou que se tornaram necessários devido a esta industrialização e à evolução de uma população que envelhece (abridor elétrico). Outros enfim, supérfluos, apenas satisfazem o desejo de novidade e o entusiasmo pela eletromecanização das tarefas elementares, prometendo um ganho de tempo e de energia. Mas ocultam a fragilidade do instrumento ou sua dificuldade de utilização, seus limites (a máquina elétrica de moer carne apenas rasga a carne ou a reduz a uma pasta) e seu peso, seu caráter barulhento ou estridente e seu estorvo, enfim as longas operações de limpá-los após o uso, de tal modo que após três tentativas corajosas o aparelho será silenciosamente relegado ao posto dos objetos inúteis.

Para avaliar a importância das mudanças que ocorreram em quinze ou vinte anos basta consultar uma lista de objetos técnicos (aparelhos, utensílios, recipientes) que compõem o equipamento normal de uma cozinha particular. Outrora havia a cremalheira e suas panelas, o vinagreiro de barro, o morteiro e seu pilão, o tacho de cobre revestido de estanho por dentro, as bilhas de cerâmica, o passador em barro envernizado, o escorredor de queijo, os talheres em madeira etc.[13] Hoje foram substituídos por fôrmas em pirex, panelas de pressão, panelas de aço inoxidável, frigideiras com antiaderente, o robô doméstico polivalente que rala, corta, pica, amassa, mistura, bate[14]. A difusão do forno de micro-ondas acrescentou sua bateria de pratos (de requentar e de tostar). Doravante reina na cozinha toda uma série de objetos industriais. Suas formas são novas e seus materiais diversificados[15]. Uma parte desses utensílios foi adaptada aos novos modos de cocção: em cinquenta anos, aos fogões a gás e elétricos sucederam placas de aquecimento, chapas de cozinhar a indução, queimadores sequenciais e fornos de micro-ondas[16]. Paralelamente, operações simples se complexificaram e autonomizaram, e reclamam agora um equipamento especial. Foi o que aconteceu com o café, que passou, no espaço de uma ou duas gerações, do filtro "de meia" das vovós à cafeteira "italiana", de dois recipientes, depois à cafeteira elétrica e agora ao modelo reduzido, a bomba ou a vapor, das máquinas profissionais dos bares, que permite obter em casa "um expresso forte e espumoso" como no bistrô da esquina – onde vemos esfumar-se a separação entre o espaço privado da cozinha e o espaço público.

O passado-presente

A mudança não abrange apenas o utensílio ou o aparelho e o gesto que o utiliza, mas a relação instrumental que se estabelece entre o utilizador e o objeto que ele utiliza. Outrora a cozinheira se servia de um instrumento simples, de tipo primário, cujas funções também eram simples; a energia do movimento vinha de sua própria mão, era ela que dirigia o desenrolar da operação, vigiava a sucessão dos momentos da sequência de ação e podia representar-se mentalmente o processo. Hoje ela emprega um instrumento elaborado, de tipo secundário, de complicada manipulação, sem compreender de fato seu princípio ou seu funcionamento. Ela alimenta esse objeto técnico com ingredientes que devem ser transformados, depois liga o aparelho apertando um botão elétrico e recolhe a matéria transformada sem controlar as etapas intermediárias da operação. Outrora, a cozinheira tinha que aplicar cada vez sua perícia, podia aperfeiçoar seu movimento manual, mostrar sua engenhosidade. Agora, qualquer pessoa pode utilizar o aparelho industrial tão bem quanto ela. Ela se tornou simples *espectador desqualificado* que olha a máquina funcionar em seu lugar. Ela se sente duplamente despojada: de seu saber-fazer empírico (em relação ao passado) e do saber teórico ou tecnológico que produziu o utensílio (em relação ao presente). Com a complexidade de sua tarefa e com a qualificação adquirida pela experiência desapareceram a diversidade dos gestos a fazer e a felicidade de saber distingui-los e fazê-los surtir êxito. No cozinhar havia também uma habilidade de artesão, orgulhoso de sua obra, amante da matéria trabalhada, empenhado em aperfeiçoar seu método ou a variar suas produções, atento a tirar partido da circunstância.

A industrialização (dos produtos, dos utensílios e das operações de transformações) veio destruir, no espaço doméstico, exatamente como aconteceu no espaço operário, o regime deste trabalho. Introduziu nele o mesmo esquema de parcelamento, padronização e repetição das tarefas. Não se pode duvidar que também trouxe um ganho em tempo e uma diminuição da fadiga, mas acabou desembocando num tempo sombrio, homogêneo, vazio, um tempo enfadonho sem esforço e sem alegria. Também não podemos negar que a industrialização e os progressos que a acompanharam tiveram efeitos benéficos. A supressão de fogões a carvão ou a lenha acabou com a constante tarefa de repor um combustível que dá muito trabalho e que suja, além de exigir uma manutenção regular e fatigante. A distribuição de água quente corrente na pia da cozinha aumentou as condições de higiene e de conforto[17]; o mesmo aconteceu quanto à produção de produtos de limpeza de grande eficácia a preços baixos[18]. O trabalho fastidioso de "lavar a louça" foi consideravelmente aliviado. A generalização de frigideiras elétricas e a instalação de exaustores fizeram desaparecer o cheiro de gordura. Muitas tarefas repetitivas e diárias foram aliviadas ou simplificadas, graças a essas inovações. Mas tudo isto também teve seu *preço*: equilíbrios antigos foram rompidos na transmissão das habilidades culinárias e na gestão do tempo.

Será que é possível usufruir as vantagens de uma cultura material sem sofrer seus inconvenientes? Será que entre o antigo e o novo há possibilidade de um casamento feliz? Não temos uma resposta para esta questão central para nós hoje, mas não creio na felicidade de uma humanidade privada de toda atividade física, de todo trabalho manual, totalmente entregue ao governo da máquina industrial. Existe um prazer profundo em preparar pessoalmente aquilo que se quer oferecer aos convivas, em usar uma criatividade modesta, de resultados efêmeros, mas cuja combinação sutil define em silêncio um *estilo de vida*, circunscreve um *espaço próprio*. A multiplicidade das práticas e dos gestos técnicos configura a vida cotidiana e a riqueza do tecido social depende dela. Por isso acho mais perspicazes que ridículos os que preferem estágios para aprender a refazer os gestos de outrora[19]. Também os acho ingênuos: o passado não pode renascer de suas cinzas, uma cultura que se imobiliza decreta sua própria morte. Na cacofonia das mudanças sociais, também se pode prestar atenção a certas notas mais novas e observar a fusão de microexperiências, ocultas no anonimato de redes amigáveis e locais onde se tenta de muitas maneiras inventar modestamente outros comportamentos, definir um modo de vida por sobre as duas culturas e suas duas temporalidades. Que ao mesmo tempo se tome consciência cá e lá da importância do capital simbólico e técnico depositado nas "maneiras de fazer" que preenchem a vida comum, empenhando-se em descobrir as regras combinatórias que associam a inteligência concreta, a engenhosidade no manejo e a esperteza criadora no turbilhão infinito das práticas cotidianas. Isto já seria um bom sinal.

Entre os erros simétricos da nostalgia arcaizante e da supermodernização frenética, ainda há lugar para microinvenções, para a prática da *diferença razoável*, para resistir com uma doce obstinação ao contágio do conformismo, para fortificar a rede das trocas e das relações, para aprender a fazer a própria escolha entre os utensílios e as comodidades produzidos pela era industrial. Cada um de nós tem o poder de *apoderar-se* de uma parte de si mesmo. Por isso os gestos, os objetos, as palavras que vivem no cotidiano de uma simples cozinha também têm tanta importância.

CAPÍTULO XIII

AS REGRAS DA ARTE

Saber fazer, aprender a fazer, dizer como fazer: a sucessão dos gestos que se encadeiam, o hábil movimento das mãos necessitam por sua vez das palavras e do texto para circular entre os que lidam na cozinha. Este texto tem sua língua e seu corpo de referência, como tem seus segredos e suas conivências – todo um saber "bem entendido", que a mais detalhada das receitas jamais conseguirá comunicar.

Um dicionário de quatro entradas

A língua usada para falar de cozinha abrange quatro domínios distintos de objetos ou de ações: os ingredientes que são a matéria-prima; os utensílios e recipientes, como os aparelhos de cozinha, batedeiras, liquidificadores etc.; as operações, verbos de ação e descrições do hábil movimento das mãos; os produtos finais e a nomeação dos pratos obtidos. Esses quatro registros de um mesmo léxico se encontram na mínima receita, são necessários para fazer uma descrição do modo injuntivo que suscita e acompanha a passagem ao ato, gerando depois, no tempo exigido pelos meios indicados, o resultado prometido. Deixaremos de lado o nível linguístico que se refere ao consumo do produto final, apesar da riqueza linguística das expressões "saborosas" que servem para expressar o gosto dos pratos, o prazer da degustação, as etapas da beatitude do beber-bem e do comer-bem. Colocando-nos aqui resolutamente ao pé das cozinheiras, nosso interesse se voltará unicamente para o processo de produção.

Wittgenstein se perguntava: "Por que não chamo de arbitrárias as regras da cozinha e sou tentado a chamar de arbitrárias as da gramática? Porque a "cozinha" é definida pelos fins que persegue, ao passo que o "falar" não. É por isso que o emprego da linguagem é autônomo num certo sentido, sentido no qual a cozinha ou a lavagem de roupa não o são. Cozinhando de acordo com regras que não são as regras corretas, o resultado será um fracasso na cozinha; mas jogando xadrez com regras que não são as dele, você estará jogando um *outro jogo*; e falando de acordo com regras gramaticais diferentes destas ou daquelas, nem por isso você estará falando errado, você estará falando de outra coisa"[1]. Mas a receita de cozinha complica a situação, pois se trata, através dela, de "falar em línguas" das ações, de dizer o estritamente necessário sem esquecer qualquer informação indispensável, de descrever sem ambiguidade e sem saltar nenhuma etapa, enfim de exprimir sem dar margem a equívocos. Aqui o homem retoma a palavra: entre as regras da gramática e as da cozinha, entre o dizer bem e o fazer bem, só o segundo nível é importante para a mulher – "Que importa que ela transgrida as leis de Vaugelas, contanto que não transgrida as leis da cozinha"[2].

Em cada língua as receitas de cozinha compõem uma espécie de *texto mínimo*, definido por sua economia interna, sua concisão e seu fraco grau de equivocidade, colocados à parte os termos técnicos como "escaldar", "refogar", "untar" (uma fôrma), "queimar" (a frigideira ou uma panela de barro) etc., o que exige um prévio conhecimento. Como já sublinhava no século XVIII um (futuro) clássico da cozinha francesa, no momento em que a tradição regional passava, na França, do oral para o escrito: "Eu utilizei pratos simples, bons e novos, que eu podia explicar inteligivelmente, que podiam estar ao alcance até daqueles que nada sabem a respeito (de cozinha, é claro)"[3]. De fato, os livros de receitas culinárias constituem um antiquíssimo e sempre rentável fundo de edição. Isso parece mais verdade ainda na França, país tradicional do comer bem[4], às vezes até por plágio vergonhoso de um sucesso de livraria recentemente publicado, assunto que não cabe discutir aqui. São incontáveis os atores de cinema e apresentadores de TV, ou os herdeiros de nomes célebres, que publicam sua coletânea de "receitas". Muitas dessas coletâneas se vendem bem, mas os valores antigos continuam sólidos, como *La véritable cuisine des familles, comprenant 1.000 recettes et 500 menus*, por Tante Marie, um dos primeiros livros que apareceu em 1913, volume que foi regularmente reimpresso[5].

Neste tipo de coletânea clássica para as famílias que não pertencem à classe superior, a assinatura toma uma forma anônima, familiar e tranquilizadora, que estende aos limites da francofonia o parentesco de tia Marie, permitindo-lhe transmitir diretamente a cada um o tesouro "familiar" da tradição, sem que a presença de um nome patronímico imponha a marca de um proprietário ou pretenda qualquer originalidade. Assim, muitos livros de cozinha são hoje assinados por um simples prenome feminino, frequentemente coroado de um título mítico de parentesco: "prima Adélia", "tia Aurora", "mãe Joana", "vovó Madalena", como que encetando o processo de reconstituição do mundo da infância, quando a criança seguia atentamente a atividade culinária de sua mãe ou de sua avó.

Por outro lado, os livros escritos por homens trazem o nome completo do autor no título, afirmando assim com orgulho sua capacidade de criação e seu direito de propriedade: Raymond Oliver, Paul Bocuse, Michel Guérard. As mulheres de prenomes pouco comuns falavam de e para a intimidade familiar, ocupavam-se do cotidiano, contavam a vida privada; tais livros não são o trampolim para uma carreira de publicitário nem o meio de aceder ao *status* de *expert* em gastronomia.

Os homens descrevem a cozinha dos dias solenes e dos grandes *chefs*, os requintes complicados e caros, o extraordinário, a festa, os banquetes que as pessoas de além-fronteira vêm saborear religiosamente; suas receitas estão relacionadas com a vida pública, com a circulação visível do dinheiro, com o gasto, o lucro, o sucesso, o poder. O que cabe às humildes vestais é o anonimato, o trivial de todos os dias sem valor mercantil, sem ganho nem glória, a arte de aproveitar os restos e de "encher a panela com três vinténs". Aos sumos sacerdotes, o fumo do incenso, as câmeras da TV e as entrevistas no rádio, as viagens de propaganda ao Japão ou aos Estados Unidos para "vender o paladar francês", a publicidade *urbi et orbe*, a notoriedade, o lucro e a pretensão complementar de serem os únicos detentores do saber-fazer e da invenção (se o bolo for partido, a parte de cada um diminuirá – qualquer criança sabe disso). Aliás os grandes *chefs* quiseram por muito tempo proibir as mulheres-cozinheiras de restaurantes de usar aquela touca de mestre-cuca, símbolo do *chef* (símbolo fálico?). Exemplo desta posição, o célebre Bocuse: "Tenho que reafirmar aqui minha convicção de que as mulheres são boas cozinheiras, é claro, mas para uma cozinha "tradicional" [...]. Cozinha que, na minha opinião, não comporta qualquer invenção, o que é deplorável"[6]. E, ponto final! Basta lembrar que foi assim também que se tentou e sucessivamente impedir as mulheres de aceder ao bacharelado, ao concurso para o magistério universitário, ao doutorado em medicina etc. e que a Terceira República lhes recusou obstinadamente o direito de voto – um direito que só lhes foi concedido em 1945 pela Quarta República.

Deixemos Valéry responder pela ala feminina das cozinhas obscuras: "Que, se alguém me oferecesse um prato muito gostoso, ao deliciar-me com aquela carne macia, pouco me importaria se quem a preparou também inventou a receita. O que me poderia fazer o primeiro inventor? Tirar de mim o que estou comendo? Não é o nome dele que enche minha barriga e nem é o orgulho dele que me dá prazer. O que estou comendo é um instante perfeito"[7]. Isto, porém, não resolve o problema em suas raízes.

De fato, esta distribuição dos papéis entre homens e mulheres é antiga. No fim do século XVIII, na França, a cozinha se torna objeto de discurso, a gastronomia vira código teórico da prática culinária e, sob a influência decisiva de Grimod de La Reynière, "eloquência gastronômica", exercício de estilo que faz a triagem, classifica e nomeia as riquezas do comer bem[8]; a imprensa e a literatura dedicam, portanto, um crescente interesse aos hábitos alimentares, sem se preocupar tintim por tintim com as artes de fazer ou com a compilação das receitas. Neste movimento de elaboração de uma cultura culinária e de uma *legitimação* dos pratos (*mets,* o termo é do próprio Grimod), as mulheres não têm nenhuma parte. São virtualmente excluídas dos grandes restaurantes onde os bons conhecedores se reúnem para apurar o gosto, desenvolver suas capacidades de julgamento; os grandes cozinheiros-artistas cuja excelência acabamos de apreciar são todos homens; enfim ninguém mais imagina que uma mulher possa contribuir para um trabalho de escrita que precise, apure e teorize. A gastronomia será por conseguinte um assunto exclusivamente de homens: "As mulheres que, em toda parte, são o charme da sociedade, se encontram deslocadas num jantar gastronômico. Aí toda a atenção, que absolutamente não quer ser partilhada, se concentra em quem guarneceu a mesa e não no que a cerca"[9]. A sociedade burguesa do século XIX que deu continuidade à empresa gastronômica e sonhou atingir assim o requinte da antiga aristocracia fez dessas práticas um exercício social masculino, baseado na exclusão das mulheres, consideradas "muito fracas" fisicamente para absorver num único banquete alimentos fortes, temperados, apimentados, e "estranhos demais", e para tomar parte na vertente teórica e literária do trabalho em curso[10].

Neste domínio, a situação ainda não mudou muito. São os homens que figuram nas colunas gastronômicas dos grandes jornais, dirigem os guias anuais que fazem a classificação dos restaurantes, compõem os diversos júris de degustação. Trata-se, é claro, de uma questão de peso: dominar o mercado da pena e do "bom bico", ganhar fama e aquele poder que permite enriquecer ou arruinar um dono de restaurante através do elogio ou da depreciação de seu comércio, tudo isto vale muito e, como de costume, as melhores fontes de lucro, os postos de autoridade e de legitimação social cabem por direito de nascença aos homens. Às mulheres, ao contrário, cabem as tarefas monótonas de execução, as ocupações subalternas ou o trabalho de casa que nem sequer é contabilizável.

Na intimidade do lar, as coisas continuam com a mesma fisionomia. Nossa pesquisa vem confirmá-lo. Nos casais de mais ou menos 45 anos, os homens gostam mais de cozinhar do que seus antecessores, mas isso *de tempos em tempos*, para fazer um almoço ou jantar especial, mais elaborado e mais caro que o trivial de cada dia. "Não estou muito interessada nesta questão de cozinhar para gastar nela um dia inteiro. Há pessoas que gostam realmente de cozinhar, pessoas requintadas, e observo isso principalmente entre os homens", diz Henriette. E Françoise conta: "Raramente passamos um fim de semana sem que ele (seu marido) faça um prato substancial ou um bolo, uma coisa difícil de fazer [...] e ele cozinha como geralmente os homens cozinham, isto é, precisa dispor de muito espaço e de uma quantidade incrível de panelas e vasilhas, fantástica mesmo! E, além disso, é muito mais cuidadoso que eu no que faz; se corta cenouras em rodelas, ele se esforça por cortá-las todas na mesma espessura, iguaizinhas... Talvez seja assim porque ele não precisa fazer isso todo dia, e tem muito tempo para fazê-lo" – e pode parar com essa brincadeira de cozinhar quando ela não o divertir mais, pois nenhum contrato implícito o obriga a esse trabalho de cozinha.

A língua das receitas

Para as mulheres, nos modestos livros de receitas que usam para cozinhar o trivial de todo dia, a língua das receitas é simples, com traços de arcaísmo. Esses livros conservam e veiculam um vocabulário técnico antigo, porque são também o repertório de antigos processos de fabricação, como aquelas receitas anônimas, enunciadas na linguagem das cozinhas e que remetem a um saber prático anterior, compilado pela *Enciclopédia* no século XVIII para marcar a passagem pela cozinha de uma tradição regional oral até ser arquivada por escrito[11]. Enfim a língua culinária parece bastante estável, mas nem por isso deixa de ser útil, porque foi fixada bem cedo pela compilação de receitas: durante quase três séculos ela quase não precisou mudar, pois descrevia as artes de fazer que pouco mudavam. A grande revolução neste domínio veio com a entrada da inovação industrial no trabalho doméstico: foram introduzidos sucessivamente nas zonas rurais a geladeira e o *freezer*, os fogões com calor regulável e seus fornos aperfeiçoados; e hoje com o domínio da "cadeia do frio" e a distribuição dos produtos congelados, cujo consumo se mantém através da difusão do forno de micro-ondas que diminuiu consideravelmente o tempo de reaquecimento ou descongelamento.

A maioria das cozinhas foram então equipadas desde 1945, quase completamente, mas algumas resistiram ao contágio do movimento, em razão do barulho dos aparelhos e de seu custo, ou por causa de seu estorvo e manutenção: "No final das contas, todo o tempo que você economiza na utilização, depois você gasta para limpar o aparelho" (Irene). Outras pessoas apreciam a economia de tempo e de fadiga proporcionada por esses aparelhos: "A sopa de legumes, eu passo no liquidificador. Ah não, eu não passo mais como antes, na máquina de moer manual, ai, ai, não se acabava nunca. E além disso eu já não tenho a mesma força: com o liquidificador é tudo mais rápido. Não se precisa fazer nenhum esforço. Mas quando era preciso girar, girar... ah, agora não tenho nenhuma vontade de fazer como antes! Eu ainda tenho o moedor manual, está guardado, não sei jogar nada fora" (Laurence).

Com esses aparelhos eletrodomésticos, a mecânica masculina, sua organização técnica, suas máquinas e sua lógica entraram na cozinha das mulheres, sem permitir-lhes adaptar esses utensílios às suas seculares técnicas do corpo, impondo-lhes autoritariamente uma nova maneira de relacionar-se com as coisas, outros modos de organização, por conseguinte, de raciocinar. Mas como em parte alguma se recebe uma iniciação sistemática para o uso desses robôs domésticos, a não ser as instruções que vêm de fabricantes e dos técnicos em conserto, as famílias não tiram proveito de todas as possibilidades de seu equipamento; nos primeiros meses após a compra, a causa frequente de recorrer à garantia não é o mau funcionamento ou um defeito de fabricação, mas a ignorância do funcionamento do aparelho. É verdade que a leitura das instruções de uso quase em nada pode ajudar: textos obscuros, incorretos, mal traduzidos de uma língua estrangeira, baseados numa lógica que mais se adapta ao técnico em consertos do que a uma simples usuária, isto é, compreensíveis a partir de um conhecimento mínimo de eletromecânica e que não respondem às questões práticas de alguém que utiliza o aparelho com a finalidade de obter um certo resultado ou de realizar uma determinada operação[12].

A entrada desses aparelhos nas cozinhas modificou os processos de preparação, de cozimento e de conservação, interferindo, portanto, diretamente na língua das receitas. Introduziu a quantificação, a unificação das medidas (peso, capacidade), a precisão da duração e da temperatura de cozimento. Daí a razão de um certo empobrecimento do vocabulário e a extinção de inúmeros pequenos truques (como conhecer o grau de calor do forno, como evitar que a maionese desande, como fazer um creme chantilly no ponto) cujo segredo desapareceu com a memória da geração passada. Da mesma maneira, o recente hábito de encontrar na receita a indicação exata das proporções e do tempo de cozimento torna ilegíveis muitas receitas manuscritas, redigidas abreviadamente com uma certa flexibilidade nas proporções (às vezes só é dada a lista dos ingredientes como segue: "tomar manteiga, farinha, ovos e fazer uma massa bem fluida, umedecendo-a com leite, depois... etc."), receitas que eram passadas nas famílias de geração em geração, testemunhas de uma época em que a aprendizagem se fazia de viva voz com uma parenta ou uma vizinha. A generalização de uma transmissão escrita em vez de uma comunicação oral envolve um profundo remanejamento do saber culinário, um distanciamento em relação à tradição, tão importantes quanto foi a passagem do caldeirão pendurado na lareira (cremalheira) ao fogão de lenha e depois aos fogões elétricos ou a gás.

A imposição do nome

Quanto à denominação dos pratos – quarta abertura do nosso dicionário múltiplo – ela apresenta uma configuração dupla segundo seu lugar de origem. Nas receitas comuns, destinadas às donas de casa, o nome do prato é descritivo: "lombo de coelho com mostarda", "tomates recheados com carne moída", "bolo de chocolate". Na esfera privada, a cozinheira age da mesma forma e propõe aos seus convivas "carne salteada (*sauté*) de vitela com cenouras" ou "berinjelas com grão-de-bico". Sua linguagem se torna ainda mais modesta quando ela apresenta um prato feito por ela mesma: "Ah, isso fui eu que fiz assim, com o que tinha à mão. Não, isso não tem nome. É apenas aipo-rábano e repolho-roxo com tirinhas de toucinho". Seu título analítico indica com quê e como se faz esta preparação, está em relação direta com um fazer, mas não precisa uma maneira própria de fazê-lo. O essencial continua calado, oculto no anonimato de seu autor que não pretende ser inventor, criador, não, simplesmente ela "se virou com algumas coisas", sem pensar nem por um instante que sua ideia poderia ser conhecida além do estreito círculo da família. A cozinha que não é batizada é a cozinha da vida privada das pessoas comuns.

Nos restaurantes, ao contrário, quanto mais elevado o nível, mais misterioso é o cardápio que apresenta pratos de nomes pomposos cuja leitura em geral não dá qualquer informação; é preciso recorrer humildemente ao *maître*, um guia condescendente, para explicar o que quer dizer "vitela Orloff" ou "bolo Ruy Blas". Neste caso o nome serve para velar e teatralizar, portanto para intrigar e confundir. O cliente tem que pedir às cegas palavras desconhecidas para não fazer feio.

Trata-se ainda de uma herança dos dois últimos séculos: com a queda do Antigo Regime, acabou-se também a mesa dos príncipes e dos grandes; seus cozinheiros se voltam para a nova clientela que é a burguesia, bajulando seu paladar com nomes nobres, com vocábulos principescos ("supremo de vitela à *Grand Condé*", "rodovalho à *royale*") para elevar sua condição plebeia a essas alturas semânticas[13]. Prossegue-se com o discurso gastronômico de Grimod de La Reynière e consortes que se arroga o poder de nomear a partir de falsas referências históricas ou por alusão ao mundo contemporâneo dos artistas e do espetáculo[14]: foi assim que chegaram a nós as "peras *Belle Helène*" e os "pêssegos *Melba*", sem que seja possível conhecer com certeza as circunstâncias tanto da criação do prato como de seu nome. Para alguns desses nomes, houve pouco depois – preço do sucesso – uma passagem para a ordem do nome comum: *béchamel, charlotte* etc. Ao lado desta forma de dar nome aos pratos subsiste sempre uma apropriação geográfica, a referência regional, um meio-termo entre o léxico pretensioso e sábio da gastronomia e aquele, modesto e descritivo, das práticas ordinárias. Nomes como "frango vasconço", "omelete norueguesa" indicam seu lugar de origem, real ou fictício: contrariamente ao discurso da gastronomia, não se utilizam neste caso nomes de pessoas; e ao contrário da cozinha comum não é um nome estritamente analítico e explicativo. Designa apenas algo além daqui, mas não oferece a escada de Jacó para as alturas sociais.

A 8 de março de 1941, quatro dias antes de suicidar-se por afogamento no rio próximo, Virgínia Woolf escrevia em seu diário: *"Ocupar-se é essencial. E agora, com um certo prazer, vejo que são sete horas e que devo preparar o jantar. Haddock e salsichas. Acho que é verdade que se adquire um certo poder sobre a salsicha e o haddock escrevendo seu nome"*[15]. Essas palavras são as últimas que entraram em seu diário. Quem sabe se essas frases nuas não retiram sua força justamente desta posição final, no termo de uma vida de sofrimento e de escrita. Elas não buscam explicar o vínculo básico (no nosso universo cultural) entre a mulher, a cozinha e sua língua. Apenas o constatam.

Do mais remoto dos tempos nos vêm as artes de nutrir, aparentemente imóveis numa curta duração, mas na verdade profundamente remanejadas em sua longa duração. A aquisição dos ingredientes, a preparação, a cocção e as regras de compatibilidade podem muito bem mudar de uma geração à outra, ou de uma sociedade à outra. Mas o trabalho cotidiano das cozinhas continua sendo uma maneira de unir matéria e memória, vida e ternura, instante presente e passado que já se foi, invenção e necessidade, imaginação e tradição – gostos, cheiros, cores, sabores, formas, consistências, atos, gestos, movimentos, coisas e pessoas, calores, sabores, especiarias e condimentos. As boas cozinheiras jamais são pessoas tristes ou desocupadas. Elas trabalham para dar forma ao mundo, para fazer nascer a alegria do efêmero, nunca deixam de celebrar as festas dos grandes e dos pequenos, dos sensatos e dos insanos, as maravilhosas descobertas dos homens e das mulheres que compartilham o viver (no mundo) e o *couvert (à mesa)*. *Gestos de mulheres, vozes de mulheres que tornam a Terra habitável.*

CAPÍTULO XIV

"NO FUNDO, A COZINHA
ME INQUIETA..."

Eis o texto integral de uma das entrevistas feitas sobre as práticas culinárias femininas. Marie Ferrier recolheu e transcreveu esta entrevista com Irene, na época com 44 anos de idade. Nascida e criada num país francófono, Irene mora em Paris há mais de vinte anos. Sempre trabalhou em tempo integral e atualmente é secretária de direção numa firma de imprensa. Casada com Jean, escritor e tradutor. A filha deles, Sarah, tinha dez anos por ocasião da entrevista. De um casamento anterior, Jean teve dois filhos, Emmanuel e Pierre, então com dezoito e dezesseis anos, que moram com a família da mãe[1].

Marie – Você cozinha todos os dias?

Irene – Sim, à noite.

Marie – Para três pessoas?

Irene – Sim, para três pessoas. Mas isso depende. Atualmente não temos tido tantas visitas, depende da época, é claro.

Marie – Entendo...

Irene – Há períodos em que aparecem mais colegas ou amigos. Por exemplo, num certo período, tínhamos vizinhos. A jovem mulher que trabalhava, continuava seus estudos e frequentemente, quando eu chegava em casa à noite, o marido dela estava aqui com as crianças e decidíamos improvisar um jantar em comum, mas isso já acabou. Atualmente, vivemos quase sempre só nós três. Poucas são as visitas, a não ser de vez em quando no sábado quando vem um dos filhos de Jean para comer conosco.

Marie – Afinal, como é que você faz, isto é, gostaria de saber se é justamente no dia em que vocês três estão sozinhos, ou no dia em que aparece alguém de improviso para jantar, como vizinhos por exemplo, ou no dia em que vêm amigos, que você faz alguma coisa bem diferente?

Irene – Bom, agora quem faz as compras é Jean. Então quando estamos só nós três, decide-se vagamente: ele comprará carne, peixe e algum legume. Decide-se vagamente o que será feito. Mas quando esperamos visitas, eu... a gente decide um pouco mais precisamente. Faço uma lista para não faltar nada, porque, quando chega à noite, é quase sempre uma surpresa: arranjo-me com o que Jean comprou. É muito cômodo para mim, afinal, encontrar as compras feitas porque, antes, muitas vezes eu saía do trabalho muito tarde e todos os mercados já estavam fechados, e eu tinha que me virar com quase nada.

Marie – Sim.

Irene – Agora, apesar de tudo é muito mais fácil...

Marie – Você não se organiza para a semana ou faz algo como por exemplo...?

Irene – Que nada! Sempre me viro com o dia a dia. No sábado e no domingo, quando estou em casa, até faço muitas vezes alguma coisa mais elaborada, por exemplo, um cozido ou um prato que vai sobrar para a segunda e a terça-feira. Então no começo da semana frequentemente tenho alguma coisa que resta ou então faço uma sopa, que dá para dois dias, ou até três. Há alguns anos eu fazia sopa praticamente de dois em dois dias... Levantávamos todos os dias na mesma hora, às sete horas da manhã, e eu fazia sempre a sopa de manhã, dia sim dia não, pelo menos. Agora, somos muito mais preguiçosos, levantamos às sete e meia, portanto não faço mais a sopa de manhã, e à noite preciso me virar com o que encontro em casa.

Marie – Então é você que cozinha, apesar de Jean fazer as compras, mas...

Irene – Ele faz as compras, mas cozinhar não.

Jean – Isso me aconteceu uma vez, acho eu.

Irene – Uma vez você fez uma sopa extraordinária cuja lembrança guardo muito bem, é verdade! (Ela ri).

Jean – Uma sopa de tomates!

Irene – Sim. Mas foi praticamente a única vez que você cozinhou. Enfim, quando tenho reuniões depois do trabalho e chego tarde da noite em casa, aí ele se vira para fazer comida para Sarah e ele. Então é aquela refeição *clássica*: purê de batatas e ovos estrelados. Além de tudo é a comida preferida de Sarah. Ela fica toda feliz!

Marie – Sim, isto é surpreendente, tivemos exatamente muitas reações deste tipo. As pessoas lembram dos dias em que ficaram sozinhas com o pai e contam que parecia uma festa. A espécie de hierarquia familiar que se estabeleceu quando a família está toda reunida – pai, mãe e filhos – esta hierarquia cai por terra no dia em que só o pai está em casa, é como uma festa.

Jean – Quanto a mim, tenho até um certo horror deste purê pré--preparado! Mas (rindo) Sarah o adora, não há problema!

Irene – Sim; no fundo, você faz essa comida nos dias de greve, greve do ensino, por exemplo, frequentemente quando há uma greve da escola.

Jean – E tem mais, outro dia eu queria fazer uma outra coisa, mas Sarah não quis!

Irene – Na quarta-feira, quando acontece que ela está em casa, e nos dias de greve do ensino, você frequentemente assume uma coleguinha de Sarah cujos pais trabalham fora. Bom, é mais divertido que ela tenha uma companhia para brincar.

Jean – Mas neste caso quando muito consigo fazer uma massa, não é?

Irene – Sim, o máximo que você consegue é chegar às massas. Não é assim? (Ela ri).

Marie – Você também faz purê pré-preparado?

Irene – Não. Uma vez que eles já têm que comer esse purê sofrível, então eu me dispenso de fazê-lo. A menos que...

Marie – A menos que acidentalmente?

Jean – Quanto a mim, tenho horror deste purê pré-preparado.

Irene – (Rindo). Não, mas eu faço uma cozinha bem simples e rápida, no fundo. Não levo mais de meia hora. De qualquer forma, tenho uma panela de pressão que uso muito. É bem prática para os legumes que ficam muito bons por dentro, ao passo que... Eu a uso diariamente e me ponho a fazer coisas que podem ser feitas rapidamente. Não posso me dar o luxo de fazer pratos muito elaborados. No fundo, mesmo quando temos visitas, eu faço alguma coisa que não leva muito tempo. Aos sábados, eu me prometo que vou fazer alguma coisa com mais cuidado, mas isto me...

Jean – Ah, assim já está muito bom!

Irene – Quando me ponho a fazer coisas muito complicadas, eu me atrapalho e acabo estragando tudo, ao passo que me saio bem fazendo coisas simples. No fundo, a cozinha é algo que me inquieta, não sei bem por quê.

Marie – Concluindo, acho que é muito mais uma questão de hábito de fazer coisas complicadas, enfim coisas elaboradas.

Irene – É isso mesmo. E além disso eu tenho uma espécie de inibição: sou absolutamente incapaz de cozinhar sem livro de receitas, a não ser as coisas simples, bem simples. Aos sábados, eu sinto um certo mal-estar, sobretudo quando os filhos de Jean vêm comer conosco, porque eles apreciam muito a boa comida. São jovens de dezoito e dezesseis anos, portanto precisam de algo sólido para comer, e não se pode omitir uma refeição. E, além disso, leva-se um pouco mais de tempo, ao sábado. O sábado à noite tem um certo ar de festa quando vem um ou outro! Passamos depois o tempo jogando ou discutimos todos juntos. Também nestas ocasiões eu procuro caprichar um pouco mais, mas mesmo assim não faço coisas muito complicadas.

Marie – Sim.

Irene – No fundo, eu gosto mesmo de receber aquelas visitas com as quais não preciso preocupar-me, que podem chegar de improviso; então se serve qualquer coisa, aquilo que temos na geladeira. Se vêm visitas que me criam problemas, que me fazem desde cedo pensar no menu que vou ter que fazer à noite, isso é uma coisa que realmente me aborrece. Não sei por que, mas não me sinto muito à vontade na cozinha. Também não em outro lugar. Apesar de saber fazer bem algumas coisas: costuro, faço tricô, mas sempre com modelos. No fundo, não sou muito criativa.

Marie – E na cozinha, acontece o mesmo? Você segue fielmente o livro de receitas?

Irene – Sim, sim, sigo o livro de cozinha. Tenho até mais tendência de simplificar do que de complicar! É muito raro que... Gostaria de chegar a uma maior liberdade para poder justamente improvisar, me sentir à vontade. É um campo que, no fundo, acho que não domino. Nunca cozinhei melhor porque, veja bem, quando se chega de noite às oito e quinze em casa, não se tem mais ânimo para começar a fazer menus complicados! E no domingo frequentemente saímos, vamos fazer piquenique, ou vamos ver meu avô, e daí que não sobram muitas ocasiões de fazer aqueles menus requintados.

Jean – Quando acampamos, você não leva seu livro de receitas.

Irene – Você tem razão, porque lá a cozinha é ultrassimples. No acampamento a vantagem é que tudo parece bom, até o purê.

Jean – É verdade!

Irene – E lá você admite tomar aquelas sopas de envelope prontas, o que você jamais admitiria em casa (Ela ri).

Marie – Como aconteceu isto? Afinal você não aprendeu a cozinhar quando era jovem?

Irene – Não, não aprendi quando era jovem. Frequentávamos uma escola doméstica durante alguns anos, mas não aprendemos grande coisa nesta escola. Em casa, quem cozinhava era minha mãe.

Ou então minha irmã. Na verdade havia uma espécie de repartição das tarefas: ela cozinhava e eu lavava a louça e coisas assim.

Marie – Mas por quê? Porque você não gostava de cozinhar ou porque ela gostava mais, ou havia uma outra razão? (Segue-se um longo silêncio).

Irene – Porque eram tarefas que de certa forma nos foram atribuídas, é a impressão que tenho, foi assim. Foi decidido – o que me parece muito prejudicial hoje, olhando para o passado – que *ela* tinha mais imaginação, *ela* tinha mais criatividade, portanto desempenharia este tipo de papel, e que eu desempenharia papéis de organização, e de outras coisas assim (Irene acentua aqui o pronome "ela" ao falar).

Jean – É a mesma coisa que acontece com meus filhos, hein! Pierre cozinha. Emmanuel é mais jovem![2]

Irene – Sim, além disso Pierre tem um paladar mais exigente, é um *gourmand,* enquanto Emmanuel come qualquer coisa.

Jean – Concordo, mas acho que é mais ou menos a mesma motivação.

Irene – Sim, não sei se isto pode ter a mesma causa! No fundo, muitas, muitas vezes eu acho que os pais atribuem um papel, atribuem uma função fixa aos seus filhos. Quando você tem uma família com dois ou três filhos, a tendência é atribuir a cada um deles um papel bem determinado; depois eles terão muita dificuldade de se livrar disso. É uma coisa que eu descobri há pouco tempo: no fundo, eu fui completamente bloqueada num certo papel.

Marie – Você era a mais nova?

Irene – Não! eu era a mais velha, a mais velha![3] Mas não sei por que minha ... minha irmã, que tem dois anos a menos que eu, sempre exerceu muito mais um papel de liderança, se você quer saber, nesse domínio.

Jean – E, de resto, ela é uma mulher do lar, uma dona de casa, não é?

Irene – Ela aprendeu mais do que eu e mais cedo adquiriu sua liberdade. Eu, no fundo, me tornei livre tarde, muito tarde, fiquei muito tempo, tempo demais, submissa à autoridade de minha mãe, enquanto ela, ela protestou com veemência e partiu bem mais cedo! Casou-se também mais cedo, teve filhos, teve sua vida de mulher no lar e tem uma certa autoridade de dona de casa que eu mesma não tenho. Tenho a impressão de que, no fundo, para mim, o papel de dona de casa sempre foi um papel acessório, uma vez que afinal nunca parei de trabalhar fora em tempo integral.

Marie – Ah sim...

Irene – Não parei nunca de trabalhar. Minha licença mais longa foi a licença-maternidade. Até gostaria muito de ter tido um segundo filho para ter uma segunda licença-maternidade. É verdade que ter férias longas, longas mesmo, é coisa que ficou na nostalgia há muito tempo, uma nostalgia que vai se acentuando cada vez mais. Agora, se eu pudesse tirar três meses seguidos de férias, ficaria feliz, muito feliz mesmo.

Marie – E o que você fazia durante essas longas férias? Você levava uma vida de mulher do lar? Você cozinhava?

Irene – Isso me aconteceu apenas uma vez e passou tão depressa, tão depressa e foi justamente naquele período que Jean não trabalhava, não havia livro em preparo. Então íamos vadiar, fazíamos muitos passeios durante aquele tempo. Era tão agradável, mas nunca levei de fato uma vida de dona de casa.

Marie – Sim. Escute, aquilo que você disse há pouco: "ele cozinha porque afinal é um *gourmand*". Será que uma coisa não está ligada a outra, isto é, o fato de ser um *gourmand* e de gostar de cozinhar? Você também é uma *gourmande*?

Jean – É muito engraçado (Jean e Marie falaram ao mesmo tempo).

Irene – O que você quis dizer?

Jean – Tratando-se de Pierre, é até muito engraçado porque, quando ele era mais novo, bem pequeno ainda, tinha horror de comer. Era todo um ritual para fazê-lo comer alguma coisa. Parecia um cachorro magro (Aqui uma frase inaudível). Depois, aconteceu exatamente o contrário, ele se tornou enorme e começou a empanturrar-se de comida. Tinha um medo de faltar que era absolutamente patético, quando se olhava para ele. Tinha sempre as mãos nas travessas.

Irene – Era muito desagradável porque esta inquietação e esta avidez...

Jean – E ele se tornou muito guloso. Hoje é um verdadeiro gastrônomo (*gourmet*).

Irene – A mínima coisa que se levava à mesa, ele logo avançava. Ele sempre tinha medo de faltar, queria sempre ter mais que os outros. É o segundo filho de Jean, Pierre, que tem portanto dezesseis anos.

Marie – Sim.

Irene – Bom, a gulodice, eu tenho a impressão de que isto já é considerado como um pecado. Talvez eu esteja exagerando, mas afinal comer bem é uma coisa secundária. Isto faz parte de toda aquela tradição protestante e puritana de minha família: deve-se comer porque é preciso para viver, mas não para favorecer a gulodice.

Marie – Então você é de família protestante?

Irene – Sim, sou. Então para Sarah, quando ela gosta de alguma coisa, fico muito contente, fico até orgulhosa, você sabe! Mas, em nossa casa, no fundo, não se procura favorecer muito essa tendência. E além disso minha mãe também era uma mulher muito apressada, tinha uma vida muito ocupada porque meu pai trabalhava por conta própria, tinha um pequeno negócio e ela ajudava muito. Jamais ela tinha tempo de fazer comidas especiais; as refeições eram algo extremamente rápido. Aqui, até que são bem demoradas! Fazemos as refeições com vagar. De manhã, fazemos todos três juntos o desjejum. Como Sarah gosta de ter seu tempo, levantamos às sete e meia, pois ela vai para a escola às oito horas e um quarto. Assim temos de fato o tempo suficiente do desjejum todos juntos. À noite, jantamos com muita tranquilidade: é claro que faço a comida depressa porque, no fundo, sou uma mulher bem prática e bem rápida. Não me sobrecarrego com detalhes, sou muito ligeira; o que faço, faço-o rapidamente.

305

Depois, à mesa, temos nosso tempo. No fundo, temos uma vida de família muito rica deste ponto de vista. Passamos muito tempo juntos, em comparação com a vida que cada um de nós leva. Vemo-nos longamente de manhã e de noite e mais ainda agora que Sarah cresceu e se deita às nove e meia: isso nos dá um pouco mais de liberdade. No ano passado ou há dois anos, ela tinha que deitar-se mais cedo, o que reduzia um pouco este tempo de estarmos todos juntos.

Marie – Sim, este é quase sempre o problema com os filhos.

Irene – Mas, deste ponto de vista, acho que Sarah teve relativamente muita sorte; há crianças que foram imediatamente colocadas na creche e ela já tinha três meses quando foi para a creche. No fundo, sempre pude consagrar-lhe um bom tempo. Por exemplo, ela tomou mamadeira por muito tempo. Eu tinha amigas que zombavam de mim porque ainda lhe dava a mamadeira, quando ela já podia muito bem beber no copo; mas este era um momento em que podíamos estar juntas, em que eu de fato nada fazia senão me ocupar com ela. Como tenho essa tendência de ser apressada e de resolver rapidamente as coisas, isso me obrigava a permanecer sentada, a ocupar-me com ela longamente. Acho que isto foi uma coisa extremamente benéfica para ela.

Jean – E o banho também, sempre era um banho bem demorado.

Irene – É mesmo. E além disso Sarah também foi beneficiada com o fato de você ficar quase o tempo todo em casa, em comparação com outras crianças cuja mãe trabalha fora, porque é uma coisa que pode até ser muito grave quando as crianças chegam em casa e não encontram ninguém. No fundo, quando Sarah entra, em geral você está em casa, ou quando você não está é por um período excepcional[4] (Silêncio).

Marie – E na preparação da comida, o que você sente? Você sente aquele prazer de cozinhar?

Irene – Só recentemente comecei a ter prazer em cozinhar. Se você quer saber, eu sou muito ansiosa para não falhar no que faço. Por exemplo, durante muito e muito tempo deixei de fazer sobremesas.

Só desde que Sarah começou a apreciá-las, comecei a fazê-las, porque você, Jean, você não gostava tanto, e antes, quando eu vivia só, não valia a pena fazê-las só para mim. Portanto era uma coisa completamente barrada para mim. Na verdade tenho dificuldade de sentir prazer em cozinhar porque no fundo sou muito tensa e muito insegura de mim. Quem sabe se mais tarde chegarei a ser menos preocupada e mais descontraída, justamente para inventar coisas e para fazê-las com prazer. Mas, por enquanto, não é o caso, porque é um domínio onde não me sinto totalmente à vontade. Então cozinho, simplesmente cozinho. Há certas coisas que até faço muito bem, por exemplo, os caldos. Faço caldos muito bons!

Jean – Isso mesmo, são ótimos! Os caldos verdes que você faz são deliciosos.

Irene – Sim, mas para outras coisas... Enfim, quando se come bem, quando a comida feita deu certo, tenho a impressão de que é um pouco de sorte. Um pouco de chance.

Jean – Não, você está exagerando. Você faz uma cozinha simples, mas que é muito boa. É só ir aos restaurantes para ver!

Irene – Oh, como você é bonzinho! (Silêncio).

Jean – Não é isso. Eu gosto tanto da cozinha bem simples como da cozinha mais elaborada.

Marie – Como assim?

Jean – Bem elaborada, quer dizer pratos feitos no forno a lenha, com molhos, louro, um molho de escabeche que dura três quartos de hora... No dia em que fiz minha famosa sopa de tomates, levei três horas para prepará-la. Sujei a cozinha toda, usei uma porção de coisas, coloquei ingredientes em pangaia e misturei tudo isso mais ou menos ao acaso. A sopa ficou deliciosa, mas achei aliás que de fato você não a havia apreciado.

Irene – Mas isso não é verdade!

Marie – Foi por isso que ele não recomeçou!

Irene – Ainda falamos nela, veja só! Até passou para a história, a sua sopa!

307

Jean – Paul nem sequer se deu conta[5].

Irene – Por quê? Paul estava lá?

Jean – Está vendo, você nem se lembra?

Irene – Não me lembro mais com quem comemos, mas que nos regalamos com a sopa, disto me lembro muito bem (Silêncio).

Marie – Se entendi bem, quando vem alguém, quando vêm pessoas que você não conhece muito bem, enfim pessoas que não costumam vir, isso é um problema para você?

Irene – Claro que é, isso me deixa um pouco ansiosa.

Jean – Isso já mudou, porque você era comicamente mais ansiosa há dois ou três anos.

Irene – Você acha?

Jean – Se acho! Então você já não tremia duas horas antes?

Irene – Sei lá! No fundo isso também é uma coisa herdada de minha mãe: ela tem um medo pavoroso quando quer fazer bem uma coisa.

Marie – Acho que uma coisa que não temos o hábito de fazer ou que não fazemos todos os dias, sempre tememos um pouco de não nos sairmos bem ao fazê-la. Eu, por exemplo, sei que sou assim quando se trata da cozinha.

Irene – É mesmo?

Marie – Eu não cozinho habitualmente[6]. Às vezes, para receber amigos, gostaria de cozinhar, gostaria mesmo, mas tenho medo. De fato, falhamos mais facilmente quando temos medo de errar. Acho que isso é muito uma questão de hábito (Silêncio). Isto é, quando você faz regularmente alguma coisa ou um prato bem recente, você se habitua e pode juntar um pequeno ingrediente na ocasião para melhorar ou apenas para modificar um pouco. Mas acho que não se pode fazê-lo quando não se tem uma prática suficiente e regular.

Irene – É, pode ser isso mesmo. Sarah gosta muito de musse de chocolate, ela me pede muitas vezes para fazê-la, então minhas musses de chocolate acabam não sendo tão más, apesar de tudo.

308

Jean – Elas são boas mesmo.

Irene – Ele nem gosta de musse! É falta de outra coisa para comer (Ela ri).

Marie – Você faz outras sobremesas?

Irene – Muito raramente. No fim de semana, como você vê, cremes ou musses de chocolate ou coisas assim. Mas bolos, isso não faço nunca.

Marie – E os cremes, é você mesma que os faz ou...?

Irene – Faço sim! Tudo eu que faço! Para isso tenho justamente receitas de minha irmã. Passamos as férias no campo com minha irmã na primavera; havia muitas crianças que adoravam creme, então todos os dias ela fazia cremes. Tínhamos leite fresco comprado do fazendeiro ao lado, era muito agradável. Todos os dias, ela fazia três litros de creme, ora de caramelo, ora de vanilha, ora de chocolate e eu também comecei a fazer cremes. E até que algumas vezes me saía muito bem.

Jean – É verdade, às vezes até eu comia!

Irene – Até você, é isso mesmo. Mas bolos, absolutamente não faço mais, porque quis também fazer tortas – raramente, é claro –, mas você quase não as apreciava...

Jean – É que para mim o trigo precisa ser duro, uma massa quebradiça.

Irene – Uma massa quebradiça? Isso não é tão complicado de fazer... (em tom hesitante) talvez até estivesse ao meu alcance.

Jean – Se você quer saber, eu sou muito difícil para apreciar uma cozinha "de meios-termos". Prefiro uma cozinha simples, pelo menos não há aborrecimento. Como para o vinho. Prefiro tomar vinho dos Rochers ao invés de um Bourgogne que apenas se parece com o verdadeiro Bourgogne.

Marie – Quem é que se encarrega dos vinhos?

Jean – A gente nem se ocupa mais com isso. Eu já desisti. Renunciei porque para ter um vinho de bom paladar teríamos que ir diretamente à cooperativa ou não sei onde mais...

Irene – Outrora havia uma adega em nossa rua que era...

Jean – Ele faliu!

Irene – Não, não é verdade! Ele não faliu.

Jean – Ele vendeu seu negócio.

Irene – Não é exatamente isto. Ele não conseguiu meios de formar alguém para substituí-lo, o que é muito comum por aqui e muito triste. As lojas fecham e ninguém continua no ramo[7]. Mas isto não quer dizer que deixamos de comprar vinho, embora quase sempre bebamos vinho comum...

Jean – Sim, porque em Paris, para encontrar uma boa garrafa, isso depende antes de tudo do preço: pode-se adquirir um vinho por vinte francos que é asqueroso e um vinho barato que é excelente! Para comprar um bom vinho, é preciso conhecer proprietários, o que não é meu caso. Não conheço nenhum.

Irene – É verdade. Nossos amigos que compram bom vinho o compram diretamente do proprietário na maioria das vezes.

Jean – Os Denis, por exemplo, o vinho deles não é excelente!

Irene – Eu acho que era bom o vinho que bebemos na casa deles!

Marie – A vantagem de comprar diretamente do proprietário é ter um vinho que é "legítimo".

Irene – É isso mesmo.

Marie – Mas você conhece mesmo os vinhos?

Irene – Conheço um pouco, não se pode dizer que conheço muito bem, mas aprecio os vinhos. Seja como for, minha cozinha raramente aprecia o vinho, é bem raro eu achar que é bom, principalmente quando há visitas. Quando somos só nós três, aí posso saber se é bom ou ruim. Do contrário...

Marie – Você é muito ansiosa para isso?

Irene – Não sei! Mas os vinhos, mesmo quando não fui eu que escolhi, eu aprecio, aprecio muito mesmo.

Marie – Quando você come na casa de amigos, suponhamos na casa de alguém que cozinha bem, você aprecia?

Irene – Ah sim, é claro que sim!

Marie – Afinal, a nutrição é uma coisa que realmente interessa a você?

Irene – Não, não é. Se fosse eu seria muito melhor na cozinha.

Marie – Sim, o que acontece é que você não se sente segura para cozinhar.

Irene – É isso mesmo.

Marie – Então, para a preparação, você decide mais ou menos em função das compras feitas por Jean o que vocês vão comer todos os dias, suponho eu.

Irene – É. De manhã olhamos um pouco o que resta de provisões e decidimos comprar um legume, por exemplo. Mas Jean tem liberdade de comprar a carne ou o peixe que ele quer, ou um legume que ele quer, também em função do que encontra; e de noite eu me viro com o que ele trouxe.

Marie – Não costuma acontecer que ele traga uma carne que você não sabe preparar?

Irene – Sim, mas eu vou fundo nas minhas receitas e caio em cima dos meus livros de cozinha (rindo). E me pergunto: afinal, o que se pode fazer com isso?

Jean – Ah, um dia eu comprei lulas e fui eu que preparei... (Silêncio). Você ainda se lembra?

Irene – Não!

Jean – Veja só como é difícil cozinhar! (E riu).

Irene – Você é que está desanimando!

Marie – Também depois da sopa de tomates que não foi devidamente apreciada e do prato de lulas que nem deixou vestígios!

Irene – Outro dia você trouxe raia, e para fazer raia na manteiga tostada (*raie au beurre noir*) consultei primeiro um manual de cozinha. Era preciso fazer um caldo, o que levava um bom tempo! Finalmente achei uma receita muito mais rápida e pudemos regalar-nos.

Arriscado é quando Jean faz as compras de acordo com sua inspiração momentânea e traz coisas que não combinam. Por isso temos que ter pelo menos algumas provisões em casa que permitam fazer combinações ou temperar e completar, por exemplo ter cebolas suficientes, alho, tomates, coisas assim, para poder virar-se depressa.

Marie – Há uma grande variedade no que você faz? Ou é quase sempre a mesma coisa que você repete?

Irene – Eu procuro variar um pouco, mas mesmo assim, no fundo, minha cozinha é muito monótona.

Jean – Fica caro comprar outros legumes ou uma outra carne, por exemplo carne de carneiro ou pernil de cabrito ou um pedaço de filé.

Irene – Carneiro, compramos sim, apesar de tudo! Mas compramos só pedaços de terceira. Enfim, o que compramos mesmo é a carne mais barata. De vitela, jamais. Quando compramos carne de porco, em geral é lombo, mas raramente fazemos rosbife, mesmo porque temos ocasião de comer boas carnes quando alguém nos convida vez por outra (Ela ri). Isso nos permite fazer economia em casa. E não comemos carne todos os dias. Quando faço carne é justamente aos sábados, e faço logo uma boa quantidade para sobrar até para três dias. Se faço carne de carneiro ou um cozido ou coisas assim, temos comida para três dias, porém intercalada com outra coisa: por exemplo, comemos no sábado e não no domingo, depois comemos segunda-feira e novamente na quarta-feira. Pelo menos é uma forma de alternar! Mas não se pode dizer que temos um cardápio muito variado!

Jean – Não.

Irene – Comemos em geral batatas, arroz, massas, legumes, lentilhas ou coisas assim...

Marie – Quando se tem um prato como este que você disse "que se come três dias", trata-se exatamente do mesmo prato que você coloca no *freezer* e só requenta, ou é um prato que você transforma um pouco cada vez?

Irene – Isso depende! Há coisas que basta requentar; por exemplo, havíamos feito, isto é, eu fiz feijão, aquele guisado provençal (*cassoulet*). Da primeira vez só requentei e ficou um pouco seco; da segunda vez requentei acrescentando primeiro um molho de tomates e ficou bem melhor! Ou então quando temos um assado de carne de porco, a primeira vez o comemos como assado quente, a segunda vez pode ser comido frio ou requentado num molho e finalmente com o resto faço outra vez um picado *parmentier* ou coisa parecida com a carne cortada; acrescento cebola, alho e outros temperos.

Marie – Então você, apesar de tudo, tem receitas básicas que conhece muito bem: por exemplo, para acrescentar um molho de tomates ao feijão você não precisa recorrer ao livro.

Irene – Exatamente, foi um truque que eu inventei: para isso não precisei recorrer ao meu livro. E, por exemplo, com restos de peixe posso fazer um suflê. Como você vê, aproveitamos de fato as coisas ao máximo.

Marie – O que você usa como livro de cozinha?

Irene – Tenho um livrinho de Mapie Toulouse-Lautrec que é muito bem feito, traz receitas rápidas, com menus que podem ser preparados em trinta, quarenta ou cinquenta minutos. Nele encontro muitas coisas. Depois tenho também as receitas de *Elle* que recebemos no meu trabalho, com bastante atraso. Os jornais chegam em nome de alguém que já foi para o Canadá há muito tempo. Recebemos só depois de dois ou três meses. É lá que em geral encontro os modelos de tricô e retiro as receitas que me interessam, receitas simples, aquelas que me poderão ser úteis. Aos sábados e domingos, antes de Jean ir fazer as compras, passo os olhos nas receitas, justamente para tentar variar e fazer coisas novas. É nesta ocasião que tento fazer alguma outra coisa.

Marie – E você se lança facilmente a fazer alguma coisa nova que nunca fez? Com prazer?

Irene – Sim! Isso me diverte bastante! Gosto muito (Silêncio).

Marie – Então você tem este livro de cozinha; e tem outros também?

Irene – Sim, tenho um livro que se chama "As receitas de Tia Maria" (*Les recettes de Tante Marie*) ou um achado como este: é o livro cartonado clássico onde encontro por exemplo indicações sobre o tempo de cozimento, um dado que nem sempre aparece ou não é bem especificado em outros livros.

Marie – O título, *Les recettes de Tante Marie*, isso me parece evocar receitas bem complicadas, não é?

Irene – Nada disso. São na verdade receitas até tolas e bem simples!

Marie – E as fichas de *Elle*, são práticas?

Jean – Nada de excelente, não é? É tudo só para fazer ostentação.

Irene – Jean, isso não é verdade! Você está brincando, não é? Eu não concordo com você.

Jean – Belas fotos!

Irene – Não! Às vezes há coisas bem complicadas e às vezes coisas simples, bem simples mesmo.

Jean – Dourado (peixe) com laranja, onde você achou isso?

Irene – É Mapie Toulouse-Lautrec. Mas, por exemplo, também tenho o livro que veio junto com a panela de pressão. Quando se compra uma panela SEB também se ganha este livro.

Marie – Sim, aliás é prático.

Irene – Dentro dele podemos encontrar muitas coisas, coisas bem simples, e que até podem ser combinadas. As receitas de Mapie, por exemplo, podem ser feitas na panela de pressão, adaptando o tempo de cocção e outras coisas. Uma vez me aconteceu uma desgraça com o livro que veio com a panela de pressão: eu havia feito feijão (ela ri) e o tempo de cozimento era muito curto, pois havia um erro de impressão no tempo de cozimento, simplesmente isto (ela ri)[8]. Naquele dia tínhamos dois primos para comer conosco, dois jovens que eram muito gentis. Eles se esforçaram muito para comer aquele feijão! Foi até comovente!

Jean – Um deles chegou a repetir! Não sei como conseguiu! (Risos).

Irene – Pois é, eu tive como esta algumas desventuras. Outra vez, eu fiz uma sobremesa com *kirsch*, mas coloquei dez vezes mais *kirsch*. O resultado foi medonho. E foi justamente com os mesmos primos.

Marie – Estes não têm chance mesmo!

Irene – Mas são realmente tão gentis que comeram e ainda disseram que estava muito bom!

Marie – Pode ser que eles gostem de *kirsch*!

Irene – É. Pode ser que eles gostem de *kirsch*... (Silêncio, segue uma interrupção para mudar a fita cassete).

Marie – E suas colegas de trabalho, o que se comentava entre elas?

Irene – Bom, acontece que não se fala muito em cozinha ou coisas assim. Mas, no fundo, nunca pedi receitas a elas; receitas culinárias só de uma prima ou de minha irmã: justamente para os cremes, imitei a receita de minha irmã, e além disso meus cremes saíram muito melhores do que pela receita de *Elle* ou de outros livros.

Marie – Também acho que as receitas que a gente mesma faz, em geral são até melhores que as receitas de livros de cozinha.

Irene – Sim, pode ser: adaptam-se provavelmente melhor às nossas condições de vida.

Marie – Pode ser também isso, é claro (Silêncio).

Irene – Frequentemente nos regalamos: tenho uma amiga que cozinha bem, muito bem mesmo. É um verdadeiro prazer ir à casa dela. Depois é uma pessoa que não olha o preço da carne, enfim compra sempre coisas da melhor qualidade e vinhos bons, muito bons...

Jean – Não tem filhos, ganha dois salários, é normal, não é?

Marie – Concordo.

Irene – Sim. Mas quando vamos à casa dela e nos regalamos, jamais anoto as receitas, porque pensamos em outra coisa ou fazemos juntas outra coisa! Eu poderia pedir-lhe as receitas, depois, pois a gente se vê com frequência. Mas no fundo jamais lhe pedi qualquer receita: para mim, a cozinha é como o domínio dela, você não acha?

Marie – Será que você não pede porque tem a impressão de que são coisas que você jamais conseguirá fazer?

Irene – É, talvez possa ser mais ou menos isso.

Jean – É muito simples: ela pode usar ingredientes caros!

Irene – Não, não é assim, ela gosta...

Jean – Naquele dia que você ficou toda extasiada com a salada, sabe com que ela havia feito a salada? Simplesmente com nozes, soja, não havia nada de original!

Irene – Não sei. É uma receita que ela achou em algum lugar. De qualquer forma não foi ela que inventou.

Jean – Pra que você quer uma receita de salada? É só tomar tudo que é cru, colocar numa travessa, temperar com vinagre e misturar.

Irene – Não mesmo! Não é verdade! Há coisas que...

Marie – Não. Ainda que fosse assim, há um toque especial e há certas coisas que combinam melhor com outras.

Irene – Sim, é claro.

Marie – Conservas de legumes em vinagre nos molhos...

Irene – Você que se acha tão em dia com tudo, parece que não conhece absolutamente nada! Você devia enfronhar-se um pouquinho mais nisso!

Jean – Não, porque não achei nada de extraordinário na salada dela. E além disso achei que havia coisas que não combinavam muito bem juntas (Risos).

Marie – Ah, isso já é outra coisa!

Irene – Sim, mas, em geral, ela faz comida muito boa. Faz sobremesas e afinal ela tem um trabalhão e gosta muito de receber, uma coisa que ela faz bem.

Marie – Sim. E ela trabalha?

Irene – Ela trabalha sim. O casal não tem filhos e afinal o seu grande prazer é receber colegas e amigos. Eu também gosto muito de receber colegas, mas no fundo, na época em que nossos vizinhos vinham sempre de improviso, eu gostava mais, porque me via diante do fato de ter que fazer comida para seis pessoas e de ter que me virar com o que tinha em casa. Portanto não tinha que me preocupar de antemão com o menu que iria preparar, com coisas que faltavam ao chegar em casa; no momento eu me virava, e se acontecia de algo não sair bem, era porque me faltava um certo número de ingredientes. As coisas se passavam assim. No fundo, isso era até agradável! Quando temos amigos que ficam aqui por oito horas, como é bom! Fazemos uma comida um pouco mais elaborada, sem precisar de muito esforço; se é uma de minhas irmãs, ela também põe mãos à obra e dá uma boa ajuda.

Marie – Como você escolhe, quando você tem convidados, enfim quando alguém vem, como você escolhe o que vai fazer de comida? Quer dizer, é em função das pessoas que vêm que você pensa em...

Irene – Há pessoas que já sei que não gostam de certas coisas, e levo isto em conta.

Marie – Se é assim, você se lembra bem destes detalhes?

Irene – Sim, sim. Tento lembrar-me de alguma forma do que fiz da última vez que vieram. Há pessoas que não recebemos muito frequentemente e por isso é fácil lembrar mais ou menos o que foi oferecido a elas. No fundo, aqueles que mais gosto de receber são seus filhos (diz ela voltando-se para Jean), porque é realmente um prazer agradá-los. Tem-se a impressão de que eles apreciam, aqueles "meninos" grandes, que têm tanto apetite, então para eles eu toparia um trabalhão; e tentaria fazer coisas um pouco melhores que de costume.

Marie – Mas para alguém que você não conhece ou conhece pouco, como você decide?

Irene – Não sei. Folheio minhas fichas de *Elle* e me deixo levar mais ou menos pela inspiração. Neste caso gosto de experimentar alguma coisa nova, no fundo. Não tenho tanto medo de me aventurar em algo novo, apesar de ser para pessoas desconhecidas, porque afinal não tenho a impressão de me sair melhor nas coisas já experimentadas do que nas coisas novas. Como você pode ver, parece que não vou correr tantos riscos.

Marie – Uma questão que sempre se levanta, por exemplo, que uma mulher sempre se faz: "O que vou fazer para comer? O que vou fazer?... Ah, já sei! vou fazer isto que eles certamente vão gostar!" Como se pode adivinhar enfim o que se passa nesta escolha, neste modo de decidir? Acontece também com você de ter uma espécie de intuição de que aquela pessoa vai gostar daquela comida?

(Silêncio).

Irene – Para pessoas bem íntimas, que conhecemos bem, isto é fácil.

Marie – Quer dizer que, mesmo que você faça algo novo, você sabe de antemão que vão gostar?

Irene – Sim! Pelo menos tenho a impressão que sim.

Jean – Em última análise, quer dizer que não temos amigos *gourmets*.

Irene – Não! As pessoas de paladar muito requintado como Claire e François, é preferível fazer-se convidar para ir à casa deles, justamente porque fazem boa comida, ao invés de convidá-los para vir aqui.

Marie – Sim, se eles vêm à casa de vocês, sabem que não vêm para "comer bem", é isso? Eles vêm por outro motivo!

Irene – Acho que sim. Aconteceu uma coisa até engraçada, quando minha amiga Claire estava no hospital por um tempo: três vezes François veio jantar conosco, mas só vinha de improviso, porque eu estava à cabeceira de Claire na mesma hora que ele e, ao sair do hospital, em vez de ir jantar sozinho em sua casa eu o convidei: "Venha jantar lá em casa!" E foi justamente nos dias em que não tínhamos nada a oferecer-lhe que ele apareceu. Coitado, ele que tinha o hábito de comer tão bem! Enfim, quando Claire estava no hospital, ele devia comer macarrão quase todo dia, pois não devia saber cozinhar mais que Jean! Então tudo que eu fazia era um pouco melhor do que aquilo que ele comia habitualmente sozinho. Finalmente François só veio comer aqui praticamente durante a doença de Claire. Depois disto, para vê-los, retomamos o antigo hábito de ir à casa deles, pois têm mais tempo para preparar as coisas, sabemos que vamos comer bem na casa deles, e isto nos traz prazer! Devo dizer que gosto de ir comer na casa dos outros, para não ter a preocupação de cozinhar[9].

Marie – Sim, quer dizer que para você é realmente...

Irene – Para mim não deixa de ser uma preocupação!

Marie – Do ponto de vista dos utensílios que você usa, já sei que você tem a panela de pressão que é muito usada. Você também utiliza aparelhos elétricos ou coisas parecidas?

Irene – Não. Não temos nenhum aparelho elétrico além do moedor de café que ganhamos de presente.

Marie – Por quê?

Irene – Porque tenho horror das coisas barulhentas e prefiro fazer um esforço mecânico do que ouvir aquele barulho de motor. Prefiro bater as claras em neve com um batedor mecânico, ao invés de usar um aparelho elétrico. E esses aparelhos são muitas vezes bem complicados de lavar, enquanto os utensílios mecânicos são bem simples. Finalmente todo o tempo que se ganha na utilização se perde depois em limpar o aparelho. E, no fundo, são um estorvo. Aqui temos ainda o problema de espaço, pois a casa não é tão grande e para dizer a verdade temos horror em atulhar um monte de coisas.

Jean – É, mas você queria comprar um *Moulinex*, não é?

Irene – É sim. Eu prometi a mim mesma que compraria um *Moulinex* para fazer claras em neve ou outras coisas, mas a questão do barulho do motor me fez desistir! Como você vê, eu acho o barulho mais cansativo ainda que o esforço de fazer as coisas a mão. Há uma coisa muito maçante de fazer que é moer a carne, porque não tenho um bom equipamento para isso. Quando sobra um pedaço de carne de porco, por exemplo, que deve ser moída para ser preparada ou para recheio, aí realmente é preciso fazer um esforço incrível. Mas não compensaria comprar um moedor elétrico, porque só poucas vezes se precisaria dele. Eu teria então um aparelho que ocuparia tanto lugar pra quê? Ora bolas! Isso realmente não me tenta a ponto de me fazer comprar uma bateria de aparelhos de cozinha. Será que talvez isto não estaria relacionado com o pouco tempo que passo na cozinha?

Marie – É bem possível...

Irene – Eu me viro muito bem com o que tenho. No fundo, o que eu gosto mesmo é de acampar, pois lá a gente tem que se virar com o mínimo de utensílios. Mas você tem que inventar coisas, porque não tem à disposição trinta e seis recipientes; você só tem dois, portanto é preciso combinar para que sua cozinha utilize só dois recipientes. Você tem que se virar com meios pobres. Tenho uma espécie de ética da pobreza – ela me vem também da infância protestante, com certeza. No fundo, a austeridade é uma coisa que não deve amedrontar, pelo contrário.

Jean – Pois bem, nisso eu estou com você!

Irene – É por isso que gosto tanto do *camping*: você gasta o mínimo de tempo para fazer as coisas. Aliás nem é uma questão de tempo, porque lá você tem realmente tempo para descascar as batatas! Você pode enfurnar-se por três horas descascando legumes: mas a vantagem é que você pode fazer isso lá fora, sob as árvores, olhando ao mesmo tempo a paisagem.

Marie – Sim, é isso, e outros prazeres mais...

Irene – Há outros prazeres! Você faz tudo com vagar: lavar a louça, onde você também tem que inventar, pois só há um recipiente para lavar e deve-se economizar água porque é preciso andar um quilômetro para buscá-la; coisas assim me trazem grande prazer. O que me desagrada em todos os aparelhos modernos, talvez seja a impressão de desperdício. No fundo, praticamente não jogamos nada fora. Temos uma amiga que sempre zomba de nós, porque temos uma lixeira minúscula. A dela é duas vezes maior e ela fez esta observação: "Como vocês se viram com uma lixeira tão pequena?" É que só fazemos uma refeição aqui por dia e além disso é pouca coisa que jogamos fora.

Marie – Entendo.

Irene – O desperdício é uma coisa que sempre me chocou profundamente.

Jean – Até certo ponto é assim porque não sei cozinhar de verdade: é preciso saber usar muitos artifícios, muitas panelas, é uma coisa que não acaba mais.

Irene – Você é que devia lavá-las. Não foi você que usou?

Jean – Eu é que devia lavá-las? Ainda essa!

(Silêncio).

Marie – É claro. É um aspecto da cozinha que também me desanima. Penso comigo mesma: é tamanha a trabalheira e no final das contas quase num instante tudo desaparece. Acho isso desesperador (Silêncio). E as compras, onde você vai fazê-las, você ou Jean? De preferência nos mercadinhos, sempre nos mesmos vendedores, ou então você muda sempre indo a grandes supermercados etc.?

Irene – Um certo número de coisas sempre compro num mercado que fica perto do meu trabalho, porque mesmo que a saca seja bem pesada, tomo o ônibus bem ao lado e chego depressa em casa. Mas outras coisas, por questões de economia – ainda que nunca tenha feito o cálculo para saber quanto economizo –, para as massas, o café, o arroz, coisas deste tipo, o açúcar, compro no *Monoprix*. Faço isto regularmente. Jean nunca pode contar com o que vou comprar, porque, afinal, se saio tarde do trabalho, não dá para ir ao *Monoprix*. Apesar de tudo, sei que encontrarei em casa o que preciso; então o que compro no *Monoprix* já é excedente, são provisões de base. A dois passos daqui tínhamos uma mercearia cujo dono era extraordinário, era a mercearia do bairro que tinha legumes de boa qualidade com o mesmo preço do supermercado, também tinha frutas de ótima qualidade; o merceeiro nos aconselhava bem sobre os queijos, enfim ele era maravilhoso. Mas fechou neste verão. No começo de setembro encontramos a porta fechada. Todas as manhãs olhávamos pela janela para ver se alguém havia colocado as vasilhas de leite, mas nada! Ele vendeu, como todos do bairro, a um comerciante de coisas usadas. Então agora Jean tem que ir um pouco mais longe, ao mercado.

Jean – Não! Eu não vou ao mercado. Eu vou...

Irene – Então é no *Félix-Potin* que você vai fazer as compras de mercearia, hein?

Jean – Sim, mas não para os legumes.

Irene – E os legumes, você vai comprar na rue Ducrot? No fundo, cada um tem suas manias. Quando eu faço o mercado, eu vou à rue Saint-Louis, ou então no grande mercado do bulevar Davila, onde vou algumas vezes aos domingos. Este sim é um verdadeiro mercado. Adoro fazer compras lá.

Marie – É um prazer, aquele mercado, concordo...

Irene – É mesmo. É uma delícia! Volto carregada de coisas, mas no fundo só raramente vou lá.

Marie – É um prazer para os olhos aquele mercado, acho eu.

Irene – Sim... e também um prazer por outras razões: há aromas, sente-se o cheiro das coisas, e que ambiente! Também se pode escolher. Há duas espécies de batatas, umas ao lado das outras, todo tipo de saladas, uma espécie de abundância maravilhosa. Não é como uma grande área onde tudo é exposto e proposto de modo provocante; lá tudo é apresentado de modo mais natural, bem menos ostensivo, não é? Para obrigar você a comprar, os vendedores do mercado têm que fazer um esforço bem maior, têm que chamar, gritar, fazer um barulho incrível, enquanto no *Monoprix* tudo é simplesmente exposto, imóvel, sem vida. Apesar de tudo, acho que no *Monoprix* é bem prático para fazer compras rapidamente. Há um certo número de coisas que eu compraria com mais vantagem no *Monoprix*, como os corn-flakes da manhã; se você for comprá-los no *Félix-Potin*, aqui perto, os pacotes são pequenos assim; no *Monoprix* os pacotes são grandes assim (gestos com a mão para explicar o tamanho). Esse detalhe é importante!

Marie – É claro! E por que então comprar no *Félix- Potin*?

Jean – Por que no *Félix-Potin*? Ah, é porque eu, eu fico um pouco perdido em todos aqueles magazines da rue Ducrot. É preciso ir a um deles para comprar queijo, ao outro para os ovos, a um terceiro para o leite, um quarto para os legumes. Neste caso, compro os legumes no vendedor, aliás jamais os mesmos, isso depende da qualidade dos legumes. O preço não importa muito, acho que a diferença não é tão grande, é quase sempre o mesmo preço.

Irene – Isso não é verdade! Nesse ponto você deveria, você poderia prestar mais atenção!

Jean – Essa não! Você sabe muito bem, não sabe, que se trata só de meio quilo de cenouras! Não somos só dois? Escuta[10]! Pra que tanta teimosia? Você acha que faz sentido discutir por um franco de economia num quilo de cenouras que custa três francos e vinte ou quatro e cinquenta?

Irene – Não, mas quando isso acontece todos os dias, então...

Jean – Como sempre mudo de vendedor, também o preço pode mudar!

Irene – (Rindo). Ah, sim! Não acho que isso seja muito racional, mas afinal não é tão grave assim!

Jean – Não é racional, mas acho que, considerando nosso modo de vida e nossos recursos em comparação com o preço dos legumes, não vale a pena esforçar-se tanto para correr atrás dos legumes mais baratos!

Irene – Hum... sim...

Jean – Um dia encontrei com Filipe[11], que me disse: "Olha! estou vindo da outra extremidade do mercado, é bem mais barato!" Bom, então se é mais barato do outro lado, concordo; fui verificar: era mais barato dois dias, portanto não era mais verdade. Isso depende do volume de mercadorias que chega, não é uma regra.

Irene – Você vai ao *Félix-Potin* porque é mais perto!

Jean – É, é o mais próximo!

Irene – É o mais próximo, é bastante cômodo; você o conhece e já sabe onde encontrar as coisas.

Jean – Sim, é isto, já sei. Mas eu, no *Félix-Potin*, não compro grande coisa: sempre o mesmo vinho, o leite, o iogurte, o pão, mas não gosto do pão deles porque não têm pão preto. O pão preto é muito melhor que a bisnaga. Meu pão, vou comprá-lo um pouco mais longe.

Marie – E a carne?

Jean – Ah, para a carne tenho um açougue. Sempre o mesmo. Mudei de açougue porque o do fim da rua não era bom. Além disso eu não gostava dele, ao passo que lá embaixo, no outro açougue, há uma mulher charmosa. Sempre achei que, conforme a aparência das pessoas, a carne era melhor e nunca me enganei. Quando os açougueiros são gentis, ou as açougueiras, daí é que depende se a carne é boa ou não; quando os açougueiros são nojentos, a carne deles só pode ser ruim!

Marie – (Rindo) Essa é uma coisa a ser comprovada!

Irene – (Também rindo) Sim!

Jean – (Supersério) Façam a experiência e vocês verão!

Marie – (Sempre ainda a rir) Não é preciso, pois tenho quase a mesma impressão!

Jean – Nos restaurantes – ultimamente quase não como mais em restaurante – não sei explicar exatamente, mas há dez anos ou mais[12], quando eu comia frequentemente em restaurante, observei, por acaso, que, naqueles em que havia toalhas vermelho-brancas, a cozinha era muito boa! Vocês conhecem, são as toalhas rústicas clássicas.

Irene – Sim, sim.

Marie – De fato, isso também pode ser um efeito psicológico: eu também gosto muito de comer em mesas com essas toalhas, e facilmente entro num restaurante que tem dessas toalhas de pequenos quadriculados brancos e vermelhos.

Jean – Já no meu caso não é psicológico! Tenho um gosto muito fino, estou certo de que a cozinha é melhor: é uma cozinha tradicional, das *blanquettes*, dos cozidos, da "comida caseira", enfim de coisas desse gênero.

Marie – Exatamente. De fato, é afirmar que o cenário deve estar de acordo com o estilo da cozinha.

Irene – É isso.

Jean – Agora, isso não vale mais para todos os *Borel* e as outras cadeias de restaurantes... Outrora, *"Chez Machin"* era bom; como se a pessoa que fazia a comida pusesse nela sua própria honra e fizesse questão de guardar a reputação de *"Machin"* (Ele acentua cada vez as palavras *Chez Machin*).

Marie – Sim...

Jean – Ou de *Gérard*, ou de *Jean*, ou de... Conheço diversos restaurantes que se chamavam *"Chez Untel"*: era delicioso comer lá e não mais caro que em outros lugares! Enquanto *Borel* foi para o brejo! Sua cozinha é repugnante, porque não tem mais nome a defender; defende apenas seu dinheiro, não mais seu nome.

Irene – É mesmo. O que lhe interessa é só ganhar dinheiro, só isso!

Jean – Ganhar dinheiro, que coisa desprezível! O jovem que se chama *"Chez Gérard"*, bom, pode ser seu avô ou seu pai ou ele mesmo, esse sim quer preservar o nome!

Marie – É verdade.

Jean – Eu conhecia um pequeno restaurante *"Chez Jean"* perto do ORTF, que era absolutamente delicioso. Também *um "Chez..."*, não me lembro o nome, na praça Cortot, que era simplesmente delicioso!

Marie – A propósito desta história de toalha de quadriculado pequeno, eu pensava justamente no aspecto apresentação. É também nisso que você pensa?

Irene – É. Não tenho tanta imaginação, mas não dispenso seus tesouros.

Jean – Essa noite, por exemplo, eu havia colocado o plástico, mas ela me fez tirá-lo para colocar a toalha[13] (Risos).

Irene – Não, mas por exemplo gostamos mais da iluminação com velas para jantar. Tudo parece melhor à luz de velas. Não fazemos muito esforço de decoração, mas gosto de ver a mesa bonita! Seja como for, temos, do ponto de vista da louça, o essencial. Se não faço nenhum esforço para comprar instrumentos de cozinha, por outro lado gosto de comprar louça escolhida com cuidado, não qualquer coisa. É uma louça simples, porque não gosto de coisas muito enfeitadas e escolho o que pode ser facilmente renovado, substituir os pratos quebrados etc., porque não gosto de ter uma louça toda misturada. A louça que temos, gosto dela: é de porcelana e de pratos simples, um pouco rústicos. Sempre fazemos o possível para que a mesa não fique entulhada de um monte de coisas, para que não fiquem restos ou o prato de legumes quando estamos comendo a sobremesa. No fundo, não gosto disso.

Marie – Sim.

Irene – Acho que deve haver uma certa harmonia pelo menos no modo de viver. Não fazemos o desjejum em debandada, não jantamos em velocidade de quarta marcha, fazemos as refeições com tempo[14]. Em geral é Jean que põe a mesa enquanto preparo a comida; não há grande diferença de um dia para o outro, mas pelo menos nos esforçamos para não cair simplesmente na rotina.

Marie – E a apresentação também conta? Refiro-me à apresentação dos pratos.

Irene – Claro que sim. Você não acha? (Ela fala voltada para Jean). Por exemplo, quando apresento pratos especiais, eu me divirto enfeitando-os para que fiquem bem bonitos.

Jean – Uau!

Irene – Comprei um conjunto de panelas das mais caras que podem inclusive ir à mesa: são panelas práticas e bonitas ao mesmo tempo. Elas se harmonizam com a louça e isto evita ter que utilizar mais uma travessa, ou mais um prato etc. Mas eu não levaria uma panela qualquer à mesa![15]

Marie – Quando você prepara, você já pensa nas cores para tudo ficar bonito? Você tem preferência por algumas cores de alimentos?

Irene – Num certo tempo eu tinha uma baixela preta, achava-a muito bonita, pois sobre o fundo preto os alimentos se destacavam ainda mais. Depois mudamos, porque não havia reposição para esta baixela preta que ficou desfalcada: havia saído de moda. Só nos restam dela dois pratos que utilizamos para o gato. Você nem sabe que sorte você tem, não é, meu gato?

Marie – Parece até que sabe, pois fica fazendo *ronron* como um louco!

Irene – Compramos outros tipos de pratos, mas, por exemplo, eu jamais colocaria talheres de salada de plástico laranja em qualquer salada; principalmente se fosse salada de beterrabas, por exemplo. Como ficaria esquisito!

Jean – Precisamos então trocar esses talheres, afinal eles são ignóbeis!

Irene – Escuta, isso não é verdade! (Silêncio).

Marie – Se você tem uma baixela de porcelana, suponho que tem também coisas em madeira; você gosta deste estilo?

Irene – Sim, tenho coisas em madeira; temos utensílios suecos de um modelo que acho muito bonito, copos bem simples que vêm do *Monoprix*, mas o que acho bom mesmo é que se pode renová-los facilmente! Os copos são fáceis de encontrar, portanto pode-se substituí-los quando necessário. Não temos uma louça própria para o domingo e outra para a semana. A nossa é arrumada na cozinha, não é muita coisa. Não estamos equipados para receber um monte de visitas ao mesmo tempo! Além do mais, preferimos receber as pessoas umas após as outras, ao invés de promover grandes assembleias ou grandes reuniões.

Marie – E, na preparação, será que há odores, cheiros – você dizia há pouco que gosta muito de sentir o cheiro das coisas no mercado – que incomodam a você ou você gosta de todos?

Irene – Sim. Enfim... na cozinha, em geral, só há cheiros que a gente gosta de sentir.

Jean – Mas hesitamos muito tempo até resolver fazer sardinhas!

Irene – É, hesitamos muito tempo para fazer sardinhas, mas gostamos muito de comê-las, e quando fazemos sardinhas procuramos arejar um pouco mais o ambiente...

Marie – Mas por quê? Esse problema de fritas já apareceu um pouco antes[16]. É pela mesma razão?

Jean – Sou eu que me oponho, por causa do cheiro. Por causa do cheiro e porque quando fritamos alguma coisa guardamos indefinidamente aquele óleo da fritura.

Irene – Além disso, você está persuadido de que eu as deixaria fritar demais, de que o óleo estaria quente demais e que... sim...

Jean – Mais ainda, estou até persuadido de que você as deixará queimar!

Marie – Assim não dá mesmo para criar coragem!

Irene – É, só dá mesmo para me desanimar! (Risos).

Marie – Não é tão difícil assim sair-se bem nas fritas!

Irene – Não! Mas há um certo número de coisas que não tento fazer, porque...

Jean – Não, mas eu estou acostumado! Isso já vem da minha infância! Tínhamos uma cozinheira que cozinhava muito mal[17], que sempre fazia comida ruim, tudo cheio de gordura; e suas fritas eram feitas num óleo que ela aproveitava por meses e meses.

Marie – Que péssima lembrança!...

Jean – Asquerosa! Então guardei assim a lembrança das fritas em Saint-André! Sou muito exigente em questão de frituras, então não gostaria de magoar minha mulher cada vez que faz frituras, porque não ficariam boas!

328

Irene – Pode ser que até as fizesse muito bem!

Jean – Talvez, mas é um risco a correr (Risos).

Irene – Mas, já se passaram dez anos e ainda não criei coragem!

Jean – Antes, havia um rapaz que vendia fritas bem aqui do lado e eram excelentes! Quando a gente queria fritas era só comprar dele! Mas ele fechou, então agora você pode fazê-las.

Irene – Não, deve ser como para os bolos ou sobremesas; no fundo, você nem aprecia tanto, então...

Jean – Não, eu já mudei. Agora recomeço a...

Irene – Você está começando a gostar de bolos? Isso quer dizer que vou ser obrigada a fazê-los? Que azar! (Ela ri).

Jean – É mais seguro comprá-los na padaria!

Marie – Eu acho que bolo se pode fazer facilmente bem melhor do que nas padarias.

Irene – Você acha?

Marie – Sim, nada se compara aos bolos feitos em casa!

Irene – Os bolos caseiros, sim, principalmente porque posso conseguir facilmente receitas que seriam muito boas.

Jean – Sim, um quatro-quartos (*quatre-quarts*), por exemplo.

Irene – Eu certamente poderia pedi-las a Teresa[18]: ela faz bolos muitas vezes. Sente-se até o cheiro bom da cozinha quando se passa em frente.

Jean – Mas ela faz bolo com massa pronta.

Irene – Para fazer tortas, sim.

Jean – Não sei.

Irene – Não é difícil fazer tortas!

Marie – Com massa supergelada, acho que é prático.

Irene – Sim, é prático, mas não é difícil fazer uma massa de torta.

Marie – Para uma pastelaria, evidentemente, há um pequeno problema de forno: é preciso que cada um conheça bem seu forno, saber se assa rápido ou não.

Jean – Desde que mudaram, desde que introduziram o gás de Lacq, há um problema de pressão.

Marie – Ah, o gás de Lacq, eu sei; nunca tive um forno a gás, mas já tive problemas com a calefação, com os bicos de calefação.

Irene – Aqui, então, desde que temos este gás de Lacq, quando acendo o forno não consigo mais utilizar os outros bicos do fogão.

Marie – Sim, então é também um problema para a pastelaria, pois, em geral, a massa vai ao forno enquanto se prepara o resto.

Irene – Sim...

Jean – Você não pode utilizar os dois ao mesmo tempo, o fogão e o forno?

Irene – Quando o forno está aceso, o fogo do fogão fica muito fraquinho, quase apagando.

Jean – Então telefone para eles. Temos seis meses de garantia.

Jean – Mas não sei se podemos...

Marie – Voltando aos cheiros, sente-se de fato um cheiro agradável, é o cheiro da massa assando.

Irene – Mas há também o cheiro de carne, um cheiro que é bom em geral, quando se faz carne. Gosto também de... Os cheiros de massa assando quase não se sentem aqui!

Marie – É tão raro também sentir o cheiro de sobremesas?

Irene – De sobremesas, então, nem se fala!

Jean – Ah, a couve-flor, que cheiro detestável! Parece que se cola em todo lugar, até no último recanto da casa, e não sai dali. Aliás, como explicar este fato tão estranho de o cheiro se enfiar até nas peças mais longínquas da casa, hein? Já não se sente mais o cheiro da couve-flor aqui[19], o cheiro também já sumiu da cozinha, mas ele continua no nosso quarto...

Marie – É desagradável! Uma outra coisa também é o fato de tocar as coisas: não sei como explicar, mas você já pensou que há coisas que você gosta de tocar, que gosta de manejar, ao passo que há outras que você detesta tocar?

Irene – São poucas as coisas que me desagradam mesmo. O que mais me impressionou foi uma vez que acampamos, perto do mar, em que escamei um peixe que ainda estava vivo. Isso me...

Jean – Era um tordo.

Irene – Um tordo que havíamos comprado de um pescador que acabava de apanhá-lo. Parecia morto de todo, mas quando acabei de escamá-lo, reanimou-se. Aquilo foi extremamente desagradável mesmo! Além disso há poucas coisas que realmente detesto.

Marie – Por exemplo, uma jovem me dizia que gostava muito de manejar a carne, mas não gostava muito de comê-la. Gosta mais de mexer na carne quando está crua, retirar os pequenos pedaços de gordura etc.

Irene – Ah bom! Quanto a mim, não diria o mesmo: por exemplo, quando temos sobras de frango com a carcaça, aproveito para fazer uma sopa, um caldo. Agora que temos o gato, dou tudo que sobra ao gato – antes eu aproveitava cuidadosamente os pequenos pedaços de carcaça para fazer sopa, dava uma boa sopa com restos de frango. No fundo, eu gostava de tocar nesta carne, mas não na carne crua, e sim cozida, bem cozida! A carne crua não, nunca gostei de manejá-la.

Mensagem
por
Michel de Certeau
e Luce Giard

UMA CIÊNCIA PRÁTICA
DO SINGULAR

A considerar a cultura como ela é praticada, não a mais valorizada pela representação oficial ou pela política econômica, mas naquilo que a sustenta e a organiza, três prioridades se impõem: o oral, o operatório e o ordinário. Todos os três são evocados pelo desvio de uma cena supostamente estranha, a *cultura popular,* que viu multiplicar-se os estudos sobre as tradições orais, a criatividade prática e os atos da vida cotidiana. É necessário mais um passo para derrubar esta barreira fictícia e reconhecer que na verdade se trata de *nossa cultura,* sem que o saibamos. Pois as ciências sociais analisaram em termos de "cultura popular" funcionamentos que continuaram fundamentais em nossa cultura urbana e moderna, mas tidos como ilegítimos ou negligenciáveis pelo discurso acadêmico da modernidade. Assim como a sexualidade reprimida pela moral burguesa retornava nos sonhos dos clientes de Freud, assim essas funções da socialidade humana, negadas por uma ideologia obstinada da escrita, da produção e das técnicas especializadas retornam, sob o manto da "cultura popular", no nosso espaço social e cultural que, na verdade, jamais abandonaram.

Assegurando progressivamente sua autonomia, a indústria e a tecnologia da cultura conseguiram desprender-se desses três setores para fazer deles o próprio objeto de suas conquistas. A cultura oral tornou-se o alvo de uma escrita que devia educá-la ou informá-la. Os praticantes foram transformados em supostos consumidores passivos. A vida comum se transformou num vasto território colocado à disposição da colonização da mídia. Não obstante, os elementos que julgávamos eliminados continuaram a determinar as mudanças sociais e a organizar a maneira de "receber" as mensagens culturais, isto é, transformá-las pelo uso que delas se faz.

A oralidade

Com toda razão, a oralidade exige o reconhecimento de seus direitos, pois começamos a descobrir mais nitidamente o papel fundador do oral na relação com o outro. O desejo de falar vem à criança pela música das vozes, que a envolve, nomeia e chama a existir por sua conta. Toda uma arqueologia de vozes codifica e torna possível a interpretação das relações, a partir do reconhecimento das vozes familiares, tão próximas[1]. Músicas de sons e de sentidos, polifonias de locutores que se buscam, se ouvem, se interrompem, se entrecruzam e se respondem. Mais tarde a tradição oral que recebeu servirá à criança para medir sua capacidade de ler. Só a memória cultural que assim se adquire permite enriquecer pouco a pouco as estratégias de interrogação do sentido cujas expectativas são afinadas e corrigidas pela decifragem de um texto. A criança aprenderá a ler na expectativa e na antecipação do sentido, uma e outra nutridas e codificadas pela informação oral da qual já disporá[2]. A criança negligenciada, com a qual se fala pouco, numa língua pobre, é pega desprevenida pela densidade do sentido do texto: diante da multiplicidade dos sinais a identificar, interpretar e coordenar, acaba ficando fascinada e desorientada.

A oralidade constitui também o espaço essencial da comunidade. Numa sociedade não existe comunicação sem oralidade, mesmo quando esta sociedade dá grande espaço à escrita para a memorização da tradição ou para a circulação do saber. O intercâmbio ou comunicação social exige uma correlação de gestos e de corpos, uma presença das vozes e dos acentos, marcados pela inspiração e pelas paixões, toda uma hierarquia de informações complementares, necessárias para interpretar uma mensagem além do simples enunciado – rituais de mensagem e de saudação, registros de expressão escolhidos, nuanças acrescentadas pela entonação e pelos movimentos do rosto.

É-lhe necessário aquele timbre da voz que identifica e individualiza o locutor, e aquele tipo de laço visceral, fundador, entre o som, o sentido e o corpo.

A prática da telecomunicação reorganizou o espaço de interlocução, mas o telefone, que triunfou do telégrafo e diminuiu o uso privado da carta, colocou em cena com uma intensidade redobrada a voz como *voz singular*. Ampliou-lhe as particularidades (timbre, fluência, acentuação, pronúncia), o que fez também com o rádio. Ensina-nos a distinguir esta voz de qualquer outra, pois a atenção perceptiva (auditiva) concentra-se aqui na voz separada da imagem (e da percepção visual, táctil) do corpo, habitáculo desta voz. É assim que cada um de nós se torna uma memória viva das vozes amadas, como aqueles melômanos loucos da ópera que reconhecem uma cantora nos primeiros sons emitidos. Este concerto das vozes também se refere à televisão que, em geral, é mais "ouvida" do que propriamente vista: ligada quase o dia inteiro, ela oferece um horizonte de vozes que, de vez em quando, convidam a ver. Deste modo a oralidade conserva o papel primordial em nossas sociedades de escrita e de números, mais servida que contrariada pela mídia ou pelos recursos da eletrônica. Em seu favor atua a escuta, que já se tornou habitual, de música gravada, cuja diversidade estendeu a percepção comum a outros registros de voz, a timbres de instrumentos, a gradações. A voz se impõe por toda parte em seu mistério de sedução física, em seu tratamento policultural[3] ao qual convém associar o impulso das "rádios livres" que contribuiu para libertar-nos de modelos fixos e suscitou novas "paisagens sonoras".

A oralidade está em toda parte, porque a *conversação* se insinua em todo lugar; ela organiza a família e a rua, o trabalho na empresa e a pesquisa nos laboratórios[4]. Oceanos de comunicação que se infiltram por toda parte e sempre determinantes, mesmo onde o produto final da atividade apaga todo traço desta relação com a oralidade. É de ser natural e necessária em todo lugar que a conversação provavelmente tira seu estatuto teórico inferior. Como creditar inteligência e complexidade requintada às astúcias de uma prática tão comum?

Não obstante o estudo dos processos cognitivos pode mostrar que uma informação nova só é recebida e assimilada, isto é, só se torna apropriável e memorizável se quem a adquire conseguir configurá-la *à sua maneira*, assumi-la por sua conta inserindo-a em sua conversação, em sua língua habitual e nas coerências que estruturam seu saber anterior[5]. Sem transpor o limiar desta etapa, a nova informação permanecerá frágil, constantemente suscetível de esquecimento, de deformação e de contradição. Sua aquisição depende também da configuração das situações de interlocução nos quais ela entra em jogo: cada locutor ocupa uma certa posição social, o que ele diz é entendido e interpretado em função desta posição[6]. O fracasso escolar, as dificuldades da "formação permanente" destinada aos adultos têm a ver com o desconhecimento das situações de interlocução, com a crença errônea na transparência significante dos enunciados, fora do processo de enunciação.

Prioridade do ilocutório, àquilo que não diz respeito à palavra nem à frase, mas à identidade dos locutores, à circunstância, ao contexto, à "materialidade sonora" das palavras trocadas. Aqui se insinua toda a inventividade dos "jogos de linguagem", através de uma encenação de conflitos e de interesses assinalados a meia-palavra: artimanhas, desvios semânticos, quiproquós, efeitos sonoros, palavras inventadas, palavras deformadas, à maneira do *Saperleau* de Gildas Bourdet[7], diálogos que proliferam e viajam ao longe, com aquela distanciação e aquela indexação cheias de humor que as pessoas simples usam para arranjar-se com o desconforto da vida e pôr a ridículo os slogans do dia. Uma cidade respira quando nela existem *lugares de palavra*, pouco importa sua função oficial – o café da esquina, a praça do mercado, a fila de espera nos correios, a banca do jornaleiro, o portão da escola na hora da saída.

A operatividade

A cultura se julga pelas operações e não pela possessão dos produtos. Na arte, entender um quadro é reconhecer os gestos que lhe deram origem, a "pincelada", o "pincel", a "paleta" do pintor. A arte da cozinheira é totalmente produção, a partir de uma escolha limitada de ingredientes disponíveis, numa combinação de gestos, de proporções, de utensílios e de meios de transformação ou de cocção. Da mesma forma a comunicação é uma *cozinha de gestos e de palavras*, de ideias e de informações, com suas receitas e suas sutilidades, seus instrumentos auxiliares e seus efeitos de vizinhança, suas distorções e seus malogros. É falso acreditar que hoje os objetos eletrônicos e informáticos suprimem a atividade dos usuários. Da cadeia de alta fidelidade ao magnetoscópio, a difusão desses aparelhos multiplica os artifícios e provoca a invenção dos usuários, da alegria de manipulá-los das crianças diante dos botões, das teclas, do controle remoto à extraordinária virtuosidade técnica dos "caçadores de sons" e outros amadores apaixonados de *hi-fi*. Fragmentos de emissões são registrados, montagens são feitas, e qualquer um pode assim tornar-se produtor de sua pequena "indústria cultural", compositor e gerente de uma biblioteca particular de arquivos visuais e sonoros. Por sua vez, este fundo se torna objeto de troca na rede familiar e de amigos. Assim se organiza uma nova forma de convivialidade no círculo das famílias, assim se pode afinar a percepção e inclusive o juízo crítico dos telespectadores ou dos ouvintes que voltam vinte vezes à mesma imagem, ao mesmo fragmento de melodia, repetem uma sequência, dissecam-na e acabam por penetrar-lhe os segredos.

Em si mesma, a cultura não é a informação, mas sim seu tratamento através de uma série de operações em função de objetivos e de relações sociais. Um primeiro aspecto dessas operações é *estético*: uma prática cotidiana abre um espaço próprio numa ordem imposta, exatamente como faz o gesto poético que dobra ao seu desejo o uso da língua comum num reemprego transformante. Um segundo aspecto é *polêmico*: a prática cotidiana é relativa às relações de força que estruturam o campo social e o campo do saber. Apropriar-se das informações, colocá-las em série, montá-las de acordo com o gosto de cada um é apoderar-se de um saber e com isso mudar de direção a força de imposição do totalmente feito e totalmente organizado. É traçar o próprio caminho na resistência do sistema social com operações quase invisíveis e quase inomináveis. Um último aspecto, enfim, é *ético*: a prática cotidiana restaura com paciência e tenacidade um espaço de jogo, um intervalo de liberdade, uma resistência à imposição (de um modelo, de um sistema ou de uma ordem): poder fazer é tomar a própria distância, defender a autonomia de algo próprio.

O exemplo de *Lorraine Coeur d'Acier* (LCA, Longwy), uma efêmera "rádio livre" (17 de março de 1979 – 20 de janeiro de 1981) é pródiga em ensinamentos. Numa região industrial em declínio, *Lorraine Coeur d'Acier* inaugurou o acesso direto, isto é, cada um podia aceder à antena, vindo ao estúdio ou telefonando. Criou-se assim uma dinâmica de apropriação do aparelho radiofônico por uma população operária pouco habituada ao discurso público. A experiência serviu de revelação ou de aguilhão: um descobria surpreendido que seu colega de fábrica escrevia poemas em segredo; outro confessava que aos domingos era pintor. Focalizando a atenção no objeto local e na palavra comum, segundo seu slogan "*Écoutez-vous*", LCA restituía a este objeto ou àquela palavra sua dignidade, colocando-os em nível de igualdade com outros objetos, outras palavras[8]. Um operário siderúrgico, comovido com a experiência, tirou dela um relato belíssimo: "Ali, em volta daquela rádio, era possível dizer, como de fato se dizia, tudo aquilo que se tem vontade de dizer. Era possível fazer a palavra descer aos lares e no mesmo instante o ouvinte se tornava ator e forçosamente a palavra subia de novo (...). Era um reflexo da vida – a vida é uma desordem, a liberdade é uma desordem". E concluía maravilhosamente: "Agora tenho uma certa raiva dentro de mim, tenho vontade de escrever com o "eu", e ninguém mais vai me segurar, e vou escrever sobre tudo, sobre qualquer assunto. Quero fazer isso"[9]. Às vezes basta uma experiência local para abrir um campo de ação à operatividade dos praticantes, para fazer eclodir seu dinamismo.

O ordinário

Há cinquenta anos que o ordinário é campo da reflexão literária (com Musil, Gombrowicz ou Beckett) e filosófica (com Wittgenstein ou Austin), que redobra o trabalho da antropologia ou da psicanálise, especificado pela exaltação do mais ordinário[10]. Cultura ordinária e cultura de massa não são equivalentes. Dependem de problemáticas diferentes. A segunda remete a uma produção em massa que simplifica os modelos propostos para ampliar sua difusão. A primeira diz respeito a um "consumo" que trata o léxico dos produtos em função de códigos particulares, muitas vezes obras dos praticantes e em vista de seus interesses próprios. A cultura de massa tende para a homogeneização, lei da produção e difusão em grande escala, apesar de ocultar esta tendência fundamental sob variações superficiais destinadas a assentar a ficção de "novos produtos". A cultura ordinária oculta uma diversidade fundamental de situações, interesses e contextos, sob a repetição aparente dos objetos de que se serve. A *pluralização* nasce do uso ordinário, daquela reserva imensa constituída pelo número e pela multiplicidade das diferenças.

Conhecemos mal os tipos de operações em jogo nas práticas ordinárias, seus registros e suas combinações, porque nossos instrumentos de análise, de modelização e de formalização foram construídos para outros objetos e com outros objetivos. O essencial do trabalho de análise que deveria ser feito deverá inscrever-se na análise combinatória sutil, de tipos de operações e de registros, que coloca em cena e em ação um fazer-com, aqui e agora, que é um ato singular ligado a uma situação, circunstâncias e atores particulares. Neste sentido, a cultura ordinária é antes de tudo uma *ciência prática do singular*, que toma às avessas nossos hábitos de pensamento onde a racionalidade científica é conhecimento do geral, abstração feita do circunstancial e do acidental. À sua maneira humilde e obstinada, a cultura ordinária elabora então o processo do nosso arsenal de procedimentos científicos e de nossas categorias epistêmicas, pois não cessa de rearticular saber a singular, de remeter um e outro a uma situação concreta particularizante e de selecionar seus próprios instrumentos de pensamento e suas técnicas de uso em função desses critérios.

Nossas categorias de saber ainda são muito rústicas e nossos modelos de análise por demais elaborados para permitir-nos imaginar a incrível abundância inventiva das práticas cotidianas. É lastimável constatá-lo: quanto nos falta ainda compreender dos inúmeros artifícios dos "obscuros heróis" do efêmero, andarilhos da cidade, moradores dos bairros, leitores e sonhadores, pessoas obscuras das cozinhas. Como tudo isto é admirável!

NOTAS

NOTAS

Momentos e lugares

1. Luce Giard, "Histoire d'une recherche", in Michel de Certeau, *L'invention du quotidien. I. arts de faire*, nouv. éd., Paris, Gallimard, Folio essais 1990, p. I-XXX (trad. brasileira, *A invenção do cotidiano. I. Artes de fazer*. Petrópolis, Vozes 1994). Sobre a ação de Augustin Girard, cf. *Trente ans d'études au service de la vie culturelle* (08/03/1993, mesa-redonda organizada por ocasião da aposentadoria de Augustin Girard), Paris, Ministério da Cultura 1993.

2. Dei este nome, "primeiro círculo", aos jovens pesquisadores reunidos em torno de Certeau, em junho de 1974: L. Giard, op. cit., p. XVI-XVII. Marie Beaumont morreu em Bruxelas, em agosto de 1984; Marie-Pierre Dupuy em Paris, em julho de 1992.

3. Marc Guillaume, "Vers l'autre", in L. Giard et al., *Le Voyage mystique. Michel de Certeau*, Paris, Cerf e RSR 1988, p. 181-186.

4. Michel de Certeau, *L'Ecriture de l'histoire*, 3. ed., Paris, Gallimard 1984, cap. II, p. 89s. Dominique Julia, "Une histoire en actes", in L. Giard et al., *Le Voyage mystique*, p. 103-123.

5. Michel de Certeau, *Histoire et psychanalyse entre science et fiction*, Paris, Gallimard, Folio essais 1987, cap. IV; *L'Ecriture de l'histoire*, cap. III, IV e IX. Luce Giard, Hervé Martin e Jacques Revel, *Histoire, mystique et politique. Michel de Certeau*, Grenoble, Jérôme Millon 1991.

6. Trata-se de uma Revista trimestral, publicada pela Companhia de Jesus, que fez um trabalho profundo e sólido sobre a atividade filosófica na área situada fora da francofonia. Marcel Régnier, SJ, assegurou a sua direção com a mesma eficácia e discernimento filosófico de 1954 a 1990.

7. Karl Popper, *Logik der Forschung*, Viena 1934; *The Logic of Scientific Discovery*, Londres, Hutchinson 1959 (diversas edições posteriormente ampliadas). Trad. francesa: *La logique de la découverte scientifique*, Prefácio de Jacques Monod. Paris, Payot 1974. É possível que Certeau tenha lido o artigo de Karl Popper: "Conjectural Knowledge", in *Revue internationale de philosophie*, t. 25, 1971 (reproduzido em sua obra *Objective Knowledge*, Oxford, Clarendon 1972, cap. 1). Sobre as teses de Popper e a sua lenta difusão na França, cf. Luce Giard, "L'impossible désir du rationnel", in Imre Lakatos, *Histoire et méthodologie des sciences*, Paris, PUF Bibliothèque d'histoire des sciences, 1994, p. V-XLIII.

8. Cf. as observações de Pierre Vidal-Naquet, "Lettre", in: L. Giard (Ed.), *Michel de Certeau*, Paris, Centre Georges Pompidou, Cahiers pour un temps, 1987, p. 71-74; e seu livro *Les Assassins de la mémoire*, Paris, La Découverte 1987, de modo particular o cap. V, que dá o título à coletânea. Lakatos acreditava que a insuficiência da tese de Popper levava ao ceticismo, e que isto acontecera com Paul Feyerabend (cf. o meu estudo, cit. na nota precedente).

9. Richard H. Popkin, *The History of Scepticism from Erasmus to Spinoza* (1960), 3. ed., Berkeley, University of California Press 1979: esta edição é dedicada à memória de Lakatos.

10. Publicada em coedição por Desclée de Brouwer, Aubier, Delachaux et Niestlé, e éditions du Cerf, a série reuniu obras de James Barr, Jean Ladrière, Louis Marin, Georges Thill e outros.

11. Philippe Boutry, "De l'histoire des mentalités à l'histoire des croyances", in *Le Débat*, n. 49, março-abril de 1988, p. 85-96; este artigo faz parte de um dossiê intitulado "Michel de Certeau historien".

12. Sobre a sua relação com Hegel já expliquei meu pensamento in L. Giard, H. Martin & J. Revel, op. cit., p. 27-31. Sobre a presença de Hegel na vida intelectual francesa, uma análise incompleta, porém útil: Michael S. Roth, *Knowing and History. Appropriations of Hegel in 20th C. France.* Ithaca (NY), Cornell University Press 1988.

13. Michel de Certeau, *La Prise de parole (1968) et autres écrits politiques*, Paris, Seuil Points 1994.

14. O índice dos dois volumes esboça a geografia de nossos itinerários no tempo da navegação comum pelo oceano das práticas.

15. Pierre Bourdieu et al., *La Misère du monde*, Paris, Seuil 1992.

16. Blandine Masson (ed.), *L'Art d'hériter. Cahiers du Renard*, n. 14, julho de 1993.

17. Martine Segalen, *Nanterriens. Les familles dans la ville*, Toulouse, Presses Universitaires du Mirail 1990; Joël Roman (ed.), *Ville, exclusion et citoyenneté* (Entretiens de la ville, II), Paris, Esprit 1993.

18. Gérard Althabe et al. (eds.), *Vers une ethnologie du présent*, Paris, MSH et Ministère de la Culture 1992.

19. Raymond Trampoglieri, *Mémoires d'archives.* Arquivos da cidade de Avignon, Catálogo de exposição, julho de 1993.

20. L. Giard, "Histoire d'une recherche", p. XXI-XXIII.

21. Marc Augé, *Non-lieux*, Paris, Seuil 1992; Anne-Marie Charlier & Jean Hébrard, *Discours sur la lecture (1880-1980)*, Paris, Centre Georges Pompidou, Bibliothèque publique d'information 1989; Pierre Chambat (ed.), *Communication et lien social*, Paris, Descartes et Cité des sciences et de l'industrie La Villette 1992; Louis Quéré et al, *Les Formes de la conversation*, Paris, CNET, Réseaux 1990, etc.

22. Pierre Mayol, por seu lado, e eu do meu, e em redes diferentes, continuamos recebendo numerosos pedidos desta natureza, muitas vezes da Província, como se, fora de Paris, os textos tivessem mais tempo para percorrer o seu caminho em profundidade.

23. *The Practice of Everyday Life*, Berkeley, University of California Press, 1984, Certeau lecionou, em tempo integral, na Universidade da Califórnia (San Diego), de 1978 a 1984.

24. Brian Rigby, *Popular Culture in Modern France. A Study of Cultural Discourse*, Londres, Routledge 1991, p. 16-34 em particular; Lawrence Grossberg et al. (eds.), *Cultural Studies*, Nova York (Routledge 1992), particularmente os capítulos de John Fiske, p. 154-165, e de Meaghan Morris, p. 450-473; Roger Silverstone, "Let us then return in the murmuring of everyday practices", in *Theory, Culture and Society*, 6/1, 1989, p. 77-94.

25. Os temas de *L'Invention du quotidien* já se acham esboçados in *La Prise de parole (1968)* – cf. acima nota 13 – e in *La Culture au pluriel* (1974), nov. ed., Paris, Seuil Points 1993. Encontra-se a Bibliografia completa de Michel de Certeau, in L. Giard et al., *Le Voyage mystique*, p. 191-243: sobre esta obra, cf. acima nota 3. Sobre a sua obra, cf. acima notas 5 e 8.

Anais do cotidiano

1. Paul Leuilliot, Prefácio in Guy Thuillier, *Pour une histoire du quotidien au XIX*e *siècle en Nivernais*, Paris et La Haye, Mouton 1977, p. XI-XII.

2. *Recherches*, n. 19, intitulado *Histoire de la rue des Caves*, 1975, p. 17.

3. Apresentei, na *Introdução geral* do I Volume, p. 37s., a problemática de conjunto que inspirou este trabalho. Lembro que essa pesquisa se tornou possível graças a um financiamento da Dgrst (Decisão de auxílio à pesquisa n. 74.7.1043).

4. Georges Simenon, *Pedigree*, Paris, Presses de la Cité 1952, p. 339.

Capítulo I

1. James Agee & Walker Evans, *Louons maintenant les grands hommes*, trad., Paris, Plon col. "Terre humaine" 1972.

2. Cf. entre outros autores: Adélaide Blásquez, *Gaston Lucas serrurier*, Paris, Plon 1976; Josette Gonthier, *Pierre Joly canut*, Paris, Delarge 1978; Serge Grafteaux, *Mémé Santerre*, Paris, Delarge 1975; Id., *La Mère Denis*, Paris, Delarge 1976; J.-C. Loiseau, *Marthe les mains pleines de terre*, Paris, Belfond 1977.

3*. *Les Pratiques culturelles*. A partir das três pesquisas (1974, 1982, 1990) do *Service des études et de la recherche* (SER), que se tornou em 1987 o *Département des Etudes et de la prospective* (DEP), do Ministério da Cultura, o termo "prática cultural" significa descrição estatística de comportamentos relacionados com uma atividade previamente determinada como cultural. Por exemplo: "ir ou não ao teatro e, no caso afirmativo, quantas vezes? Assistir ou não aos programas de televisão, quanto tempo? Ler ou não, e o quê? etc." Os questionários dessas três pesquisas abordam todos os aspectos da vida cultural, desde os mais familiares até os mais "elitistas", daí uma informação muito completa. Publicação dos resultados: *Les Pratiques culturelles des Français*, Paris, La Documentation française, 1974; mesmo título, Paris, Dalloz 1982; Olivier Donnat et Denis Cogneau, *Les Pratiques culturelles des Français, 1973-1989*, Paris, La Découverte et La Documentation française 1990.

Sobre essas pesquisas e os seus resultados, cf. Pierre Mayol, "Culture de tous les jours", in *Projet* n. 229, primavera de 1992, e "Introduction à l'enquête sur les pratiques culturelles", in Daniel Dhéret (ed.), *Le territoire du créateur*, Lyon, La Condition des Soies, 1992. Cf. também Christian Ruby et al., "La bataille du culturel", in *Regards sur l'actualité*, n. 189, março de 1993; o número especial "Culture et société", dos *Cahiers français*, n. 260, março-abril de 1993; Jean-François Chougnet et al., *La création face aux systèmes de diffusion*, Paris, La Documentation française 1993 (trata-se do relatório dos trabalhos do grupo "Création culturelle, compétitivité et cohésion sociale", presidido por Marin Karmitz para a preparação do XI Plano).

Em meu texto, a expressão "prática cultural" é sempre tomada, implicitamente, no sentido da tradição antropológica (Morgan, Boas, Frazer, Durkheim, Mauss, Lévi- -Strauss etc.): sistemas de valores subjacentes que estruturam as tomadas de posturas fundamentais da vida cotidiana, que passam despercebidos à consciência dos sujeitos, mas são decisivos para a sua identidade individual e de grupo. Toda vez que

---

* O asterisco indica as notas acrescentadas a esta nova edição (P.M.).

aparece essa formulação, acrescentei um outro termo para evitar a confusão com a sua acepção estatística atual.

4. Cf. trechos das conversas com Madame Marie, abaixo, Capítulo VII.

5*. De 1975 a 1977 interroguei quase cem pessoas. A semelhança das declarações sobre o bairro da Croix-Rousse, os valores sociais que estão ligados a ele, a vida profissional, as semelhanças na arrumação dos apartamentos e a evolução do conforto doméstico (azulejos nas instalações sanitárias, eletrodomésticos, a madeira de lei dos aparelhos de rádio e TV) me ajudaram a concentrar o conteúdo das conversações em um só grupo. Isso por economia redacional e também para evitar a dispersão e o falso realismo devidos à multiplicação das citações e dos interlocutores. Dou-me conta de que, concentrando a minha informação sobre um só grupo familiar de apenas uma rua, a rue Rivet, respeitei o primeiro preâmbulo (ou prelúdio) do Primeiro exercício dos *Exercícios Espirituais* (§ 47) de Inácio de Loyola sobre "a composição de lugar", que serve para fixar a imaginação em "o lugar material onde se encontra aquilo que quero contemplar", ou, mais modestamente, compreender e analisar.

6. Particularmente: P. Chombart de Lauwe (Ed.), *L'intégration du citadin à sa ville et à son quartier*, t. 3 por Bernard Lamy, Paris, CSU 1961; Henri Coing, *Rénovation sociale et urbaine et changement social*, Paris, Ed. Ouvrières 2. ed., 1973, p. 62s.; R. Ledrut, *L'Espace social de la ville. Problèmes de sociologie appliquée à l'aménagement urbain*, Paris, Anthropos 1968, p. 147s., e *Sociologie urbaine*, Paris, PUF 1973, p. 119s.; *Cahiers de l'Institut d'aménagement et d'urbanisme de la région parisienne*, vol. 7, março de 1967 (número especial dirigido por H. Lefebvre sobre "Le quartier et la ville"); B. Poupard et al., *Le Quartier Saint-Germain-des-Prés*, Paris, FORS 1972; Reine Vogel, "Caractéristique d'une animation urbaine originale", in *Urbanisme*, n. 143, 1973.

7. Jacqueline Palmade et al., *Contribution à une psychosociologie de l'espace urbaine. La dialectique du logement et de son environnement*, Paris, Ministério do Equipamento, 1970, Cap. II, p. 64.

8. Para uma análise mais profunda da prática da vizinhança, cf. Jacques Caroux, *Evolution des milieux ouvriers et habitat*, Montrouge, Centre d'ethnologie sociale 1975, p. 52-58, 96, 136.

Capítulo II

1. Cf. Gisela Pankov, *Structure familiale et psychose*, Paris, Aubier 1977. Dela extraio estas linhas que dão um esclarecimento sobre o corpo: "Defini a imagem do corpo por duas funções fundamentais que são *funções simbolizantes*, isto é, funções que permitem, em primeiro lugar, reconhecer um vínculo dinâmico entre a parte e a totalidade do corpo (*primeira função fundamental da imagem do corpo*), e, a seguir, captar, além da forma, o próprio conteúdo e o próprio sentido desse vínculo dinâmico (*segunda função fundamental da imagem do corpo*). Falo de funções simbolizantes para sublinhar que cada uma delas, enquanto 'conjunto de sistemas simbólicos', visa a 'uma regra de reciprocidade', uma lei imanente do corpo que se acha implicitamente dada pela função fundamental da imagem do corpo" (p. 8-9; cf. também p. 74-75, a referência a Gaston Fessard).

2. Pierre Antoine, "Le pouvoir des mots", in *Projet*, n. 81, janeiro de 1974, p. 41-54, sobretudo p. 44-45: "sendo o inverso da função de informação, a função de participação é tanto maior quanto mais conhecido e mais familiar aquilo que se diz. É pela probabilidade da mensagem, e não pela sua improbabilidade, que se poderia tentar definir-lhe a medida".

3. A palavra "circunstância" tem aqui o sentido preciso que lhe dá Umberto Eco: "Se é verdade que os signos denotam diretamente os objetos reais, *a circunstância se apresenta como o conjunto da realidade que condiciona as escolhas dos códigos e dos subcódigos, ligando a decodificação à sua própria presença*. O processo da comunicação, mesmo que não indique referências, parece se desenrolar *no referente*. A circunstância é este conjunto de condicionamentos materiais, econômicos, biológicos e físicos em cujo interior nós nos comunicamos" (*La Structure absente*, Paris, Mercure de France 1972, p. 116).

4. Roman Jakobson, *Essais de linguistique générale*, Paris, Minuit 1963; Cap. II, "Linguistique et Poétique", p. 209. Sobre o fator "contato" e a função fáctica que daí decorre, cf. p. 217.

5. Spinoza, *Tratado político*, II, § 19.

6. Henri Coing, *Rénovation sociale et changement social*, Paris, Ouvrières 1955, p. 62s. Essa obra aborda os problemas sociológicos suscitados pela renovação no XIII *arrondissement* de Paris.

7. Pierre Bourdieu, *Esquisse d'une théorie de la pratique*, Genebra, Droz 1972, p. 203, o grifo é meu.

8. Louis-Jean Calvet, *La Production révolutionnaire*, Paris, Payot 1976, p. 18s., 37s.

9*. No início dos anos setenta, o conceito de "prática significante" in Julia Kristeva parecia promissor. Mas redundou em nada. *A montanha de Séméiotikhè* (1969), *La Révolution du langage poétique* (1974) e *Polylogue* (1977) nem chegaram a parir um ratinho. Portanto, abreviei estes últimos parágrafos para evitar referências que se tinham tornado inúteis.

10. Julia Kristeva, *Séméiotikhè, Recherche pour une sémanalyse*, Paris, Seuil 1969, p. 12-13, 27, 44-45; e J. Kristeva et al., *La Traversée des signes*, Paris, Seuil 1975, p. 11. Sobre a noção de *prática significante*, o/a leitor/a pode se reportar à síntese de G. Namur, *Paragrammatisme et production de sens dans la sémiotique de J. Kristeva*, Université Catholique de Louvain, Institut de Linguistique, "Cours et Documents", n. 7, 1974.

11*. "Carnaval": trata-se, naturalmente, de uma alusão ao magnífico livro de Mikhail Bakhtine, *L'Oeuvre de François Rabelais et la culture populaire au Moyen Âge et sous la Renaissance* (Moscou, 1965), Paris, Gallimard Tel. 1982.

12. Julia Kristeva, *Séméiotikhè*, p. 160.

13. Ibid.

Capítulo III

1. Não terei muitas oportunidades para discorrer sobre a aglomeração lionense em seu conjunto. Remeto a algumas obras em que se podem encontrar todas as informações desejadas: V.-H. Debidour e M. Lafferrère, *Lyon et ses environs*, Grenoble, Arthaud, 1969, ill.; J. Labasse e M. Lafferrère, *La Région lyonnaise*, Paris, PUF 1966;

D. Dubreuil, *Rhône*, Paris, Seuil, Guides 1970; Obras históricas: Maurice Garden, *Lyon et les Lyonnais au XVIIIe siècle*, Paris, Flammarion, Sciences; A. Kleinclausz, *Lyon des origines à nos jours*, Lyon, 1925 e *Histoire de Lyon*, 3 vol., Lyon 1939; Abordagem política muito crítica: Jean Lojkine, *La Politique urbaine dans la région lyonnaise, 1945-1972*, Paris, Mouton 1974.

2. Cf. Maurice Moissonnier, *La Première Internationale et la Commune à Lyon*, Paris, Ed. sociales 1972, p. 20. Sobre as revoltas dos *canuts* (1831, 1834, 1848), cf. do mesmo Autor, *La Révolte des canuts. Lyon novembre 1831*, 2. ed., Paris, Ed. sociales 1975; Fernand Rude, *Le Mouvement ouvrier à Lyon de 1827 à 1832*, Paris, Anthropos 1969; Id., *C'est nous les canuts*, Paris, Maspero 1977; *Luttes ouvrières*, Meudon, Floréal. Quanto aos dossiês da história popular, 1977: "les canuts", p. 32-65.

3. M. Moissonnier, *La Première Internationale à Lyon et la Commune à Lyon*, p. 16.

4. Id., p. 17.

5. Id., p. 20.

6. Assim, segundo o recenseamento de 1968 (estatísticas estabelecidas pelo Insee), no bairro n. 4 do primeiro *arrondissement*, compreendido entre o cais André-Lassagne, sobre o Ródano, a praça Croix-Paquet e a rue des Fantasques, 100% dos imóveis são anteriores a 1871.

7. Michel Bonnet, *Etude préliminaire à la restauration des pentes de la Croix-Rousse*, mémoire de troisième cycle, Unité pédagogique d'Architecture de Lyon, junho de 1975, p. 21.

8*. Em 1936 ainda existiam na Croix-Rousse seiscentos tecelões que utilizavam 2.500 teares semimecânicos. Em 1969, restavam uma centena de tecelões e quatrocentos teares. Os teares foram vendidos, particularmente para a Argélia (cerca de 400 em 1968). O Presidente do Sindicato dos Têxteis deplorava então que "os artigos do Oriente não viessem mais de Lião. Os chales, damascos, *bourrichats*, *haïcks* constituíam uma excelente fonte de renda. A África do Norte importava grandes quantidades. Hoje, ela fabrica..." O Presidente do Sindicato lamentava também o desaparecimento da gravata de Lião, "que deu tanta fama à cidade", em benefício da Itália (fonte: *Le progrès de Lyon*, abril de 1969). Em 1975, no começo da pesquisa, só restavam treze *tecelões-canuts* profissionais (cf. a conversa com Madame Marie, Cap. VII). Entre as inúmeras associações que se desenvolveram a partir de então, algumas resgataram a herança dos *canuts* pela prática amadorística da tecelagem. Existe um pequeno museu dos *canuts* no quarto *arrondissement*. Um afresco mural soberbo, impressionante pelo realismo, foi pintado pelos artistas da *Cité de la Création* (de Oullins, perto de Lião), na parte de trás de um imóvel de cinco andares, bulevar des Canuts, para recordar a memória do bairro.

9*. "*Traboule*", da etimologia *trans ambulare*: atravessar, caminhar através de, ir além de. Cf. René Dejan, *Traboules de Lyon, histoire secrète d'une ville*, fotografias de Bernard Schreier, Lyon, Le Progrès 1988. Repertório de 315 "traboules" cuidadosamente estudadas de junho de 1986 a junho de 1988, das quais 150 se acham na Croix-Rousse: 142 no primeiro *arrondissement* e oito no quarto.

10*. Os testemunhos nos informam que, entre as duas grandes guerras, os novos casais de operários do centro de Lião (entre eles os que moravam nas ladeiras da Croix-Rousse) eram muitas vezes obrigados a morar com os pais de um dos cônjuges – em geral os da moça, ou na casa do noivo, se a mãe fosse viúva – por falta de apartamentos disponíveis com aluguéis acessíveis. Essa coabitação forçada podia se estender por alguns anos em espaços apertados e desconfortáveis, o que acarretava uma promiscuidade terrivelmente conflitiva – como o atesta o sarcasmo das "histórias de sogras", sempre florescentes nas memórias. Sem poder deduzir daí uma lei geral, parece que os recém-casados se instalavam finalmente "na própria casa" somente depois de nascer o segundo, e às vezes até o terceiro filho.

11. Segundo as estatísticas do Insee (1968), no primeiro *arrondissement*, 50% dos apartamentos não têm WC no seu interior (contra 27,9% para Lião), 70% não têm banheiros (contra 48,9% para Lião) e 10% não têm água corrente (1% em Lião). Michel Bonnet, op. cit., p. 33s.

12*. O imóvel foi comprado em 1985 por um corretor que o restaurou e lhe deu nova pintura, e vendeu os apartamentos. Os R. conseguiram comprar o deles. Um elevador ocupa nos patamares o lugar dos WCs, agora instalados nos apartamentos, aumentando o seu conforto sanitário e participando assim na evolução geral do setor imobiliário. As estatísticas são formais: enquanto 50% das residências da Croix-Rousse não tinham "sanitários" em domicílio em 1975, no Recenseamento de 1990 isso acontecia somente em 8,3% delas no primeiro *arrondissement* (1.361 moradias em 16.354) e em 5,5% no quarto (907 em 16.371).

13*. E os Beatles, os Rolling Stones etc. Maurice faleceu em novembro de 1987. Sua família descobriu entre os objetos que ele deixara partituras de orquestra, em formato de bolso, cuidadosamente anotadas (algumas sinfonias, os concertos para violino de Mozart e Beethoven, o concerto para piano de Schumann, o de Tchaikovski, e até o concerto "para a mão esquerda" de Ravel). Ele também possuía discos de rock que apreciava por causa da mensagem contestatária e pacifista. Músico eclético, prêmio de baixo no Conservatório de Lião nos anos sessenta, cantor com bela voz de tenor admirada nos corais (leigos), Maurice era um anarquista de esquerda, simpatizante das faixas mais radicais do Partido Comunista Francês (PCF) do pós-guerra, mas sem jamais ter tirado a "carteira" do Partido. Ele votava "na esquerda, sempre na esquerda, o mais à esquerda possível". Adorava os períodos de eleição: "votaria mesmo todos os domingos", assim me disseram os que o conheciam.

Não encontrei em minha pesquisa outro "operário qualificado" (segundo a terminologia do Insee) possuído por tamanha paixão pela, ou, melhor, pelas músicas. Em contrapartida encontrei, como o indico no texto, numerosos leitores de livros. Convém acrescentar que a aposentadoria aos sessenta anos e as aposentadorias proporcionais multiplicaram os praticantes de esportes amadores e os viajantes da "terceira idade".

14. Michel Bonnet (ed.), *Lyon, les pentes de la Croix-Rousse. Résultats de l'enquête, tableaux et commentaires*, UPA e UER sociologie, Lyon. Este documento está inserido, em anexo, in M. Bonnet, *Etude préliminaire* (cf. acima nota 7).

15*. Cf. p. 91-98s., uma "Nota complementar" sobre o desemprego dos jovens.

16. As estatísticas do Insee (recenseamento de 1968) são reveladoras da relação entre a taxa de estrangeiros e a taxa de demolição no primeiro *arrondissement*. Com efeito, a parte atualmente demolida da subida da Grande-Côte é a mais alta, aquela compreendida entre a rue Neyret e a rue des Pierres-Plantées. Trata-se, tanto de uma parte como da outra da Grande-Côte, dos quarteirões 14 e 19 (bairro n. 3, primeiro *arrondissement*, na classificação do INSEE 1968), que foram inteiramente arrasados. Ora, esses dois quarteirões eram aqueles onde a proporção de estrangeiros era a mais forte, como o mostra o quadro seguinte:

351

	Estrangeiros			
	Conjunto da população	Conjunto	% com relação à população	Argelinos
Totais do bairro n. 3	13.250	2.159	16	1.144
Totais do quarteirão 14..................	716	322	43	213
Totais do quarteirão 19..................	1.130	510	45	437

17*. Uma série de artigos, in *Le Progrès de Lyon*, de 17-18/06/82, utilizando os resultados do Recenseamento de 1975 para descrever os nove *arrondissements* da cidade de Lião, precisava que o primeiro *arrondissement* tinha, depois do nono (bairro de Vaise: 42,3%), uma das mais fortes proporções de operários da aglomeração: 41,1%. O quarto *arrondissement* (a "esplanada" da Croix-Rousse) tinha por seu lado 35% deles. A outra colina de Lião, Fourvière, a "colina mística" só possuía 4,9% deles.

18. J. Caroux, *Evolution des milieux ouvriers et habitat*, Montrouge, Centre d'ethnologie sociale, 1975. Para uma apresentação sintética dessa pesquisa, Id., "Le monde ouvrier. De l'autonomie à l'atomisation", in *Esprit*, maio de 1978, p. 25-38. Também do mesmo autor, *Un couple ouvrier traditionnel*, Paris, Anthropos 1974 e *La Vie d'une famille ouvrière*, Paris, Seuil 1972.

19*. Sobre a *gentrification*, cf. Daniel Dhéret (Ed.), *Le territoire du créateur*, Lyon, La Condition des Soies, 1992, que contém uma enquete sobre os artistas que moram na Croix-Rousse (onde são numerosos): muitos se instalaram exatamente nos anos 1975-1980, trazendo para o bairro uma renovação intelectual e demográfica (cf. a minha nota complementar, "La Croix-Rousse interrogée", p. 98-104). Este livro é o resultado de um colóquio (novembro de 1990) no quadro do "desenvolvimento social" do primeiro *arrondissement*. Sobre o processo do "desenvolvimento social dos bairros" (DSB), cf. o meu artigo "Radiographie des banlieues", in *Esprit*, junho de 1992. Cf. também Laurence Roulleau-Berger, *La ville intervalle, jeunes entre centre et banlieue*, Paris, Méridiens Klincksieck 1991, sobre jovens artistas em dificuldade de inserção em Lião, alguns dos quais residem na Croix-Rousse.

20*. Cf. Catherine Foret & Pascal Bavoux, *En passant par le centre... La rue de la République à Lyon. Anthropologie d'un espace public*, Lyon, Trajectoires 1990. Curiosamente, nesse estudo, não se acha nenhuma referência à minha análise, embora os territórios pesquisados sejam vizinhos.

21. Processo de segregação particularmente sensível em Lyon por causa da configuração acidentada desse sítio urbano (colinas, Ródano, Saône). Cf. V.-H. Debidour & M. LA- Fferrère, op. cit., p. 18-19: "Atrás das enormes plataformas da Part-Dieu e dos Brotteaux, na estrada de ferro de Genebra, os bairros de La Villette, de Montplaisir, dos Etats-Unis, o município de Villeurbaine têm um acesso tão difícil aos múltiplos recursos do coração da cidade, que a vida se organizou em torno de centros secundários particularmente ativos, onde se puderam experimentar fórmulas novas, com bom resultado. O teatro da Cidade em Villeurbanne, o Centro cultural do VIII Distrito, as lojas self-service do bairro Jean-Mermoz... A própria zona suburbana proliferou ao redor de núcleos independentes. As indústrias que transformaram essas

antigas municipalidades rurais procuravam, todas, locais afastados da aglomeração lionense propriamente dita, seja para utilizar terrenos maiores (material de estrada de ferro em Oullins, fábrica de automóveis em Vénissieux, indústria têxtil em Saint-Priest), seja para reduzir certas indústrias prejudiciais (seda artificial em Decines, química em Saint-Fons e em Neuville-sur-Saône). Grandes fábricas e cidades operárias deste modo realizaram em épocas diferentes composições urbanas mais ou menos atraentes, mas todas separadas de Lião. Hoje, os terrenos baldios vão ficando ocupados entre a cidade e o subúrbio..."

22*. Seria necessário dizer "souper": no falar popular da região de Lião, o "déjeuner" corresponde ao desjejum matinal; o "dîner" a uma refeição leve ao meio-dia; o "souper" à refeição da noite.

23. Sobre tudo isto, cf. Capítulo VI, p. 159s.

24*. Este anexo retoma, e o refunde completamente, o meu capítulo com o mesmo título, in Daniel Dhéret (ed.), *Le territoire du créateur*, Lião, La Condition des soies, 1993, p. 16-23.

25*. Paralelamente, constata-se uma diversificação das categorias socioprofissionais dos moradores. Bairro quase majoritariamente operário de longa data, as ladeiras da Croix-Rousse integraram empregados, quadros, profissões intelectuais (professores, jornalistas, publicitários) ou de saúde.

26*. Por corruptela fonética e semântica "compagnon du devoir" (muitos *canuts* da Fábrica pertenciam a esta corporação) dá "dévoireur", "dévoreur" e finalmente "vorace", termo que surgiu depois das insurreições de novembro de 1831 e abril de 1834. Por extensão, a palavra "vorace" se aplica a qualquer revolta ou reivindicação popular. Philippe Boutry, *Prêtres et paroisses au pays du Curé d'Ars*, Paris, Cerf 1986, p. 79, chama a atenção para "as lutas dos *voraces* boias-frias", contra os proprietários de terras da Dombe, mas omite dar a etimologia. Pode-se ler com interesse: Jacques Perdu, *La révolte des canuts 1831-1834*, Paris, Spartacus/René Léfeuvre 1974, devidamente impresso (44 rue Burdeau) nas ladeiras da Croix-Rousse, perto dessas *traboules* onde se travaram tão violentos combates entre os *canuts* e as forças da ordem do Prefeito Terme. A rue Burdeau se estende ao longo do Jardin des Plantes, onde se erguia o anfiteatro dos Três Gauleses: ali, conforme a tradição, morreram os mártires de Lião. Mártires cristãos, *canuts* revoltados, editores e impressores anarquistas (uma livraria anarquista e libertária existe também na rue Rivet, desde 1990) coabitam no mesmo pequeno perímetro, separados somente pelos séculos.

27*. Cf. as análises de Philippe Boutry, op. cit., um livro cativante, e meu artigo a seu propósito "Au pays du Curé d'Ars", in *Esprit*, janeiro de 1987, p. 51-64, em que insisto na tradição *gnóstica* do Catolicismo lionês, que marcou a meu ver Jean-Marie Vianney na sua infância. Imagino essa tradição sempre ativa, embora a erosão das práticas religiosas a tenha marginalizado.

Capítulo IV

1*. "Allée": termo da região lionesa para designar a entrada de um imóvel.

2*. Nesta parte da rue Rivet se ergue o célebre prédio "das trezentas janelas", que domina também a Praça Rouville e que se pode ver desde o cais do Saône no centro da cidade. Impressionante por sua austera harmonia e pela altura de suas fachadas, foi construído em 1826 pelo arquiteto saboiano Brunet, que desejava fazer dele um símbolo da sua época: quatro portas com dois grandes batentes para a passagem de carruagens, como as quatro estações do ano, duas vezes seis andares como os meses, 56 apartamentos como as semanas, 360 janelas como os dias. Além disso, uma placa, colocada em 1990 entre os números 15 e 17 da rue Rivet, lembra (coisa que eu desconhecia) o nascimento de um arquiteto igualmente célebre: "Aqui nasceu Tony Garnier, 1869-1948, arquiteto, primeiro grande prêmio de Roma, precursor da arquitetura e do urbanismo contemporâneos".

3*. Na Região Rhône-Alpes em geral (região que compreende oito departamentos), e no bairro da Croix-Rousse em particular, o linguajar popular emprega muitas vezes "y" em vez do pronome pessoal complemento do objeto direto: "j'y aime" em vez de "je l'aime", "j'y prends" em vez de "je le prends", "j'y mange" em vez de "je le mange", "j'y tiens" em vez de "je le tiens" (e não "je tiens à lui") etc.

4*. "Du onze", isto é, vinho com onze graus de teor alcoólico, em garrafa de um litro. Essa precisão significa que Madame X. comprava um vinho de família mais "conveniente" que o "doze" de má fama, "muito mais pesado", e que conota o vinho forte dos que bebem demais. Quanto ao "dez", leve demais para "revigorar", é considerado bom tempero para certos molhos de carnes cozidas, que ganham o jocoso nome de "ragougnasses", diminutivo pejorativo de "ragoût".

5*. Aline escandalizava o pai por um comportamento marital que "a gente boa" da rue Rivet e dos outros bairros chamava de "vivre à la colle" (algo parecido ao nosso "ajuntado", "amigado", N.T.), mas que o demógrafo Louis Roussel batizava, com mais seriedade, em 1978, na revista *Population*, "coabitação juvenil". Ela se referia então a menos de 10% dos casais jovens. Esse comportamento novo estava, como se sabe, fadado a um brilhante futuro, em todos os meios.

Capítulo V

1*. Após essa pesquisa, o estatuto cultural do pão mudou muito. Antigamente, produto necessário, mas desaconselhado pelos nutricionistas (ruim para a silhueta), é hoje um objeto de exibição, de "distinção", com virtudes dietéticas reconhecidas (bom para o coração e para o trânsito). Todavia, o seu lugar nas refeições não tem cessado de diminuir: consumiam-se 84,3kg por ano e por pessoa em 1965; 68,4kg em 1969; 51,3kg por ano em 1979 (pouco depois da pesquisa) e "somente" 44,3kg em 1989 (fonte: Michèle Bertrand, *Consommation et lieux d'achat des produits alimentaires en 1989*, Insee, agosto de 1993, p. 31). Como acontece com o vinho, consome-se menos, mas melhor (cf. abaixo, nota 5). Cf. o belo livro de Bernard Dupaigne, *Le Pain*, Paris, Messidor; bem como Lionel PoilâNe, *Guide de l'amateur de pain*, Paris, Robert Laffont 1981; André Garnier, *Pains et viennoiseries*, Lucerne, Dormarval, 1993, livro de receitas que contém uma síntese histórica e simbólica sobre o pão.

2*. Os médicos sublinham que o alcoólico multiplica os pontos de compra longe do seu bairro, para dispersar pela astúcia as pistas de sua "vergonha" diminuindo assim as chances de ser "reconhecido". Um comerciante me confiou, não faz muito tempo, que a compra de vinho em vasilhas de plástico, contendo um litro e meio (que, me parece, não existiam em 1975), se tornou o sinal quase indubitável de se estar lidando com um alcoólico, um verdadeiro "beberrão", pois o vinho que contêm "não é mesmo de boa qualidade". Sobre essas astúcias, essas táticas, cf. Véronique Nahoum-Grappe, *La*

354

culture de l'ivresse, essai de phénoménologie historique, Paris, Quai Voltaire 1991; Pierre Mayol, "Les seuils de l'alcoolisme", in *Esprit*, novembro-dezembro de 1980, p. 155-163.

3*. Mais tarde, essa garrafa de quarenta e seis centilitros passou a ser apreciada na restauração lionesa. Pode-se comprá-la nos antiquários e nos bazares, e os donos dos restaurantes populares do centro o puseram de novo em seu menu, e na mesa, como testemunha da identidade cultural do lugar.

4. Cf. Paul Fournel, *L'histoire véritable de Guignol*, Lyon, Fédérop 1975.

5*. Quando eu estava elaborando estas páginas, o vinho ainda tinha considerável valor simbólico. Não tenho certeza se o teria conservado. A poética do vinho, "sangue do trabalhador", já saiu de moda. Embora apreciando o livro de Pierre Sansot, *Les gens de peu*, Paris, PUF 1991, não compartilho o seu ponto de vista "compreensivo", quase eufórico, sobre "o beberrão público" (Cap. 9). Segundo a minha sondagem, o beberrão era e ainda é sempre considerado, mesmo pelos bons bebedores, a causa ou a consequência de uma situação social e pessoal desastrosa. Parece-me também que os "atletas do cotovelo", cuja atividade principal consiste em "levantamento de copo", estão agora mais vezes nos balcões que nas mesas, ou seja, mais solitários. No decorrer dos anos, observei que se bebia sempre menos álcool (cerveja, aperitivos, digestivos) e vinho, tanto em casa como nos cafés "de passagem" ou de "bairro". Essa modificação recente dos comportamentos sociais com relação à bebida deixa ainda mais isolados os grandes amantes da bebida; a reprovação não é mais moral, voltada para os outros, ela é de caráter higiênico e até ecológico, mais voltada para si. Seja como for, as estatísticas são formais: bebe-se menos vinho e escolhe-se um produto melhor (como o pão). Assim, o consumo em domicílio por pessoa e por ano era de 91 litros de vinho, e destes 84 litros de vinho ordinário em 1965; era ainda de 55 litros, dos quais 48 de vinho ordinário em 1979; é em 1989 de 32 litros, dos quais 21 de vinho ordinário. As quantidades foram, portanto, divididas por três para o vinho em geral, por quatro para o vinho ordinário. Nesse declínio regular se observa que o "índice de volume, de base 100 em 1980", está nitidamente favorável ao vinho engarrafado (o chamado *Vin de Qualité Supérieure, Appellation d'Origine Contrôlée*: VDQS, AOC), como o mostram os dados abaixo:

	vinho AOC e VDQS	vinho ordinário
1970	79,2	115,6
1975	81,3	109,3
1980	100,0	100,0
1985	130,4	85,3
1990	162,3	62,0

Fontes: Michèle Bertrand, *Consommation et lieux d'achat de produits alimentaires en 1989*, Insee, agosto de 1992, p. 31; Monique Gombert et al., *La consommation des ménages en 1991*, Résultats n. 177-178, Consommation – Modes de vie n. 39-40, Insee, maio de 1992.

6. Cf. Pierre Mayol, "Le jeu. Approche anthropologique", in *Education 2000*, n. 11, dezembro de 1978.

7*. Alusão ao livro do psicanalista Denis Vasse, *Le temps du désir*, Paris, Seuil 1969.

Capítulo VI

1*. A euforia do sábado estava ligada à recente redução do tempo de trabalho na vida social. Ela se tornou efetiva para Joseph e seus colegas de fábrica, como para muitos de seus vizinhos e amigos assalariados, pela conquista progressiva primeiro do sábado após o meio-dia, depois do dia inteiro do sábado de duas em duas semanas e enfim do sábado livre. A "duração hebdomadária efetiva do trabalho dos operários" era em média de 47 horas de 1950 a 1968, depois começou a diminuir: 42 horas em 1975, 40 em 1978 (e 39 a partir de janeiro de 1982). Além disso, para as pessoas que começaram a trabalhar muito jovens "na fábrica" após a Segunda Guerra Mundial, é preciso lembrar que a terceira semana de férias pagas data da lei de 27 de março de 1957, e a quarta da lei de 16 de maio de 1959 (a quinta semana é devida ao decreto de 16 de janeiro de 1982 que também instituiu a semana de 39 horas). Minha pesquisa se situava em pleno período de experiência do "tempo livre" sobre o "tempo obrigatório" do trabalho. Daí minha insistência sobre a apropriação da cidade como espaço mercantil, até então de difícil acesso, de repente revelado em toda a sua profusão, graças à liberdade completamente nova do sábado.

2. Quero lembrar que esta pesquisa foi feita antes que o bairro de La Part-Dieu se tornasse preponderante.

Capítulo VII

1. Os materiais tirados dessas entrevistas foram utilizados anteriormente, capítulos III a VI.

2. Robert é dono de uma mercearia com depósito de pão.

3. Trata-se de Robert.

4. Rue Saint-Jean, cf. cap. III, p. 57s.

5. Madame Marie confunde as gerações. Jean, seu neto, então com vinte e cinco anos de idade, não frequentou a mesma escola que seus dois filhos Maurice e Joseph.

6. Atual lugar da estação de ônibus na praça.

7. Cinema do bairro.

8. Madame Marguerite tinha uma irmã.

9. Era dono de uma drogaria na rue Jean-Baptiste Say.

10. Era o bairro das prostitutas.

11. Expressão curiosa empregada por Madame Marguerite para designar o fato de uma jovem ter relações sexuais antes do casamento. Literalmente: "Ver peidar o lobo na pedra do mato" [N.T.].

12. Sobre a "ficelle", cf. p. 71, 181s.

13. Madame Marguerite visa aos imóveis construídos no platô há vinte anos, principalmente a torre HLM, erigida na praça da antiga estação da Croix-Rousse, e a Residência Saint-Bernard, um imóvel de alto padrão construído no final do bulevar no local das antigas fábricas Teppaz.

14. Os cartões postais da época representam este trem manobrando no meio do bulevar da Croix-Rousse. Criado em 1864 pela Compagnie des Dombes, ele circulava de Lyon-Croix-Rousse a Bourg-en-Bresse. Sua estação se encontrava ao lado da atual saída do túnel da autoestrada que vem da rue Terme.

15. Madame Marguerite cometeu um erro. O primeiro elevador foi o da rue Terme, inaugurado a 3 de junho de 1862; o segundo só entrou em função em 1891.

16. Por "vinho doce" ela designa vinho novo, e não um vinho açucarado. Consumia-se também na Vogue uma espécie de *galette* espessa, muito nutritiva, um crepe espesso.

17. Madame Marguerite escrevia mais adiante: "Meu pai, sem dúvida por espírito de contradição e para não ser igual a todo mundo, havia recusado a instalação da eletricidade que era feita naquela época gratuitamente. Continuamos, portanto, a viver com uma lâmpada de petróleo suspensa e que fumegava muito. Na loja, um candeeiro que obrigava o acendedor a subir numa cadeira para acendê-lo ou apagá-lo".

18. A loja abria às seis horas da manhã no verão e meia hora mais tarde no inverno; fechava às vinte e uma horas. No inverno, funcionava todos os dias, até mesmo aos domingos. No verão fechava às catorze horas aos domingos. Madame Marguerite se lembrava: "Uma vez por ano, na segunda-feira da Páscoa, fechávamos o comércio o dia inteiro. Naquele dia íamos ver no asilo de Albigny uma parenta velhinha que tinha uma perna de pau. Com esta visita uma vez por ano, meu pai pensava ser o benfeitor da enferma e ficava com a consciência tranquila. Tomávamos um trem em Saint-Paul, um trambolho sem nenhuma comodidade; a viagem durava cerca de meia hora ou três quartos de hora, com o trem andando e parando muitas vezes. Apesar desta curta duração da viagem, minha mãe levava um pequeno lanche. Era preciso dar a esta única viagem anual o aspecto de uma verdadeira viagem!"

19. Situada no rio Saône, ao norte de Lyon, a Ile-Barbe era um lugar de passeio muito frequentado aos domingos. "A guilhotina" era o apelido dado aos motores a vapor que puxavam os trens das margens do Saône entre Lyon e Neuville-sur-Saône. Em 1932, foram substituídos por bondes de grande capacidade, que funcionaram até 1957, chamados por oposição de *Train Bleu* (Trem Azul). Cf. Jean Arrivetz, *Histoire des transports à Lyon,* Lyon 1966.

Capítulo VIII

1. J.-C. Jolain, "Inventer du nouveau sans défigurer l'ancien", in *Le Monde,* 15 de fevereiro de 1979.

2. F. Chaslin, "Réhabilitation par le vide", in *Le Monde,* 18 de fevereiro de 1982.

3. A. Jacob, "Du neuf dans le vieux pour le IVe arrondissement", in *Le Monde,* 22 de novembro de 1979.

4. Volker Plageman, *Das deutsche Kunstmuseum 1790-1870*, Munique, Prestel 1967, sobre a organização dos museus alemães no curso do século XIX: essas mostras pedagógicas conjugam o progresso do espírito com a promoção da pátria.

5. P. Maillard, "L'art s'installera-t-il dans l'usine à gaz?", in *Le Monde,* 7 de abril de 1982.

6. M. Champenois, in *Le Monde,* 12 de setembro de 1979.

7. Pierre-Jakez Helias, *Le Cheval d'orgueil*, Paris, Plon 1975, p. 14-16.

8. Jules Michelet, *La Sorcière*, Paris, Calmann-Lévy, s.d., p. 23s.

9. Cf. Dominique Poulot, "L'avenir du passé. Les musées en mouvement", in *Le Débat,* n. 12, maio de 1981, p. 105-115. Ou Jean Clair, "Érostrate, ou le musée en question", in *Revue d'esthétique,* n. 3-4, 1974, p. 185-206.

10. Sobre o Marais, cf. D. Benassaya, "Un luxe sur le dos des pauvres", in *Le Monde*, 15 de maio de 1979. O mesmo problema em outras cidades, por exemplo, para a rue des Tanneurs em Colmar.

11. Cf. *Le Monde*, 20 de novembro de 1979.

12. Id.

13. Cf. Michel de Certeau, *La culture au pluriel*, nova ed., Paris, Seuil, Points 1993, cap. 3: "La beauté du mort".

14. J. de Barrin, "Le musée d'un paysan", in *Le Monde*, 9 de abril de 1977.

15. Cf. Michel de Certeau, *A invenção do cotidiano, I, Artes de fazer*, Petrópolis, Vozes 1994.

16. Cf. Jean-Pierre Faye, *Langages totalitaires*, Paris, Hermann 1972.

17. Pierre Janet, *L'Évolution de la mémoire*, Paris, Chahine 1928, p. 288.

Capítulo IX

1. Marie-Claire Ferrier, *Enfants de justice*, Paris, Maspero 1981, p. 123.

2. Luce Giard, "Voyageuse raison", in *Esprit*, número intitulado "L'utopie ou la raison dans l'imaginaire", abril de 1977, p. 557-566. E Gérard Raulet (Ed.), *Stratégies de l'utopie*, Paris, Galilée 1979: Michel de Certeau e Luce Giard colaboraram nesta obra.

Capítulo X

1. Luce Giard, "La fabrique des filles", in *Esprit*, junho de 1976, p. 1108-1123; e em colaboração, "Note conjointe sur l'éminente relativité du concept de femme", id., p. 1079-1085.

2. Marcel Mauss, *Sociologie et anthropologie*, Paris, PUF [3]1966, 365-386.

3. Chantal Akermann, entrevista in *Télérama*, cit. in *Études*, abril de 1976, p. 564.

4. Id., propostas recolhidas por Jacques Siclier, in *Le Monde*, 22 de janeiro de 1976; a entrevista foi precedida por um artigo de Louis Marcorelles, "Comment dire chef-d'œuvre ao féminin?"

5. Entretien avec Chantal Akerman, in *Cahiers du cinéma*, n. 278, julho de 1977, p. 41.

6. Freddy Laurent, in *La Revue nouvelle*, março de 1974, p. 296.

7. Le théâtre des cuisines, *Môman travaille pas, a trop d'ouvrage!*, Montreal, ed. du Rue-ménage, 1976.

8. Sobre Rabelais, Noëlle Châtelet, *Le corps à corps culinaire*, Paris, Seuil 1977, p. 55-92.

9. "Este relato, mas também todos os outros, e isto sem nenhuma exceção, estão entremeados de longas listas de comidas, assim como em Dickens, Rabelais, Cervantes... Há em Verne, como nestes, um fantasma ingênuo e simples, de estar repleto, cheio, o horror do vazio [...]. A natureza é mãe, ela dá de comer. Ela é plena em todos os sentidos, como dizia Leibniz, ela não pode ter fome. O homem é o buraco

da natureza, ele é a fome do mundo" (Michel Serres, *Jouvences sur Jules Verne*, Paris, Minuit 1974, p. 176).

10. Courtine, *Balzac à table*, Paris, Robert Laffont 1976.

11. Courtine, *Le cahier de recettes de Mme. Maigret*, prefácio de Georges Simenon, Paris, Robert Laffont 1974; Id., *Zola à table, trois cents recettes*, do mesmo editor, 1978.

12. Pierre Bonte, *Le bonheur est dans le pré*, Paris, Stock 1976, p. 232; Catherine B. Clément, "Pierre Bonte et ses philosophes du matin; le Christophe Colomb de Chavignol", in *Le Monde*, 15-16 de fevereiro de 1976.

13. Nicole, "Les pommes de terre", in *Les Temps modernes*, n. intitulado "Les femmes s'entêtent", abril-maio de 1974, p. 1732-1734.

14. Nosso método me parece bem próximo do de Claudine Herzlich, *Santé et maladie. Analyse d'une représentation sociale*, Paris e Haia, Mouton 2. ed. 1975, p. 25-28.

15. Cf. o cap. XIV: "Au fond, la cuisine, ça m'inquiète", p. 314-350.

16. André Villeneuve, *La Consommation alimentaire des Français, année 1972*, Insee, 1974, série M, n. 34. Id. e Georges Bigata, *Repas à l'extérieur et repas au domicile en 1971*, Insee, 1975, série M, n. 49. Igualmente Annie Fouquet, *Les grandes tendences de la consommation alimentaire (exercice pour 1980)*, Insee, 1976, série M, n. 54.

17. Sobre o método, A. Villeneuve, *La consommation*, p. 7-11; Villeneuve e Bigata, *op. cit.*, p. 9-11.

18. J. Claudian/Y. Serville/F. Trémolières, "Enquête sur les facteurs de choix des aliments", in *Bulletin de l'Inserm*, tomo 24, 1969, n. 5, p. 1277-1390. Acrescentaremos a este mais dois textos complementares: Jean Claudian/Ivonne Serville, "Aspects de l'évolution récente du comportement alimentaire en France: composition des repas et urbanisation", in J.-J. Hémardinquer (ed.), *Pour une histoire de l'alimentation*, Paris, Armand Colin 1970, p. 174-187; dos mesmos autores, "Les aliments du dimanche et du vendredi. Études sur le comportement alimentaire actuel en France", Id., p. 300-306. Da grande pesquisa citada por primeiro, um interessante resumo: Michelle de WILDE, "La nourriture en famille", in *L'Ecole des parents*, n. 10, dez. de 1972, p. 21-29.

19. Claudian/Seville/Trémolières, "Enquête", *op. cit.*, p. 1277-1279, 1281, 1283, 1358, 1366.

20. Arlette Jacob, *La nutrition*, Paris, PUF Que sais-je?, 1975, contém uma exposição clara e precisa dessas questões.

21. Jean Trémolières, art. "Dénutrition", in *Encyclopaedia universalis*, Paris 1968.

22. A. Jacob, op. cit., p. 108-116.

23. Jean Claudian, "L'alimentation", in Michel François (Ed.), *La France et les Français*, Paris, Gallimard, Pléiade 1972, p. 152-153. E Maurice Aymard, "Pour l'histoire de l'alimentation: quelques remarques de méthode", in *Annales ESC*, tomo 30, 1975, p. 435, 439-442.

24. John Dobbing, "malnutrition et développement du cerveau", in *La Recherche*, n. 64, fevereiro de 1976, p. 139-145. E *Lipids, malnutrition and the developing brain* (a Ciba Foundation Symposium), Amesterdã, 1972.

25. Emmanuel Le Roy Ladurie, "L'aménorrhée de famine (XVIIe-XXe siècle)", in *Annales ESC*, número sobre História biológica e sociedade, tomo 24, 1969, p. 1589-1601.

26. Tom Brewer, *Metabolic Toxemia of Late Pregnancy*, Springfield (Ill.), 1966; id., "Consequences of malnutrition in human pregnancy", in *Ciba Review: Perinatal Medicine*, 1975, p. 5-6.

27. Dr. Escoffier-Lambiotte, "Vers une prévention des affections et des cancers intestinaux?", in *Le Monde*, 17 de setembro de 1975. Sobre o grande número de cânceres do estômago, no Japão, ligado, ao que parece, a um certo tipo de regime alimentar, cf. J.-D. Flaysakier, "Au Japon, le cancer de l'estomac: un exemple réussi de prévention", in *Le Monde*, 3 de outubro de 1979.

28. M.D., "L'alimentation et la préservation de la santé", in *Le Monde*, 29 de setembro de 1976.

29. Dr. Escoffier-Lambiotte, "Graisses alimentaires et fibres végetales", in *Le Monde*, 16 de fevereiro de 1977, conforme a tese de F. Meyer (Lyon).

30. Henri Dupin, *L'alimentation des Français. Évolution et problèmes nutritionnels*, Paris, ESF 1978.

31. Esta descoberta valeu um prêmio Nobel em 1976 a seu autor, C. Gajdusek: Ed. Schuller, "Virologie tous azimuts du cerveau de l'anthropophage...", in *La Recherche*, n. 73, dezembro de 1976, p. 1061-1063.

32. A. Jacob, op. cit., p. 117-119.

33. Yvonne Rebeyrol, "Y-a-t-il encore des explorateurs?, in *Le Monde*, 14 de setembro de 1977, a propósito da estadia de François Lupu no vale do Sepik onde são comidos os vermes parasitas dos sagueiros.

34. Léo Mulin, *L'Europe à table. Introduction à une psychosociologie des pratiques alimentaires*, Paris e Bruxelas, Elsevier Sequoia 1975, p. 20-26, 129-130, 136-138.

35. Neste caso preciso, parece que fatores biológicos entram em jogo: as etnias europeias seriam as únicas a conservar na idade adulta a capacidade de produzir uma enzima necessária à boa digestão do leite cru.

36. Roland Barthes, "Pout une psychosociologie de l'alimentation contemporaine", in Hémardinquer, op. cit., p. 309-310.

37. M. Aymard, op. cit., p. 431s.

Capítulo XI

1. Paul Leuilliot, préface, in Guy Thuillier, *Pour une histoire du quotidien au XIXe siècle en Nivernais*, Paris e Haia, Mouton 1977, p. XII.

2. Mary Douglas, *De la souillure* (trad.), Paris, Maspero 1971, p. 27, 55, 58.

3. Jean Claudian, "L'alimentation", in Michel François (Ed.), *La France et les Français*, Paris, Gallimard, Pléiade 1972, p. 160. Sobre a melhoria das técnicas agrícolas, Roland Mousnier, *Progrès scientifique et technique au XVIIIe siècle*, Paris, Plon 1958.

4. François Sigaut, *Les Réserves de grains à long terme. Techniques de conservation et fonctions sociales dans l'histoire*, Lille e Paris, Université de Lille III e MSH, 1978. E Marceau Gast e François Sigaut (Eds.), *Les Techniques de conservation des grains à long terme*, Paris, CNRS 1979.

5. Guy Thuillier, "L'alimentation en Nivernais au XIXe siècle", in Jean-Jacques Hémardinquer (Ed.), *Pour une histoire de l'alimentation*, Paris, Armand Colin 1970, p. 161-162.

6. Andrzej Wyczanski, "La consommation alimentaire en Pologne au XVIe siècle", in Hémardinquer, op. cit., p. 45-46.

7. J.-J. Hémardinquer, "Faut-il 'demythifier' le porc familial d'Ancien Régime?", in *Annales ESC*, tomo 25, novembro-dezembro de 1970, p. 1745-1766. Bartolomé Bennassar e Joseph Goy, "Contribution à l'histoire de la consommation alimentaire du XIVe au XIXe siècle", in *Annales ESC*, tomo 30, março-junho de 1975, p. 416.

8. Michel Morineau, "La pomme de terre au XVIIIe siècle", in *Annales ESC*, tomo 25, novembro-dezembro de 1970, p. 1767-1785.

9. Jean-Paul Aron, *Le Mangeur du XIXe* siècle, Paris, Denoël Gonthier, Médiations 1976, p. 115.

10. Arlette Farge, *Délinquance et criminalité: le vol d'aliments au XVIIIe siècle*, Paris, Plon 1974, p. 93, 116-117, 128, 156-158.

11. J.-P. Aron, op. cit., p. 215-217, 259-262. Id., "Sur les consommations avariées à Paris dans la deuxième moitié du XIXe siècle", in *Annales ESC*, tomo 30, março-junho de 1975, p. 553-562.

12. *Cinq siècles d'imagerie française*, Paris, Musée des ATP, 1973, n. 3, p. 9, sobre "Le Pays de Cocagne".

13. Geneviève Bollème, *La Bible bleue. Anthologie d'une littérature "populaire"*, Paris, Flammarion 1975, p. 16-18, 243-254.

14. Lotte Schwarz, *Je veux vivre jusqu'à ma mort*, Paris, Seuil 1979, p. 165.

15. J. Claudian, op. cit., p. 150-151.

16. Serge Grafteaux, *La Mère Denis*, Paris, J.-P. Delarge 1976, p. 17-18, 20, 23-24, 72, 74, 75, 81-82, 141, 160, 188-190.

17. Kant, *Anthropologie du point de vue pragmatique*, trad. de M. Foucault, Paris, Vrin 1979, parágrafo 22, p. 41.

18. Serge Grafteaux, *Mémé Santerre*, Verviers, Marabout 1976, p. 9, 11, 12, 13, 40-41.

19. Mary Chamberlain, *Paysannes des marais*, trad., Paris, Éd. des Femmes 1976.

20. Julien Nussbaum, "Aspects technologiques de la cuisine rurale alsacienne d'autrefois", in *Revue des Sciences Sociales de la France de l'Est*, número especial, 1977, p. 131, 136.

21. Bennassar e Goy, op. cit., p. 417.

22. Sobre os métodos desta pesquisa, cf. cap. X, p. 227s.

23. Jean Claudian e Yvonne Serville, "Aspects de l'évolution récente du comportement alimentaire en France: composition des repas et 'urbanisation'", in Hémardinquer (ed.), *Pour une histoire de l'alimentation*, p. 182-184.

24. Thuillier, *Pour une histoire du quotidien*, p. 54.

25. Ibid., p. 65.

26. Abel Poitrineau, "L'alimentation populaire en Auvergne au XVIIIᵉ siècle", in Hémardinquer (ed.), *Pour une histoire de l'alimentation*, p. 151.

27. Micheline Baulant, "Niveaux de vie paysans autour de Meaux en 1700 et 1750", in *Annales ESC*, tomo 30, março-junho de 1975, p. 514.

28. Thuillier, op. cit., in Hémardinquer (ed.), *Pour une histoire de l'alimentation*, p. 164.

29. Willem Frijhoff e Dominique Julia, "L'alimentation des pensionnaires à la fin de l'Ancien Régime", in *Annales ESC*, tomo 30, março-junho de 1975, p. 499.

30. J. Nussbaum, op. cit., p. 120.

31. E.N. Anderson, "Réflexions sur la cuisine", in *L'Homme*, tomo 10, abril-junho de 1970, p. 122-124. E Mark Elvin, "The sweet and the sour", in *Times Literary Supplément*, 8, agosto de 1977.

32. Paul Valéry, *La soirée avec Monsieur Teste,* in *Oeuvres*, Paris, Gallimard, Pléiade tomo 2, 1971, p. 16.

33. Claude Lévi-Strauss, *Du miel aux cendres*, Paris, Plon 1967, p. 276.

34. Idem, *L'origine des manières de tables*, Paris, Plon 1968, p. 411.

35. Id., p. 388.

36. Id., p. 419.

37. Id., p. 422.

38. Francis Martens, "Diététique ou la cuisine de Dieu", in *Communications*, n. 26, 1977, p. 16-45, especialmente p. 27-28.

39. Id., p. 45.

40. Pierre Bourdieu, *La distinction. Critique sociale du jugement*, Paris, Minuit 1979, p. 230.

41. Id., p. 85.

42. Id., p. 231.

43. Id., p. 85-86.

44. Id., p. 215.

45. Id., p. 216-219.

46. L. Moulin, *L'Europe à table*, p. 10-11.

47. Michèle Dacher e Micheline Weinstein, *Histoire de Louise. Des vieillards en hospice*, Paris, Seuil 1979, p. 81, 83.

48. Joëlle Bahloul, "Nourritures juives", in *Les Temps modernes*, n. 394 bis, intitulado "Le second Israël", 1979, p. 387.

49. Id., p. 388.

50. Cl. Herzlich, *Santé et maladie*, p. 128-129.

51. Claudian, Serville, Trémolières, "Enquête", p. 1298.

52. Bourdieu, op. cit., p. 198-199.

53. Cit. por J. Trémolières, art. "Dietétique", in *Encyclopaedia universalis*, Paris, 1968.

54. F. Braudel, "Alimentation et catégories de l'histoire", in Hémardinquer (ed.), *Pour une histoire de l'alimentation*, p. 15, 27-28.

55. Brillat-Savarin, *Physiologie du goût*, edição ordenada (e abreviada) com uma *Leitura* de Roland Barthes, Paris, Hermann 1975, p. 50.

56. Michel Tournier entrevistado no programa *Agora* de Gilles Lapouge (France-Culture, 15 de outubro de 1979, às 12 horas).

57. J.-P. Aron, op. cit., p. 117-120.

58. A pesquisa do Inserm comprova isso numericamente para os quatro departamentos atingidos fora da região parisiense (op. cit., p. 1349; quadro XXXIV, p. 1350). As cifras medem a frequência de presença de um prato básico do alimento mencionado nas refeições em questão:

Peixe	dia comum, almoço: 6%	jantar: 3,5%
	sexta-feira, almoço: 78%	jantar: 20%
Carne	dia comum, almoço: 65%	jantar: 15%
	sexta-feira, almoço: 8,5%	jantar: 3,5%
Ave	dia comum, almoço: 9%	jantar: 2%
	sexta-feira, almoço: 1%	jantar: 1%
Salsicharia	dia comum, almoço: 23,5%	jantar: 25%
	sexta-feira, almoço: 4,5%	jantar: 7%

59. Doutor Henri Dupin (professor de nutrição humana em Rennes), "Apprendre à manger", in *Le Monde*, 14-15 de novembro de 1976.

60. Propaganda de uma água mineral, afixada nos ônibus de Paris em setembro de 1977.

61. Anúncio publicado em *L'Enseignament public*, tomo 35, n. 1, setembro-outubro de 1979.

62. Gaston Bachelard, *Le Droit de rêver*, Paris, PUF 1970, p. 236.

63. Dacher e Weinstein, op. cit., p. 92-93.

64. Mary Barnes e Joseph Berke, *Mary Barnes: un voyage à travers la folie*, trad., Paris, Seuil, Points 1976, p. 24-25.

65. Id., p. 25.

66. Bachelard, *La Terre et les Rêveries de la volonté*, Paris, José Corti 1948, p. 86.

67. Fanny Deschamps, *Croque-en-bouche*, Paris, Albin Michel 1976, p. 236.

68. Mme C.F., "La cuisinière au bois", in *Le Monde Dimanche*, 30 de setembro de 1979.

69. Charles VIAL, "Les jeunes dans leurs corps. II: 'La Bouffe? Bof...'", in *Le Monde*, 10 de agosto de 1978.

70. Marie-Claire Cèlerier, "La boulimie compulsionnelle", in *Topique*, n. 18, janeiro de 1977, p. 95.

71. Id., p. 102-104, 109, 112.

72. Jean Trémolières, *L'Obésité, Actualités diététiques*, n. 1, julho de 1970.

73. *Le Monde* consagrou a página de medicina a este problema no dia 6 de julho de 1977.

74. Claire Brisset, "Et mourir de maigrir", in *Le Monde*, 4-6 de junho de 1978; cartas de leitores a respeito, Id., 19 de julho de 1978. E dossiê de *l'Impatient*, n. 4, fevereiro de 1978, p. 16-22 e 36.

75. Mario Bensasson e Jean-Paul Dugas, *Je ne veux pas maigrir idiot!*, Paris, Fayard 1978.

76. Uma descrição impressionante, vivida em seu íntimo entre seus catorze e dezesseis anos, por episódios sucessivos, in Valérie Valère, *Le Pavillon des enfants fous*, Paris, Stock 1978.

77. Noëlle Chatelet, *Le corps à corps culinaire*, Paris, Seuil 1977, p. 155.

78. Lévi-Strauss, *Le cru et le cuit*, Paris, Plon 1964, p. 301.

79. Frédéric Lange, *Manger ou les jeux et les creux du plat*, Paris, Seuil 1975, p. 36.

Capítulo XII

1. Delphine Seyrig, entrevista de Alain Remond, in *Télérama*, n. 1454, 23 de novembro de 1977.

2. *Les secrets de la mère Brazier* (com a colaboração de Roger Moreau), Paris, Solar 1977, p. 37.

3. Pierre-Jakez Helias, *Le cheval d'orgueil*, Paris, Plon 1975; Yvonne Verdier, *Façons de dire, façons de faire*, Paris, Gallimard 1979; Annie Marlin e Alain-Yves Beaujour, *Les mangeurs de Rouergue*, Paris e Gembloux, Duculot 1978.

4. Guy Thuillier, *Pour une histoire du quotidien au XIXe siècle en Nivernais*, Paris e Haia, Mouton 1977, p. 162.

5. Marcel Mauss, "Les techniques du corps" (1935), retomado em sua coletânea *Sociologie et anthropologie*, Paris, PUF ³1966, p. 365-386. Cf. também Musée des ATP, *Religions et traditions populaires*, Paris, Réunion des musées nationaux, 1979.

6. Cf., por exemplo, Marcel Detienne e Jean-Pierre Vernant, *La cuisine du sacrifice en pays grec*, Paris, Gallimard 1979.

7. Jean-Noël Pelen, *La Vallée longue en Cévenne. Vie, traditions et proverbes du temps passé*, sem local nem data (*Causses et Cévennes*, número especial), p. 39-46.

8. A. Merlin e A.-Y. Beaujour, op. cit., p. 64-65.

9. Id., p. 70.

10. Y. Verdier, op. cit., p. 19-40; A. Merlin e A.-Y. Beaujour, op. cit., p. 89-106.

11. Dominique Simonnet e Jean-Paul Ribes, "Savez-vous vraiment ce que vous mangez?", in *l'Express*, n. 1427, 18 de novembro de 1978. Para uma informação do ponto de vista dos profissionais, cf. *Les industries agro-alimentaires*, Paris, Larousse, Encyclopoche, 1979.

12. Aristóteles, *De anima*, III, 8, 432 a 1; *De partibus animalium* IV, 10, 687a, etc. E os textos paralelos de Galiano, *Da utilidade das partes do corpo humano*. Sobre o gesto e o instrumento, cf. a admirável obra de André Leroi-Gourhan, *Milieu et techniques*, Paris, Albin Michel 1973, p. 142-191; *La mémoire et les rythmes*, id., 977.

13. Suzanne Tardieu, *Équipement et activités domestiques*, Paris, Musées nationaux (Musée des ATP, guide ethnologique), 1972.

14. *L'utile. Préparation des aliments, choix et usage des appareils et des utensiles*, Paris, Centre Georges-Pompidou, CCI 1978.

15. Algumas indicações in *L'objet industriel*, Paris, Centre Georges-Pompidou, CCI 1980. A melhor fonte de informação continuam sendo os catálogos anuais de venda por correspondência (*La Redoute*, ou *Les trois Suisses*, ou *La Camif*, maravilhoso repertório dos objetos disponíveis e considerados desejáveis no espaço privado). Cf. Jany Aujame, "La cuisine en batterie", in *Le Monde*, 18 de abril de 1979; Id., "Bonnes casseroles, bonne cuisine", Id., 3 de maio de 1980; François Cérésa, "Le mystère de la bonne *cuisine*", in *Le Nouvel Observateur*, n. 802, 24 de março de 1980.

16. Jany Aujame, "Les hautes techniques dans les mains de toutes les maîtresses de maison", in *Le Monde*, 8 de março de 1978; Id., "Le ménage à l'électronique", Id., 1º de março de 1980.

17. A história da relação técnica e social com a água no espaço doméstico e de sua modificação nas operações cotidianas de manutenção (higiene pessoal, comida, limpeza e lavagem de roupa etc.) ainda está por escrever, G. Thuillier, op. cit., p. 11-30, e consagra um capítulo muito interessante aos costumes locais.

18. Id., p. 127.

19. Marc Ambroise-Rendu, "Un week-end dans le pétrin", in *Le Monde*, 3 de março de 1979.

Capítulo XIII

1. Wittgenstein, *Fiches*, trad., Paris, Gallimard 1970.

2. Molière, *Les Femmes savantes*, II, 7.

3. Menon, *La cuisine bourgeoise*, Paris, 1976, cit. in *Le livre dans la vie quotidienne*, catalogue d'exposition, Bibliothèque nationale, 1975, n. 85, p. 26.

4. Claude Serraute, "In corpore sano", in *Le Monde*, 14 de setembro de 1976.

5. Ao tempo deste estudo (1979), consultei a última reimpressão disponível: Paris, Taride 1977. Agora podemos encontrar nas livrarias uma edição mais recente, a de 1986.

6. Cit. por LA Reynière, "Ces dames au 'piano'", in *Le Monde*, 21 de maio de 1977.

7. Paul Valéry, "Variété", in *Oeuvres*, Paris, Gallimard, Pléiade tomo 1, 1971, p. 732.

8. Grimod de LA Reynière, *Écrits gastronomiques*, Paris, UGE 10-18, 1978: cito uma frase da excelente introdução de Jean-Claude Bonnet, p. 7-92.

9. Id., p. 47.

10. J.-P. Aron, *Le mangeur du XIX$^{e\ siècle}$*, Paris, Denoël Gonthier, Médiations 1976, p. 9, 11, 74, 284-289.

11. Jean-Claude Bonnet, "Le réseau culinaire de l'Encyclopédie", in *Annales ESC*, tomo 31, setembro-outubro de 1976, p. 907.

12. Jean Baillon e Jean-Paul Ceron, "La durabilité de l'équipement ménager", in *La société de l'éphémère*, Paris, MSH, e Grenoble, PUG 1979, p. 139, 145, 156.

13. J.-P. Aron, op. cit., p. 155.

14. Grimod de La Reynière, op. cit., p. 35-37.

15. Virginia WOOLF, *A Writer's Diary*, Londres, Hogarth Press 1959, p. 365.

Capítulo XIV

1. Todos os prenomes e nomes de lugares, com exceção de Paris, são fictícios para respeitar o anonimato da entrevista. As notas são de Luce Giard. Sobre o repertório das entrevistas, cf. cap. X, p. 222-226.

2. Jean cometeu um erro: Pierre, o que mais aprecia uma boa cozinha, também é o mais jovem.

3. Irene é a mais velha de uma família de quatro filhos: sua irmã tem dois anos menos que ela, depois vem um irmão com dois anos menos que a irmã e finalmente a caçula, que veio doze anos depois de Irene.

4. Jean ficou internado no hospital diversas vezes.

5. Paul é um primo-irmão de Irene. Com sua mulher e seus muitos filhos, também mora em Paris. As duas famílias são muito ligadas.

6. Marie era celibatária na ocasião e viajava muito por motivos profissionais.

7. Irene e Jean residem num antigo bairro de Paris, em plena transformação, cujos antigos habitantes, de renda modesta, são aos poucos expulsos pelos trabalhos de renovação e pelo aumento paralelo dos aluguéis. Cf. cap. VIII, p. 195-198.

8. Encontrar um erro de impressão numa receita culinária diverte ainda mais Irene por encontrar justamente no espaço privado (sua cozinha) sua experiência profissional (no escritório) onde, todo mês, ela revê as provas das publicações que estão sendo impressas.

9. Irene tem longas jornadas de trabalho em seu escritório; às vezes, para respeitar as datas de saída, tem que trazer textos para rever em casa no fim de semana.

10. Quando foi feita esta entrevista, Sarah estava fora de Paris. Era ocasião de férias escolares.

11. Amigo e vizinho da família.

12. Alusão ao período que precede o casamento de Jean com Irene.

13. A entrevista foi registrada no apartamento da família, após um jantar com Marie.

14. Por opção, a família não tem aparelho de televisão.

15. Um pequeno recinto contíguo à cozinha serve de sala de jantar; o resto do apartamento é distribuído por esse mesmo recinto, sobre o qual se abrem, de um lado, a cozinha, de outro o quarto do casal e ao fundo um pequeno salão, que é preciso atravessar para chegar ao quarto de Sarah.

16. Alusão à conversa do jantar que precedeu à gravação da entrevista.

17. A mãe de Jean morreu prematuramente, deixando cinco filhos pequenos. Daí a presença de uma cozinheira-governanta para cuidar da casa do pai de Jean em Saint-André.

18. Amiga do casal que mora no mesmo prédio no andar de baixo; é preciso passar diante de suas janelas para chegar à escada que leva ao apartamento de Irene.

19. Pequeno recinto vizinho à cozinha, cf. acima, nota 15.

Uma ciência prática do singular

1. Jacques Mehler e outros, "La reconnaissance de la voix maternelle por le nourrisson", in *La Recherche*, n. 70, setembro de 1976, p. 786-788; Jacques Nehler, "La perception du langage chez le nourrisson", Id., n. 88, abril de 1978, p. 324-330. E Bénédicte de Boysson-Bardies, "Les bébés babillent-ils dans leur langue maternelle?", Id., n. 129, janeiro de 1982, p. 102-104.

2. Michel de Certeau, *A invenção do cotidiano, I. Artes do fazer*, trad. de Ephraim F. Alves, Petrópolis, Vozes 1994.

3. Cf. *Traverses*, n. 20, intitulado "La voix, l'écoute", novembro de 1980. E o programa de atividades da FNAC (Paris), janeiro de 1982, sobre "La voix, instrument du XX siècle".

4. Cf. *Communications*, n. 30, intitulado "La conversation", 1979. Sobre o papel das conversas informais num laboratório de pesquisa, cf. André Lwoff e Agnès Ullmann (Eds.), *Un hommage à Jacques Monod. Les origines de la biologie moléculaire*, Paris e Montreal, Études Vivants 1980.

5. Por exemplo Aaron V. CicoureL, *La sociologie cognitive*, Paris, PUF 1979.

6. Pierre Bourdieu, *Ce que parler veut dire. L'économie des échanges linguistiques*, Paris, Fayard 1982.

7. Mathilde La Bardonnie, "Les folies langagières", in *Le Monde*, 17 de fevereiro de 1982; Colette Godard, "Un entretien avec Gildas Bourdet", Id., 1º de dezembro de 1982.

8. David Charrasse, *Lorraine Coeur d'Acier*, Paris, Maspero 1981.

9. Marcel, 45 anos, laminador desde os 17 anos, no programa "Nous tous chacun", 19 e 22 de novembro de 1982 (France-Culture, 12-12,30 horas, produtor Jean-Claude Bringuier). Sobre este sindicalista, cf. D. Charrasse, op. cit., p. 181-185.

10. Michel de Certeau, op. cit., cap. I-III.

Conecte-se conosco:

f facebook.com/editoravozes

⊙ @editoravozes

𝕏 @editora_vozes

▶ youtube.com/editoravozes

☏ +55 24 2233-9033

www.vozes.com.br

Conheça nossas lojas:

www.livrariavozes.com.br

Belo Horizonte – Brasília – Campinas – Cuiabá – Curitiba
Fortaleza – Juiz de Fora – Petrópolis – Recife – São Paulo

      Vozes de Bolso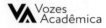

EDITORA VOZES LTDA.
Rua Frei Luís, 100 – Centro – Cep 25689-900 – Petrópolis, RJ
Tel.: (24) 2233-9000 – E-mail: vendas@vozes.com.br